भारतीय स्पिन गेंदबाजी की परम्परा

भारतीय स्पिन गेंदबाजी की परम्परा

सूर्यप्रकाश चतुर्वेदी

राजकमल प्रकाशन

ISBN : 978-81-267-1288-5

मूल्य : ₹ 595

पहला संस्करण : 2007
दूसरा संस्करण : 2018

प्रकाशक : राजकमल प्रकाशन प्रा. लि.
1-बी, नेताजी सुभाष मार्ग, दरियागंज
नई दिल्ली-110 002

शाखाएँ : अशोक राजपथ, साइंस कॉलेज के सामने, पटना-800 006
पहली मंजिल, दरबारी बिल्डिंग, महात्मा गांधी मार्ग, इलाहाबाद-211 001
36 ए, शेक्सपियर सरणी, कोलकाता-700 017

वेबसाइट : www.rajkamalprakashan.com
ई-मेल : info@rajkamalprakashan.com

आवरण : राजकमल स्टूडियो

मुद्रक : बी.के. ऑफसेट
नवीन शाहदरा, दिल्ली-110 032

BHARATIYA SPIN GENDBAJI KI PARAMPARA
by Suryaprakash Chaturvedi

गौरव की परम्परा है

सूर्यप्रकाश चतुर्वेदी की यह पुस्तक क्रिकेट इतिहास के ऐसे समय आ रही है जब संसार के पाँच बड़े विकेट लेने वालों में से तीन स्पिनर हैं। अपने अनिल कुम्बले उनमें एक हैं। 533 विकेट के साथ इस वक्त वे ग्लेन मेकग्रा के बाद चौथे नम्बर पर हैं। लेकिन पहले नम्बर पर शेन वार्न हैं। उनके 685 विकेट हैं और इस नवम्बर में आस्ट्रेलिया में इंग्लैण्ड से एशेज का ऐतिहासिक मुकाबला शुरू हो रहा है। लगता है सात सौ टैस्ट विकेट लेने वाले भी इतिहास के वे पहले गेंदबाज होंगे। छह सौ विकेट लेने वाले भी पहले गेंदबाज वही थे।

उनके पीछे लगे हुए हैं श्रीलंका के मुथैय्या मुरलीधरन। मुरली के इस समय 657 विकेट हैं। वे वार्न से तीन साल छोटे हैं और उनने वार्न से 32 टैस्ट कम खेले हैं। मुरली ने हर टैस्ट में छह विकेट का औसत निकाला है जो कि वार्न से भी ज्यादा है। वार्न और मुरली में से कौन क्रिकेट इतिहास का सबसे अधिक विकेट लेने वाला गेंदबाज बनेगा यह अभी कोई कह नहीं सकता। लेकिन इनकी होड़ से इतना तो निश्चित है कि जो भी वह होगा एक स्पिनर होगा।

इंग्लैण्ड के तेज़ गोलंदाज फ्रेड ट्रूमन जब 300 विकेट लेने वाले पहले गोलंदाज हुए तो उनने कहा था कि जो भी कमबख्त इस रेकार्ड को तोड़ेगा उसके घुटने टूटे हुए होंगे। उस वक्त सच कोई सोच नहीं सकता था कि शेन वार्न 700 विकेट लेने की देहरी पर होंगे और उनके घुटने न केवल साबुत होंगे उनके दाहिने हाथ की वे उँगलियाँ भी सही सलामत होंगी जो कोई चालीस हजार गेंदें घुमा चुकी हैं। तब किसने कल्पना की होगी कि ऐसा जमाना आएगा जब साल भर लगातार क्रिकेट चलेगा और सचिन तेंदुलकर जैसे बल्लेबाज पच्चीस हजार से ज्यादा अंतरराष्ट्रीय रन बना लेंगे। इतना ज्यादा क्रिकेट होना और पिचों का पहले से बेहतर होना सही है कि तेज़ गोलंदाजों के मुकाबले स्पिन

गेंदबाजों को ज्यादा मौके देता है। तेज़ गोलंदाजों का शरीर इतना और लगातार खेलना बर्दाश्त नहीं कर पाता। स्पिनर टिके रह सकते हैं। सबसे ज्यादा विकेट लेने वाले पाँच गेंदबाजों में सबसे ज्यादा टैस्ट (140) भी शेन वार्न ने खेले हैं।

तो इस तरह न सिर्फ सबसे अधिक विकेट लेने वाला एक स्पिनर होगा, खेलने की परिस्थितियाँ भी स्पिनर के पक्ष में होने वाली हैं। लेकिन 20×20 और वन डे के मुकाबले खूब लोकप्रिय होते हैं और टैस्ट क्रिकेट को महत्त्व देने के लिए इनसे कमाई करते रहना जरूरी है इसलिए पिच भी पाटा बनाए जाएँगे। क्रिकेट और भी अधिक बल्लेबाजों का खेल हो जाएगा। लेकिन तब बल्लेबाज के कौशल की परीक्षा लेने और उसे चकमा देने में तेज़ गोलंदाजों की तुलना में स्पिन गेंदबाज ही ज्यादा कारगर होंगे। इंग्लैंड में होने वाले सरासर लप्पेबाजी के 20×20 खेल में भी तेज़ गोलंदाज ही ज्यादा पिटते हैं और ऐन मौके पर स्पिनर ही विकेट निकाल कर देते हैं। लेकिन टीम में टिके रहने के लिए स्पिनर को थोड़ी बल्लेबाजी भी करनी होगी।

सबसे अधिक विकेट लेने वाले और नम्बर एक स्पिनर शेन वार्न आस्ट्रेलिया के हैं जो कि स्पिनरों का देश नहीं है। और भारत जो कि शुरू से स्पिनरों की काशी है उसमें ये हाल हैं कि न सिर्फ सबसे ज्यादा विकेट लेने वाले बल्कि भारत को सबसे अधिक जितवाने वाले अनिल कुम्बले क्रिकेट के महानायक नहीं हैं। महानायक तो बल्लेबाज ही हैं सचिन हों, द्रविड हों या धोनी। इस समय आप गिनें तो टैस्ट में खेलने को तैयार बारह तेज़ गोलंदाज लाइन में हैं। स्पिनर पाँच भी नहीं हैं। अनिल कुम्बले, हरभजन सिंह और रमेश पोवार के बाद बालक पीयूष चावला और मुरली कार्तिक के बाद कोई दिखाई नहीं देता। स्पिनरों की कोई बात भी नहीं करता।

यह हालत कोई यों ही पैदा नहीं हो गई है। चूँकि भारत विदेशों में जीत नहीं पाता क्योंकि उसके पास तेज़ गोलंदाज नहीं हैं और उसके स्पिनरों को बाहर के पिचों पर मदद नहीं मिलती इसलिए कोई पन्द्रह साल से तेज़ गोलंदाजी पर जोर दिया जा रहा है। चेन्नई में बाकायदा तेज़ गोलंदाजी की अकादमी है जिसे महान तेज़ गोलंदाज डेनिस लिली की सेवाएँ प्राप्त हैं। भारतीय क्रिकेट के सभी शुभचिन्तक सलाह देते हैं कि हम ऐसे पिच बनाएँ जिन पर तेज़ गोलंदाजों को मदद मिले। ऐसे पिचों के लिए लगातार प्रयोग होते रहते हैं। चैम्पियंस ट्राफी में

मोहाली में ऐसे पिच बनाए गए और उन पर इतनी घास छोड़ी गई जितनी दक्षिण अफ्रीका में भी नहीं होती। पूरी ट्राफी पर तेज़ गोलंदाज छाए रहे–इस देश में जहाँ स्पिनरों का बोलबाला होना चाहिए था।

यह इसलिए नहीं हो गया कि हमारे पिचों की प्रकृति और स्वभाव रातोंरात बदल गया हो। ये विकेट ठीक से तैयार ही नहीं किए गए थे। कुछ तो बरसात के बाद समय न मिलने के कारण और कुछ जबरन लापरवाही के कारण। आमतौर पर अपने पिच सूखे और बिना घास के होते हैं और उनकी मिट्टी जल्द ही धूल होने लगती है। इस कारण हमारे पिच धीमे होते हैं और गेंद उन पर ज्यादा उछलती नहीं। स्पिन गेंदबाजी को ये पिच सहज ही मदद करते हैं। भारत की भौगोलिक स्थिति के कारण यह इसके पिचों की नैसर्गिक और स्वाभाविक हालत है। इसलिए उत्तर में पंजाब की तरफ एकाध जगह पर तेज़ गोलंदाजों के पिच आप भले ही बना ले बाकी देश के पिच तो स्पिन गेंदबाजी के काम के ही होंगे और इसलिए स्पिन ही हमारी मुख्य गेंदबाजी और आक्रमण का शस्त्र हो सकता है। यानी हम चाहें या न चाहें स्पिन गेंदबाजी ही हमारे क्रिकेट की जान हो सकती है। वही हमारे क्रिकेट की पहचान और वही हमारी ताकत है। विदेश में खेलने के लिए हम भले ही तेज़ गोलंदाज और तेज़ गोलंदाजी के पिच तैयार करके अभ्यास करें भारत में तो हमें स्पिन पर ही टिके रहना होगा।

हमारे मित्र सूर्यप्रकाश चतुर्वेदी ने इस पुस्तक में बड़े विस्तार और दक्षता से बताया है कि भारत में स्पिन गेंदबाजी की परम्परा कितनी पुरानी, कितनी गहरी और कितनी गौरवशाली रही है। इसे पढ़कर खिलाड़ी और क्रिकेट के जानकार ही नहीं आम पाठक और दर्शक को भी भारतीय क्रिकेट के एक अनिवार्य अंग की अच्छी जानकारी और समझ मिलेगी। स्पिन गेंदबाजी पर इतनी अच्छी पुस्तक लिखने के लिए चतुर्वेदी जी को, इसे प्रकाशित करने के लिए राजकमल को, साधुवाद !

–प्रभाष जोशी

अपनी बात

भारत की स्पिन परम्परा बड़ी समृद्ध रही है। शुरुआत से लेकर अब तक की स्पिन गेंदबाजी पर लिखने का विचार अर्से से था। इस बारे में मैंने अपने दो मित्रों—विख्यात पत्रकार प्रभाष जोशी व भारतीय क्रिकेट कंट्रोल बोर्ड के पूर्व अध्यक्ष राजसिंह डूँगरपुर से चर्चा की। दोनों को यह विचार पसन्द आया व दोनों ने ही मुझसे इस पर तत्काल लिखने का आग्रह किया। पूर्व राष्ट्रीय चयनकर्ता व जाने-माने क्रिकेट प्रशिक्षक संजय जगदाले मेरे विद्यार्थी रहे हैं। उनकी भी राय थी कि यह काम जल्दी हो जाना चाहिए। बस, फिर लिखने बैठ गया।

भारतीय स्पिन गेंदबाजी का इतिहास क़रीब सौ साल पुराना है। इतने लम्बे समय को कम-से-कम पृष्ठों में समाहित करना एक चुनौतीपूर्ण कार्य था। मैंने प्रयास किया है, मूल्यांकन आप करें। मैंने पाया कि भारत में सभी तरह की स्पिन गेंदबाजी फलती, फूलती व विकसित होती रही है। इसमें बाएँ हाथ की स्पिन गेंदबाजी भी है व दाहिने हाथ की ऑफ स्पिन व कलाई मोड़कर की जानेवाली लेग स्पिन और गुगली भी। बाएँ हाथ के स्पिनर्स में पी. बालू, जमशेदजी, वीनू मनकड़, हीरालाल गायकवाड़, सलीम दुर्रानी व नाडकर्णी भी हैं और बिशन सिंह बेदी, दिलीप दोशी, मनिन्दर सिंह व राजू भी। इसी तरह दाहिने हाथ के ऑफ स्पिनर्स में गुलाम अहमद, प्रसन्ना, वेंकटराघवन, शिवलाल यादव व हरभजन सिंह प्रमुख हैं। दाहिने हाथ के लेग स्पिन गुगली गेंदबाजों में एस. एम. जोशी, सी. एस. नायडू, एस. जी. शिन्दे, सुभाष गुप्ते, नरेन्द्र हीरवानी व अनिल कुम्बले विशेष रूप से उल्लेखनीय हैं। चन्द्रशेखर को मैं 'फ्रीक' गेंदबाज कहना अधिक उपयुक्त समझता हूँ।

लोग ठीक ही कहते हैं कि गेंदबाज ही मैच जितवाते हैं और जिस टीम की गेंदबाजी मजबूत होगी उसकी बल्लेबाजी तो मजबूत गेंदबाजी का अभ्यास करते रहने से स्वत: ही मजबूत हो जाएगी। भारत को अभी तक सभी बड़ी सफलताएँ स्पिन गेंदबाजों ने ही दिलवाई हैं। आप इतिहास पर नजर डालें तो पाएँगे कि अभी तक भारत में केवल तीन ही तेज या मध्यम तेज गेंदबाज ऐसे हैं जिनके नाम पर सौ से अधिक टेस्ट विकेट दर्ज हैं और वे हैं कपिलदेव (434), करसन घावरी (109) और जवागल श्रीनाथ (104); जबकि अभी तक भारत के 11 स्पिन गेंदबाज सौ से अधिक विकेट ले चुके हैं और वे हैं अनिल कुम्बले (450), बिशन सिंह बेदी

(266), चन्द्रशेखर (242), प्रसन्ना (189), वीनू मनकड़ (162), वेंकटराघवन (156), रवि शास्त्री (151), सुभाष गुप्ते (149), हरभजन सिंह (144), दिलीप दोशी (114) और शिवलाल यादव (102)। 50 से अधिक किन्तु 100 से कम विकेट लेनेवाले तेज या मध्यम तेज गति के गेंदबाज हैं—मनोज प्रभाकर (96), वेंकटेश प्रसाद (96), रोजर बिन्नी (76), ज़हीर खान (73), मदनलाल (71), दत्तू फडकर (62), और चेतन शर्मा (61)। इसी प्रकार 50 से ज्यादा किन्तु 100 से कम विकेट लेनेवाले स्पिनर्स हैं—वेंकटपति राजू (93), नाडकर्णी (88), मनिन्दर सिंह (88), सलीम दुर्रानी (75), गुलाम अहमद (68), नरेन्द्र हीरवानी (66) और चन्दू बोर्डे (52)। आज भारत के सर्वाधिक टेस्ट विकेट लेनेवाले गेंदबाज अनिल कुम्बले भी लेग स्पिनर ही तो हैं। रणजी ट्रॉफी और इससे पहले मुम्बई की मुम्बई स्पर्धा—विशेषकर त्रिकोणी, चतुष्कोणी एवं पंचकोणी स्पर्धा—में भी स्पिन गेंदबाजों का ही दबदबा रहा है। हमारे देश की तस्वीर ही स्पिन गेंदबाजी की है व हमारी गेंद पट्टियाँ भी स्पिन गेंदबाजों को ही रास आती रही हैं। स्पिन कला भारतीय उपमहाद्वीप की विशेषता मानी जाने लगी है। यहाँ की मिट्टी ही नहीं, हवा-पानी में भी स्पिन की महक महसूस होती है। क्या यह आश्चर्यजनक नहीं कि भारत की प्रमुख राष्ट्रीय स्पर्धा रणजी ट्राफी में सर्वाधिक 640 विकेट लेनेवाले राजेन्द्र गोयल व 361 विकेट लेनेवाले पद्माकर शिवालकर कभी टेस्ट नहीं खेल पाए! मुझे लगा कि हो-न-हो स्पिन गेंदबाजी व सबको साथ लेकर सद्भावपूर्वक जीने एवं अहिंसा के सिद्धान्त के बीच कोई अन्तःसम्बन्ध जरूर है। तभी तो भारतीय जनमानस ने इन्हें सहजता से व सफलतापूर्वक अपनाया है। आप क्या सोचते हैं?

मैं प्रभाषजी व राज भाई का उनके स्नेह के लिए आभारी हूँ। संजय का भी कृतज्ञ हूँ। अपने बेटे पुनीत के प्रति भी अपना आभार व्यक्त करता हूँ कि उसने इतनी तत्परता व दिलचस्पी से सामग्री जुटाने में मेरी मदद की। साथ ही अपने उन सभी मित्रों एवं शुभचिन्तकों के प्रति भी अपना आभार व्यक्त करता हूँ जो समय-समय पर प्रत्यक्ष या अप्रत्यक्ष रूप से मेरा उत्साहवर्धन करते रहे हैं। मेरा परिवार तो मेरा सम्बल रहा ही है और मुझे गर्व है कि परिवार के प्रत्येक सदस्य से मुझे हर तरह का सहयोग व प्रोत्साहन मिलता रहा है। मुम्बई के क्रिकेट क्लब ऑफ इंडिया, तमिलनाडु के अम्पायर मुरली, नई दुनिया, इंदौर के महेन्द्र सेठिया और मध्य प्रदेश क्रिकेट संगठन ने फोटो जुटाने में मेरी बहुत सहायता की है। इनका भी आभारी हूँ। मुम्बई स्पर्धा में खेलनेवाले पुराने स्पिनरों के बारे में उपयोगी जानकारी प्रदान करने के लिए मैं पूर्व क्रिकेटर व क्रिकेट इतिहासकार वसन्त रायजी व सांख्यिकी विशेषज्ञ आनन्दजी डोसा का भी आभारी हूँ। इन सभी के सहयोग व प्रोत्साहन के बिना इस महत्त्वाकांक्षी योजना को मूर्त रूप देना मुमकिन नहीं था। सभी की शुभकामनाओं का ही प्रतिफल है कि मैंने इस कठिन कार्य को पूरा करने का बीड़ा उठाया। जहाँ तक सम्भव हुआ है, मैंने बोल-चाल की भाषा का ही प्रयोग किया है। कहाँ तक सफल

हो पाया हूँ इसका मूल्यांकन तो आप ही करें। आशा है मेरा प्रयास रुचिकर लगेगा व उपयोगी साबित होगा।

एक बात और। यह पुस्तक भारतीय स्पिन गेंदबाजी की परम्परा पर ही केन्द्रित है। मगर फिर भी मुझे लगा कि अन्तिम अध्याय में विश्व के सार्वकालिक महान स्पिन गेंदबाजों का उल्लेख करना प्रासंगिक होगा। मेरी तुच्छ राय में स्पिन पर लिखी गई कोई भी पुस्तक विश्व के महान स्पिन गेंदबाजों के जिक्र के बिना अधूरी ही रहती।

पुस्तक की पांडुलिपि को टाइप करने के लिए मैं श्री राघवेन्द्रजी एवं गगन दीप का आभारी हूँ। प्रूफ-संशोधन व पांडुलिपि को सम्पादित करने में डॉ. उषाकान्ता चतुर्वेदी, डॉ. सतीश मिश्र व डॉ. रंजीत कुमार मिश्र का योगदान सराहनीय रहा है।

राजकमल प्रकाशन ने इसे प्रकाशित करने में इतनी रुचि ली, अतः उनके प्रति भी अपना आभार व्यक्त करता हूँ।

–सूर्यप्रकाश चतुर्वेदी

अनुक्रम

अहिंसा व स्पिन कला

सहिष्णुता, सद्भाव, सह-अस्तित्व, धैर्य व भाईचारा भारतीय उपमहाद्वीप की जीवनशैली के अभिन्न अंग रहे हैं। विरोध भी दर्ज करना हो तो लोग शान्तिपूर्ण और अहिंसक तरीके से व्यक्त करते हैं, क्रूर तथा हिंसक तरीके से नहीं। जैन, बौद्ध व गांधी दर्शन के माध्यम से भारतीय संस्कृति व सोच को अन्तर्राष्ट्रीय पहचान मिली व अन्य राष्ट्रों ने भी उसके महत्त्व को स्वीकार किया। तो क्या अहिंसा के सिद्धान्त व स्पिन गेंदबाजी में कोई अन्तःसम्बन्ध है? वरना ऐसा क्यों है कि दोनों ही भारतीय मानसिकता को खुद-ब-खुद आन्दोलित व आकर्षित करते रहे हैं? या फिर यह महज एक संयोग ही है?

कुछ तो है कि जिस तरह अहिंसा व सहिष्णुता की सोच को धीरे-धीरे अन्तर्राष्ट्रीय पहचान मिली, उसी तरह स्पिन गेंदबाजी की कला को भी क्रिकेट जगत में गेंदबाजी के प्रमुख व कारगर हथियार के तौर पर मान्यता मिली। खासकर भारतीय जनमानस को ये दोनों ही आकर्षित व प्रभावित करते रहे हैं। जिस तरह अहिंसा का सिद्धान्त किसी को शारीरिक व मानसिक कष्ट देने के विरुद्ध है, उसी प्रकार स्पिन गेंदबाजी भी बल्लेबाजों को कोई शारीरिक या मानसिक चोट पहुँचाए बिना, उन्हें चकमा देकर या उनका सन्तुलन व एकाग्रता बिगाड़कर तथा उन्हें बेवकूफ बनाकर आउट करने में यकीन करती है।

भला किसने सोचा था कि इंग्लैंड में वकालत पढ़े गांधी दक्षिण अफ्रीका व भारत में अहिंसात्मक आन्दोलन व शान्तिपूर्ण असहयोग के दम पर एक ऐसी राजनैतिक हलचल व उथल-पुथल पैदा कर देंगे कि रंगभेद द्वारा शोषण कर रहे श्वेतों के पैरों तले जमीन खिसक जाएगी? मगर ऐसा हुआ। इसी तरह जब धीमी गति की स्पिन गेंदबाजी की शुरुआत हुई तो किसी ने कल्पना भी नहीं की होगी कि आगे जाकर कभी यह विद्या इतनी कारगर होगी कि वह एक कला व कौशल का रूप ले लेगी और इसे क्रिकेट जगत में गेंदबाजी के महत्त्वपूर्ण अंग के रूप में स्वीकार किया जाएगा। मगर यह भी हुआ। आज टेस्ट क्रिकेट में दो सर्वाधिक विकेट लेनेवाले गेंदबाज स्पिनर्स ही हैं और शीर्ष पर बने रहने के लिए दोनों में बराबरी की प्रतिस्पर्धा चल रही है तथा दोनों एक-दूसरे को मात देने के लिए बेताब हैं। एक हैं आस्ट्रेलिया के दाएँ हाथ के लेग स्पिनर शेन वार्न और दूसरे हैं श्रीलंका के ऑफ स्पिनर मुथैय्या

मुरलीधरन जो एक ही एक्शन से लेग स्पिन व ऑफ स्पिन कराते हैं। ये दोनों ही कभी टेस्ट विकेटों की सूची में शीर्ष पर रहे वेस्टइंडीज के तेज गेंदबाज कोर्टनी वाल्श के 529 टेस्ट विकेटों को कब का पीछे छोड़ चुके हैं। आज सभी वार्न व मुरलीधरन का लोहा मानते हैं। वरना वाल्श के पहले सर्वाधिक टेस्ट विकेटों का कीर्तिमान कपिलदेव व उनके पहले रिचर्ड हेडली के नाम पर था जो दोनों ही तेज गेंदबाज थे। हाँ, पर इंग्लैंड के तेज गेंदबाज ट्रूमेन के तीन सौ टेस्ट विकेटों का कीर्तिमान तोड़नेवाले वेस्ट इंडीज के लांस गिब्स जरूर एक स्तरीय ऑफ स्पिनर थे।

भारत संस्कार व स्वभाववश एक सहनशील तथा किसी को आहत न करने तथा चोट न पहुँचानेवाला देश रहा है। भारतीय सहनशीलता, सदाशयता और मित्रता की मिसाल पूरी दुनिया में दी जाती है। यही वजह है कि अहिंसा व स्पिन गेंदबाजी हमें सहज रूप से स्वीकार्य रही है। तेज गेंदबाज हैं जो दो या तीन अपवादों को छोड़ कर डराने, धमकाने, आतंकित करने, खौफ पैदा करने व घायल करके या घायल होने के डर से घबरानेवाले बल्लेबाजों को आउट करने में यकीन करते हैं। आस्ट्रेलिया के तेज गेंदबाज रे लिंडवाल या वेस्टइंडीज के तेज गेंदबाज कोर्टनी वाल्श या फिर पाकिस्तान के बाएँ हाथ के तेज़ गेंदबाज वसीम अकरम को अपवाद मानकर छोड़ दीजिए। फिर आप पाएँगे कि लगभग सभी तेज गेंदबाज स्वभाव से गुस्सैल, तुनकमिजाज व हावभाव से खौफनाक व डरावने किस्म के होते हैं। वे डराते, धमकाते, आँखें तरेरते, बुदबुदाते हुए तथा बल्लेबाज को घबराते व आतंकित करते हुए दौड़कर आते हैं तथा ऐसी खूनी नजरों से बल्लेबाज को घूरते हैं मानो वे उसे कच्चा चबा जाएँगे। ऐसे स्वभाव व बर्ताव वाले तेज गेंदबाजों की लम्बी फेहरिस्त है और वे लगभग सभी क्रिकेट देशों के हैं। इंग्लैंड के लारवुड, फ्रेडी ट्रूमेन, पीटर लोडर, आस्ट्रेलिया के किथ मिलर, डेनिस लिली, ज्योफ थॉमसन, मर्व्ह ह्यूज, गिलेस्पी, फ्लेमिंग व कॉस्प्रोविच, पाकिस्तान के इमरान खान, सरफराज नवाज, शोएब अख्तर व मोहम्मद सामी, वेस्टइंडीज के वेसली हॉल, गिलक्रिस्ट, ग्रिफिथ, ऐम्ब्रोज, मार्शल व डिंलो, दक्षिण अफ्रीका के एलन डोनाल्ड, नेल व नतीनी और श्रीलंका के रमेश रत्नायके। इन्हें देखकर नए क्रिकेट राष्ट्र जिम्बाब्वे व बांग्लादेश के तेज गेंदबाज भी ऐसी ही हरकतें करते नजर आते हैं क्योंकि वे इन बड़े क्रिकेट देशों के गेंदबाजों को अपना आदर्श मानते हैं। दरअसल ये तेज गेंदबाज अपनी छवि ही आक्रामक व अकड़ किस्म की बना लेते हैं और हर मौके पर अपनी भंगिमाओं से बल्लेबाजों को डराने, उन्हें विचलित करने व उनका मनोबल व एकाग्रता तोड़कर उन्हें आउट करने के लिए कुख्यात रहे हैं। मर्व्ह ह्यूज तो लम्बी-लम्बी मूँछे व कलमें रखते थे और गिलेस्पी लम्बे बाल तथा शोएब अख्तर लम्बी कलमें रखते हैं। जब ये दौड़कर गेंद फेंकने आते हैं तो इनके बाल लहराते हैं तथा इस कारण इन गेंदबाजों की खौफनाक छवि और अधिक डरावनी बन जाती है व बल्लेबाजों की घबराहट में भी इजाफा होता है। वेस्टइंडीज के तूफानी गेंदबाज ग्रिफिथ व गिलक्रिस्ट तो

साफ-साफ कहा करते थे कि वे जीतने के लिए खेलते हैं और जीतने के लिए प्रतिस्पर्धी बल्लेबाज की जान भी ले सकते हैं। ग्रिफिथ तो 'चक' भी करते थे और वह गेंद उनकी अन्य गेंदों की अपेक्षा अधिक तेज गति से आती थी तथा बल्लेबाज इसी पशोपेश में रहता था कि न जाने वह गेंद कब आ जाए। आपको याद ही होगा कि भारत के तत्कालीन कप्तान नरी कंट्रेक्टर को उनकी वही गेंद सिर में लगी थी और उनके सिर की शल्य चिकित्सा करवानी पड़ी थी जिसके लिए वेस्टइंडीज के तत्कालीन कप्तान फ्रेंक वॉरेल ने अपना खून दिया था। डील-डौल से तो ये तेज गेंदबाज लम्बे-तगड़े होते ही हैं। बची-खुची कसर उनकी शॉर्ट पिच गेंदें पूरी कर देती हैं। बल्लेबाज के शरीर को निशाना बनाकर लेग स्टम्प पर की गई गेंदबाजी ही 1933-34 की बॉडीलाइनशृंखला की रणनीति थी जिसे जार्डिन-लाखुड़ ने आस्ट्रेलिया की मजबूत बल्लेबाजी खासकर ब्रेडमेन को बेअसर करने के लिए आजमाया था। शुक्र है अब 'इंटीमिडेशन' यानी डराने, धमकाने व शारीरिक चोट पहुँचानेवाली गेंदबाजी पर रोक लग गई है। आप पाएँगे कि तेज गेंदबाजी के ऐसे आतंक व डर के वातारण में भी 40 के दशक में निसार, 80 के दशक में कपिल और 90 के दशक में जवागल श्रीनाथ ने कभी ऐसे हथकंडों का सहारा नहीं लिया। यानी तब भी भारतीय तेज गेंदबाजों ने आँखें तरेर कर या बल्लेबाज को डरा-धमका कर व उसे चोट पहुँचाकर उसका विकेट नहीं लिया। स्पिन ही क्या, भारत की तेज गेंदबाजी भी उस छवि से दूर रही जो तेज गेंदबाजों को बेमुरव्वत बनाए हुए थी। 1939 के पंचकोणी फाइनल मुकाबले में जब मुसलमानों की टीम के कप्तान वजीर अली ने मैच अपनी टीम के हाथों से फिसल कर हिन्दुओं की टीम के पक्ष में झुकते देखा तो अपनी टीम के तेज गेंदबाज मुहम्मद निसार से बल्लेबाजों के शरीर पर 'बाउंसर' फेंकने का आग्रह किया। लेकिन निसार ने अच्छी खेल भावना का परिचय देते हुए ऐसा करने से साफ इनकार कर दिया और कहा कि उनका क्रिकेट खेलने का तरीका इसकी इजाजत नहीं देता। तब क्रिकेट भाईचारे व सद्भाव के लिए खेला जाता था और सच्चे अर्थों में भद्र पुरुषों का खेल था। अर्थात् वह आक्रामक मारक प्रवृत्ति धैर्यवान व सहनशील भारतीयों के स्वभाव में ही नहीं है जो अन्य देशों के तेज गेंदबाजों की विशेषता रही है। निसार के ठीक विपरीत आस्ट्रेलिया के महान ऑलराउंडर किथ मिलर का रवैया देखिए। जब भारत की टीम 1947 में अपने पहले आस्ट्रेलियाई दौरे पर गई और भारत के मध्यक्रम के महान बल्लेबाज विजय हजारे ने उनकी एक 'बाउंसर' को 'हुक' करके चौका मारा तो मिलर ने अपने कप्तान डॉन ब्रेडमेन से 'डीप फाइन लेग' पर एक और क्षेत्ररक्षक तैनात करने का आग्रह किया तथा कहा कि वे अगली ही गेंद फिर से 'बाउंसर' डालकर हजारे को आजमाएँगे। लेकिन क्रिकेट जगत के अब तक के महानतम बल्लेबाज ब्रेडमेन ने उन्हें समझाया कि ऐसा कुछ करने की बजाय वे अपनी गेंदबाजी की दिशा व नियन्त्रण पर ही ध्यान दें।

तेज गेंदबाज व स्पिनर में यही फर्क है कि यदि आप तेज गेंदबाज की गेंद पर बाउंड्री लगाएँगे तो वह आप पर 'बाउंसर' फेंकेगा व आपको घूर कर देखेगा। परन्तु यदि आप स्पिनर की गेंद पर बाउंड्री लगाएँगे तो वह ताली बजाकर या मुस्कुराकर आपको दाद देगा। जहाँ तेज गेंदबाजी है वहाँ रफ्तार है, ताकत है, डराने-धमकाने व घायल करके बल्लेबाजों को आउट करने व बल्लेबाजों को खून में लथपथ देखकर अपनी मारक क्षमता पर इतराने व इस काबलियत पर खुश होने की प्रवृत्ति है। इसके ठीक विपरीत जहाँ स्पिन गेंदबाजी है वहाँ अपनी कला व कौशल के बल पर सफलता प्राप्त करने की ललक है। अत: स्पिन गेंदबाजी की प्राथमिकता एकदम अलग है। भले ही वह सीधे हाथ का ऑफ स्पिनर हो या सीधे हाथ का कलाई से स्पिन करानेवाला लेग स्पिनर व गुगली गेंदबाज हो या फिर बाएँ हाथ से ऑफ स्पिन या लेग स्पिन करानेवाला अथवा चायना मेन फेंकनेवाला स्पिनर। उसकी खूबी ही यह है कि वह बल्लेबाज को ललचाकर, उसे चकमा देकर, अपनी गेंद को स्पिन में उलझाकर, 'फ्लाइट' में मात देकर, उसे आगे अथवा पीछे खेलने की दुविधा में डालकर, कम या अधिक स्पिन या फिर स्पिन की विविधता के भ्रम में डालकर और कमोबेश बेवकूफ बनाकर आउट करता है। वह उसे कोई शारीरिक चोट नहीं पहुँचाता। तेज गेंदबाज जहाँ बाउंड्री लगानेवाले बल्लेबाज की ओर गुस्से से देखता है और अगली ही गेंद पर चोट से बचने की पूर्व चेतावनी देता है वहीं स्पिनर बाउंड्री मारनेवाले बल्लेबाज का इस्तकबाल करता है व फिर अपनी अगली गेंद पर अपनी विविध स्पिन कला में से किसका चुनाव करे इस योजना में लग जाता है। वह तेज गेंदबाज की अपेक्षा अधिक धैर्यवान व एकाग्रचित्त होता है। स्पिन कला का यह कौशल लगभग सभी क्रिकेट देशों के स्पिन गेंदबाजों की चारित्रिक विशेषता है।

इंग्लैंड, वेस्टइंडीज, न्यूजीलैंड व दक्षिण अफ्रीका में तो स्पिन गेंदबाजी यदा-कदा ही देखने को मिलती है। पहले के जमाने में विकेट ढँके नहीं जाते थे और चूँकि इंग्लैंड के 'विकेट्स' 'मूवमेंट' व 'स्विंग' के लिए, वेस्टइंडीज के 'विकेट्स' तेजी व रफ्तार के लिए, न्यूजीलैंड के 'विकेट्स' तेजी के लिए, आस्ट्रेलिया के 'विकेट्स' भी रफ्तार के लिए और दक्षिण अफ्रीका के 'विकेट्स' तेजी व उछाल के लिए जाने जाते रहे हैं। अत: आस्ट्रेलिया को छोड़कर इनमें से अन्य किसी क्रिकेट देश में स्पिन गेंदबाजी नहीं पनप पाई। यही कारण है कि वहाँ तेज या मध्यम तेज गति के गेंदबाजों का दबदबा रहा। इंग्लैंड के लम्बे टेस्ट इतिहास में केवल टोनी लॉक, जिम लेकर और डेरिक अण्डरवुड ही उल्लेखनीय स्पिनर हुए। इसी तरह वेस्टइंडीज में सिर्फ सनी रामाधीन, वेलेंटाइन व लांस गिब्स ही प्रमुख स्पिनर हुए। हाँ, गैरी सोबर्स जरूर पुरानी गेंद से लेफ्टआर्म स्पिन व 'चाइनामेन' गेंदबाजी करते थे। आस्ट्रेलिया एकमात्र ताकतवर क्रिकेट राष्ट्र है जहाँ स्पिन गेंदबाजी की परम्परा रही है। और यह इस तथ्य के बावजूद है कि वहाँ के विकेट तेज गेंदबाजी की मदद के लिए विख्यात रहे हैं। चार्ली ग्रिमेट, बिलओ' रिली, जार्ज ट्राइब, सिसिल पेपर, रिची बेनो, क्लाइन और अब

शेन वार्न व मेकगिल आस्ट्रेलिया के प्रमुख स्पिनर्स हैं जिनकी धाक समूचे क्रिकेट जगत में रही। खासकर दाहिने हाथ से कलाई मोड़कर स्पिन करानेवाले जितने अधिक स्पिनर्स आस्ट्रेलिया में हुए हैं उतने अन्य किसी देश में नहीं हुए। आज हालत यह है कि शेन वार्न के टीम में होने की वजह से उन्हीं की तरह लेग स्पिन करानेवाले मेकगिल को प्रतिभाशाली होने के बावजूद खेलने के पर्याप्त अवसर नहीं मिल पा रहे हैं। न्यूजीलैण्ड में भी ब्रेसवेल व व्हिटोरी के अलावा अन्तर्राष्ट्रीय स्तर का कोई अन्य उल्लेखनीय स्पिनर नहीं हुआ। दक्षिण अफ्रीकी गेंदबाजी या तो तेज गेंदबाजों पर निर्भर रही है या फिर 'सीमर्स' पर। भारत व पाकिस्तान ये दो ऐसे क्रिकेट राष्ट्र हैं जहाँ स्पिन गेंदबाजी की लम्बी परम्परा रही है। भारत में 11 स्पिनर्स ऐसे हैं जिनके नाम पर टेस्ट क्रिकेट में सौ से अधिक विकेट दर्ज हैं। इनमें दाहिने हाथ से ऑफ स्पिन करानेवाले गेंदबाज भी हैं व कलाई मोड़कर लेग स्पिन करानेवाले भी और लेफ्टआर्म स्पिनर्स भी। स्पिन की जैसी विविधता भारत में मिलती है वैसी अन्य किसी देश में नहीं मिलती। उधर पाकिस्तान में कभी अमीर इलाही, इन्तिखाब आलम, अब्दुल कादिर, मुश्ताक व दानिश कनेरिया जैसे दाहिने हाथ से कलाई मोड़कर लेग स्पिन करानेवालों का जलवा रहा तो कभी दाहिने हाथ से ऑफ स्पिन करानेवाले तौसीफ अहमद व सकलेन मुश्ताक का, और कभी इकबाल कासिम जैसे लेफ्टआर्म स्पिनर का। श्रीलंका में स्पिन की कमान मुथैय्या मुरलीधरन, डी'सिल्वा, चन्दना, जयसूर्या व मलिंगा के हाथों में है। भारत के स्पिनर अनिल कुम्बले ने साबित कर दिया है कि अपनी सीमित प्रतिभा का सदुपयोग करते हुए सिर्फ उछाल, रफ्तार व सटीकता के दम पर भी बड़ी सफलता व उपलब्धि प्राप्त की जा सकती है। आज वे कपिलदेव के 434 टेस्ट विकेट को पीछे छोड़कर भारत के न सिर्फ सर्वाधिक विकेट लेने वाले स्पिनर हैं बल्कि सर्वाधिक टेस्ट विकेट लेनेवाले गेंदबाज हैं।

जहाँ तेज गेंदबाज हिंसक व खूँखार रहे हैं वहीं स्पिनर अहिंसक, सहनशील, खेल भावना व दोस्ती में यकीन रखनेवाले रहे हैं। एक या दो अपवाद इधर या उधर हो सकते हैं। परन्तु 90 फीसदी मामलों में यह आकलन बिलकुल सही है। स्पिनर आमतौर पर मुस्कुराते हुए ही गेंदबाजी करते हैं, तेज गेंदबाजों की तरह आँखें तरेर कर बड़बड़ाते हुए नहीं।

भारत में स्पिन कला के विकसित होने, पनपने और स्थापित होने के अनेक कारण रहे। एक तो भारतीयों ने स्वभाव व संस्कारवश स्पिन कला को अपनाया, दूसरे जब युवा खिलाड़ियों ने अपने वरिष्ठ स्पिनर्स को सफल होते देखा तो उन्हें ही अपना आदर्श मान लिया और वे भी उन्हीं की तरह स्पिनर बनने व सफल होने का सपना देखने लगे। इसके अलावा भारतीय विकेट भी धीमे, कम उछालवाले व घुमावदार गेंदबाजी को मदद देनेवाले रहे। स्थानीय परिस्थिति, मौसम, मिट्टी व वातावरण भी स्पिन गेंदबाजी को प्रोत्साहन देनेवाले रहे। कलाई व कमर का लचीलापन भी स्पिन गेंदबाजी व कलात्मक बल्लेबाजी को प्रोत्साहित करनेवाला रहा। फिर भारत में ऐसे

कप्तान भी हुए जिन्होंने अपने स्पिन गेंदबाजों पर भरोसा किया, उन्हें प्रोत्साहित किया व उनका उचित इस्तेमाल किया। स्पिन गेंदबाजों की सफलता के लिए यह निहायत जरूरी है कि उन्हें अपने कप्तान का पूरा समर्थन व विश्वास प्राप्त हो, कप्तान उनका ठीक तरह से व ठीक समय पर उपयोग करे तथा उन्हें अच्छे स्तर के विकेटकीपर व क्षेत्ररक्षकों का सहयोग मिले। वरना बल्लेबाज अवसर दे व विकेटकीपर तथा क्षेत्ररक्षक उन्हें गँवा दें तो गेंदबाज बल्लेबाज को 'बीट' करके भी उसे आउट नहीं कर सकता। गेंदबाज भले ही कितना भी स्पिन क्यों न कराता हो, उसका अपनी गेंदबाजी की दिशा व लम्बाई पर नियन्त्रण होना बहुत जरूरी है। तभी वह बड़ी सफलताएँ प्राप्त कर सकता है। 60 व 70 के दशक में अपने स्पिनर्स का जितना अच्छा उपयोग व उन पर जितना भरोसा टाइगर मंसूर अली खान पटौदी ने किया वैसा भारतीय क्रिकेट इतिहास में किसी ने नहीं किया। टाइगर पटौदी ने न सिर्फ स्पिन की ताकत को पहचाना, बल्कि इस कला का उम्दा उपयोग भी किया व एक चतुर तथा जानकार कप्तान की छवि बनाई। उन्होंने पहले सुभाष गुप्ते की लेग ब्रेक व गुगली का उपयोग किया व उन पर अपना विश्वास जताया। फिर सलीम दुर्रानी, बापू नाडकर्णी, चन्दू बोर्डे जैसे ऑलराउंडरों की स्पिन गेंदबाजी का व फिर चन्द्रशेखर, प्रसन्ना, बेदी तथा वेंकटराघवन की स्पिन चौकड़ी की ताकत का सदुपयोग करके भारत की स्पिन कला की धूम मचाई। पटौदी को भारत की स्पिन गेंदबाजी पर वैसा ही अटूट विश्वास था जैसा कि बाद में 1984 में वेस्टइंडीज के कप्तान क्लाइव लॉयड को वेस्टइंडीज की तूफानी गति की तेज गेंदबाजी पर था।

स्पिन गेंदबाजी की विशेषता यह है कि मैदान के बाहर बैठकर देखने से ऐसा लगता है मानो स्पिन करना बहुत आसान हो। बहुत से लोग सोचते हैं कि जिस तरह एक स्पिनर गेंद फेंकता है वैसी गेंद तो वे भी फेंक सकते हैं। लेकिन जब फेंकने का मौका आता है तभी यह पता चलता है कि बाहर से बेहद आसान व सरल लगनेवाला यह काम वास्तव में कितना मुश्किल है। इसी तरह बाहर बैठकर खेल देखनेवालों को लगता है कि बेहद धीमी व सरल, सहज तथा आसान स्पिन गेंदबाजी को खेलना, और खेलना ही नहीं उस पर चौके-छक्के लगाना, इतना आसान है कि वे भी लगा सकते हैं। लेकिन मैदान पर जाकर 'क्रीज' पर खड़े होने व 'गार्ड' लेने के बाद जैसे ही स्पिनर की पहली गेंद आती है, सारी गलतफहमी या खुशफहमी काफूर हो जाती है। तत्काल पता चल जाता है कि बाहर से एकदम सीधी सादी व आसान लगनेवाली स्पिन गेंदबाजी को खेलना कितना मुश्किल है तथा उसे ठीक से खेल पाने के लिए विशेष तकनीकी ज्ञान की आवश्यकता है। बाउंड्री लगाना तो दूर, ठीक से रोक पाने में भी पसीना छूट जाता है। वीनू मनकड़, बमुश्किल दो कदम चलकर आते थे और बड़ी सहजता से लेफ्टआर्म स्पिन कराते थे। यही हाल ऑफ स्पिनर प्रसन्ना का था और यही अन्दाज लेफ्टआर्म स्पिनर बिशन बेदी का। स्पिनर्स के कारण ओवर भी जल्दी पूरा होता है तथा ओवर रेट अच्छा बना रहता है।

लेफ्टआर्म स्पिनर राजिन्दर गोयल तो एक मिनट से कम समय में ही अपना ओवर पूरा कर लेते थे। प्रसन्ना की ऑफ स्पिन गेंदबाजी भी मैदान के बाहर से जितनी आसान लगती थी सामना करते वक्त उतनी ही मुश्किल नजर आती थी। सुभाष गुप्ते तो कलाई मोड़कर लेग ब्रेक व गुगली करानेवाले गेंदबाज थे मगर उनका एक्शन भी बड़ा लयात्मक था। आस्ट्रेलिया के पूर्व कप्तान व अपने समय के विख्यात ऑलराउंडर रिची बेनो भी कलाई मोड़कर लेग ब्रेक व गुगली कराते थे। परन्तु उनकी गेंदबाजी का एक्शन भी बड़ा आकर्षक व लुभावना था तथा बाहर से देखने पर बेहद आसान जान पड़ता था। आधुनिक स्पिनर्स में भारत के अनिल कुम्बले व हरभजन, पाकिस्तान के दानिश कनेरिया, आस्ट्रेलिया के शेन वार्न, श्रीलंका के मुथैय्या मुरलीधरन व हैरथ के एक्शन में भी गजब का सम्मोहन है। इन सभी स्पिनर्स की यही विशेषता है कि उनकी गेंदें बाहर बैठकर देखनेवालों को जितनी आसान लगती हैं, खेलनेवालों को वे उतनी ही मुश्किल लगती हैं।

जिस तरह वेस्टइंडीज में एक से बढ़कर एक तेज गेंदबाज हुए व अनेक बार तो समान स्तर के होने के बावजूद कुछ को तो बाहर ही बैठे रहना पड़ता था क्योंकि सभी तो टीम में खेल नहीं सकते थे, उसी तरह भारत में एक से बढ़कर एक स्पिन गेंदबाज हुए। कई को तो सिर्फ इस कारण बाहर बैठे रहना पड़ा क्योंकि अन्य स्थापित गेंदबाजों के टीम में होने से उनके लिए स्थान ही नहीं था और कुछ को कभी टीम में चुना ही नहीं गया क्योंकि उन्हीं की विधा के स्थापित गेंदबाज पहले से ही टीम में थे। इस सन्दर्भ में आप लेफ्टआर्म स्पिनर्स राजिन्दर गोयल व पदमाकर शिवालकर और दाहिने हाथ से कलाई मोड़कर लेग स्पिन करानेवाले वी. वी. कुमार का नाम ले सकते हैं। भारत को सभी बड़ी अन्तर्राष्ट्रीय सफलताएँ स्पिनर्स ने ही दिलवाई हैं। यही वजह है कि भारतीय क्रिकेट का स्पिनर्स पर अटूट भरोसा रहा है। 1892-93 से 1906-1907 की बम्बई प्रेसीडेंसी स्पर्धा को अपवादस्वरूप छोड़ दीजिए तो फिर 1907-8 से 1946 की त्रिकोणी, चतुष्कोणी एवं पंचकोणी स्पर्धाओं के दौरान अनेक स्तरीय स्पिनर्स सामने आए और उन्होंने सराहनीय प्रदर्शन भी किया। पी. बालू, जमशेदजी, एस. एम. जोशी, गोडांबे, सी. एस. नायडू और अमीर इलाही उनमें प्रमुख थे। गेंदबाज का केवल अधिक स्पिन कराना ही अधिक मुफीद है या उसका अपनी स्पिन को नियन्त्रित करना, इसके बारे में लोगों की राय अलग-अलग हो सकती है। मगर यह जरूर है कि जो गेंदबाज अपनी स्पिन को नियन्त्रित करता है व अपने क्षेत्ररक्षण की जमावट के हिसाब से अपनी गेंदों की लम्बाई व दिशा का ध्यान रखता है वह अधिक सफल होता है। रिची बेनो बहुत कम स्पिन करवाते थे लेकिन उनका नियन्त्रण गजब का था। 1959 के भारत दौरे में मैंने उन्हें अपनी इसी खूबी की बदौलत दिल्ली टेस्ट में रामचन्द की भारतीय टीम की बल्लेबाजी को ध्वस्त करते हुए देखा। कुम्बले व शेन वार्न भी अपने नियन्त्रण की बदौलत कामयाब रहे हैं। स्पिन गेंदबाज को गेंद को स्पिन कराने के लिए उस पर उँगली को घिसते रहना पड़ता

है। कलाई मोड़कर स्पिन करानेवाला भी उँगली का इस्तेमाल करता है। अतः लगातार रगड़ लगने के कारण 'स्पिनिंग फिंगर' से खून निकलने लगता है और उसकी चमड़ी मोटी हो जाती है। इतनी तकलीफ सहन करने व लगातार अभ्यास करते रहने के बाद स्पिन कला में महारथ हासिल हो पाती है। गेंदबाज को एक तपस्वी की तरह अपनी दिशा, नियन्त्रण, विविधता और स्पिन कौशल को विकसित करने के लिए कड़ा परिश्रम व त्याग करना पड़ता है। जो गेंदबाज गेंद को जितनी सहजता से छोड़ता है व जितनी 'फ्लाइट' कराता है उसकी गेंद उतनी ही घूमती है। सौभाग्य से भारत में इस कला की प्राचीन परम्परा रही है।

स्पिन गेंदबाजी में इतना आकर्षण है कि मैदान के बाहर बैठकर मैच देख रहे दर्शक भी उसका भरपूर आनन्द लेते हैं। शेन वार्न ने अपनी लेग स्पिन से जिस तरह माइक गैटिंग व बातिस अली को 'राउंड दी लेग' यानी उनके पैर के पीछे से गेंद निकालकर बोल्ड किया, क्या उससे अधिक दर्शनीय व मनोहारी दृश्य क्रिकेट में हो सकता है? जिन्होंने ये दृश्य देखे वे मानते हैं कि यह अनुभव उतना ही सुखद व सुकून भरा था जितना कि किसी बल्लेबाज द्वारा बल्ले के ठीक बीच से अच्छी 'टाइमिंग' से लगाए गए आकर्षक 'कवर ड्राइव' के दौरान सुनाई देनेवाली 'वायलिन' ध्वनि होती है या फिर किसी लेग स्पिनर की गेंद पर किसी बल्लेबाज द्वारा स्पिन के विपरीत मारी जानेवाली 'ऑन ड्राइव' हो सकती है।

एकदिवसीय क्रिकेट के चलन व उसकी बढ़ती जा रही लोकप्रियता के कारण न सिर्फ गेंदबाजी बल्कि बल्लेबाजी से भी कलात्मकता समाप्त होती जा रही है। सबसे ज्यादा असर स्पिन गेंदबाजी पर पड़ा है। अधिकतर टीमें विकेट लेनेवाले गेंदबाजों की बजाय रन रोकनेवाले गेंदबाजों को खिलाना पसन्द करते हैं। एक स्पिनर को तो विकेट लेने के लिए रन खर्च करने पड़ते हैं। अतः एकदिवसीय क्रिकेट में इसे महँगा सौदा माना जाता है। और जो स्पिनर एकदिवसीय क्रिकेट खेलते हैं, उन्हें भी गेंद को 'फ्लाइट' करने की बजाय उसे 'टाइट' रखने की कोशिश करनी पड़ती है। नतीजतन एकदिवसीय क्रिकेट में स्पिनर को अप्रासंगिक माना जाने लगा है। सन्तोष व समाधान की बात यही है कि आस्ट्रेलिया अपने स्टार स्पिनर शेन वार्न व श्रीलंका अपने सितारा स्पिनर मुरलीधरन को एकदिवसीय मैचों में भी वही सम्मान देता रहा है जो उन्हें टेस्ट क्रिकेट में प्राप्त है। ये दोनों एकदिवसीय मैचों में भी नाजुक अवसरों पर विकेट लेकर मैच का रुख पलटते रहे हैं। एक विश्वस्तरीय स्पिनर एकदिवसीय क्रिकेट में भी असरदार साबित हो सकता है। वार्न व मुरली का दबदबा इसका प्रमाण है।

स्पिन गेंदबाजी का सामना करनेवाला बल्लेबाज अच्छी स्पिन से चकमा भले ही खाता हो व 'बीट' होने पर भले ही खिसियाता हो, खुद अपनी ही नजरों में गिर जाता हो, झेंप जाता हो और अन्त में आउट भी हो जाता हो, लेकिन वह कभी घायल नहीं होता, न ही कभी आतंक तथा डर का शिकार होता है। वह गेंदबाज की चतुराई

पर आश्चर्यचकित व अपनी नाकामी पर लज्जित तो होता है लेकिन उसके मन में गेंदबाज के लिए गुस्से अथवा नफरत का भाव नहीं आता। तभी तो स्पिन कला अहिंसा की भावना के इतने करीब है।

भारत में तेज गेंदबाजी की बजाय स्पिन गेंदबाजी के अधिक फलने-फूलने की वजह यहाँ के विकेट व जलवायु तो हैं ही इसके अलावा यह सच्चाई भी है कि तेज या मध्यम तेज गेंदबाजी के लिए मजबूत कद-काठी, शारीरिक क्षमता व अच्छे खानपान के अलावा अधिक मेहनत व धैर्य की जरूरत होती है। नतीजतन अधिकतर लोग इसकी बजाय स्पिन की ओर मुखातिब होते हैं। इसीलिए भारत में टेस्ट और एकदिवसीय मुकाबलों में ही नहीं, प्रथम श्रेणी क्रिकेट में भी स्पिनर हावी रहे हैं। भारत के सिर्फ तीन ही तेज या मध्यम गति के गेंदबाज ऐसे हैं जिनके नाम पर टेस्ट क्रिकेट में 100 से अधिक विकेट दर्ज हैं। 50 से अधिक किन्तु 100 से कम टेस्ट विकेट लेनेवाले ऐसे गेंदबाजों की संख्या 8 है। जबकि भारत के 11 स्पिनर्स के नाम 100 से अधिक विकेट दर्ज हैं और 6 स्पिनर्स के खाते में 50 से अधिक किन्तु 100 से कम विकेट दर्ज हैं तथा 25 से अधिक किन्तु 50 से कम टेस्ट विकेट लेने वाले 3 गेंदबाज हैं। जाहिर है कि पलड़ा स्पिनर्स की ओर साफ तौर पर झुका हुआ है। टेस्ट क्रिकेट में भारत के सर्वाधिक विकेट लेनेवाले गेंदबाज अनिल कुम्बले भी स्पिनर ही हैं।

भारतीय क्रिकेट के इतिहास में मंसूर अली खान पटौदी जिन्हें क्रिकेट जगत में टाइगर पटौदी के नाम से जाना जाता है, पहले भारतीय कप्तान थे जिन्होंने तेज गेंदबाजी के खिलाफ स्पिन गेंदबाजी को आक्रमण के प्रमुख हथियार के रूप में स्थापित किया। सुभाष गुप्ते, सलीम दुर्रानी, प्रसन्ना, चन्द्रशेखर, बिशन बेदी व वेंकटराघवन को पटौदी की कप्तानी में ही अपनी स्पिन कला को विकसित, स्थापित व कामयाब होते देखने का अवसर मिला। इन गेंदबाजों व उनकी कला को निखारने व इन्हें अपने कौशल का अहसास कराने में पटौदी का महत्त्वपूर्ण योगदान रहा। 1964 से 1969 के बीच पटौदी ने ही भारतीय स्पिन गेंदबाजी का खौफ कायम किया तथा अपने स्पिन गेंदबाजों की अन्तर्राष्ट्रीय छवि स्थापित की। उस समय जब इंग्लैंड, आस्ट्रेलिया तथा वेस्टइंडीज जैसे ताकतवर क्रिकेट देश तेज गेंदबाजी की मदद से दुनियाभर की बल्लेबाजी को ध्वस्त कर रहे थे टाइगर पटौदी ने भारत की स्पिन कला का लोहा मनवाया। उन्हें स्पिन की ताकत को शिद्दत से पेश करनेवाले पहले भारतीय कप्तान के रूप में हमेशा याद किया जाएगा। बल्लेबाज की कमजोरी भाँपकर उसी क्षेत्र में अधिक क्षेत्ररक्षक लगाना जिधर वह अपेक्षाकृत अधिक कमजोर हो और अपने स्पिन गेंदबाजों से उसी हिसाब से गेंदबाजी करवाना, यह पटौदी ने बखूबी कर दिखाया। पटौदी ने स्पिन कला का मान भी बढ़ाया और राष्ट्रीय गौरव में भी वृद्धि की।

संस्कारवश कहिए या स्वभाववश, भारत ने स्पिन कला को उतनी ही सहजता

से आत्मसात् किया है जितनी सहजता से अहिंसा एवं सहिष्णुता के सिद्धान्त को तथा संगीत व नृत्य कला को। स्पिन में वही लय व रवानी है जो संगीत एवं नृत्य में है। एकदिवसीय क्रिकेट की चमक-दमक में स्पिन कला भी वैसे ही खो गई है जैसे कि बल्लेबाजी की कलात्मकता खोई है। वरना स्पिन का भी अपना आलम था। बालू व एस. एम. जोशी तो बड़े स्तर का क्रिकेट यानी टेस्ट क्रिकेट खेल ही नहीं पाए क्योंकि तब भारत को टेस्ट दर्जा प्राप्त नहीं था। जमशेदजी केवल एक टेस्ट खेले और वह भी 41 की उम्र में। दरअसल हमारे यहाँ सही मायने में स्पिन का सिलसिला शुरू हुआ सी. एस. नायडू व अमीर इलाही से और फिर शिन्दे तक होता हुआ वीनू मनकड़, सुभाष गुप्ते, गुलाम अहमद तक पहुँचा। फिर दुर्रानी, नाडकर्णी व बोर्डे जैसे ऑलराउंडर्स व फिर बेदी, प्रसन्ना, चन्द्रशेखर, वेंकटराघवन तक आते-आते वह अपने सर्वोच्च स्तर पर पहुँचा। इसके बाद दिलीप दोशी, शिवरामकृष्णन, मनिन्दर सिंह, अर्शद अय्यूब, नरेन्द्र हीरवानी, राजेश चौहान, वेंकटपति राजू तक पहुँचते हुए वह वर्तमान में अनिल कुम्बले व हरभजन सिंह तक आ पहुँचा है। मुरली कार्तिक व शरणदीप सिंह को न तो पर्याप्त मौके ही मिल पाते हैं और न ही उनकी गेंदों में वह पैनापन व धार है जो अकसर फ्लाइट करानेवालों को ही प्राप्त होती है। और चूँकि कुम्बले व हरभजन स्थापित हो चुके हैं व अच्छा प्रदर्शन भी कर रहे हैं, नयों के लिए अवसर ही कहाँ है?

सच तो यह है कि भारतीय स्पिन गेंदबाजी का अब तक का सफर विश्वस्तर और अपने-अपने हुनर में लाजवाब होने के लिहाज से सिर्फ सात गेंदबाजों तक सिमट कर रह जाता है। लेफ्टआर्म स्पिन में मनकड़ व बेदी, दाहिने हाथ के लेग स्पिनर्स में सुभाष गुप्ते, फ्रीक गेंदबाज चन्द्रशेखर व कुम्बले और दाहिने हाथ के ऑफ स्पिनर्स में प्रसन्ना तथा वेंकटराघवन। शेष इनके आस-पास कहीं नहीं फटकते। इतना जरूर है कि महाराजा पटियाला द्वारा विलफ्रेड रोड्स को बुलाए जाने से भारत में लेफ्टआर्म स्पिन का व राजा साहब जट द्वारा क्लेरी ग्रिमेट को बुलाए जाने से लेग ब्रेक गुगली का वातावरण बना।

स्पिन का प्रारम्भिक काल

कुछ लोग भारत में क्रिकेट की शुरुआत 1792 से बताते हैं तो कुछ लोग 1796 से। पर यह सभी मानते हैं कि तब क्रिकेट या तो विदेश से भारत आनेवाले सैनिक खेलते थे या फिर विदेश से आनेवाले नाविक। खुद भारतीयों ने क्रिकेट खेलने की शुरुआत 1848 से की। पारसी पहला भारतीय समुदाय था जिसने सबसे पहले भारत में क्रिकेट को अपनाया। पारसियों तथा यूरोपियन्स के बीच खेली जानेवाली प्रेसीडेंसी स्पर्धा भारत में शुरू होनेवाली पहली क्रिकेट स्पर्धा थी। यह स्पर्धा 1892-93 में शुरू हुई तथा 1906-07 तक यानी 14 साल तक चली। फिर धीरे-धीरे चूँकि अन्य टीमें भी भाग लेने लगीं इस कारण इस स्पर्धा का रूप व नाम बदलता गया। स्पिन गेंदबाजी की शुरुआत के लिए हमें करीब 100 वर्षों के विशाल इतिहास की ओर जाना होगा।

इन प्रेसीडेंसी मैचों को पारसियों के क्रिकेट समीक्षक प्रेमजी पटेल ने 'इंडियन डर्बी' कहा है। उनका कहना है कि जिस जोश-खरोश से ग्रीसवासी ओलम्पिक में भाग लेते थे, उसी उत्साह व जोश से लोग प्रेसीडेंसी मैचों में उमड़ते थे। लेकिन इन मैचों में अधिकतर सीमर्स व तेज या मध्यम तेज गेंदबाजों की ही धूम रही। पारसी गेंदबाजों में के. एम. मिस्त्री व बी. एम. बिलीमोरिया ने तहलका मचाया। एम. डी. बलसारा सर्वाधिक तेज गति के पारसी गेंदबाज के रूप में विख्यात हुए। इंग्लैंड से आनेवाले गेंदबाज भी या तो तेज गति से गेंद करते थे या फिर वे मध्यम तेज गति के होते थे। कुल मिलाकर तब स्पिन गेंदबाजी न तो पनप पाई और न ही कोई स्तरीय स्पिनर सामने ही आया। खास बात यह है कि यद्यपि ये मैच बरसात के दिनों में होते थे फिर भी बहुत कम मैच बारिश के कारण प्रभावित हुए। तब तक 'ऑफ कटर्स' व 'लेग कटर्स' का ही जोर रहा। न तो इसके पहले के खिलाड़ियों की कोई अधिकृत जानकारी ही उपलब्ध है और न इसके पहले कोई अधिकृत व उल्लेखनीय क्रिकेट स्पर्धा की ही जानकारी प्राप्त है।

जब पारसियों व यूरोपियन्स के अलावा 1906 में हिन्दुओं की टीम भी क्रिकेट स्पर्धा से जुड़ गई तो उसका नाम त्रिकोणी स्पर्धा हो गया। यह स्पर्धा 1907 से 1911 तक चली। फिर 1912 में मुसलमानों की टीम भी जब इसमें भाग लेने लगी तो उसे चतुष्कोणी स्पर्धा कहा जाने लगा। चार टीमों की यह स्पर्धा 1912 से लेकर 1936 तक खेली गई। 1937 में जब 'रेस्ट' के नाम से इस स्पर्धा में पाँचवीं टीम भी शामिल

हो गई तो उसे पंचकोणी स्पर्धा कहा जाने लगा। यह स्पर्धा 1937 से लेकर 1946 तक चली। प्रेसीडेंसी, त्रिकोणी, चतुष्कोणी व पंचकोणी स्पर्धाओं को 'बम्बई स्पर्धा' के नाम से भी जाना जाता है।

पारसी, हिन्दू, इस्लाम बम्बई जीमखाना और केथोलिक जीमखाना के मैदानों पर ही खिलाड़ी खेलकर तैयार होते थे और ये जीमखाना क्रिकेट को प्रोत्साहन भी देते थे। 1936 से क्रिकेट क्लब ऑफ इंडिया का ब्रेबोर्न स्टेडियम क्रिकेट गतिविधियों का केन्द्र बन गया व पंचकोणी स्पर्धा यहीं खेली जाने लगी। भारत में स्पिन गेंदबाजी त्रिकोणी स्पर्धा के दौरान सामने आई। कब व किन गेंदबाजों को देखकर भारतीय स्पिन गेंदबाजों ने स्पिन की शुरुआत की और किसने किसे प्रेरित व प्रोत्साहित किया यह निश्चित तौर पर कह पाना मुमकिन नहीं है। इतना जरूर है कि 1906 के बाद ही भारत में स्पिन कला उभरी व फैली। चतुष्कोणी व पंचकोणी स्पर्धा के दौरान स्पिन गेंदबाजी, गेंदबाजी की प्रमुख विधा के रूप में विकसित व स्थापित भी हुई।

(i) पी. बालू

भारतीय क्रिकेट इतिहास के पहले स्पिन गेंदबाज थे। चार पलवनकर भाइयों में सबसे बड़े थे और बाएँ हाथ से स्पिन गेंदबाजी करते थे। वे ऑफ स्पिन भी कराते थे और लेग स्पिन भी। उनके छोटे भाई पी. विट्ठल एक आकर्षक बल्लेबाज थे और ऐसी मान्यता है कि वे भी कर्नल नायडू, प्रो. देवधर व एल. पी. जय के स्तर के बल्लेबाज थे। खास बात यह कि ये चारों भाई—पी. बालू, पी. शिवराम, पी. विट्ठल और पी. गनपत—1909 से 1924 के बीच हिन्दुओं की टीम के लिए बम्बई स्पर्धा में खेले जो कि एक ऐतिहासिक घटना थी और एक विश्व कीर्तिमान था कि चारों सगे भाई एक ही टीम के लिए प्रथम श्रेणी की उच्चस्तरीय स्पर्धा में खेलें। बालू का परिवार एक दलित परिवार था। दलितों को तब अछूत माना जाता था। भारत में तब छुआछूत का ऐसा बृहत प्रभाव था कि दलितों को अन्य वर्गों के लोग अपने आस-पास भी नहीं फटकने देते थे व उनकी छाया तक से परहेज करते थे। उन्हें आर्थिक, सामाजिक व अन्य आवश्यक सुविधाओं से वंचित रखा जाता था। उन्हें सामाजिक समारोहों से भी दूर रहना होता था। एक दलित परिवार में पैदा होने के कारण बालू को भी अन्याय, उत्पीड़न, अत्याचार व तिरस्कार झेलना पड़ा। जाति-प्रथा व छुआछूत के चलते उन्हें अपने प्रारम्भिक खेल जीवन में बड़ी जलालत भुगतनी पड़ी। बचपन में अन्य साथी खिलाड़ी उनके पास जाने तक से कतराते थे। आज हम उस सामाजिक परिस्थिति का अन्दाजा ही नहीं लगा सकते जिसमें बालू को संघर्ष करना पड़ा। परन्तु लोग उनकी स्पिन कला के कायल थे। एक अछूत बालक भी इतनी अच्छी स्पिन गेंदबाजी कर सकता है यह सभी के लिए आश्चर्यजनक था। प्रतिभा जाति, सम्प्रदाय, धर्म और धन की दासी नहीं होती। वह तो प्रतिभावान व्यक्ति के सर पर चढ़कर

बोलती है और गरीबी व अमीरी से परे है।

बम्बई जीमखाना ने बालू में छिपी प्रतिभा को पहचाना और सारे सामाजिक प्रतिबन्धों को तोड़कर उन्हें अपना ग्राउंडमैन नियुक्त करने का साहसिक फैसला किया। यह एक कठिन निर्णय था। लेकिन इस फैसले ने बालू की दुनिया ही बदल दी। उन्हें बम्बई जीमखाना पर काम करने के साथ-साथ वहाँ क्रिकेट देखने व खेलने का मौका भी मिला। उनके साथ- साथ उनके तीन भाई भी वहीं खेलने लगे। अपनी काबलियत व प्रतिभा की बदौलत बालू हिन्दू जीमखाना के सदस्य बने और फिर हिन्दुओं की टीम में भी चुने गए व हिन्दुओं की टीम के कप्तान भी बने। एक दलित परिवार में जन्मे व्यक्ति का बम्बई स्पर्धा में हिन्दुओं की टीम का नेतृत्व करना एक क्रान्तिकारी घटना थी, खासकर उस सामाजिक परिवेश व परिस्थिति में जिसमें वे पले, बड़े हुए, खेले और बढ़े। प्रारम्भिक जीवन में हिकारत, जलालत और अस्पृश्यता

भुगतनेवाले बालू की हिन्दुओं की टीम के कप्तान के रूप में तरक्की दरअसल उनकी अभूतपूर्व प्रतिभा व मैदानी उपलब्धियों का ही प्रतिफल था।

जब वे सिर्फ 14 साल के थे तभी से एक चुस्त क्षेत्ररक्षक व चतुर स्पिनर के रूप में मशहूर हो गए थे। वे ऊँचे दर्जे की शिक्षा सिर्फ इस वजह से नहीं पा सके क्योंकि वे एक हरिजन परिवार में जन्मे थे। वे पूना चले गए व पूना क्लब में नौकरी करने लगे। यहाँ उनका सम्पर्क यूरोपियन समुदाय के प्रभावकारी लोगों से हुआ। बाद में उन्हें पारसी जीमखाना व पश्चिम रेलवे में काम मिल गया। 20 साल की उम्र से वे प्रथम श्रेणी क्रिकेट खेलने लगे और शीघ्र ही हिन्दुओं की टीम के अग्रणी स्पिनर बन गए।

बालू उच्चकोटि के लेफ्टआर्म स्पिनर थे। उनकी यह खूबी थी कि वे बाएँ हाथ से ऑफ स्पिन भी कराते थे और लेग स्पिन भी। एक ही एक्शन से ऑफ स्पिन व लेग स्पिन करानेवाला गेंदबाज, बल्लेबाज को परेशान करता ही है क्योंकि बल्लेबाज इसी भ्रम में रहता है कि न जाने वह कौन-सी गेंद फेंकेगा। अपने गेंदबाजी के एक्शन में बिना कोई तब्दीली या फेरबदल किए लेग ब्रेक व ऑफ ब्रेक दोनों ही सफलतापूर्वक करवा लेना उनकी गेंदबाजी का सर्वाधिक महत्त्वपूर्ण पहलू था। उनकी स्पिन के जादू का ही कमाल था कि उन्हें 1911 में इंग्लैंड के दौरे पर गई ऑल इंडिया टीम में चुना गया था। इस दौरे में उन्होंने इंग्लैंड में 114 विकेट लिए थे जो कि एक बड़ी उपलब्धि थी। प्रो. डी.बी. देवधर तो उनकी स्पिन गेंदबाजी के इतने बड़े प्रशंसक थे कि वे उन्हें उस समय के दो महान लेफ्टआर्म स्पिनर रोड्स व वेरिटी के स्तर का गेंदबाज मानते थे।

पी. बालू 1907 से 1912 तक बम्बई स्पर्धा में हिन्दुओं की टीम के लिए खेले और उन्होंने त्रिकोणी स्पर्धा में 42 व चतुष्कोणी स्पर्धा में 33 विकेट लिए। अपने पूरे खेल जीवन में उन्होंने हिन्दुओं की टीम के लिए 15 मैचों में 2632 गेंदों पर 940 रन देकर 75 विकेट लिए। काठियावाड़ के खिलाफ झालावाड़ के लिए खेलते हुए उन्होंने दो बार महान रणजी को आउट किया।

उनके जमाने में न तो भारत को टेस्ट दर्जा मिल पाया था और न ही रणजी ट्राफी ही शुरू हो पाई थी। अत: उनकी उपलब्धि त्रिकोणी एवं चतुष्कोणी स्पर्धाओं तक ही सीमित रही। तब ये ही सर्वोच्च स्तरीय प्रतिस्पर्धात्मक प्रतियोगिताएँ थीं। उस जमाने को देखते हुए यह एक बड़ी उपलब्धि थी।

यूरोपियन्स की टीम के खिलाफ 1910-1911 में 92 रन देकर 6 विकेट लेना उनका श्रेष्ठ गेंदबाजी प्रदर्शन रहा। त्रिकोणी स्पर्धा के अपने 1907-1911 के 4 वर्ष के छोटे से खेल जीवन में उन्होंने 10.64 की औसत से हिन्दुओं की टीम के लिए 42 विकेट लिए। अपनी लेफ्टआर्म स्पिन से उन्हें मैच में छह बार 5 व दो बार 10 विकेट लेने का गौरव प्राप्त हुआ।

(ii) एस. एम. जोशी

भारत में स्पिन के प्रारम्भिक काल के दूसरे उल्लेखनीय स्पिनर थे। यदि पी. बालू भारतीय क्रिकेट इतिहास के पहले स्तरीय खब्बू स्पिनर थे तो जोशी भारतीय क्रिकेट इतिहास के पहले ऑफ स्पिनर व लेग स्पिनर। ऑफ स्पिन के अलावा बाएँ हाथ से कलाई को मोड़कर गैर परम्परागत व अस्वाभाविक किस्म की इस स्पिन कला के वे पहले उल्लेखनीय गेंदबाज थे। वे तुकोजी राव होल्कर की सेवा में भी रहे। 1925 में जब इंदौर का क्रिकेट विकसित हुआ, उसमें सी. के. नायडू के अलावा लाल्या जोशी, कुतुबुद्दीन व एस. एम. जोशी का महत्त्वपूर्ण योगदान रहा। उन्हें तब के मशहूर खिलाड़ियों में शुमार किया जाता था। उनका खेल जीवन 1909 से लेकर 1929 तक का रहा और इस खेल समय में उन्हें 1915 से लेकर 1925 तक 10 वर्षों के लम्बे काल में भारत का श्रेष्ठ लेग स्पिनर माना गया। लेकिन 1911, 1914, 1921, 1927 व 1928 में वे न जाने क्यों बम्बई स्पर्धा से नदारद रहे और खेले ही नहीं।

उनकी प्रतिभा व कौशल की वजह से उन्हें 1909 में बम्बई की त्रिकोणी स्पर्धा में हिन्दुओं की टीम में खिलाया गया। लेकिन विडम्बना देखिए कि उन्हें हिन्दुओं की टीम में लिया तो गया और खिलाया भी गया परन्तु तीसरे मैच के पहले कभी भी गेंदबाजी करने का मौका नहीं दिया गया। और चूँकि तीसरे मैच के पहले साल बदल गया था और नया साल लग गया था। अत: एस. एम. जोशी भारतीय क्रिकेट इतिहास के ऐसे खिलाड़ी थे जिन्हें हिन्दुओं की टीम में चुना तो 1909 में गया मगर जिन्हें गेंदबाजी करने का अवसर 1910 में मिला। उन्होंने अपना खेल जीवन मैटिंग पर खेल कर शुरू किया था। क्रिकेट में बहुत-सी दिलचस्प घटनाएँ होती रहती हैं और यह भी उन्हीं में से एक थी। तभी तो यह खेल इतना आकर्षक व लोकप्रिय है। भला कोई सोच सकता है कि ऐसा भी हो सकता है जैसा कि एस. एम. जोशी के साथ हुआ?

पारसियों, हिन्दुओं व यूरोपियन्स की टीमों के बीच खेली जानेवाली त्रिकोणी स्पर्धा में उनकी लेग स्पिन का जलवा तो रहा किन्तु उन्हें सफलता तब मिली जब मुसलमानों की टीम भी इस स्पर्धा में शरीक हो गई और नतीजन यह त्रिकोणी स्पर्धा चतुष्कोणी हो गई। चतुष्कोणी स्पर्धा में उनकी गेंदबाजी की 'फ्लाइट' व स्पिन का जादू सिर चढ़कर बोला। बल्लेबाज उनकी स्पिन का लोहा मानते थे। जरा देखिए तो कि जिन एस. एम. जोशी को 3 त्रिकोणी मैचों में एक भी विकेट नहीं मिला था, उन्हें चतुष्कोणी स्पर्धा के 19 मैचों में 96 विकेट मिले। उनकी यह सफलता स्पिन कला के विकसित होने की कहानी कहती है। तब के बल्लेबाज 'क्रीज' से बाहर निकलकर 'फ्लाइटेड' गेंद को ड्राइव करने में इतने कुशल नहीं थे तथा अपने कदमों का इतना अच्छा उपयोग नहीं करते थे जितना बाद के बल्लेबाज करने लगे थे।

अधिकतर बल्लेबाज स्पिन को पीछे हटकर खेलते थे और इसी में चकमा खाते थे। चूँकि वे ऑफ ब्रेक व लेग ब्रेक दोनों करते थे, इस कारण अधिक कारगर साबित होते थे।

जोशी कुल जमा 22 मैच खेले जिनमें उन्होंने 4869 गेंदें फेंकी और 1846 रन देकर 19.03 की औसत से 97 विकेट लिए। 1915 में पारसियों की टीम के खिलाफ 34 रन देकर 7 विकेट उनका श्रेष्ठ गेंदबाजी प्रदर्शन रहा। उन्होंने 9 बार पारी में 5 और 2 बार मैच में 10 विकेट लिए। अकेली चतुष्कोणी स्पर्धा में उनका प्रदर्शन रहा 19 मैच, 4809 गेंदें, 1814 रन और 19.70 की औसत से 97 विकेट। ताज्जुब इस बात का है कि अपने समय का श्रेष्ठ लेग स्पिनर करार दिया गया यह गेंदबाज अपने 20 वर्ष के लम्बे खेल जीवन में से 5 साल तो त्रिकोणी व चतुष्कोणी स्पर्धा में खेला ही नहीं। और 1915 से 1925 तक निर्विवाद रूप से बेजोड़ लेग स्पिनर माने जानेवाले एस. एम. जोशी को गिलिगन की अगुआई में 1926 में भारत आई एम.सी.सी. के खिलाफ हिन्दुओं की टीम में लिया ही नहीं गया।

मगर 1915 से लेकर 1925 तक उन्होंने अनेक बार अपनी स्पिन कला का नमूना पेश किया तथा अपनी गेंदबाजी से प्रभावित किया। 1915 में पारसियों के खिलाफ उन्होंने 34 रन देकर 7 विकेट लिए ही थे। 1916 में यूरोपियन्स के खिलाफ 32 रन देकर 6, 1917 के फाइनल मुकाबले में पारसियों के खिलाफ 57 पर 6 व उसके पहले मुसलमानों के खिलाफ 52 पर 5 विकेट लिए। 1920 के फाइनल में भी पारसियों से ही हिन्दुओं का मुकाबला हुआ और इस बार जोशी ने 71 रनों पर 4 विकेट लिए। 1922 में भी हिन्दुओं की टीम व पारसियों की टीम के बीच चतुष्कोणी फाइनल खेला गया और इसमें जोशी ने 63 रनों पर 8 विकेट लिए। 1925 के चतुष्कोणी फाइनल में यूरोपियन्स की टीम के खिलाफ हिन्दुओं की टीम के लिए उन्होंने पहली पारी में 151 रन देकर 3 व दूसरी पारी में 98 रन देकर 6 विकेट लिए। इन सभी मैचों में हिन्दुओं की टीम की जीत में जोशी की स्पिन गेंदबाजी का महत्त्वपूर्ण योगदान रहा।

पी. बालू की तरह एस. एम. जोशी की उपलब्धियाँ भी सिर्फ त्रिकोणी एवं चतुष्कोणी स्पर्धाओं तक ही सीमित रहीं। तब ये ही सर्वोच्च स्तर की क्रिकेट प्रतिस्पर्धाएँ थी। न तो भारत को टेस्ट दर्जा मिल पाया था और न ही रणजी ट्रॉफी की शुरुआत हो पाई थी।

अपनी जवानी के दिनों में श्रीधर महादेव जोशी अपना अधिकांश क्रिकेट पूना में ही खेले। सिर्फ चार या पाँच कदमों के छोटे-से 'रनअप' से आकर वे गेंदबाजी करते थे। लेकिन पैर की चोट के कारण उनका क्षेत्ररक्षण ढीला-ढाला था। और इसी कारण उन्हें खिलाना महँगा पड़ता था। वे संगीत के भी शौकीन थे और गेंदबाजी करते वक्त या तो कोई गीत गुनगुनाते रहते थे या फिर सीटी बजाते रहते थे। कुल मिलाकर वे एक जिन्दादिल इनसान थे।

(iii) आर. जे. डी. जमशेदजी

इस प्रारम्भिक दौर के तीसरे उल्लेखनीय स्पिनर थे। उन्हें अपने समय का श्रेष्ठ लेफ्टआर्म स्पिनर माना जाता था। एक बेहतरीन खब्बू स्पिनर के रूप में उन्होंने 1922 में पारसियों की टीम के लिए खेलकर बम्बई स्पर्धा में खेलने का आगाज किया और अपने पहले ही चतुष्कोणी मुकाबले में यूरोपियन्स की टीम के खिलाफ खेलते हुए पहले राउंड में 85 रन देकर 8 तथा फाइनल मुकाबले में हिन्दुओं की टीम के खिलाफ क्रमश: 61 रन देकर 7 तथा 61 रन देकर 4, इस तरह मैच में 11 विकेट लिए। उनके गेंदबाजी प्रदर्शन ने पारसियों को 12 साल लम्बे समय के बाद स्पर्धा विजेता बनाने में महत्त्वपूर्ण योगदान दिया।

1924 में मुसलमानों की टीम के खिलाफ उनकी शानदार गेंदबाजी व 81 पर 5 तथा 48 पर 4 विकेट के बावजूद पारसियों की टीम अपनी खराब बल्लेबाजी के कारण मैच हार गई। 1925 में हिन्दुओं की टीम के खिलाफ उन्होंने 142 रन देकर 7 विकेट लिए। 1926 में पुणे के दक्खन जीमखाना के मैदान पर जमशेदजी ने यूरोपियन्स के खिलाफ 46 रनों पर 6 खिलाड़ियों को आउट किया। 1928 के चतुष्कोणी फाइनल में पारसियों की टीम यूरोपियन्स की टीम के खिलाफ जमशेदजी की बाएँ हाथ की स्पिन के कमाल की बदौलत ही स्पर्धा विजेता बनी। जमशेदजी ने इस मैच में पहली पारी में 66 रन देकर 4 व दूसरी पारी में 38 रन देकर 6, इस तरह मैच में कुल 10 विकेट लिए। 1935 में हिन्दुओं के खिलाफ उन्होंने पहली पारी में 86 रन देकर 5 व दूसरी पारी में 137 रन देकर 3 विकेट लिए। हर बार वे पारसियों की टीम के सर्वाधिक सफल व धारदार गेंदबाज साबित हुए।

जमशेदजी यद्यपि मुस्तैद व चपल क्षेत्ररक्षक न होकर ढीले-ढाले क्षेत्ररक्षक थे। किन्तु खुद अपनी ही गेंद पर वे बड़ी मुस्तैदी से क्षेत्ररक्षण करते थे। अपनी गेंदों पर क्षेत्ररक्षण करते समय वे बहुत चुस्ती व फुर्ती दिखाते थे मगर गेंद से चोट लगने से डरते थे। वे दर्शकों में भी बहुत लोकप्रिय थे और जैसे ही वे गेंद लेने के लिए दर्शकों के करीब जाते थे वे उन्हें 'जमसू' नाम से पुकारने लगते थे।

उन्होंने 1922 से 1928 के बीच चतुष्कोणी मुकाबलों में 11 मैच खेलकर 18.94 की औसत से 72 व पंचकोणी स्पर्धा में 2 मैचों में 35.25 की औसत से 4 विकेट लिए। उनके समग्र खेल जीवन का गेंदबाजी विश्लेषण रहा 13 मैचों में 3153 गेंदों पर 1501 रन देकर 76 विकेट, जिनमें 61 पर 7 उनका श्रेष्ठ गेंदबाजी प्रदर्शन रहा जो उन्होंने 1922-23 में पुणे में हिन्दुओं की टीम के खिलाफ किया था। 1928 का एक रोचक किस्सा भी है। हिन्दुओं की टीम के लिए तब दलीप सिंहजी भी खेल रहे थे। जमशेदजी की फ्लाइटेड गेंदों पर दलीप सिंहजी 'क्रीज' से बाहर निकलकर व अपने कदमों का उम्दा इस्तेमाल करते हुए 'बाउंड्री' मार रहे थे। जमशेदजी हताश थे। उन्होंने सात क्षेत्ररक्षक 'ऑफ' साइड में लगाकर जब ऑफ

स्टम्प के बाहर गेंदबाजी करना शुरू किया तो दलीप सिंहजी ने इन नकारात्मक गेंदबाजी का जवाब अपनी 'रिवर्स स्वीप' से देना शुरू किया। जमशेदजी की सारी योजना पर पानी फिर गया। आज एकदिवसीय क्रिकेट के चलन से भले ही 'रिवर्स स्वीप' आम बात हो गई हो मगर करीब 77 साल पहले, ऐसा नहीं था। तब वह एक खास व नायाब 'स्ट्रोक' था और उसे भारत में सबसे पहले लगाने का श्रेय दलीप सिंहजी को है। पारसियों की टीम इतनी हताश व निराश हो गई कि उसके कप्तान डॉली कापड़िया ने अम्पायरों से हिन्दुओं की टीम व दलीप सिंहजी की शिकायत भी की और इसे खेल-भावना व नियमों के विपरीत बताया; लेकिन कुछ नहीं हुआ। कापड़िया भूल गए कि सात क्षेत्ररक्षक ऑफ में रखकर ऑफ के बाहर गेंदबाजी करवाना क्या नकारात्मक गेंदबाजी नहीं थी, और क्या ऐसा करना खेल-भावना के खिलाफ नहीं था? कहने का मतलब यह है कि तब भी बल्लेबाज को रन बनाने से रोकने के लिए ऐसी हरकतें की जाती थीं और साहसी व प्रतिभावान बल्लेबाज नए प्रयोग करके नए 'स्ट्रोक' ईजाद किया करते थे।

जमशेदजी को 7 बार पारी में 5 व 2 बार मैच में 10 विकेट लेने का गौरव प्राप्त हुआ। वे भारत के लिए एकमात्र टेस्ट भी खेले। 1933-34 में जार्डिन के नेतृत्व में इंग्लैंड की टीम भारत के दौरे पर आई तब जमशेदजी को बम्बई टेस्ट में खिलाया गया। तब उनकी उम्र 41 साल व 27 दिन थी। और इतनी अधिक उम्र में अपने जीवन का पहला टेस्ट खेलनेवाले वे विश्व के सर्वाधिक उम्र के भारतीय खिलाड़ी थे। उन्होंने अपने जीवन के इस एकमात्र टेस्ट में ब्रेबोर्न स्टेडियम पर 35 ओवर किए जिनमें से 4 मेडन रहे और 137 रन देकर 3 विकेट लिए। उनकी गेंदबाजी का औसत रहा 45.66। आप उनके प्रदर्शन की उपेक्षा नहीं कर सकते। लेकिन अधिक उम्र के हो जाने व बहुत अच्छे क्षेत्ररक्षक न होने के कारण उन्हें आगे अवसर नहीं दिए गए। ब्रेबोर्न स्टेडियम पर तो वे इतने डर गए कि खुद अपनी ही गेंद पर कॉट एन बोल्ड के मौके पर इधर-उधर गिरते रहे।

तब भारत में क्रिकेट अपने शुरुआती दौर में था; केवल बम्बई स्पर्धा ही एक उच्चस्तरीय क्रिकेट स्पर्धा थी। रणजी ट्रॉफी की शुरुआत 1934-35 में हुई और भारत को टेस्ट दर्जा मिला 1932 में। अत: केवल प्रेसीडेंसी, त्रिकोणी, चतुष्कोणी व पंचकोणी स्पर्धा ही वह अवसर था जिसमें खेलकर भारतीय खिलाड़ी प्रतिस्पर्धा कर सकते थे व अपनी श्रेष्ठता का प्रमाण दे सकते थे। किसी अन्य स्पर्धा के अभाव में बालू, एस. एम. जोशी व जमशेदजी के इन्हीं मैचों के प्रदर्शन के मद्देनजर उनकी स्पिन कला की विवेचना की जा सकती है। और चूँकि इन स्पर्धाओं में ये तीन भारतीय स्पिनर ही उल्लेखनीय प्रदर्शन करते नजर आते हैं। अत: प्रारम्भिक दौर की चर्चा इन्हीं भारतीय स्पिनर गेंदबाजों तक सीमित रही है।

यह सच है कि 1921 की चतुष्कोणी स्पर्धा के फाइनल में यूरोपियन्स के लिए विलफ्रेड रोड्स ने 2 पारियों में 339 रन बनाए व अपनी फ्लाइटेड लेफ्टआर्म स्पिन

गेंदबाजी से 103 रन देकर 19 विकेट भी लिए। यह चतुष्कोणी स्पर्धा का श्रेष्ठ ऑलराउंड प्रदर्शन है और वह भी एक ऐसे बल्लेबाज द्वारा जो कि स्पिन गेंदबाज भी था। लेकिन हम यहाँ चर्चा भारतीय स्पिन परम्परा की कर रहे हैं अत: सिर्फ भारतीय स्पिन गेंदबाजों तक ही सीमित रहना औचित्यपूर्ण होगा। उल्लेख के लिए 1905 से लेकर 1924 तक पारसियों के लिए खेले जे. एस. वार्डन का नाम अवश्य लिया जा सकता है। उन्होंने शुरुआत तो धीमी गति के बाएँ हाथ के स्पिनर के रूप में ही की किन्तु बाद में केवल अपनी बल्लेबाजी पर ही ध्यान केन्द्रित करने का फैसला किया। 1911 में वार्डन ऑल इंडिया टीम के सदस्य के रूप में बतौर एक आलराउंडर इंग्लैंड भी गए थे। उन्होंने प्रेसीडेंसी, त्रिकोणी व चतुष्कोणी स्पर्धा में कुल जमा 19 मैच खेले और 1 शतक व 3 अर्धशतक सहित 593 रन बनाए तथा 10. 81 की औसत से 105 विकेट लिए। इसे आप बम्बई स्पर्धा का यादगार भारतीय ऑलराउंड प्रदर्शन कह सकते हैं।

उल्लेख उनका भी जरूरी है जो भारतीय न होकर यूरोपियन थे मगर भारत की बम्बई स्पर्धा में खेले। यूरोपियन्स के लिए फ्रैंक टारंट भी उन्हीं में से थे। फ्रैंक टारंट 1915 से 1936 के बीच यूरोपियन्स के लिए खेले और अपने समय के अच्छे ऑलराउंडर्स में गिने जाते थे। वे आस्ट्रेलिया में पैदा हुए थे लेकिन इंग्लैंड में रहकर मिडिलसेक्स की ओर से काउंटी चैम्पियनशिप में खेलते थे। वे दाहिने हाथ के सुरक्षात्मक व सँभलकर खेलनेवाले बल्लेबाज थे और धीमी मध्यम गति की गेंदबाजी करते थे।

स्पिन का मध्यकाल : क्लेरी ग्रिमेट का आगमन

स्पिन के मध्यकाल को रेखांकित करने के पहले कोल्हापुर में राजा साहब जट की क्रिकेट में दिलचस्पी की चर्चा करना जरूरी है। रिश्ते में वे देवास सीनियर के युवराज के साले थे। वे कई वर्ष राष्ट्रीय स्पर्धा में महाराष्ट्र के लिए खेले तथा अनेक बार उन्होंने टीम की कप्तानी भी की। उनके कारण कोल्हापुर कुश्ती के साथ-साथ क्रिकेट गतिविधियों का भी केन्द्र बना।

राजा साहब जट अच्छे स्तर के खिलाड़ी थे और दाहिने हाथ से कलाई मोड़कर लेग ब्रेक व गुगली गेंदबाजी करते थे। उन्होंने अपनी गेंदबाजी का स्तर सुधारने के लिए किसी ऐसे सिद्धहस्त विदेशी गेंदबाज को भारत बुलाने का फैसला किया जो इस कार्य में उनकी मदद कर सके। आस्ट्रेलिया के विख्यात लेग स्पिनर **क्लेरी ग्रिमेट** से बेहतर भला कौन हो सकता था जो उनकी गेंदबाजी को निखारने में मदद करता? अतः 1938 में उन्होंने ग्रिमेट को भारत बुलाया। राजा साहब ने तब विजय हजारे को भी कोल्हापुर बुलवा लिया। ग्रिमेट राजा साहब जट के अलावा हजारे को भी क्रिकेट सिखाने लगे। लेकिन उन्होंने हजारे से मध्यम गति की गेंदबाजी करते रहने के लिए ही कहा और उन्हें कभी गुगली करने के लिए प्रेरित नहीं किया। फिर सी. एस. नायडू व अमीर इलाही भी ग्रिमेट का लाभ उठाने व उनसे सीखने के लिए कोल्हापुर आए।

विजय हजारे ने अपनी आत्मकथा 'माय स्टोरी' में साफ स्वीकार किया है कि क्लेरी ग्रिमेट को भारत बुलाकर राजा साहब जट ने भारतीय स्पिन गेंदबाजी की बड़ी सेवा की। ग्रिमेट का आगमन एक बड़ा वरदान साबित हुआ। उनकी देखरेख में सी. एस. नायडू व अमीर इलाही दो ऐसे भारतीय लेग स्पिन गुगली गेंदबाज तैयार हुए जिन्होंने चतुष्कोणी व पंचकोणी ही नहीं, रणजी ट्रॉफी में भी अपनी स्पिन कला की धाक जमाई और जो बाद में भारत के लिए टेस्ट क्रिकेट भी खेले।

हजारे ने लिखा है कि शुरुआत में न तो उनकी समझ में आया और न ही सी. एस. नायडू व अमीर इलाही के कि आखिर ग्रिमेट गेंद से क्या जादूगरी दिखाते हैं। गुगली क्या बला है तब ये नहीं जानते थे। लेकिन धीरे-धीरे हजारे भी समझने लगे और सी. एस. नायडू व अमीर इलाही की भी समझ में आने लगा। इस तरह भारत में दाहिने हाथ की कलाई मोड़कर लेग ब्रेक व गुगली गेंदबाजी का वातावरण

बना। ग्रिमेट का भारत आना लेग स्पिन गुगली के लिए वरदान साबित हुआ।

ग्रिमेट के पहले विल्फ्रेड रोड्स और जे. जी. ग्रेग के भारत आकर खेलने से लेफ्टआर्म स्पिन का वातावरण बना। रोड्स को महाराजा पटियाला ने भी बुलाया था और एक मौके पर रोड्स के खिलाफ कर्नल सी. के. नायडू को भी खेलने का मौका मिला। तब सी. के. अपने खेल जीवन की शुरुआत ही कर रहे थे। रोड्स की चर्चा अलग से अन्तिम अध्याय में की गई है। जे. जी. ग्रेग हेम्पशायर के लिए काउंटी क्रिकेट खेल चुके थे और 1893 से 1920 के बीच मुम्बई स्पर्धा में यूरोपियन्स के लिए खेले। वे दाहिने हाथ के उद्घाटक बल्लेबाज थे और बाएँ हाथ से धीमी गति की स्पिन गेंदबाजी भी करते थे। भारतीय दर्शक उन्हें जंगली ग्रेग कहकर पुकारते थे। उन्होंने 30 मैचों में 39.66 की औसत से 783 रन बनाए और 12.60 की औसत से 61 विकेट लिए जो कि उनकी ऑलराउंड खेल प्रतिभा का जीवन्त प्रमाण है। रोड्स, ग्रेग व ग्रिमेट के कारण भारत में स्पिन कला को प्रोत्साहन भी मिला व उसके लिए माकूल वातावरण भी बना।

1932 में भारत को टेस्ट दर्जा मिला और भारतीय टीम अपनी पहली इंग्लैंड यात्रा पर भी गई। 1933-34 में पहली अधिकृत इंगलिश टीम भारत आई और 1936 में भारतीय टीम फिर इंग्लैंड गई। लेकिन द्वितीय विश्वयुद्ध के कारण टेस्ट क्रिकेट रुक गया और उस दौरान 1935-36 में महाराजा पटियाला की आस्ट्रेलियाई एकादश, 1937-38 में लार्ड टेनिसन एकादश, 1945 में आस्ट्रेलियन सर्विसेज एकादश, 1949-50 में पहली कॉमनवेल्थ एकादश और 1950-51 में दूसरी कॉमनवेल्थ एकादश की भारत यात्रा के दौरान अनधिकृत टेस्ट शृंखलाओं ने टेस्ट क्रिकेट की कमी की आंशिक पूर्ति अवश्य की। ऐसी ही अनधिकृत शृंखला सिल्वर जुबली एकादश की 1953-54 की भारत यात्रा के दौरान भी खेली गई। परन्तु विश्वयुद्ध की विभीषिका और टेस्ट क्रिकेट के स्थगन के दौरान भी पंचकोणी स्पर्धा अबाधित रूप में खेली जाती रही और 1937-38 से 1945-46 के बीच क्रिकेट क्लब ऑफ इण्डिया का ब्रेबोर्न स्टेडियम उच्चस्तरीय क्रिकेट गतिविधियों से सराबोर रहा।

यह वह समय था जब भारत में क्रिकेट भी अपने शैशव काल में था और स्पिन गेंदबाजी भी। इस काल में अनेक प्रतिभावान व उच्चस्तरीय गेंदबाज उभरकर सामने आए। किन्तु जब टेस्ट क्रिकेट 1946-47 में फिर शुरू हुआ, तब तक शायद वे अपनी उस चरम रंगत में नहीं रह पाए जिसमें वे टेस्ट क्रिकेट के स्थगन के दौरान थे। तब न तो भारत का क्षेत्ररक्षण अन्तर्राष्ट्रीय स्तर का था, न ही टीम चयन का आधार सौ फीसदी ईमानदारी व गुण-दोष के आधार पर होता था और न ही पर्याप्त स्तर के विकेटकीपरों की सेवाएँ ही प्राप्त थीं। इसके अलावा जरूरी नहीं कि राष्ट्रीय स्तर पर अच्छा प्रदर्शन करनेवाला खिलाड़ी अन्तर्राष्ट्रीय स्तर पर भी उतना ही अच्छा प्रदर्शन करे। सही समय, सही उपयोग व कुछ हद तक भाग्य का साथ मिलना भी जरूरी होता है। और ऐसा आप भारत में ही नहीं, अन्य क्रिकेट देशों में भी पाएँगे

कि राष्ट्रीय स्तर पर बहुत अच्छा प्रदर्शन करनेवाले खिलाड़ी अन्तर्राष्ट्रीय स्तर पर उतने सफल नहीं हुए। सी. एस. नायडू, अमीर इलाही, एस. जी. शिन्दे व सी. टी. सर्वटे ऐसे ही स्पिनर थे जो राष्ट्रीय स्तर पर तो धूम मचाते रहे किन्तु उनकी अन्तर्राष्ट्रीय क्रिकेट उपलब्धियाँ उतनी प्रभावशाली नहीं रह पाईं जितनी उनसे अपेक्षा थी। लेकिन इसका यह मतलब कदापि नहीं है कि उनमें प्रतिभा की कोई कमी थी। सभी प्रतिभावान लोगों को भला सफलता कहाँ मिलती है? लेकिन इस कारण इन खिलाड़ियों का कद नहीं घट जाता। ये स्पिनर काबिल व प्रतिभावान होने के बावजूद वांछित सफलता प्राप्त नहीं कर सके। प्रतिभा व सफलता का सामंजस्य एक दुर्लभ गुण है जो सभी को नसीब नहीं होता।

(i) सी. एस. नायडू

यानी कोट्टारी सुब्बाना नायडू यूँ तो भारतीय क्रिकेट के पितृ-पुरुषों में शुमार किए जानेवाले कर्नल सी. के. नायडू के छोटे भाई थे लेकिन क्रिकेट जगत में उनकी अपनी हस्ती व पहचान थी। वे दाहिने हाथ से कलाई मोड़कर स्पिन करानेवाले गेंदबाज थे और 'लोअर ट्रेजेक्ट्री' से लेग ब्रेक, गुगली व 'टॉप स्पिन' कराते थे। इन विविधताओं के कारण उनकी गुगली को पहचान पाना अच्छे-अच्छे बल्लेबाजों के लिए चुनौतीपूर्ण होता था। वे हिन्दुओं के लिए चतुष्कोणी व पंचकोणी मुकाबलों में तथा सेंट्रल इंडिया, सेंट्रल प्रोविंस, बड़ौदा, होल्कर, बंगाल, आंध्र, उत्तर प्रदेश तथा मध्य प्रदेश के लिए रणजी ट्रॉफी स्पर्धा में खेले। भारत के लिए वे 11 टेस्ट खेले। वे 1933-34 में पहला टेस्ट भी इंग्लैंड के खिलाफ खेले और अपना आखिरी टेस्ट भी 1951-52 में इंग्लैंड के खिलाफ ही खेले। उन्होंने 1946 में भारतीय टीम के साथ इंग्लैंड का और 1947-48 में आस्ट्रेलिया का दौरा किया। दुर्भाग्यवश उन्हें टेस्ट क्रिकेट में वैसी सफलता नहीं मिली जैसी कि चतुष्कोणी, पंचकोणी व रणजी ट्रॉफी में मिली थी।

कुछ लोगों का विचार है कि कर्नल नायडू की आकाशीय ख्याति की वजह से सी. एस. नायडू को उनकी ख्याति के साये में रहना पड़ा और उम्र में उनसे 18 साल छोटे होने के कारण वे दबे-दबे रहे और उन्हें अपनी पहचान बनाने में बड़ी मशक्कत करनी पड़ी। लेकिन कड़ी मेहनत व संघर्ष के बाद उन्होंने खुद को एक प्रभावशाली व सफल गेंदबाज के रूप में स्थापित किया। अपने 30 साल के लम्बे प्रथम श्रेणी क्रिकेट जीवन में उन्होंने 30961 गेंदों पर 17174 रन देकर 26.54 की औसत से 646 विकेट लिए तथा 4 शतक व 33 अर्धशतक सहित 5786 रन भी बनाए। उन्होंने 50 बार पारी में 5 तथा 13 बार 10 विकेट लिए। रणजी ट्रॉफी में उनके नाम पर सिर्फ 56 मैचों में 295 विकेट व 2575 रन दर्ज हैं। 1942-43 में एक रणजी सीजन में सिर्फ 4 मैच खेलकर ही उन्होंने बड़ौदा के लिए 40 विकेट लेने का कीर्तिमान स्थापित किया। रणजी सीजन में चालीस विकेट लेनेवाले सी. एस.

पहले गेंदबाज थे। 1944-45 के रणजी फाइनल में बम्बई के खिलाफ होल्कर के लिए खेलते हुए उन्होंने 917 गेंदें फेंकने का विश्व कीर्तिमान तो बनाया ही, एक मैच में सर्वाधिक रन देनेवाले गेंदबाज बनने का भी कीर्तिमान बनाया। 1939-40 में नवानगर के खिलाफ 93 रनों पर 8 विकेट और मैच में कुल 13 विकेट उनका श्रेष्ठ गेंदबाजी प्रदर्शन रहा।

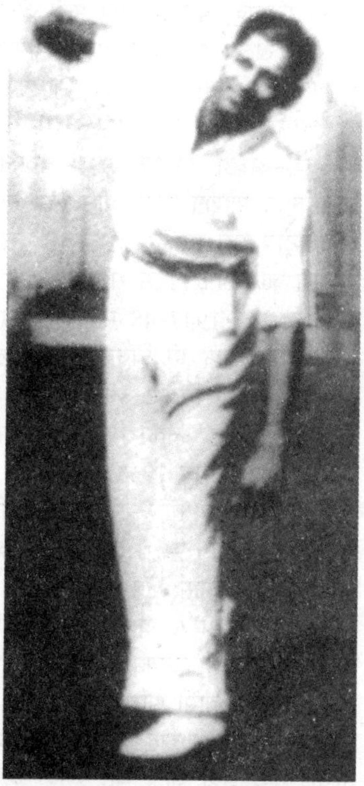

राउंडआर्म एक्शन से लेग ब्रेक व गुगली गेंद फेंकनेवाले सी. एस., गली के बेहद चुस्त क्षेत्ररक्षक थे और दाहिने हाथ के ही आक्रामक व ताबड़तोड़ खेलनेवाले बल्लेबाज।

रणजी के पहले बम्बई स्पर्धा नाम से मशहूर चतुष्कोणी स्पर्धा के 3 मैचों में उन्होंने 18.23 की औसत से 13 व पंचकोणी स्पर्धा में 10 मैच खेलकर 17. 06 की औसत से 79 विकेट लिए। उनका यह प्रदर्शन 1934 से लेकर 1944 तक के 10 वर्षों में रहा। इस तरह कुल 13 मैचों में 3404 गेंदों पर 1585 रन देकर उन्होंने बम्बई स्पर्धा में कुल 92 विकेट लिए। 1939-40 में मुसलमानों की टीम के खिलाफ 197 रन देकर 8 विकेट उनका बम्बई स्पर्धा का श्रेष्ठ गेंदबाजी प्रदर्शन रहा। इसे ब्रेबोर्न स्टेडियम पर खेले गए मैचों के श्रेष्ठ गेंदबाजी प्रदर्शनों में शुमार किया जाता है। इस स्पर्धा में सी. एस. ने 10 बार पारी में 5 व दो बार मैच में 10 विकेट लिए। इस स्पर्धा में एक जोरदार प्रहार करनेवाले बल्लेबाज के रूप में एक शतक भी लगाया। पारसियों की टीम के खिलाफ 1939 में उनकी 126 रनों की पारी व मुसलमानों की टीम के खिलाफ 1938 में उनकी 75 रनों की पारी को लोग बरसों याद करते रहे। जिस तरह रणजी ट्रॉफी में उनकी स्पिन गेंदबाजी कहर बरपाती रही, उसी तरह चतुष्कोणी व पंचकोणी स्पर्धा में भी उनकी स्पिन कला का जादू सर चढ़कर बोला। 1939 शायद उनके खेल जीवन का श्रेष्ठ वर्ष रहा। इस साल वे अपनी गेंदबाजी के पूरे शबाब पर थे और उन्होंने सिर्फ 3 मैचों में 31 विकेट लेकर अपनी श्रेष्ठता सिद्ध की। मुश्ताक अली उनके दोस्त, साथ खेलनेवाले व हमउम्र थे। लेकिन उन्हें उन्होंने 1938 के पंचकोणी मुकाबले की दोनों पारियों में व 1939-40 के

फाइनल में व 1944 में सेट हो जाने के बाद जिस तरह स्टम्प आउट करवाया उससे उनकी गेंदबाजी की धार का पता चलता है। यह मान्यता भी गलत साबित होती है कि साथ खेलने वाले बल्लेबाज को साथी गेंदबाज की गेंद खेलने का अच्छा अभ्यास हो जाता है, अत: वह उसके सामने बेअसर साबित होता है।

त्रासदी देखिए कि अपनी स्पिन के जादू से राष्ट्रीय स्तर पर तहलका मचानेवाले व अच्छे-अच्छों को परेशान व चकित कर आउट करनेवाले सी. एस. नायडू का अन्तर्राष्ट्रीय प्रदर्शन बेहद औसत ही नहीं साधारण, बल्कि स्तरहीन, नजर आता है। अन्तर्राष्ट्रीय स्तर पर हमारा एकदम दूसरे सी. एस. से साक्षात्कार होता है—एक ऐसा गेंदबाज जो अपने 11 में से 3 टेस्ट तो भारत में ही खेला और शेष 1936 व 1946 में इंग्लैंड तथा 1947-48 में आस्ट्रेलिया में खेला व आस्ट्रेलिया में खेले गए 4 टेस्ट मैचों में उसे एक भी विकेट नहीं मिला और कुल जमा जिसने 18 रन बनाए। 11 टेस्ट में सिर्फ 2 विकेट उनकी प्रतिभा व काबिलियत के साथ बिलकुल न्याय नहीं करते। ये आँकड़े उनकी योग्यता का सही खाका पेश नहीं करते। जानकार मानते हैं कि सी. एस. नायडू 1938 से लेकर 43-44 तक अपनी गेंदबाजी के श्रेष्ठ स्तर पर रहे और और तब चूँकि टेस्ट क्रिकेट द्वितीय विश्वयुद्ध के कारण स्थगित रहा अत: जब वे अपने शीर्ष पर थे, उन्हें खेलने के अवसर से वंचित रहना पड़ा। इसके अलावा जब टीम का आम क्षेत्ररक्षण कमजोर था, सी. एस. ने 'गली' जैसे नजदीकी व मुश्किल स्थान पर लाजवाब क्षेत्ररक्षण किया व अपनी उँगली को कई बार चोटग्रस्त किया। इसका भी उनकी गेंदबाजी पर विपरीत प्रभाव पड़ा। 1936 में टीम में उनके साथ रहे रामास्वामी मानते थे कि सी. एस. गेंदबाजी करते समय अपने शरीर को इतना ज्यादा झुका लेते थे कि गेंद फेंकते वक्त उनका सिर सामनेवाले स्टम्प की ऊँचाई तक झुक जाता था। इसके अलावा वे अपना हाथ पूरा फैलाकर ताकत से व शरीर का पूरा वजन लगाकर गेंदबाजी करते थे। इस कारण टप्पा खाकर उनकी गेंद की रफ्तार तो तेज रहती ही थी, उन्हें 'बाउंस' भी मिलता था। मगर फिर भी उनकी गेंद खूब घूमती थी। लेकिन वे अपनी लम्बाई, दिशा व स्पिन पर नियन्त्रण नहीं रख पाते थे। उनकी कुछ गेंदें तो लाजवाब होती थीं जबकि कुछ ढीली-ढाली व पिटनेवाली। यही कारण है कि उनकी गेंदबाजी में निरन्तरता का अभाव रहा। टेस्ट में अपने 2 विकेट के लिए उन्हें 359 रनों की महँगी कीमत चुकानी पड़ी और वे 9.18 की औसत से कुल 147 रन ही बना पाए। जिस खिलाड़ी ने इंग्लैंड के खिलाफ 1933-34 में कलकत्ता में खेलकर अपने टेस्ट जीवन की शुरुआत की थी और अपने पहले ही टेस्ट में 36 व फिर हार से बचानेवाले धैर्यवान 15 रनों की पारी खेली थी, वह बाद में प्रभावित कर पाने में असफल रहा।

राष्ट्रीय स्तर की आकाशीय सफलता और टेस्ट क्रिकेट की इस दयनीय असफलता के असन्तुलन को वे सहजता से नहीं ले सके। उनके मन में यह ग्रंथि घर कर गई कि उन्हें जीवन में उनका वाजिब हक नहीं मिला। बाद में वे एकाकी

व चिड़चिड़े हो गए। वे किसी ट्रेजडी के उस नायक जैसे लगते थे जिसे देखकर मन में विचार उठता है कि वह पहले क्या व कैसा था तथा बाद में हालात ने उसे क्या व कैसा बना दिया। उन्हें किसी के रहमोकरम की जरूरत नहीं थी। जरूरत यह समझने की थी कि एक प्रतिभावान खिलाड़ी अपनी क्षमता व उम्मीद के मुताबिक प्रदर्शन न कर पाने से कितना असहज व असामान्य व्यवहार करने लगता है।

सी. एस. उस जमाने में एक पेशेवर खिलाड़ी रहे जब अधिकतर खिलाड़ी शौकिया हुआ करते थे। वे आठ टीमों के लिए पेशेवर खिलाड़ी के बतौर रणजी ट्रॉफी खेले। जिस टीम के लिए वे खेले, उसके लिए शक्ति, ताकत व सफलता की बुनियाद साबित हुए। उस जमाने में जबकि रणजी ट्रॉफी 'नॉक आउट' आधार पर खेली जाती थी और बहुत कम मैच खेलने का अवसर मिलता था, सी. एस. ने एक मैच में 14 विकेट लिए तथा दो बार रणजी सीजन में 30 से अधिक विकेट लेने का करिश्मा किया। 1942-43 में तो 40 से अधिक विकेट लेनेवाले वे देश के पहले गेंदबाज बने और वह भी सिर्फ 4 मैचों में।

दरअसल वे तन्दुरुस्ती, अनुशासन, दमखम व ताकत के पुंज थे। कड़ी मेहनत, शारीरिक दक्षता व लम्बे समय तक लगातार बिना थके गेंदबाजी करना उनकी आदत में शुमार था। 1944-45 के रणजी फाइनल में उन्होंने बम्बई के खिलाफ बेब्रोर्न स्टेडियम पर 152.5 ओवर फेंके यानी 917 गेंदें फेंकी—पहले स्पेल में उनकी गेंदबाजी का विश्लेषण था—64.5-10-153-6 और दूसरे स्पेल का 88-15-275-5। बम्बई फाइनल तो जीती लेकिन सी. एस. को मैच में 11 विकेट से आंशिक सांत्वना तो मिली ही। मजबूत कद काठी के सी. एस. अपने समय के सर्वाधिक 'फिट' खिलाड़ी थे। राजकुमारी अमृत कौर कोचिंग स्कीम के दौरान मैंने देखा कि वे क्षेत्ररक्षण पर सबसे अधिक ध्यान देते थे और छोटे बच्चों की ओर भी कैच के अभ्यास के लिए जोर से गेंद फेंकते थे। इस बात की परवाह नहीं करते थे कि गेंद उनके मुँह पर या और कहीं लग भी सकती है। एक बार तो उन्होंने अपने ही बेटे की ओर इतनी जोर से गेंद फेंकी कि उसका मुँह लहूलुहान हो गया। लेकिन सी. एस. पर इसका कोई असर नहीं हुआ और उनका फील्डिंग अभ्यास जारी रहा।

कई साल वे इंग्लैंड जाकर लंकाशायर लीग में भी खेले और वहाँ बेहद लोकप्रिय हुए। लेकिन अपनी पत्नी के अस्थमा रोग के कारण उन्हें वहाँ जाकर खेलना बन्द करना पड़ा।

लेग स्पिन वैसे भी अस्वाभाविक किस्म की गेंद होती है क्योंकि गेंदबाज को कलाई मोड़कर गेंद फेंकनी होती है अत: इस किस्म की गेंदबाजी में लम्बाई व दिशा पर नियन्त्रण रख पाना और भी मुश्किल होता है और चूँकि सी. एस. सदा जोश से सराबोर व प्रेरित होकर गेंदबाजी करते थे, इस कारण उनके लिए अपनी गेंदों को नियन्त्रित करना और भी मुश्किल होता था। उनकी 'गुगली' को भाँप पाना कितना मुश्किल था यह मैंने 60 के दशक की शुरुआत में देखा। तब वे 60 के करीब थे

और विश्वविद्यालय की टीम के बल्लेबाजों को उनकी गेंदों का सामना करना कठिन लग रहा था। गुगली तो कोई समझ ही नहीं पाया।

दुनिया के अन्य देशों के बहुत से खिलाड़ियों की तरह सी. एस. भी प्रथम श्रेणी क्रिकेट के तो शेर थे किन्तु अन्तर्राष्ट्रीय क्रिकेट के एक साधारण खिलाड़ी साबित हुए। यह निश्चित ही एक दयनीय त्रासदी थी। वे कितने बड़े क्रिकेटर व महान गेंदबाज थे यह भारत के पूर्व विकेटकीपर माधव मंत्री ने मुम्बई में मुझे पिछले दिनों बताया। एक विकेटकीपर ही किसी गेंदबाज की गेंदबाजी के स्तर का प्रामाणिक विश्लेषक हो सकता है। मंत्री ने कहा कि सी. एस. की गेंदों को विकेट के पीछे से देखना एक अद्भुत अनुभव था। वे बल्लेबाज को खूब छकाते व नचाते थे। एक बार उन्होंने एक मैच में एल. बी. डब्ल्यू. की अपील की और अम्पायर ने उसे नकार दिया। मंत्री ने ओवर के बाद सी. एस. से कहा कि गेंद तो लेग के बाहर जा रही थी, सी. एस. ने कहा कि उनकी अपील उस बल्लेबाज के लिए नहीं बल्कि पेवेलियन में खेलने आने के लिए तैयार बैठे बल्लेबाज के लिए थी। ताकि वह घबराए व उसका मनोबल टूटे। इसे आप शालीन व सम्भ्रान्त 'स्लेजिंग' भी कह सकते हैं। तो ऐसे महान स्पिनर थे सी. एस. नायडू।

(ii) अमीर इलाही

सी. एस. नायडू की ही तरह दाहिने हाथ से लेग ब्रेक व गुगली गेंदबाजी करनेवाले व कलाई मोड़कर स्पिन करानेवाले गेंदबाज थे। दोनों ही समकालीन थे तथा दोनों में सर्वाधिक विकेट लेने की अघोषित प्रतिस्पर्धा चला करती थी। सी. एस. हिन्दुओं की टीम के लिए खेलते थे और अमीर इलाही मुसलमानों की टीम के लिए।

अमीर इलाही साफ-सुथरे, सहज-सरल और 'ओवरआर्म एक्शन' से लेग ब्रेक व गुगली करानेवाले गेंदबाज थे। वे भी सी. एस. नायडू की ही तरह दाहिने हाथ से कलाई मोड़कर लेग स्पिन कराते थे। लेकिन जहाँ सी. एस. का 'एक्शन' 'राउंडआर्म' था वहीं अमीर इलाही का 'ओवरआर्म'। वे चतुष्कोणी व पंचकोणी स्पर्धा में 1935 से लेकर 1944 तक मुसलमानों की टीम के लिए खेले। उनके जमाने में मुसलमानों की टीम ने 1935 में चतुष्कोणी और 1937, 1938, 1940 व 1944 में पंचकोणी स्पर्धाएँ जीतीं। इन सभी जीतों में अमीर इलाही की स्पिन गेंदबाजी की अहम भूमिका रही।

उनके स्वभाव व उनके समकालीन तथा उन्हीं की तरह दाहिने हाथ से कलाई मोड़कर लेग स्पिन करानेवाले सी. एस. नायडू के स्वभाव में भी जमीन-आसमान का अन्तर था। सी. एस. सख्त अनुशासनप्रिय व गम्भीर किस्म के व्यक्ति थे तो अमीर इलाही बेहद विनोदप्रिय व खुशमिजाज व्यक्ति थे। वे मैदान पर कुछ जोकरनुमा हरकतें भी करते रहते थे और इस कारण दर्शकों में बड़े लोकप्रिय थे। जिन्होंने इंग्लैंड

के खिलाड़ी डेरिक रेंडल को देखा है वे समझ गए होंगे कि अमीर इलाही मैदान पर कैसी हरकतें करते होंगे। जिस तरह सी. एस. हिन्दुओं की टीम के न सिर्फ प्रमुख स्पिनर बल्कि गेंदबाजी के आक्रमण की जान थे, उसी तरह अमीर इलाही न सिर्फ मुसलमानों की टीम के प्रमुख स्पिनर बल्कि आक्रमण की जान थे। दोनों ही अपनी अपनी टीमों के 'स्ट्राइक' गेंदबाज थे।

अमीर इलाही ने 1935 से लेकर 1944 तक बम्बई की चतुष्कोणी एवं पंचकोणी स्पर्धा में मुसलमानों की टीम का प्रतिनिधित्व किया। उन्होंने चतुष्कोणी स्पर्धा के 3 मैचों में 619 गेंदों पर 355 रन देकर 11 तथा पंचकोणी स्पर्धा में 13 मैच खेलकर 3466 गेंदों पर 1707 रन देकर 94 विकेट लिए। इस तरह बम्बई स्पर्धा में उनके खाते में कुल 16 मैचों में 4085 गेंदों पर 2062 रनों पर 19.63 की औसत से 105 विकेट दर्ज हैं। 160 रनों पर 8 विकेट उनका श्रेष्ठ गेंदबाजी प्रदर्शन रहा जो उन्होंने 1943 में रेस्ट के खिलाफ खेलते हुए किया। उन्होंने 7 बार पारी में 5 तथा 2 बार मैच में 10 विकेट लिए। एक लेग स्पिनर आमतौर पर अन्य स्पिन गेंदबाजों की बनिस्बत अधिक रन देता है। क्योंकि कलाई मोड़कर स्पिन कराना अस्वाभाविक किस्म की गेंदबाजी है, अत: उस पर दिशा व नियन्त्रण पर काबू रख पाना मुश्किल होता है। कड़े परिश्रम व अभ्यास के बाद ही एक लेग स्पिनर नियन्त्रणयुक्त गेंदबाजी का कौशल विकसित कर पाता है। लेकिन अमीर इलाही का औसत व प्रदर्शन एक लेग स्पिनर के मान से बम्बई स्पर्धा के श्रेष्ठ गेंदबाजी प्रदर्शनों में शुमार किया जा सकता है।

अमीर इलाही भाग्यवान रहे कि उन्हें 1934–35 में शुरू हुई भारत की प्रतिष्ठित राष्ट्रीय स्पर्धा रणजी ट्रॉफी में भी खेलने का मौका मिला। रणजी ट्रॉफी में वे नादर्न इंडिया व बड़ौदा की टीमों के लिए खेले। 1934–35 से लेकर 1950 के बीच रणजी ट्रॉफी में उन्होंने 22 की औसत से 193 विकेट लिए। प्रथम श्रेणी क्रिकेट में उनके खाते में 25.85 के प्रभावशाली औसत से 479 विकेट हैं। 1937–38 की रणजी स्पर्धा में नादर्न इंडिया के लिए सदर्न पंजाब के खिलाफ उन्होंने 94 रन देकर 8 विकेट लिए। यह उनका प्रथम श्रेणी क्रिकेट का श्रेष्ठ गेंदबाजी प्रदर्शन रहा।

राष्ट्रीय स्तर पर प्रभावी गेंदबाजी करने के कारण उन्हें 1947–48 में अपने पहले आस्ट्रेलियाई दौरे पर गई भारतीय टीम में भी चुना गया। उस दौरे में महान डॉन ब्रेडमेन की शक्तिशाली आस्ट्रेलियाई के खिलाफ वे एक टेस्ट भी खेले किन्तु उसमें उन्हें पर्याप्त सफलता नहीं मिली। बँटवारे के बाद वे पाकिस्तान चले गए और 44 की उम्र में भी पाकिस्तान ने उन्हें भारत के खिलाफ 1952 की टेस्ट शृंखला में खिलाया। टेस्ट क्रिकेट में उनके नाम पर 5 टेस्ट में 10.83 की औसत से 7 विकेट हैं। वे ऐसे नायाब खिलाड़ी रहे जिसे भारत व पाकिस्तान दोनों की ओर से टेस्ट क्रिकेट खेलने का दुर्लभ अवसर मिला। पाकिस्तान के प्रथम क्रिकेट कप्तान अब्दुल हफीज कारदार अमीर इलाही की प्रतिभा के कायल थे क्योंकि दोनों ही मुसलमानों की टीम

के लिए बम्बई स्पर्धा में साथ-साथ खेल चुके थे। लेकिन अमीर इलाही अपनी उम्र के उतार पर थे, अतः अन्तर्राष्ट्रीय स्तर के मान से थक चुके थे। यही कारण है कि उन्हें टेस्टश्रृंखला में वांछित सफलता नहीं मिल पाई।

अमीर इलाही नीचे के क्रम पर जाकर अच्छी बल्लेबाजी भी कर लेते थे। और जिस तरह उस समय के पुछल्ले बल्लेबाज मारधाड़वाली बल्लेबाजी करते वैसा वे भी किया करते थे। चतुष्कोणी व पंचकोणी स्पर्धा में उन्होंने 27.13 की औसत से 407 रन बनाए। 96 उनका सर्वाधिक स्कोर रहा जो उन्होंने 1928-29 में हिन्दुओं की टीम के खिलाफ बनाया था। टेस्ट क्रिकेट में उनके खाते में 10.83 की औसत से 65 रन दर्ज हैं।

1979-80 में भारत के दौरे पर आई पाकिस्तानी टीम में आए दाहिने हाथ के विश्व स्तरीय लेग स्पिन गुगली गेंदबाज अब्दुल कादिर को गेंदबाजी करते हुए देखकर पुराने लोगों को बरबस उनमें अमीर इलाही की छवि नजर आई थी। दोनों के गेंदबाजी एक्शन में गजब का साम्य था। तब कुछ लोगों ने तो यहाँ तक कहा था कि कादिर शायद अमीर इलाही के रिश्तेदार हैं। लेकिन ऐसा कुछ नहीं था। खुद कादिर ने इससे इनकार किया था। अतः दोनों की गेंदबाजी के एक्शन में समानता होना महज एक इत्तिफाक ही था। इससे यह तो पता चलता ही है कि भारत से पाकिस्तान चले जाने के करीब 32 साल बाद भी अमीर इलाही की स्मृति भारतीय क्रिकेट प्रेमियों के दिलो-दिमाग पर ताजा थी और वे उन्हें व उनकी गेंदबाजी के एक्शन को भूले नहीं थे।

(iii) चन्द्रशेखर त्रिम्बक सर्वटे

चन्द्रशेखर त्रिम्बक सर्वटे यानी **सी. टी. सर्वटे** और क्रिकेट जगत में प्रचलित नाम लें तो चन्दू सर्वटे 40 व 50 के दशक में रणजी ट्राफी स्पर्धा के श्रेष्ठ व सर्वाधिक सफल ऑल राउंडरों में शुमार किए जाते थे। 22 जुलाई 1920 को मध्य प्रदेश के सागर जिले में जन्मे चन्दू सर्वटे हिन्दुओं की टीम, सेंट्रल प्रोविंसेस और बरार, महाराष्ट्र, बम्बई, होल्कर, मध्य भारत, मध्य प्रदेश, विदर्भ तथा भारतीय टीम के लिए खेले। एक विश्वसनीय, धैर्यवान व सुरक्षात्मक ढंग से खेलनेवाले दाहिने हाथ के बल्लेबाज के रूप में कभी उन्होंने पारी की शुरुआत की तो कभी उन्हें मध्यक्रम में खेलने भेजा गया तो कभी 9वें या 10वें क्रम पर। लेकिन हमेशा वे टीम के हित में व जरूरत के मान से खेले। एक स्पिन गेंदबाज के रूप में वे दाहिने हाथ से लेग ब्रेक, ऑफ ब्रेक व गुगली गेंदें फेंकने में माहिर रहे।

एक सुसंस्कृत व पढ़े-लिखे परिवार में पैदा हुए सर्वटे ने खेलने के साथ-साथ पढ़ने-लिखने में भी उतनी ही दिलचस्पी ली और लॉ ग्रेजुएट होने के साथ-साथ वे हस्तलिपि तथा हस्तरेखा विशेषज्ञ के रूप में भी विख्यात रहे। उन्हें अपने समय

के सबसे ज्यादा पढ़े-लिखे व क़ाबिल खिलाड़ियों में शुमार किया जाता था। शुरुआती दौर में वे कस्टम अधिकारी के रूप में नियुक्त हुए और प्रो. देवधर के निर्देशन में महाराष्ट्र तथा अपनी नौकरी के दौरान बम्बई की टीमों के लिए रणजी ट्रॉफी खेले। तभी उनकी ख्याति बढ़ी और कर्नल सी. के. नायडू ने उन्हें इंदौर खेलने के लिए आमन्त्रित किया। तब वे बम्बई बन्दरगाह पर पदस्थ थे। उनकी जगह किसी अन्य अधिकारी को बन्दरगाह पर नियुक्त किया गया और वे मैच खेलने इंदौर आए। उसी दौरान बम्बई बन्दरगाह में अग्निकांड हुआ। सर्वटे की जगह नियुक्त किया गया व्यक्ति जलकर दिवंगत हो गया और वे इंदौर में होने से बच गए। इसे आप भाग्य कहें या संयोग, मगर सर्वटे कर्नल नायडू के एहसानमन्द बने रहे। इस घटना के बाद तो उनकी दुनिया ही बदल गई।

1940-41 में अपने पहले रणजी सीजन में वे महाराष्ट्र के लिए खेले और उन्होंने 5 मैचों में 48.66 की औसत से रन बनाए तथा 21.25 की औसत से 25 विकेट लिए। 1943-44 में वे कस्टम विभाग की सेवा में आ गए और इस दौरान वे बम्बई के लिए 3 रणजी मैचों में खेले जिनमें उन्होंने 213 रन देकर 9 विकेट लिए। 1936 से 1940 के बीच चतुष्कोणी एवं पंचकोणी स्पर्धा में उन्होंने नागपुर में हिन्दुओं की टीम का प्रतिनिधित्व किया तथा अपनी ऑलराउंड खेल प्रतिभा से कर्नल नायडू को प्रभावित किया।

1944-45 में जब सर्वटे इंदौर आए और यशवंत राव होल्कर की सेवा में नियुक्त हुए, तभी उनके प्रथम श्रेणी क्रिकेट का सुनहरा अध्याय भी शुरू हुआ। होल्कर व मध्य भारत के लिए वे 1967-68 तक खेले। 1944 व 1968 के बीच ही उन्होंने अपने सभी 12 रणजी ट्रॉफी शतक लगाए। 1949 में दिल्ली के खिलाफ रामेश्वर प्रताप सिंह के साथ 8वें विकेट के लिए 236 रनों की भागीदारी की और 1945-46 में मैसूर के खिलाफ 61 रन देकर 9 विकेट लिए तथा 1948-49 में बिहार के खिलाफ 'हेट्रिक' ली। 1944-45 के रणजी सीजन में उन्होंने 30 विकेट लिए। उन्होंने पारी में 5 या अधिक विकेट 23 बार तथा मैच में 10 या अधिक विकेट 5 बार लिए।

दरअसल होल्कर टीम से जुड़ने के बाद शीघ्र ही वे अन्तर्राष्ट्रीय स्तर के ऑलराउंडर के रूप में स्थापित हो गए। 1944-45 में उन्होंने भारतीय टीम के सदस्य के रूप में श्रीलंका का और 1946 में इंग्लैंड तथा 1947-48 में आस्ट्रेलिया का दौरा किया। 1945-46 में अनधिकृत टेस्ट खेलने भारत आई आस्ट्रेलियाई सर्विसेज एकादश, 1948-49 में वेस्टइंडीज तथा 1949-50 में कॉमनवेल्थ टीम के खिलाफ भारत का प्रतिनिधित्व किया।

मई 1946 में सरे के खिलाफ जब भारत ने 209 रनों पर 9 विकेट खो दिए थे तब उन्होंने शुटे बनर्जी के साथ आखिरी विकेट की साझेदारी में 249 रन बनाकर एक नया कीर्तिमान बनाया। फिर गेंदबाजी में अपनी स्पिन की बदौलत 54 रनों पर 5 विकेट लिए। फिर स्कॉटलैंड के खिलाफ पहली पारी में 21 पर 5 व दूसरी पारी

में 42 पर 7 विकेट लिए। 1948 में आस्ट्रेलिया के खिलाफ तीसरे टेस्ट में सर्वटे ने मनकड़ के साथ पहले विकेट के लिए 124 रनों की भागीदारी की।

अपने 21 वर्ष लम्बे प्रथम श्रेणी क्रिकेट जीवन में उन्होंने 171 मैच खेले तथा 7430 रन बनाए जिनमें 14 शतक थे जिनमें तीन दोहरे शतक भी शामिल थे। जहाँ तक गेंदबाजी का सवाल है, एक प्रभावशाली व असरदार स्पिन गेंदबाज के रूप में उन्होंने 27533 गेंदें फेंकीं, 11631 रन दिए और 23.54 की औसत से 494 विकेट लिए। दुर्भाग्यवश उनका अन्तर्राष्ट्रीय प्रदर्शन इतना शानदार व उल्लेखनीय नहीं रहा जितना कि प्रथम श्रेणी क्रिकेट का प्रदर्शन रहा था। सी. एस. नायडू की ही तरह वे भी राष्ट्रीय स्तर पर तो एक-के-बाद एक नायाब प्रदर्शन करते रहे, लेकिन अन्तर्राष्ट्रीय स्तर पर सफल नहीं हुए। 9 टेस्ट में कुल जमा 208 रन व सिर्फ 3 विकेट उन जैसे प्रतिभावान व समर्थ ऑलराउंडर के साथ कतई न्याय नहीं करते।

बल्लेबाजी में कभी तो उन्हें मध्यक्रम पर भेजा जाता था तो कभी पारी की शुरुआत के लिए तो कभी नीचे के क्रम पर। यानी उनकी बल्लेबाजी का कोई निश्चित क्रम ही नहीं था। और गेंदबाजी में भी उन्हें मनकड़, सी. एस. नायडू व लाला अमरनाथ के होते हुए कम ही आजमाया जाता था। लेकिन राष्ट्रीय स्तर पर उनकी तगड़ी धाक रही।

होल्कर टीम में सी. के. नायडू, सी. एस. नायडू, हीरालाल गायकवाड़ व धनवड़े जैसे स्पिनरों के होते हुए भी सी. टी. सर्वटे की स्पिन गेंदबाजी का विशिष्ट स्थान था। वे लेग ब्रेक, ऑफ ब्रेक व गुगली तो करते ही थे, एक निहायत तेज गेंद भी फेंकते थे जिसकी रफ्तार उनकी सामान्य गेंदों की रफ्तार से चौगुनी होती थी। इस कारण उनके कुछ आलोचक उनकी उस गेंद को शंकास्पद व 'चक' की हुई मानते थे। परन्तु इतनी अधिक विविधता व गेंदबाजी पर नियन्त्रण में ही उनकी सफलता का राज छिपा था। स्पिन गेंदबाजी को आक्रमण के कारगर हथियार के रूप में स्थापित करने में चन्दू सर्वटे की भी अहम भूमिका रही। छोटे रन अप से बमुश्किल चार या पाँच कदमों से दौड़कर गेंद फेंकनेवाले सर्वटे 'मैटिंग' पर भी असरदार रहे व टर्फ पर भी। उनके जमाने में रणजी ट्रॉफी 'नॉक आउट' आधार पर खेली जाती थी, 'लीग' आधार पर नहीं। अतः ताकतवर टीम की ओर से खेलना ही फायदेमन्द था। कमजोर टीम तो हारकर प्रतिस्पर्धा से ही बाहर हो जाती थी। सर्वटे के लिए महाराष्ट्र, बम्बई व होल्कर टीमों के लिए खेलना लाभकारी रहा। तब प्रतिस्पर्धाएँ भी कम थीं और मैच खेलने के अवसर भी कम ही थे। सर्वटे को अन्य समकालीनों की तरह अभ्यास मैच खेलकर ही क्रिकेट मौसम की तैयारी करनी होती थी। इस परिस्थिति व स्थिति में उन्होंने जो कुछ किया वह वाकई काबिलेतारीफ था। एक गेंदबाज के रूप में वे हर बल्लेबाज की कमजोरी का बारीकी से मुआयना करते थे और तदनुसार योजना बनाकर गेंदबाजी करते थे। राष्ट्रीय स्तर पर उनकी धाक भी थी व प्रतिष्ठा भी।

(iv) हीरालाल घस्सूलाल गायकवाड़

हीरालाल घस्सूलाल गायकवाड़ को उनके मित्र और हितैषी 'घस्सू' नाम से पुकारते थे। दरअसल यह उनकी गेंदबाजी की सटीकता व उनके घंटों एक-सी व एक ही स्थान पर बिना थके लगातार गेंद फेंकते रहने एवं उसे पतलून के पीछे घिस-घिस कर चमकाते रहने के कौशल के साथ इतनी अच्छी तरह मेल खाता था कि आम लोग यही समझते थे कि उनके इन्हीं गुणों के कारण उनके क्रिकेट गुरु कर्नल सी. के. नायडू ने उनका यह छोटा नाम रखा होगा।

बाएँ हाथ से गेंदबाजी करनेवाले गायकवाड़ नई गेंद से मध्यम गति की व पुरानी गेंद से स्पिन गेंदबाजी करते थे। वे लेग ब्रेक भी करते थे तथा अन्दर आनेवाली 'आर्मर' भी। कर्नल नायडू उन्हें नागपुर से करीब 20 बरस की उम्र में इंदौर लाए थे। नायडू साहब की देखरेख व अपनी कड़ी मेहनत के बल पर गायकवाड़ एक ऐसे प्रभावशाली गेंदबाज के रूप में विकसित हो गए जिसका सामना करने से अच्छे-अच्छे बल्लेबाज घबराते थे।

प्रथम श्रेणी क्रिकेट में उन्होंने 26006 गेंद फेंककर 8859 रन दिए और 23.62 की औसत से 375 विकेट लिए। उन्होंने 23 बार पारी में 5 तथा 5 बार मैच में 10 विकेट लिए। 1941-42 से लेकर 1963-64 तक वे अपने बीस वर्षों के प्रथम श्रेणी क्रिकेट जीवन में अग्रणी गेंदबाज की भूमिका निभाते रहे। एक आक्रामक वामहस्त बल्लेबाज के रूप में उन्होंने 2 शतक व 10 अर्धशतकों सहित 19.42 के औसत से 2487 रन भी बनाए। कर्नल नायडू के आज्ञाकारी शिष्य के रूप में जीवनभर वे उनके प्रति समर्पित व वफादार बने रहे। नायडू साहब उन्हें जब चाहते थे तब किसी भी क्रम पर प्रतिस्पर्धी गेंदबाजी को ध्वस्त करने के लिए भेज देते थे।

मैंटिग विकेट पर तो वे खासतौर पर खतरनाक साबित होते थे। होल्कर टीम के वे 'स्टॉक' गेंदबाज भी थे और 'शॉक' गेंदबाज भी। लेकिन उनके लिए क्षेत्ररक्षण की जमावट कर्नल नायडू ही करते थे। एक छोर से उन्हें गेंद थमा दी जाती थी और वे दिनभर बिना विश्राम के मशीन की तरह गेंद फेंकते रहते थे।

कर्नल नायडू ने वीनू मनकड़ के विकल्प के रूप में उन्हें 1952-53 में पाकिस्तान के खिलाफ लखनऊ में खेले गए दूसरे टेस्ट में खिलाया भी। लेकिन उन्हें एक भी विकेट नहीं मिला। हाँ, चुस्त व कसी हुई गेंदबाजी उन्होंने जरूर की। उनका विश्लेषण रहा 37-21-47-1. इसी तरह मनकड़ के लंकाशायर लीग में अनुबन्धित होने के कारण उन्हें 1952 में इंग्लैंड गई भारतीय टीम में भी लिया गया। लेकिन उन्हें वहाँ टेस्ट में खेलने का मौका नहीं मिला। गायकवाड़ भी सी. एस. नायडू, अमीर इलाही व सर्वटे की ही तरह अन्तर्राष्ट्रीय क्रिकेट में वैसा प्रदर्शन नहीं कर पाए जैसा कि वे राष्ट्रीय स्तर पर करते रहे थे। और ऐसे खिलाड़ी आपको हर देश में मिलेंगे। यही इस खेल की खूबी है कि कोई कहीं लाजवाब व बेजोड़ है तो कहीं एकदम

साधारण। लेकिन राष्ट्रीय स्तर पर तो करीब 20 साल तक उनकी वामहस्त स्पिन का दबदबा रहा और वे मैच-दर-मैच विकेट चटकाते रहे। शारीरिक रूप से वे इतने मजबूत व हृष्ट-पुष्ट थे कि उन्हें कभी थकान ही महसूस नहीं होती थी और वे एक छोर से गेंदबाजी का जिम्मा सम्भाले रहते थे। हाँ, लंच में व फिर मैच के बाद डटकर खाते थे।

(v) एस. जी. शिन्दे

सदाशिव गणपत राव शिन्दे—और क्रिकेट मित्रों में सदू शिन्दे का जन्म 18 अगस्त 1923 को बम्बई में हुआ। वे महाराष्ट्र, बम्बई व बड़ौदा के लिए रणजी, हिन्दुओं के लिए बम्बई स्पर्धा और भारत के लिए टेस्ट क्रिकेट में खेले। सी. एस. नायडू के बाद शिन्दे भारत के बेहतरीन लेग ब्रेक गुगली गेंदबाज के रूप में तेजी से उभरकर सामने आए और देखते-ही-देखते उन्होंने एक स्तरीय, चतुर व खतरनाक स्पिनर के रूप में अपनी पहचान बना ली। दाहिने हाथ से कलाई मोड़कर लेग ब्रेक व गुगली का चतुराई से मिश्रण करनेवाले शिन्दे 1946 के पंचकोणी फाइनल में अपने शानदार प्रदर्शन से लोगों की नजरों में चढ़े। पारसियों की टीम के खिलाफ हिन्दुओं की टीम के लिए उन्होंने पहली पारी में 53 रन देकर 3 व दूसरी पारी में 31 रन देकर 4 विकेट लिए। इस तरह मैच में 7 विकेट लेकर व पहली पारी में 49 रन बनाकर हिन्दुओं की टीम को चौथी बार विजेता बनवाने में महत्त्वपूर्ण भूमिका निभाई। उनके इस शानदार प्रदर्शन को देश में खूब सराहा गया।

उनकी स्पिन प्रतिभा, उसकी विविधता और विकेट लेने की क्षमता के मद्देनजर उन्हें 1946 में इंग्लैंड के दौरे पर गई भारतीय टीम में लिया गया। लॉर्ड्स के ऐतिहासिक मैदान पर खेले गए पहले टेस्ट में उन्होंने अपना टेस्ट जीवन शुरू किया। और संयोग देखिए कि अपना अन्तिम टेस्ट भी वे लॉर्ड्स पर ही खेले जब 1952 में वे भारतीय टीम के साथ अपने दूसरे इंग्लैंड दौरे पर गए। इन दौरों में तो उन्हें कोई खास सफलता नहीं मिली। लेकिन 1951-52 में इंग्लैंड के खिलाफ दिल्ली टेस्ट की पहली पारी में उन्होंने 35.3 ओवर में अपनी स्पिन के जादू से 91 रन देकर 6 विकेट लिए। इंग्लैंड के बल्लेबाज आमतौर पर लेग स्पिन को खेलने में कठिनाई महसूस करते हैं। शिन्दे ने उनकी इस कमजोरी का भरपूर फायदा उठाया। फिर उनकी लेग स्पिन में तो गुगली का मिश्रण भी था। अत: इंग्लैंड को भारी मुश्किल का सामना करना पड़ा। लेकिन दुर्भाग्यवश अन्य टेस्ट मैचों में शिन्दे को वांछित सफलता नहीं मिली। 1946 व 1952 के इंग्लैंड दौरे के अलावा वे 1948-49 में वेस्टइंडीज व 1951 में इंग्लैंड के खिलाफ घरेलू श्रृंखलाओं में भी खेले। छह साल में 7 टेस्ट के अपने छोटे टेस्ट जीवन में शिन्दे ने 1515 गेंदें फेंकी, 717 रन दिए और 59.75 की औसत से 12 विकेट लिए जो कि एक बेहद महँगा औसत था। दरअसल उनकी

गेंदबाजी का एक्शन ही ऐसा था कि वे रन देकर ही विकेट ले सकते थे।

सिर्फ 32 साल की उम्र में टाइफाइड की वजह से उनकी मृत्यु हो गई और इस तरह एक होनहार खिलाड़ी का खेल जीवन असमय ही समाप्त हो गया। वरना हो सकता है कि वे समय के साथ और परिपक्व होते। स्पिन गेंदबाज तो अनुभव प्राप्ति के बाद परिपक्व होते ही हैं।

प्रथम श्रेणी क्रिकेट में वे 1940-41 से 1954-55 तक सक्रिय रहे। इस दौरान उन्होंने 14961 गेंदों पर 7496 रन देकर 32.59 की औसत से 230 विकेट लिए। 12 मर्तबा वे पारी में 5 विकेट लेने में कामयाब हुए। नीचे के क्रम के बल्लेबाज के रूप में शिन्दे ने प्रथम श्रेणी क्रिकेट में 79 मैच की 95 पारियों में 14.04 की औसत से 871 रन बनाए।

एस. एम. जोशी और सी. एस. नायडू के बाद एस. जी. शिन्दे तीसरे उल्लेखनीय शुद्ध लेग स्पिनर थे जिन्होंने अपनी स्पिन कला के जादू से 50 के दशक में सिर्फ राष्ट्रीय ही नहीं अन्तर्राष्ट्रीय स्तर पर तहलका मचाया। स्पिन की समृद्धि में इन तीनों का महत्त्वपूर्ण योगदान रहा। इन्हीं की सफलता देखकर भारत में अनेक युवा खिलाड़ी लेग स्पिन की ओर आकर्षित हुए। लेकिन चूँकि अपरम्परागत एवं अस्वाभाविक किस्म की गेंदबाजी होने के कारण इस कला में कौशल विकसित करना व लम्बाई, दिशा व स्पिन पर नियन्त्रण रख पाना बेहद कठिन व चुनौतीपूर्ण है। सुभाष गुप्ते के पहले तक कोई ऐसा लेग स्पिनर उभरकर सामने नहीं आया जिसे मैच जितानेवाले गेंदबाज का दर्जा दिया जा सके।

'रिस्ट स्पिनर' गेंद को फ्लाइट कराता है, बल्लेबाज को बाहर निकल कर मारने के लिए आमन्त्रित करता है तथा उसे ललचाकर व कुछ रन देकर आउट करने की क्षमता भी रखता है। ऐसे गेंदबाज को मजबूत टीमें ही अपनी टीम में खिला सकती हैं। बम्बई, महाराष्ट्र व बड़ौदा तब देश की सर्वाधिक ताकतवर टीमों में से थीं। वे ही शिन्दे की कद्र कर सकती थीं। शिन्दे रनों की कीमत पर विकेट की फसल काटनेवाले गेंदबाज थे। ऐसा गेंदबाज लय मिल जाने पर मैच जिता सकता है। इन टीमों ने उनकी कद्र भी की। अफसोस की बात यही है कि उन्हें अधिक लम्बा जीवन नहीं मिला।

(vi) इस दौर के कुछ अन्य स्पिनर

अब एक नजर उन पर भी डालें जो प्रमुख रूप से शुद्ध स्पिनर तो नहीं थे लेकिन स्पिन गेंदबाजी किया करते थे। आमतौर पर किसी बड़ी भागीदारी को तोड़ने के लिए अथवा छोर बदलने के लिए या फिर परिवर्तन के बतौर ये लोग कुछ ओवर गेंदबाजी जरूर करते थे। इनमें **सी. के. नायडू, मुश्ताक अली, पी. ई. पालिया** व **नाऊमल जाऊमल** प्रमुख थे। **कर्नल नायडू** प्रमुख रूप से तो बल्लेबाज ही थे लेकिन वे जो

कुछ भी करते थे, एक मिसाल बन जाती थी। फिर भले ही क्षेत्ररक्षण हो या फिर गेंदबाजी। उनका हर काम दूसरों से हटकर होता था। वे नई गेंद से मध्यम गति की गेंदबाजी भी कर लेते थे और पुरानी गेंद से ऑफ ब्रेक गेंदबाजी भी। दाहिने हाथ के बल्लेबाज और दाहिने हाथ के ही गेंदबाज कर्नल नायडू ने 1925 में पारसियों की टीम के खिलाफ अपनी स्पिन के जरिए 26 रन देकर 3 विकेट लिए। टेस्ट क्रिकेट में भी उन्होंने 9 विकेट लिए और रणजी ट्रॉफी में उनके नाम पर 109 विकेट दर्ज हैं। उन्होंने कितने विकेट मध्यम गति की गेंदबाजी द्वारा लिए और कितने दाहिने हाथ की ऑफ स्पिन के द्वारा, यह बता पाना तो सम्भव नहीं है मगर इतना जरूर है कि उनमें सब कुछ कर पाने की प्रतिभा व हिम्मत थी। उनका व्यक्तित्व ही इतना प्रभावशाली था कि उनके हाथ में गेंद लेते ही बल्लेबाज अपना आंशिक सन्तुलन तो खो ही देता था। वे उसकी कमजोरी पकड़कर व उसी हिसाब से क्षेत्ररक्षण जमाकर गेंदबाजी करते थे। जमी हुई भागीदारी तोड़ने के तो वे उस्ताद थे। पर उन्होंने बल्लेबाजी पर ही मुख्य रूप से अपना ध्यान केन्द्रित किया।

मुश्ताक अली ने भी शुरुआत तो एक धीमी गति के लेफ्टआर्म स्पिनर के रूप में की थी और अपने 11 में से 5 टेस्ट तो वे बाएँ हाथ के धीमी गति से स्पिन करानेवाले गेंदबाज के रूप में ही खेले। लेकिन उन्हें एक स्पिनर के तौर पर सफलता नहीं मिली। धीरे-धीरे वे एक आकर्षक बल्लेबाज के रूप में स्थापित हो गए और उन्हें विदेशी भूमि पर शतक बनानेवाले पहले भारतीय ही नहीं, पहले एशियाई बल्लेबाज बनने का सौभाग्य मिला। फिर गेंदबाजी तो छूट ही गई। लेकिन 1936 में उन्हें लेफ्टआर्म स्पिनर के रूप में ही लिया गया था।

नाऊमल जाऊमल की पैदाइश तो सिन्ध प्रान्त में कराची की थी लेकिन उन्हें क्रिकेट जगत में सम्हलकर सुरक्षात्मक बल्लेबाजी करने के लिए जाना जाता है। दाहिने हाथ के बल्लेबाज नाऊमल ने 1932 में भारत के पदार्पण टेस्ट में पारी की शुरुआत की थी और क्रमश: 33 व 25 रन बनाए थे। वे भी मुख्यत: बल्लेबाज थे। इंग्लैंड के 1932 के दौरे में उन्होंने 1297 रन बनाए थे। प्रथम श्रेणी क्रिकेट में भी उन्होंने अपने 18 साल लम्बे खेल जीवन में 84 मैच खेलकर 32.59 की औसत से 7 शतकों सहित 4140 रन बनाए। क्लार्क की ऊपर उठती हुई गेंद को हुक करने की कोशिश में बाईं आँख में चोट लगी और इस तरह 1933-34 में ही उनके अन्तर्राष्ट्रीय क्रिकेट जीवन का अन्त हो गया। लेकिन नाऊमल भी दाहिने हाथ से लेग ब्रेक गेंदबाजी कर लिया करते थे। यदा-कदा गेंदबाजी करनेवाले नाऊमल ने 3 टेस्ट में 2 और 84 प्रथम श्रेणी मैचों में 27.54 की औसत से 108 विकेट लिए। एक अतिरिक्त गेंदबाज के लिहाज से यह प्रदर्शन बुरा नहीं है। नाऊमल 1950 के दशक में पाकिस्तान के क्रिकेट कोच बन गए, और उन्होंने हनीफ, नसीम और सईद जैसे विख्यात खिलाड़ियों को प्रशिक्षित किया।

फिरोजी पालिया वैसे तो मुख्य रूप से बाएँ हाथ के आकर्षक शैली में

खेलनेवाले बल्लेबाज थे परन्तु कभी-कभार धीमी गति से बाएँ हाथ से परम्परागत शैली की स्पिन गेंदबाजी भी कर लेते थे। वे भारत के लिए दो टेस्ट खेले और दोनों ही लॉर्ड्स पर, पहला 1932 में और दूसरा 1936 में। दुर्भाग्यवश वे दोनों में ही असफल रहे। परन्तु अपंने करीब 25 वर्ष लम्बे प्रथम श्रेणी क्रिकेट जीवन में उन्होंने 100 मैच खेलकर 32.39 की औसत से 4536 रन बनाए जिनमें 8 शतक व 19 अर्धशतक थे। अपनी धीमी गति की वामहस्त स्पिन गेंदबाजी से उन्होंने यद्यपि टेस्ट क्रिकेट में 42 गेंदें फेंकीं व सिर्फ 13 रन दिए किन्तु उन्हें विकेट एक भी नहीं मिला। अलबत्ता प्रथम श्रेणी क्रिकेट में वे जरूर एक सफल गेंदबाज साबित हुए। उन्होंने 100 प्रथम श्रेणी क्रिकेट मैचों में 13565 गेंदें फेंकीं व 5005 रन देकर 208 विकेट लिए। उन्हें 7 पारियों में 5 या अधिक विकेट लेने का गौरव मिला। पर कुल मिलाकर पालिया टेस्ट व प्रथम श्रेणी दोनों ही स्तर पर अन्तर्राष्ट्रीय क्रिकेट में उतना अच्छा प्रदर्शन नहीं कर पाए जितनी कि उनसे उम्मीद थी। न सिर्फ एक बल्लेबाज, बल्कि स्पिन गेंदबाज के रूप में भी उन्होंने क्रिकेट प्रेमियों को निराश किया। बाद में वे चयनकर्ता भी बने और रेडियो कमेंटेटर भी।

इनमें से कोई भी शुद्ध स्पिन गेंदबाज नहीं था और सभी प्रमुख रूप से शुद्ध बल्लेबाज ही थे। मगर वे ऐसे बल्लेबाज थे जो मौका आने पर व जरूरत पड़ने पर स्पिन गेंदबाजी भी कर लेते थे। इससे यही साबित होता है कि भारत में स्पिन गेंदबाजी का ऐसा चमत्कारिक असर था कि नियमित बल्लेबाज भी स्पिन कला में हाथ आजमाना चाहते थे।

सी. एस. नायडू, अमीर इलाही, एस. जी. शिन्दे, नाऊमल व चन्दू सर्वटे दाहिने हाथ से लेग स्पिन करानेवाले गेंदबाज थे तो हीरालाल गायकवाड़, मुश्ताक अली व पालिया बाएँ हाथ के स्पिनर और कर्नल नायडू दाहिने हाथ के ऑफ स्पिन करानेवाले गेंदबाज थे। टीम में अपनी जगह मजबूत करने अथवा खेल के हर विभाग में अपनी प्रतिभा दिखाने के लिहाज से तब बल्लेबाज भी गेंदबाजी की ओर आकर्षित तो होते थे लेकिन तब तक भारत में ऑलराउंड खेल प्रतिभा की वह संस्कृति विकसित नहीं हो पाई थी जिसके तहत खिलाड़ी को ऑलराउंडर माना जा सके। यही वजह है कि अधिकांश खिलाड़ी स्वयं को किसी एक विधा में ही संकुचित कर लेते थे और उसी में अपना कौशल दिखाने का प्रयास करते थे।

परिपक्व काल

1946 का भारतीय टीम का इंग्लैंड का दूसरा दौरा टीम प्रदर्शन के मान से भले ही महत्त्वपूर्ण न रहा हो लेकिन कुछ खिलाड़ियों की निजी उपलब्धियों के मान से यादगार जरूर रहा। अब तक भारत में क्रिकेट अच्छी तरह से स्थापित हो चुका था। अब वह स्थिति नहीं रही थी कि खिलाड़ियों को उनकी किसी खास विभाग में विशेषज्ञता की बजाय उपयोगिता के हिसाब से टीम में लिया जाए। अब बल्लेबाजी एवं गेंदबाजी ही नहीं, उद्घाटक बल्लेबाजी, नई गेंद से गेंद फेंकने की योग्यता व स्पिन गेंदबाजी के कौशल के हिसाब से खिलाड़ियों को लिया जा सकता था। 14 साल के टेस्ट सफर ने खेल के विभिन्न भागों में कुशल एवं विशेषज्ञ खिलाड़ियों को प्रतिस्पर्धा के लिए प्रेरित किया। स्पिन गेंदबाजी में भी विविधता उपलब्ध थी और 1947-48 के आस्ट्रेलियाई दौरे की निराशाजनक परिणति के बावजूद वीनू मनकड़ जैसे स्तरीय ऑलराउंडर तथा विजय हजारे जैसे विश्वसनीय बल्लेबाज उपलब्ध थे।

अब खिलाड़ियों में वह अधकचरापन नहीं था जो भारत में क्रिकेट के प्रारम्भिक काल में नजर आता था। अन्तर्राष्ट्रीय अनुभव के बाद उनके खेल में सुधार व निखार आया था। अब वे परिपक्व हो गए थे। इस परिपक्व काल के स्पिन गेंदबाजों में प्रमुख रूप से वीनू मनकड़, गुलाम अहमद और सुभाष गुप्ते का उल्लेख किया जा सकता है। उनके पहले जितने भी स्पिनर हुए वे राष्ट्रीय स्तर पर तो सफल रहे किन्तु अन्तर्राष्ट्रीय स्तर पर उतने सफल नहीं हो पाए। कारण चाहे कुछ भी रहा हो, दुर्भाग्य, संयोग अथवा ठीक समय पर मौका न मिलना या फिर अन्तर्राष्ट्रीय स्तर के लायक न होना अथवा कप्तान द्वारा ठीक से उपयोग न किया जाना, उनके राष्ट्रीय स्तर की उपलब्धि और अन्तर्राष्ट्रीय स्तर के प्रदर्शन में जमीन-आसमान का फर्क रहा। उनकी प्रतिभा पर कभी कोई शक नहीं रहा, लेकिन जितनी उनकी प्रतिभा थी उसके हिसाब से उनका मैदानी प्रदर्शन नहीं रहा। पर इस युग के चैम्पियन गेंदबाज तो मनकड़ व गुप्ते ही थे।

(i) गुलाम अहमद

गुलाम अहमद लम्बे, छरहरे व मजबूत कद-काठी के थे और चार-पाँच कदम से

दौड़कर आकर दाहिने हाथ से तेज गति की ऑफ स्पिन करते थे। ऊँचे कद के होने के कारण उनकी गेंदों को विकेट से उछाल भी मिलता था और चूँकि वे 'ओवरआर्म' एक्शन से गेंद फेंकते थे इस कारण उनकी गेंद टप्पा खाकर तेज गति से आती थी। वे पहले भारतीय ऑफ स्पिनर थे जिसने अन्तर्राष्ट्रीय स्तर पर शुद्ध ऑफ स्पिनर के रूप में जगह बनाई और अपनी घातक गेंदबाजी से विश्व के उन सभी बल्लेबाजों को परेशान किया जो उनके खिलाफ खेले।

4 जुलाई 1922 को आन्ध्र प्रदेश के हैदराबाद में जन्मे गुलाम अहमद अपना पहला टेस्ट वेस्टइंडीज के खिलाफ 1948-49 में कोलकाता में खेले और फिर 10 बरस बाद 1958-59 में ही कोलकाता में ही वेस्टइंडीज के ही खिलाफ वे अपना आखिरी टेस्ट भी खेले। यह भी एक दुर्लभ संयोग ही था कि जिस देश के खिलाफ जिस मैदान पर वे अपने जीवन का पहला टेस्ट खेले उसी देश व उसी मैदान पर वे अपने जीवन का आखिरी टेस्ट भी खेले। क्रिकेट में ऐसे संयोग अकसर होते रहते हैं और ये ही बातें इस खेल को रोचक व सजीव बनाए रखती हैं। उनके पहले अन्तर्राष्ट्रीय स्तर पर भारतीय ऑफ स्पिनर के रूप में केवल सी. के. नायडू थे। लेकिन वे शुद्ध या खालिस ऑफ स्पिनर नहीं थे।

गुलाम अहमद एक शालीन व भद्र पुरुष थे। अत: उन्हें 'जेंटलमेन क्रिकेटर' कहा जाता था। नियमानुसार खेलना, अच्छा व्यवहार व बर्ताव करना और क्रिकेट परम्पराओं का सम्मान करना व उनका पालन करना उनकी विशेषताओं में शुमार रहा। उन्होंने कभी अम्पायर या साथी अथवा प्रतिस्पर्धी खिलाड़ी से दुर्व्यवहार नहीं किया और ताज़िन्दगी विवादों से बचे रहने का प्रयास किया।

उन्होंने एक दशक तक भारतीय टीम का प्रतिनिधित्व किया और वीनू मनकड़ तथा सुभाष गुप्ते के साथ मिलकर भारतीय आक्रमण की कमान सँभाली। तब टेस्ट मैच भी कम और लम्बे अन्तराल के बाद होते थे। ऐसी परिस्थिति में गुलाम अहमद ने अपने दस वर्ष के टेस्ट जीवन में 22 टेस्ट खेले और 941.4 ओवर गेंदबाजी करते हुए 254 ओवर मेडन फेंके, 2052 रन दिए और 30.17 की औसत से 68 विकेट लिए। 49 रनों पर 7 विकेट उनका श्रेष्ठ गेंदबाजी प्रदर्शन रहा और उन्होंने 4 बार पारी में 5 तथा 1 बार मैच में 10 विकेट लिए। उनका प्रथम श्रेणी का खेल जीवन करीब 20 साल लम्बा रहा और इस बीच उन्होंने प्रथम श्रेणी क्रिकेट में 24263 गेंदों पर 9190 रन देकर 22.57 की औसत से 407 विकेट लिए जिनमें 53 रन देकर 9 विकेट उनका श्रेष्ठ गेंदबाजी प्रदर्शन रहा। प्रथम श्रेणी क्रिकेट में उन्होंने 32 बार पारी में 5 तथा 9 बार मैच में 10 विकेट लिए। हैदराबाद के लिए रणजी ट्रॉफी खेलते हुए उन्होंने 8889 गेंदों पर 3256 रन देकर 179 विकेट लिए। गुलाम अहमद, मनकड़ और सुभाष गुप्ते की त्रिमूर्ति ने मिलकर भारतीय स्पिन गेंदबाजी की प्रतिष्ठा बढ़ाई और अन्तर्राष्ट्रीय क्रिकेट जगत में स्पिन का तहलका मचाया। गुलाम अहमद ने दाहिने हाथ के ऑफ स्पिनर के रूप में लेफ्टआर्म स्पिनर मनकड़ व दाहिने हाथ से कलाई

मोड़कर अपरम्परागत शैली के लेग स्पिनर गुप्ते के साथ अच्छा तालमेल स्थापित किया। वैसे वे खुद भी एक उच्चस्तरीय ऑफ स्पिनर थे। बल्लेबाजों को मदद देनेवाले आसान विकेट पर भी वे अपनी अचूक दिशा व लम्बाई तथा नियन्त्रणयुक्त गेंदबाजी से बल्लेबाजों को सँभलकर व सावधान होकर खेलने के लिए मजबूर कर देते थे और स्पिन के लिए थोड़े-से भी मददगार विकेट पर तो उन्हें खेल पाना अच्छे-अच्छे बल्लेबाजों के लिए भी मुश्किल होता था बल्कि यह कहिए कि उन्हें कोई खेल ही नहीं पाता था। 1956 में आस्ट्रेलिया के खिलाफ कोलकाता में खेले गए तीसरे टेस्ट में उन्होंने इसे साबित भी किया और मैच में पहली पारी में 49 रनों पर 7 तथा दूसरी पारी में 81 रनों पर 3 इस तरह कुल 130 रनों पर 10 विकेट लेकर अपनी लाजवाब ऑफ स्पिन का सिक्का जमाया। 1951-52 में गुलाम अहमद की ऑफ स्पिन ने इंग्लैंड के खिलाफ चेपॉक, मद्रास में भारत की ऐतिहासिक पहली टेस्ट विजय में महत्त्वपूर्ण भूमिका निभाई। भारत की 1952 की इंग्लैंड यात्रा में गुलाम अहमद ने दौरे में 21.92 की औसत से 80 विकेट लिए और टेस्ट मैचों में 24.73 की औसत से पूरी श्रृंखला में गिरनेवाले 39 विकेटों में से चार टेस्ट में 15 विकेट उन्हीं के थे। 1954-55 में वे पाकिस्तान दौरे पर भी गए। 1952-53 में पाकिस्तान के खिलाफ दिल्ली टेस्ट में 11वें क्रम पर जाकर उन्होंने न सिर्फ 50 रन बनाए, बल्कि हेमू अधिकारी के साथ आखिरी विकेट की साझेदारी में 109 रन जोड़े, जो एक कीर्तिमान था। इस तरह उन्होंने पुछल्ले बल्लेबाज के बतौर बल्लेबाजी में भी अपनी उपयोगिता सिद्ध की।

गुलाम अहमद ने 3 टेस्ट में भारतीय टीम का नेतृत्व भी किया। एक टेस्ट में न्यूजीलैंड के खिलाफ 1955-56 में और दो टेस्ट में वेस्टइंडीज के खिलाफ 1958-59 में जो कि उनकी अन्तिम टेस्ट श्रृंखला थी। लेकिन उन्हें भारतीय क्रिकेट इतिहास में भारत के पहले असरदार व धारदार ऑफ स्पिनर के रूप में ही याद किया जाएगा। एक ऐसे ऑफ स्पिनर जो छह फुटे होने व 'ओवरआर्म एक्शन' यानी गेंद फेंकते वक्त अपना हाथ सर के ऊपर लाकर गेंद फेंकनेवाले गेंदबाज होने के कारण अधिक ऊँचाई से गेंद फेंकने व इस कारण सामान्य से अधिक गति से गेंद फेंकते हुए भी अच्छी स्पिन कराने में कुशल गेंदबाज के रूप में दूसरों से एकदम अलग पहचानवाले ऑफ स्पिनर के रूप में जाने जाते रहेंगे।

उन्हें दरअसल शास्त्रीय शैली का भारत का प्रथम स्तरीय ऑफ स्पिनर माना जाना चाहिए। हैदराबाद से तैयार होकर निकलनेवाले वे पहले ऑफ स्पिनर थे और उनके बाद कँवलजीत सिंह ने इस परम्परा को कायम रखा। वे 17 साल की उम्र में 1939-40 के रणजी सत्र में अपना पहला रणजी ट्रॉफी मैच खेले। इस पहले ही मैच में उनकी घातक ऑफ स्पिन के कारण हैदराबाद टीम मद्रास के खिलाफ एक पारी से जीतने में कामयाब हुई। इस मैच में उन्होंने 157 रन देकर 9 विकेट लिए। इसके बाद राष्ट्रीय स्तर पर छह साल तक वे छाए रहे। उनकी ख्याति मैच-दर-मैच

बढ़ती रही। 1942-43 में उन्होंने सिर्फ 3 मैच खेलकर 20 विकेट लिए। सच पूछें तो अपने पदार्पण रणजी मैच के बाद उन्होंने कभी पीछे मुड़कर नहीं देखा। वे लगातार तरक्की करते गए और उन्होंने खुद को राष्ट्रीय स्तर पर स्थापित कर लिया। अन्तर्राष्ट्रीय स्तर पर उन्हें 1945 में आस्ट्रेलियन सर्विसेज एकादश के खिलाफ अपनी ऑफ स्पिन कला का प्रदर्शन करने का अवसर मिला और उन्होंने दक्षिण क्षेत्र के लिए खेलते हुए इस मौके का पूरा फायदा उठाया तथा मैच में 115 रन देकर 8 विकेट लिए। इस मैच से उनको अन्तर्राष्ट्रीय स्तर पर पहचान मिली। परन्तु 1946 के इंग्लैंड दौरे के लिए उन्हें नहीं चुना गया और भारतीय टीम तीन लेग स्पिनर और एक लेफ्टआर्म स्पिनर के साथ इंग्लैंड गई। जैसे-तैसे उन्होंने अपना समय गुजारा। दुर्भाग्यवश 1947-48 के आस्ट्रेलिया दौरे में भी उनकी ऑफ स्पिन की उपेक्षा की गई और इस बार भी वे मन मसोसकर रह गए। ये दो स्वर्णिम अवसर तो उनके हाथ से निकले मगर उन जैसे धारदार स्पिन गेंदबाज को आखिर कब तक टीम से बाहर रखा जा सकता था! उसी वर्ष रणजी ट्रॉफी में उन्होंने मद्रास टीम को अपनी ऑफ स्पिन के जाल में ऐसा लपेटा कि वह पहली पारी में 88 व दूसरी में सिर्फ 92 रन ही बना सकी। गुलाम अहमद ने उस मैच में 81 रन देकर 14 विकेट लिए जिनमें उनके पहली पारी के 53 रनों पर 9 विकेट भी शरीक थे।

अन्ततः 1948-49 में ईडन गार्डन्स कोलकाता में उन्हें वेस्टइंडीज के खिलाफ खेलकर अपना टेस्ट जीवन शुरू करने का मौका मिला। वे करीब चार साल से इस मौके का इन्तजार कर रहे थे। वेस्टइंडीज के महान बल्लेबाज ईव्हरटन वीक्स तब अपने श्रेष्ठ 'फार्म' में थे। गुलाम अहमद ने अपने पदार्पण टेस्ट में ही वीक्स को दो बार आउट किया तथा पूरी श्रृंखला में वीक्स तीन बार गुलाम अहमद की ऑफ स्पिन के शिकार हुए। यह उनकी स्पिन कला के जादू का जीता-जागता प्रमाण था कि एक विश्वस्तरीय बल्लेबाज जिसकी आक्रामक बल्लेबाजी से दुनिया के सभी गेंदबाज घबराते थे वह श्रृंखला में तीन बार गुलाम अहमद की ऑफ स्पिन पर आउट हुआ। मुम्बई टेस्ट में 10वें क्रम पर बल्लेबाजी के लिए आए गुलाम अहमद ने अपनी बल्लेबाजी की दम पर ही भारत को टेस्ट इतिहास की पहली विजय दिलवाई होती यदि अम्पायर ने ऐसे समय समाप्ति की घोषणा न कर दी होती जब भारत को जीत के लिए सिर्फ 6 रनों की जरूरत थी।

गुलाम अहमद का टेस्ट जीवन 10 साल का रहा लेकिन इस अवधि में खेले गए 38 टेस्ट में से सिर्फ 22 में ही उन्हें खेलने का मौका मिला। 1952 के अपने पहले इंग्लैंड दौरे में टेस्ट मैचों में गिरे विकेटों में करीब एक तिहाई तो उन्हीं के खाते में गए। परन्तु फिर भी उन्होंने न जाने क्यों 1952-53 के वेस्टइंडीज के दौरे पर जाने से इनकार कर दिया। उनके इस रुख से चयनकर्ताओं को निश्चित ही आश्चर्य हुआ होगा और यदि वे उनसे नाराज भी हुए हों तो कोई ताज्जुब की बात नहीं है। पिछले दौरे का सफल गेंदबाज यदि अगले दौरे पर नहीं जाए तो टीम का

सन्तुलन तो बिगड़ेगा ही और यही चयनकर्ताओं की नाराजगी का कारण रहा होगा।

गुलाम अहमद की गेंदबाजी की सटीकता–सही दिशा, सही लम्बाई व गेंदबाजी पर नियन्त्रण–यह सब रहस्यमय था। उनकी गेंदों पर रन बनाना चुनौतीपूर्ण ही नहीं, मुश्किल भी था। उन्हें अकसर मैटिंग विकेट का गेंदबाज कहा व माना जाता था। और यह सही भी था कि हैदराबाद में मैटिंग विकेट पर खेलते हुए ही वे तरक्की करते गए थे। मैंने भी उन्हें यशवन्त क्लब के मैदान पर होल्कर टीम के खिलाफ जूट मैटिंग पर ही गेंदबाजी करते हुए देखा था। वे अपनी 'फ्लाइट', 'स्पिन', 'लूप' यानी गेंद को हाथ से हलके-से छोड़ने की प्रक्रिया, लम्बाई व दिशा में लगातार परिवर्तन करते रहते थे। मगर फिर भी उनका अपनी गेंदों पर नियन्त्रण बना रहता था। उन्होंने कभी व्यर्थ रन नहीं दिए। बल्कि रनों की गति को रोका व उसे नियन्त्रित किया। उनमें कड़ा परिश्रम करने व लगातार लम्बे समय तक गेंदबाजी करते रहने की क्षमता थी मगर उन्हें सिर्फ मैटिंग का गेंदबाज मानना अन्यायपूर्ण होगा। बेशक वे मैटिंग पर अधिक असरदार साबित होते थे लेकिन इसका यह अर्थ नहीं कि वे 'टर्फ' पर बेअसर रहते थे। 1952 के इंग्लैंड दौरे में उन्होंने 'टर्फ' पर खेलकर ही विकेट लिए थे और भारत में भी वे 'टर्फ' पर कामयाब रहे थे। 1950–51 के रणजी ट्रॉफी सेमीफाइनल में होल्कर टीम के खिलाफ मैटिंग विकेट पर उन्होंने 92.3 ओवर गेंदबाजी कीं और 245 रन देकर 4 विकेट लिए और उनकी टीम एक पारी से हारी। गेंदबाजी में यह प्रथम श्रेणी क्रिकेट का कीर्तिमान था कि किसी गेंदबाज ने 92.3 ओवर फेंके। 1957 में वेस्टइंडीज के 'फ्रीक' गेंदबाज सनी रामाधीन ने टेस्ट मैच में 98 ओवर फेंक कर टेस्ट क्रिकेट में सर्वाधिक ओवर फेंकने का नया कीर्तिमान स्थापित किया। पर गुलाम अहमद मुम्बई के ब्रेबोर्न स्टेडियम में खेलने से हमेशा बचते रहे क्योंकि वहाँ क्रिकेट बल्लेबाजों की मददवाला होता था।

यद्यपि उनकी ऑफ स्पिन में बल्लेबाजों को ललचाने, उन्हें दुविधा में डालने व मूर्ख बनाकर आउट करने की क्षमता थी, लेकिन वे क्रिकेट केवल मनोरंजन व मौज के लिए खेलते थे। उनका नजरिया शौकिया था, व्यावसायिक अथवा पेशेवर नहीं। वे कोई लक्ष्य सामने रखकर नहीं खेले। जब तक उन्हें खेलने में आनन्द आया और जब तक चयनकर्ताओं ने उन्हें टीम के लायक समझकर लिया, वे खेले। भारतीय टीम का नेतृत्व करते वक्त भी उनका दृष्टिकोण कभी गम्भीर या कठोर नहीं रहा। वे वैसे ही हँसमुख बने रहे जैसे कि सामान्य खिलाड़ी के बतौर रहते थे। कप्तानी के बोझ ने उन्हें कभी अपने साथियों पर हावी होने के लिए प्रेरित नहीं किया। लेकिन इसका यह अर्थ नहीं है कि वे पराजय के प्रति लापरवाह थे अथवा वे पराजय की उपेक्षा करते थे। वेस्टइंडीज के खिलाफ दो बार पराजित होने का असर उनके दिल पर पड़ा और 1958–59 में उन्होंने तय कर लिया कि उन्हें अब नहीं खेलना चाहिए।

लोग अब तक गुलाम अहमद की जिन्दादिली व साफ-सुथरे व्यवहार व बर्ताव की चर्चा करते हैं। वे एक सौम्य व सम्भ्रान्त व्यक्ति थे और अपनी ऑफ स्पिन के

जरिए बल्लेबाजों को विचलित करने का प्रयास करते थे। लगभग 50 साल बाद भी क्रिकेट प्रेमी इस बहस का मजा लेते हैं कि आखिर भारत का श्रेष्ठ ऑफ स्पिनर कौन रहा है—गुलाम अहमद अथवा प्रसन्ना या वेंकटराघवन? दो अलग समय पर व अलग परिस्थितियों में खेलनेवाले एक ही विधा के दो गेंदबाजों की तुलना औचित्यपूर्ण नहीं है। फिर भी लोग हैं कि उन्हें इसी का शगल है। भारत में ही नहीं, वेस्टइंडीज व पाकिस्तान में भी पुराने मैचों व घटनाओं का रस ले-लेकर जिक्र करना व उन पर गम्भीर बहस करना लोगों के मन बहलाने का पसन्दीदा शौक है जिसने एक व्यसन का रूप ले लिया है।

अपने खेल समय में और अपने समय की परिस्थितियों में गुलाम अहमद ने दाहिने हाथ के ऑफ स्पिनर के रूप में भारतीय क्रिकेट की बहुमूल्य सेवा की। जब वे खेलते थे तब भी उन्हें बेहद सम्मान प्राप्त था, फिर जब वे चयनकर्ता बने तब भी उन्हें सम्मान प्राप्त रहा और जब वे भारतीय क्रिकेट कंट्रोल बोर्ड के मानद सचिव बने तब भी उन्हें सभी हलकों में सम्मान प्राप्त रहा। एक समर्पित व प्रतिभाशाली क्रिकेटर के रूप में उन्हें सदा याद किया जाता रहेगा।

1950-51 के रणजी सेमीफाइनल में गुलाम अहमद का 92.3 ओवर फेंकना और 1944-45 के रणजी फाइनल में सी. एस. नायडू का 152.5 ओवर फेंकना कीर्तिमान था। कुछ समीक्षक सवाल करते हैं कि जो अधिक ओवर फेंकेगा, उसे विकेट तो मिलेंगे ही। जरूरी यह है कि उसकी गेंदबाजी धारदार हो। मगर क्रिकेट में तरह-तरह के कीर्तिमान होते हैं और यह उनमें से एक है।

(ii) वीनू मनकड़

मुलवन्त राय हिम्मतलाल मनकड़ यानी वीनू मुलवन्तराय अर्थात् वी. एम. मनकड़ को भारतीय क्रिकेट में वीनू मनकड़ के नाम से जाना जाता है। वे जामनगर, गुजरात में 12 अप्रैल 1916 को पैदा हुए और मुम्बई स्पर्धा की चतुष्कोणी एवं पंचकोणी स्पर्धा में हिन्दुओं की टीम के लिए तथा रणजी ट्रॉफी में वेस्टर्न इंडिया, नवानगर, महाराष्ट्र, गुजरात, बंगाल, मुम्बई व राजस्थान की टीमों के लिए खेले। अन्तर्राष्ट्रीय स्तर पर उन्होंने 1946 से 1958-59 तक यानी करीब 13 साल तक भारतीय टीम का प्रतिनिधित्व किया।

मनकड़ एक बेसहारा एवं अनाथ बच्चे के रूप में मुम्बई आए और क्रिकेट क्लब ऑफ इंडिया के अहाते में ही गुजर-बसर करने लगे। बेंच पर सो जाते व अलस्सुबह सी.सी.आई. का दरवाजा खुलने पर बाथरूम का उपयोग करके तैयार हो जाते। विकेट तैयार करवाने में मदद करते और फिर जैसे-तैसे समय काटते। विकेट तैयार करवाते व फील्डिंग करते तथा मौका मिलने पर गेंदबाजी भी कर लिया करते थे। इस तरह मनकड़ का क्रिकेट सफर शुरू हुआ। मैदान व विकेट तैयार करवाते

करवाते वे सी.सी.आई. की क्रिकेट टीम के सदस्य बन गए और इसी तरह मुम्बई व एक दिन भारतीय टीम में भी चुन लिए गए। उनका क्रिकेट जीवन बहुत संघर्षमय, चुनौतीपूर्ण और कठिन रहा। उन्होंने जो कुछ प्राप्त किया, कड़ी मेहनत व प्रतिस्पर्धा के बाद ही प्राप्त किया। बचपन तो बागीचे की बेंच पर सोते बीता ही, जवानी भी एक कमरे में व आम बाथरूम व शौचालय का इस्तेमाल करते हुए बीती। मुम्बई में अपनी पत्नी व बच्चों सहित रहना, उनकी परवरिश व देखभाल करना तथा कड़ी प्रतिस्पर्धा के बाद मुम्बई व भारतीय टीम में जगह बनाना आसान काम नहीं था। मगर

उनका इरादा मजबूत था और उन्हें अपनी काबलियत, प्रतिभा व क्षमता पर पूरा विश्वास था। वे मेहनत करने के लिए तैयार रहते थे और हमेशा अच्छा प्रदर्शन करने का प्रयास करना उनका ध्येय रहता था। उन्हें न पौष्टिक आहार मिला और न ही वे अपने परिवार के लिए शुरुआती दौर में वे सब सुविधाएँ जुटा पाए जो एक सम्भ्रान्त परिवार के लिए जरूरी थीं। तंगी व अभाव में रहते हुए भी उन्होंने अपने बलबूते पर आकाशीय सफलताएँ अर्जित कीं। तब किसे पता था कि ग्राउंडमैन की मदद करनेवाला बेसहारा बालक आगे चलकर विश्वस्तरीय ख्याति प्राप्त करेगा व भारत का श्रेष्ठ ऑलराउंडर कहलाएगा। मुम्बई है ही क्रिकेट के कद्रदानों की नगरी। पी. बालू के साथ भी ऐसा ही हुआ था और वीनू मनकड़ के साथ भी ऐसा ही हुआ। बाद में करसन घावरी व एकनाथ सोलकर को भी मुम्बई ने इसी प्रकार हाथों हाथ लिया।

मनकड़ का प्रथम श्रेणी क्रिकेट जीवन 1935-36 में शुरू हुआ लेकिन पहले दो वर्षों में वे कुछ खास नहीं कर पाए। वे सुर्खियों में 1937-38 में आए जब लॉर्ड टेनिसन की टीम के खिलाफ उन्होंने अनधिकृत टेस्ट मैचों में बल्लेबाजी में 62.66 का व गेंदबाजी में प्रति विकेट 14.53 का औसत दिया। उनके इस ऑलराउंड प्रदर्शन की चारों ओर तारीफ हुई। लॉर्ड टेनिसन तो उनके प्रदर्शन से इस कदर प्रभावित हुए थे कि उन्होंने यहाँ तक कह दिया था कि मनकड़ को इस आधार पर किसी भी श्रेष्ठ विश्व एकादश में ससम्मान लिया जा सकता है। तब वे 20 साल के दुबले-पतले, नाटे कद के, देखने में एकदम साधारण लगनेवाले युवा थे। द्वितीय विश्वयुद्ध के छिड़ जाने से 1936 से 1946 तक करीब 10 साल तो अन्तर्राष्ट्रीय क्रिकेट गतिविधियाँ स्थगित ही रहीं, अत: कोई टेस्ट मैच नहीं हुए। इस कारण मनकड़ को अधिकृत टेस्ट खेलने के लिए लम्बा इन्तजार करना पड़ा। जब वे अपने जीवन का पहला टेस्ट खेले तब वे 29 के हो चुके थे।

1946 में इंग्लैंड दौरे के लार्ड्स टेस्ट से मनकड़ ने अपना अन्तर्राष्ट्रीय क्रिकेट जीवन शुरू किया। इस पहले दौरे में ही उन्होंने 1000 रन व 100 विकेट का 'डबल' पूरा कर अपनी विश्वस्तरीय ऑलराउंडर क्षमता का पुख्ता प्रमाण पेश किया। उस दौरे में उन्होंने 1120 रन बनाए तथा अपनी 'लेफ्टआर्म' स्पिन द्वारा 129 विकेट लिए। उस दौरे में यद्यपि भारतीय टीम में सी. एस. नायडू, शिन्दे व सर्वटे ये तीन दाहिने हाथ के लेग स्पिनर थे लेकिन बकौल रूसी मोदी, भारतीय आक्रमण तभी टेस्ट स्तर का लगता था जब मनकड़ व अमरनाथ गेंदबाजी कर रहे होते थे। करीब एक दशक तक भारतीय स्पिन आक्रमण की बागडोर अकेले मनकड़ के हाथों में रही। 1946 से लेकर 1959 में अपने अन्तिम टेस्ट तक भारतवासी मनकड़ की स्पिन कला की ओर उम्मीदभरी नजरों से देखते रहे। पहले उन्हें अमरनाथ के रूप में सहयोगी मिला। मगर अमरनाथ तो स्पिनर थे नहीं। वे तो 'रांग फुट' से नई व पुरानी गेंद करते थे। उनके बाद गुलाम अहमद ने कुछ टेस्ट मैचों में बतौर स्पिनर उनका साथ दिया। और

मनकड़ के खेल जीवन के उत्तरार्ध में कुछ टेस्ट मैचों में युवा लेग स्पिनर सुभाष गुप्ते उनके जोड़ीदार रहे। अपने कुछ अन्तिम टेस्ट मैचों में तो मनकड़ बहुत कम ओवर गेंदबाजी करने लगे थे और वे चाहते थे कि सुभाष गुप्ते अधिक-से-अधिक ओवर फेंकें। फिर भी 41 साल की उम्र में वेस्टइंडीज के खिलाफ मद्रास टेस्ट में मनकड़ ने अपनी स्पिन के मकड़जाल में केरेबियन बल्लेबाजों को बुरी तरह उलझाया और 95 रन देकर 4 विकेट लिए जबकि सुभाष गुप्ते 166 रन देकर भी सिर्फ 1 विकेट ही ले पाए।

मनकड़ का क्रिकेट नैसर्गिक था। तब प्रशिक्षण का चलन तो था ही नहीं और बेघर व बेसहारा बालक के रूप में अपना क्रिकेट जीवन शुरू करनेवाले मनकड़ तो दूसरों को खेलते हुए देखकर व स्वप्रेरणा से ही खिलाड़ी बने। चाहे बल्लेबाजी हो या गेंदबाजी अथवा क्षेत्ररक्षण, वे सभी सहजता से व शारीरिक शक्ति की क्षति के बिना करते थे। उन्हें कभी किसी चीज के लिए ताकत नहीं लगानी पड़ी। मैदान पर वे जो कुछ भी करते थे वह दूसरों से एकदम अलग व सहज होता था फिर भले ही उनका गेंद रोकने के लिए झुकना हो या फिर मैदान पर क्षेत्ररक्षण के लिए किसी स्थान पर खड़े होना। वे एक जन्मजात खिलाड़ी थे।

वे सही अर्थों में एक आदर्श ऑलराउंडर थे। आमतौर पर ऑलराउंडर उसे कहा जाता है जो 60 प्रतिशत बल्लेबाज और 40 प्रतिशत गेंदबाज अथवा 40 प्रतिशत बल्लेबाज और 60 प्रतिशत गेंदबाज हो। लेकिन मनकड़ के मामले में तो यह प्रतिशत बराबरी का—यानी 50-50 था। यदि वे 50 प्रतिशत बल्लेबाज थे तो 50 प्रतिशत ही गेंदबाज भी थे। उनमें गेंद और बल्ले दोनों ही से अद्‌भुत प्रदर्शन करने की क्षमता थी। वे गेंदबाजी और बल्लेबाजी दोनों ही से मैच का रुख पलटने में सक्षम थे। बहुत बारीक विश्लेषण करनेवालों की राय में वे 51 प्रतिशत गेंदबाज और 49 प्रतिशत बल्लेबाज थे। अर्थात् उनकी गेंदबाजी उनकी बल्लेबाजी पर थोड़ी भारी पड़ती थी। टेस्ट क्रिकेट के लिहाज से उसे एक उच्च कोटि का ऑलराउंडर माना जाता है जिसमें सौ रन बनाने व पाँच विकेट लेने की काबलियत हो और मनकड़ में यह काबलियत थी। वे खेल के हर विभाग में मजबूत ही नहीं सम्पूर्ण थे। भारतीय क्रिकेट के सन्दर्भ में कुछ दिलचस्प सवाल किए जाते रहे हैं। मसलन, भारत का श्रेष्ठ बल्लेबाज कौन है—मर्चेन्ट या हजारे या गावस्कर अथवा विश्वनाथ या फिर तेंदुलकर और भारत का श्रेष्ठ ऑफ स्पिनर कौन है—गुलाम अहमद या प्रसन्ना अथवा वेंकटराघवन और एक अन्य सवाल है कि भारत का श्रेष्ठ वामहस्त स्पिनर कौन है—मनकड़ या बेदी? इसी प्रकार एक अन्य सवाल भी किया जाता रहा है—भारत का श्रेष्ठ ऑलराउंडर कौन है—मनकड़ या कपिलदेव? इन सभी प्रश्नों के उत्तर में मतभिन्नता हो सकती है। यह भी सम्भव है कि कुछ लोग अलग-अलग समय के व अलग-अलग परिस्थितियों में खेले इन खिलाड़ियों की तुलना को ही अनुचित व अन्यायपूर्ण मानें। क्रिकेट में विभिन्न मुद्दों पर अलग-अलग लोगों की राय अलग-अलग होना सामान्य बात है।

मगर एक बात तय है। लगभग सभी लोग मानेंगे कि मनकड़ यदि श्रेष्ठ नहीं तो भारत के दो श्रेष्ठ ऑलराउंडरों में से तो हैं ही और उन्हें हर दृष्टि से भारत का पहला श्रेष्ठ ऑलराउंडर तो माना ही जाना चाहिए। ऐसे यक्षप्रश्न ही क्रिकेट को जीवन्त बनाते हैं।

चालीस और पचास के पूर्वार्ध में हजारे के बाद मनकड़ ही ऐसे दूसरे खिलाड़ी थे जिनके कन्धों पर टीम का भार था और जिनकी ओर क्रिकेट प्रेमी हसरत भरी नजरों से देखा करते थे। कभी-कभी तो उन्हें एक पारी में 50 या 60 ओवर भी करने पड़ते थे। हजारे के बाद उमरीगर व विजय मांजरेकर जैसे युवा बल्लेबाजों के आ जाने से टीम की ताकत बढ़ी। मगर जब मनकड़ 39 के हो गए थे तब भी उन्होंने 1955-56 में न्यूजीलैंड के खिलाफ श्रृंखला में दो दोहरे शतक लगाए और मद्रास में पंकज राय के साथ पहले विकेट की साझेदारी में 413 रनों का विश्व कीर्तिमान बनाया। मनकड़ की ऑलराउंड प्रतिभा का भारत के लिए वही महत्त्व था जो किथ मिलर का आस्ट्रेलिया के लिए था। मनकड़ के समय तक केवल ट्रेव्हर बेली और विलफ्रेड रोड्स ये दो ही ऐसे ऑलराउंडर थे जिनके नाम टेस्ट क्रिकेट में दो हजार रन व सौ विकेट दर्ज थे। मनकड़ तीसरे थे। और मनकड़ उनसे एक कदम आगे इसलिए थे क्योंकि उन्होंने सिर्फ 23 टेस्ट में यह कमाल किया था जो कि सबसे तेज व सबसे कम टेस्ट में प्राप्त किया गया टेस्ट 'डबल' था। यही नहीं टेस्ट क्रिकेट में उनके 162 विकेट किसी भी भारतीय गेंदबाज द्वारा तब तक लिए गए सर्वाधिक टेस्ट विकेट थे और यह कीर्तिमान 17 साल तक कायम रहा। इसी तरह एक 'रबर' में उनके द्वारा लिए गए 34 विकेट का कीर्तिमान भी 21 साल तक कायम रहा।

1947-48 के आस्ट्रेलियाई दौरे में लिंडवाल व मिलर की खतरनाक तेज गेंदबाजी के खिलाफ मनकड़ ने पारी की शुरुआत करते हुए दो टेस्ट शतक बनाए। लेकिन गेंदबाजी में वे 52.50 की औसत से सिर्फ 12 विकेट ही ले पाए। ब्रेडमेन, हैसेट, मिलर और हार्वे ने उन्हें कामयाब नहीं होने दिया। वैसे भी आस्ट्रेलिया में बाएँ हाथ के स्पिनर कम ही सफल हो पाते थे। इसके बाद तीन श्रृंखलाओं में उन्होंने कुछ खास नहीं किया। लोग सोचने लगे कि शायद मनकड़ का खेल अब समाप्त हो गया। जब वे अपनी ख्याति के अनुरूप प्रदर्शन नहीं कर पाए तो लोगों ने मान लिया कि सम्भवत: वे उतने ऊँचे दर्जे के खिलाड़ी नहीं थे जितना कि उन्हें समझ लिया गया था। 1948-49 में वेस्टइंडीज के खिलाफ मनकड़ ने 17 विकेट तो लिए परन्तु उन्होंने बहुत ज्यादा रन भी दिए और वे महँगे साबित हुए। फिर दूसरी कॉमनवेल्थ टीम के खिलाफ अन्तिम दो टेस्ट में उन्होंने 12 और श्रृंखला में कुल 22 विकेट लिए। इससे यह जरूर लगा कि वे फिर से अपने श्रेष्ठ गेंदबाजी फार्म की तरफ लौट रहे हैं। 1951-52 में इंग्लैंड की टीम भारत के दौरे पर आई। इस बार उनकी बल्लेबाजी का क्रम बदलता रहा। कभी वे पारी की शुरुआत करते तो कभी मध्यक्रम पर खेलने जाते। उन्होंने अर्धशतकीय पारियाँ खेलीं। लेकिन उनकी

गेंदबाजी का जादू असरदार रहा। चौथे टेस्ट की समाप्ति तक वे 22 विकेट ले चुके थे। मद्रास में खेले गए पाँचवें व अन्तिम टेस्ट में उन्होंने पहली पारी में 52 रन देकर 8 व दूसरी पारी में 53 रन देकर 4, इस तरह मैच में कुल 12 विकेट लिए। मनकड़ की लेफ्टआर्म स्पिन के जाल में इंग्लैंड के बल्लेबाज बुरी तरह उलझते व आउट होते गए। उन्हीं की गेंदबाजी की बदौलत भारत को अपनी पहली टेस्ट विजय नसीब हुई। उन्होंने बता दिया कि लोग चाहे जो कहें व समझें वे ही भारत के पहले नम्बर के गेंदबाज़ हैं।

परन्तु कुछ ही माह बाद जब भारत की टीम इंग्लैंड के दौरे पर गई तो उसमें मनकड़ का नाम नहीं था। मनकड़ चाहते थे कि उन्हें इस बात का आश्वासन मिल जाए कि उन्हें टीम में लिया जाएगा ताकि वे लंकाशायर लीग के अनुबन्ध पर दस्तखत नहीं करें। उन्होंने साफ-साफ कहा कि क्रिकेट खेलकर वे अपने परिवार का पालन-पोषण करते हैं। अत: क्रिकेट उनकी आजीविका है, रोजी-रोटी है। पैसों के लिए ही वे इंग्लैंड खेलने जाते हैं। भारत में भी वे विभिन्न टीमों के लिए पैसे लेकर व्यावसायिक खिलाड़ी के रूप में ही खेले। कर्नल नायडू चयन समिति के प्रमुख थे। बेहद सफल व अनुशासनप्रिय नायडू किसी को पहले से ही चुने जाने का आश्वासन कैसे दे सकते थे? अत: मनकड़ व नायडू दोनों अपनी-अपनी जगह सही थे। नायडू साहब ने यहाँ तक कह दिया कि देश में अनेक मनकड़ हैं और कोई भी खिलाड़ी टीम से व देश से बड़ा नहीं हैं। उन्होंने मनकड़ की जगह हीरालाल गायकवाड़ को चुना। टीम गई। पहले ही टेस्ट में स्पष्ट हो गया कि मनकड़ के बिना टीम की गेंदबाजी बेजान है और गुलाम अहमद की मदद के लिए दूसरा स्पिनर होना जरूरी है। मजबूरी में मनकड़ को शेष टेस्ट मैचों के लिए लिया गया। उनके क्लब ने भी सदाशयतावश उन्हें छोड़ा और उनकी जगह क्लब को चन्दू सर्वटे की सेवाएँ मिलीं।

इस बेवजह विवाद के बावजूद जब मनकड़ 'लॉर्ड्स' टेस्ट में खेले तो उनका प्रदर्शन इतिहास बन गया और लोग उसे 'मनकड़ टेस्ट' के रूप में जानने लगे। यह उनके जीवन का श्रेष्ठ प्रदर्शन था और सर्वाधिक यादगार क्षण। ऐसा लगा कि वह टेस्ट भारत विरुद्ध इंग्लैंड न होकर मनकड़ व इंग्लैंड के बीच खेला गया था। मनकड़ ने भारतीय पारी की शुरुआत की और 72 शानदार रन बनाए। फिर जब इंग्लैंड ने बल्लेबाजी की और 537 का बड़ा स्कोर खड़ा किया तो मनकड़ ने डेढ़ दिन में 73 ओवर फेंके और 5 विकेट लिए। और इंग्लैंड की पारी समाप्त होने के बाद मनकड़ ने फिर भारत की दूसरी पारी की शुरुआत की और वे उस दिन का खेल खत्म होने तक 86 रनों पर नाबाद रहे। अगले ही दिन अपने आलोचकों को करारा जवाब देते हुए विकेट के दोनों ओर आकर्षक प्रहार करते हुए लंच के 15 मिनट बाद वे 184 के निजी स्कोर पर आउट हुए। मनकड़ के अलावा उमरीगर ही दूसरे भारतीय हैं। जिन्हें एक ही टेस्ट में शतक मारने व पाँच विकेट लेने का सम्मान प्राप्त है। ऐसा करिश्मा विश्व क्रिकेट के इतिहास में दुर्लभ अवसरों पर व बमुश्किल एक दर्जन

बार ही देखा गया है। उस टेस्ट में मनकड़ ने 96 ओवर गेंदबाजी की और 231 रन देकर 5 विकेट लिए। क्रिकेट जानकारों की राय में यह लॉर्ड्स पर क्रिकेट इतिहास का श्रेष्ठ निजी ऑलराउंड प्रदर्शन था। इंग्लैंड के अखबार तो रविवार की सुबह से ही मनकड़ की तारीफ से भरे हुए थे और तब तक तो वे 86 रनों पर नाबाद थे तथा उन्हें अपना शतक पूरा करना बाकी था। लोगों ने मनकड़ को हाथों-हाथ लिया। एक खिलाड़ी पूरी इंगलिश टीम पर भारी पड़ा। इंग्लैंड वह टेस्ट तो 8 विकेट से जीत गया पर लोगों के दिल मनकड़ ने जीते। किसी हारनेवाली टीम के सदस्य ने अभी तक टेस्ट क्रिकेट में ऐसा लाजवाब प्रदर्शन नहीं किया है जैसा कि मनकड़ ने किया। यह एक ऐसा नायाब प्रदर्शन था जिसका सपना हर खिलाड़ी देखता है। और यदि वह सपना क्रिकेट के मक्का माने जानेवाले लॉर्ड्स पर पूरा हो तो भला इससे अच्छी बात क्या हो सकती है? मनकड़ का सर्वश्रेष्ठ प्रदर्शन लॉर्ड्स के ऐतिहासिक मैदान पर हुआ। तब 'मैन ऑफ दी मैच' का चलन तो नहीं था पर वह टेस्ट मनकड़ का ही रहा।

1953 के वेस्टइंडीज दौरे में मनकड़ को कप्तान हजारे का सहायक बनाया गया। वे अब 36 के हो गए थे। तन्दुरुस्त होने के बावजूद उन्हें लगा कि वे पहले जैसे फुर्तीले नहीं रह गए हैं, अतः पहले जैसा प्रदर्शन नहीं कर सकते। उस दौरे में मनकड़ ने 345 ओवर गेंदबाजी की और 53 की औसत से 15 विकेट लिए। किंग्स्टन पर खेले गए अन्तिम टेस्ट में उन्होंने 104 ओवर गेंदबाजी की जो कि किसी एक टेस्ट में किसी भी भारतीय गेंदबाज द्वारा फेंके गए सर्वाधिक ओवर थे। इसी तरह 1954-55 में पाकिस्तान के खिलाफ यद्यपि उन्हें भारतीय टीम का कप्तान बनाया गया था लेकिन उनका निजी प्रदर्शन कमजोर ही रहा। ऐसा लगने लगा था कि उन पर उम्र का असर होने लगा है। 1955-56 में जब न्यूजीलैंड की टीम भारत आई तब वे 39 के हो चुके थे। उस शृंखला में मुम्बई टेस्ट में उन्होंने 223 रन बनाए और मद्रास टेस्ट में पंकज राय के साथ प्रारम्भिक विकेट के लिए 413 रनों की रिकार्ड भागीदारी की। बढ़ती उम्र के बावजूद इस शृंखला में मनकड़ ने 105.20 की औसत से 526 रन बनाए। कहाँ तो उन्हें 1949 व 1951 में ही खत्म हुआ-सा मान लिया गया था और 1953 से लेकर 1955 तक भी यही कहा जाता था कि उनका खेल उतार पर है। लेकिन हर बार मनकड़ ने दुगुने जोश से वापसी की। परन्तु 1956 में जब आस्ट्रेलियाई टीम भारत आई तो फिर वे मनहूस दौर के शिकार हुए। उन्होंने शृंखला में 150 रन बनाए और गुलाम अहमद के बाद वे ही सर्वाधिक सफल गेंदबाज रहे। ऐसा लगने लगा था कि वे अपने खेल जीवन के अन्त की ओर बढ़ रहे हैं। 1958-59 में वेस्टइंडीज भारत आई और मद्रास टेस्ट के लिए उन्हें कप्तान बनाया गया। तब भारत में कप्तान इसी तरह बदले जाते थे। दिल्ली टेस्ट में उन्होंने 55 ओवर में 167 रन दिए और उन्हें एक भी विकेट नहीं मिला। उनकी नजर भी कमजोर हो गई थी और शरीर में भी पहले जैसी फुर्ती व चपलता नहीं रह गई थी। वे 41

के हो गए थे और उनके प्रशंसक भी मानने लगे थे कि उन्हें कुछ वर्ष पहले ही अवकाश ग्रहण कर लेना चाहिए था। दुनिया में हर अच्छी चीज का अन्त होता है और इस शानदार ऑलराउंडर के खेल जीवन का अन्त भी 1958-59 के दिल्ली टेस्ट से हो गया।

मनकड़ 1946 से 1958-59 के बीच भारत के लिए 44 टेस्ट खेले और उन्होंने 72 पारियों में 31.47 की औसत से 2109 रन बनाए जिनमें 5 शतक व 6 अर्धशतक शामिल थे। इसके अलावा उन्होंने 14686 गेंदें फेंककर 5236 रन दिए और 162 विकेट लिए। उन्होंने 2 बार मैच में 10 व 8 बार पारी में 5 विकेट लिए। इंग्लैंड के खिलाफ 1951-52 में 52 रन पर 8 विकेट उनका श्रेष्ठ गेंदबाजी प्रदर्शन रहा।

प्रथम श्रेणी क्रिकेट में मनकड़ ने अपने 26 वर्ष लम्बे जीवन में 233 मैच खेलकर 34.60 की औसत से 11591 रन बनाए जिनमें 26 शतक व 52 अर्धशतक सम्मिलित थे और 50122 गेंदों पर 19183 रन देकर 24.53 की औसत से 782 विकेट लिए। उन्होंने 9 बार मैच में 10 व 38 बार पारी में 5 विकेट लिए। रणजी ट्रॉफी में उनके नाम पर 60 मैचों में 3135 रन व 180 विकेट दर्ज हैं। चतुष्कोणी व पंचकोणी स्पर्धा में वे 1936 से 1946 के बीच हिन्दुओं की टीम के लिए 13 मैच खेले और उन्होंने 41.55 की औसत से 831 रन बनाए तथा 27.18 की औसत से 16 विकेट लिए।

मनकड़ ने 1946 से लेकर 1958-59 तक जो 44 टेस्ट खेले उनमें से सिर्फ 5 में भारत जीता। लेकिन हर जीत में मनकड़ का महत्त्वपूर्ण योगदान रहा। उस जमाने में खेल में व्यावसायिकता नहीं थी लेकिन मनकड़ ने क्रिकेट को ही व्यवसाय बनाया। वे लंकाशायर लीग में जाकर खेलते रहे और उससे उनका घर चलता रहा। भारत में भी वे रणजी ट्रॉफी में एक व्यावसायिक खिलाड़ी के तौर पर खेलते रहे। वे वेस्टर्न इंडिया, नवानगर, महाराष्ट्र, गुजरात, बंगाल, मुम्बई व राजस्थान इन 7 टीमों के लिए रणजी ट्रॉफी में खेले और हर टीम से खेलने की उन्हें प्रति मैच एक तयशुदा राशि मिलती थी। पर खेलते वे पूरी निष्ठा और गम्भीरता से थे। लम्बे समय तक गेंदबाजी करते। यहाँ तक कि अकसर लंच टाइम में भी वे अपने पेवेलियन में ही कुछ हलका फुलका जैसे स्लाइस, फल और चाय मँगवा लेते व पूरे समय अपने दाहिने हाथ की हलके-हलके मालिश करवाते रहते।

उनका गेंदबाजी करने का तरीका इतना आसान, सहज व आकर्षक लगता था कि मैदान के बाहर से मैच देखन वाला महसूस करने लगता था कि इतनी धीमी व आसान-सी गेंदबाजी को तो वह भी आसानी से खेल सकता है—बल्कि उस पर छक्का लगा सकता है। मगर बाहर से धीमी व आसान लगनेवाली उनकी बाएँ हाथ की स्पिन गेंदबाजी कितनी मुश्किल, घातक व बल्लेबाज को भ्रम में डालनेवाली व उसे ललचाकर तथा छकाकर आत्मसमर्पण को मजबूर करनेवाली होती थी यह वे लोग ही जानते थे जिन्हें उनके खिलाफ खेलने का मौका मिला था। मनकड़

बमुश्किल दो या तीन कदमों से धीमे-धीमे चलकर आते थे व गेंद को धीरे से 'टॉस' करते थे या कहें कि छोड़ देते थे। फिर वह गेंद क्या गजब ढाती थी इसे भुक्तभोगी ही जानते थे। उनकी गेंदों पर बल्लेबाज को ज़िन्दगी और मौत के बीच सतत संघर्ष करना पड़ता था। गजब का 'टर्न' या घुमाव, अचूक लम्बाई एवं सटीक दिशा, ललचाती हुई 'फ्लाइट' और तेजी से हाथ के इशारे से अन्दर आती हुई गेंद यानी 'आर्मर' यह सब बल्लेबाज को परेशान करने, उसे चकमा देने व बुद्धू बनाकर आउट करने के लिए पर्याप्त था। उस वक्त खेलनेवाले को लगता था कि वह मनकड़ के सामने होने की बजाय यदि कहीं और होता तो कितना अच्छा होता। सारी होशियारी व चौकन्ना रहने के बावजूद वह मनकड़ द्वारा बुने मकड़जाल में उलझ ही जाता था। उनकी कोई दो गेंदें कभी एक-सी नहीं होती थीं। दूर से भले ही आसान लगती हों लेकिन हकीकत में उनकी गेंदों में गजब की विविधता थी। अगर बल्लेबाज आगे बढ़कर खेलता तो उसे लगता था कि उसे पीछे हटकर खेलना चाहिए था और यदि वह पीछे हटकर खेलता तो लगता था कि दरअसल उसे आगे बढ़कर खेलना चाहिए था। इसी उधेड़बुन में उसका काम तमाम हो जाता था। उनकी 'आर्मर' तेजी से तो अन्दर आती ही थी आमतौर पर वह कभी 'लेग स्टम्प' के बाहर नहीं जाती थी। तभी या तो बल्लेबाज उन्हीं को कैच दे बैठता था या फिर वह एल.बी.डब्ल्यू. हो जाता था। यही बिशन बेदी की 'आर्मर' व मनकड़ की 'आर्मर' में फर्क था। बेदी की 'आर्मर' लेग स्टम्प के बाहर भी जा सकती थी। लेकिन मनकड़ की 'आर्मर' बिरले ही लेग स्टम्प के बाहर जाती लगती थी। 1952 में भारत आई इंग्लैंड टीम के खिलाफ मद्रास टेस्ट में टॉम ग्रेवनी हर बार 'ड्राइव' करने के लिए आगे बढ़ते रहे व गेंद वापस मनकड़ की ओर खेलते रहे और अन्ततः उन्होंने ग्रेवनी को 'फ्लाइट' में 'बीट' करके विकेटकीपर पी. सेन के हाथों 'स्टम्प' करवा ही दिया। फिर 1952 में इंग्लैंड के लॉर्ड्स टेस्ट में उन्होंने जिस तरह हटन, सिम्पसन, मे, कंप्टन, ग्रेवनी, वाटकिन्स व ईव्स से लैस इंग्लैंड की मजबूत बल्लेबाजी के खिलाफ गेंदबाजी की और सिम्पसन, मे, वाटकिन्स, जेनकिन्स व बेडसर के विकेट लिए वह अद्भुत था। एक सफल स्पिनर की सार्थकता इसी में है कि आउट होनेवाला बल्लेबाज गेंदबाज से नाराज होने की बजाय खुद पर खीजने लगे व खुद को कोसता हुआ पेवेलियन लौटे। मनकड़ के सामने यही होता रहा। बल्लेबाज खुद को कोसते रहे व खुद ही पर खीजते बल्कि गरियाते रहे व आउट होते रहे।

मनकड़ के जमाने में भारत का क्षेत्ररक्षण उतना अच्छा नहीं था जितना कि वह सत्तर व अस्सी के दशक में हुआ। विशेषज्ञ क्षेत्ररक्षक तो खैर होते ही नहीं थे। किरमानी, मोरे व मोंगिया जैसे विकेटकीपर भी नहीं थे। वरना मनकड़ की उपलब्धियाँ और भी चमकदार होतीं। नौ साल का इन्तजार तो उन्हें द्वितीय विश्वयुद्ध के कारण अपनी टेस्ट शुरुआत के लिए करना पड़ा। उस समय टेस्ट मैच भी कम और लम्बे अर्से के बाद होते थे। आज की तरह लगातार नहीं। रणजी ट्रॉफी भी नॉक आउट

आधार पर खेली जाती थी। टीम हारी कि स्पर्धा से बाहर हुई। इस तरह मनकड़ को आजकल की बनिस्बत खेलने के कम अवसर मिले। और एकदिवसीय क्रिकेट का तो चलन ही नहीं था। फिर भी मनकड़ लंकाशायर लीग में एकदिवसीय क्रिकेट ही खेलते रहे और लोकप्रिय भी बने रहे। उनमें जरूरत के हिसाब से अपनी खेल तकनीक में फेरबदल करने की गजब की क्षमता थी। तभी तो वे 1952 में एकदिवसीय क्रिकेट खेलते हुए लॉर्ड्स टेस्ट में आए और उन्होंने नया इतिहास बना डाला।

मनकड़ को महान भारतीय खिलाड़ियों की श्रेणी में विसडन से नवाजा गया और जिन्होंने उन्हें खेलते हुए देखा है वे उनमें बेहतरीन 'लेट कट' और 'हुक' व 'पुल' तथा ललचाई और जादू-सा करती स्पिन गेंदबाजी और शार्ट लेग अथवा अन्य नजदीकी स्थानों पर व खुद अपनी ही गेंदों पर लिए गए कैचों को नहीं भूले होंगे।

मनकड़ एक खुद्दार और जीवट आदमी थे। उन्होंने जो कुछ प्राप्त किया कड़े संघर्ष व कड़ी मेहनत से प्राप्त किया। उन्हें जीवन में अपने आप व आसानी से कुछ भी नहीं मिला। उन जैसे खिलाड़ी के साथ भी चयन के वक्त 1952 में कैसा सलूक किया गया जबकि ठीक इसके पहले भारत की पहली टेस्ट विजय के वे प्रमुख शिल्पकार रहे थे। यह सब यह बताने के लिए काफी है कि भारत में शुरू से ही टीम चयन के मामले में खींचतान चलती रही है और वह अभी भी जारी है। लेकिन मनकड़ जैसे खिलाड़ी हर प्रतिभावान खिलाड़ी के लिए उचित 'रोल मॉडल' हैं। उनके खेल व जीवन से संघर्ष करने व कभी हताश व निराश न होने की प्रेरणा मिलती है।

उनके जमाने में क्रिकेट में न तो आज जितना प्रचार-प्रसार था और न ही खेल व विज्ञापनों से मिलनेवाला पैसा। उन्हें खुद ही प्रति मैच के हिसाब से पारिश्रमिक की राशि तय करनी पड़ती थी। पुराने खिलाड़ी अभाव में ही खेले व अभाव में ही जिए। नए खिलाड़ी शायद उन्हीं के जीवन से सबक लेकर धन की ओर आकर्षित हो रहे हैं।

मनकड़ का यश व उनके प्रदर्शन की चमक आज 50 से अधिक वर्ष हो जाने के बाद भी कम नहीं हुई है। उनकी उपलब्धियों को भारतीय क्रिकेट की गौरवशाली उपलब्धियों में शुमार किया जाता है।

(iii) सुभाष गुप्ते

सुभाषचन्द्र पंढरीनाथ गुप्ते का जन्म 11 सितम्बर 1929 को मुम्बई में हुआ। वे अपरम्परागत शैली के दाहिने हाथ से कलाई को मोड़कर लेग ब्रेक करानेवाले भारत के पहले ऐसे गेंदबाज थे जिनको इस विधा में अन्तर्राष्ट्रीय ख्याति मिली। उनके पहले इस विधा के तीन भारतीय गेंदबाज टेस्ट क्रिकेट खेल चुके थे। वे थे सी. एस. नायडू,

कुछ अंशों में सी. टी. सर्वटे और एस. जी. शिन्दे। लेकिन किसी की वह अन्तर्राष्ट्रीय धाक नहीं जम पाई थी जो गुप्ते की बनी। उनकी सफलता का कारण यही था कि उनके पास अच्छी लेग स्पिन तो थी ही, 'गुगली' भी थी और 'टॉप स्पिन' भी। वे 'ओवरआर्म एक्शन' से यानी हाथ को पूरा घुमाकर व उसे सर पर लाकर गेंद फेंकते थे। उनकी लेग ब्रेक व गुगली ऐसी मिली-जुली होती थी कि उनमें भेद कर पाना व उन्हें परखना अच्छे-अच्छे व स्पिन खेलने के विशेषज्ञ बल्लेबाजों को भी मुश्किल होता था। यही हाल उनकी 'फ्लिपर' का भी था जिसका उपयोग वे बड़ी चतुराई

से व खूब सोच-समझकर करते थे।

दुबले-पतले और नाटे कद के सुभाष गुप्ते देखने में तो एकदम साधारण लगते थे लेकिन उनका कद उनके मैदानी करिश्मों से असाधारण हो जाता था। उनकी गेंदबाजी की कला उनके छोटे-से कद को बहुत ऊँचा कर देती थी। एक तो उनकी गेंद बहुत ज्यादा स्पिन होती थी, दूसरे उनकी दिशा व नियन्त्रण अचूक बना रहता था जो कि उन जैसे अपरम्परागत शैली के लेग स्पिनर के लिए एक मुश्किल काम था। लेकिन सतत अभ्यास व कड़ी मेहनत के बाद उन्होंने इस नायाब काम को आसान बना लिया था। वे गेंद को खूब 'फ्लाइट' कराते थे जिससे उन्हें गेंदबाजी करने में तनिक भी ताकत नहीं लगानी पड़ती थी। और 'फ्लाइट' के कारण ही उनकी गेंद स्पिन भी बहुत होती थी। लेकिन चूँकि उनका नियन्त्रण लाजवाब था, वे कभी दिशाहीन नहीं होते थे। उनकी 'गुगली' को भाँपना व पहचानना तो बहुत ही कठिन होता था। इसी कारण उनकी 'गुगली' पर बहुत-से बल्लेबाज धोखा खा जाते थे। वे खेलते तो लेग ब्रेक समझकर लेकिन चूँकि गेंद ऑफ से स्पिन होकर आती थी, उनका पूर्वानुमान व सन्तुलन बिगड़ जाता था। क्रिकेट जगत में गुप्ते 'फ्रेगी' नाम से मशहूर थे।

उनकी अन्तर्राष्ट्रीय शुरुआत धीमी व साधारण रही। लेकिन शीघ्र ही उन्होंने अपनी विलक्षण स्पिन के कौशल का ऐसा जादू चलाया कि देखते-ही-देखते लोग उन्हें विश्व का श्रेष्ठ लेग स्पिनर मानने लगे। भारतीय क्रिकेट में कुछ ऐसे अभूतपूर्व खिलाड़ी हुए हैं जो आसानी से किसी भी काल्पनिक व स्वप्निल विश्व एकादश में ससम्मान स्थान पा सकते थे। सुभाष गुप्ते ऐसे ही नायाब लेग स्पिनर थे जो 50 के दशक में—खासकर 1953 से 1958 तक—किसी भी आदर्श विश्व एकादश में आसानी से लिए जा सकते थे और वह भी तब जब उनके जमाने में जिम लेकर, लॉक, टेफील्ड, रिची बेनो, रामाधीन और वेलेंटाइन जैसे दिग्गज स्पिनर क्रिकेट जगत में सक्रिय थे। यकीनन उन्हें इन महान स्पिन गेंदबाजों से कड़ी प्रतिस्पर्धा करनी पड़ती लेकिन बतौर एक शुद्ध लेग स्पिनर गुप्ते अपनी विविधता व चकरी अथवा भौंरे की-सी घुमावदार गेंदों तथा विकेट लेने की क्षमता के आधार पर बाजी मार लेते। खासकर ऐसे समय में जब स्पिन के विभाग में शून्य न होकर कड़ी प्रतिस्पर्धा थी, गुप्ते की इस क्षमता से उनकी महानता का पता आसानी से लगाया जा सकता है। पचास के दशक में वे भारत के चैम्पियन गेंदबाज थे। वे 'शॉक' गेंदबाज भी थे और 'स्ट्राइक' गेंदबाज भी।

वे अपने जीवन का पहला टेस्ट जनवरी 1952 में कोलकाता में इंग्लैंड के खिलाफ खेले और आखिरी टेस्ट इंग्लैंड के खिलाफ ओवल पर 1959 में। इन सात वर्षों के दौरान वे 28 टेस्ट खेले और इस बीच उन्होंने एक भी टेस्ट नहीं छोड़ा। यह सिलसिला भी उनकी बीमारी या चोट अथवा खराब 'फार्म' की वजह से नहीं, बल्कि वेस्टइंडीज में उनके एक प्रशिक्षण अनुबन्ध के कारण टूटा। 60 के दशक

में वे पाकिस्तान व इंग्लैंड के खिलाफ 5 टेस्ट मैचों के लिए फिर से भारतीय टीम में वापस आए। लेकिन गुप्ते के जादुई करिश्मे व उनकी मारक एवं घातक स्पिन का चक्र पचास के दशक में ही सक्रिय रहा। उस जमाने में जब मद्रास के कुछ स्कूली छात्रों से उनकी मनपसन्द भारतीय एकादश के बारे में पूछा गया तो सभी छात्रों की सूची में गुप्ते का नाम था। वाकई वे सार्वकालिक महान भारतीय टीम में स्थान पाने के काबिल थे।

आस्ट्रेलिया के चार्ली ग्रिमेट और बिल ओ'रिली भले ही लेग स्पिन, गुगली को स्थापित करनेवाले गेंदबाज माने जाते हों और सी. एस. नायडू, शिन्दे व अमीर इलाही ने भारत में राष्ट्रीय स्तर पर इस विधा की खूब धूम मचाई हो पर सच तो यह है कि अन्तर्राष्ट्रीय स्तर पर इस विधा के माध्यम से हड़कम्प मचानेवाले सुभाष गुप्ते ही थे। जब वे अपने फार्म के शीर्ष पर थे तो समूचे क्रिकेट जगत में उनकी तूती बोलती थी। जिस तरह दुनिया के ख्यातिनाम बल्लेबाज आगे अथवा पीछे जाने के अनिश्चय में लड़खड़ाते व परेशान होते तथा उनके सामने जाकर बेबस नजर आते थे वह अद्‌भुत था। जब उन्हें अपनी गेंदबाजी की लय मिल जाती थी तब वे अच्छे-अच्छों को विकेट पर नचाया करते थे। सौ बना लेने के बाद भी बल्लेबाज उनकी लेग ब्रेक, गुगली व फ्लिपर में फर्क नहीं समझ पाते थे। सामान्य तौर पर कलाई मोड़कर स्पिन करानेवाले गेंदबाज बहुत महँगे साबित होते हैं व रन देकर विकेट ले पाते हैं। लेकिन गुप्ते का नियन्त्रण लाजवाब था। वे मशीनी तरीके के गेंदबाज नहीं थे कि शुरू से लेकर आखिर तक एक जैसी गेंदबाजी करते रहें। वे सोच-समझकर व बल्लेबाज की कमजोरी को भाँपकर व उसे परेशान करके आउट करते थे।

जब वे अपना पहला टेस्ट खेले तब वे 22 वर्ष के थे। जब 23 के हुए तब वे अपने खेल के श्रेष्ठतम बिन्दु पर पहुँचे और 29 की उम्र तक वहीं बने रहे तथा 32 की उम्र में खेल से निवृत्त हो गए। आमतौर पर ऐसा माना जाता है कि एक स्पिनर उम्र बढ़ने के साथ-साथ परिपक्व होता जाता है और अधिक असरदार बनता है। लेकिन गुप्ते तीस पार करके निवृत्त हो गए। दरअसल गुप्ते के सभी मामले असाधारण एवं असामान्य रहे। फिर भले ही वह उनकी प्रतिभा रही हो अथवा परिस्थितियाँ या फिर निजी फैसले।

गुप्ते के पहले मनकड़ और बाद में प्रसन्ना, ये तीन भारतीय स्पिनर ऐसे थे जिनके सामने अनुभवी बल्लेबाज भी नौसिखिए या फिर विदूषक नज़र आते थे। तीनों की ही विविधता व पैनेपन से पार पाना अँधेरे में रास्ता ढूँढने के समान था। तब भारत का क्षेत्ररक्षण व विकेटकीपिंग अन्तर्राष्ट्रीय स्तर की नहीं थी वरना गुप्ते की उपलब्धियाँ और भी गौरवशाली होतीं। इस कमजोरी के कारण गुप्ते को बहुत खामियाजा उठाना पड़ा। और चूँकि टीम के प्रमुख गेंदबाज वे ही थे, अत: अधिकतर कैच भी उन्हीं की गेंदों पर छूटे। लेग ब्रेक पर स्लिप में व गुगली या टॉप स्पिनर पर शार्ट लेग में कैच छूट जाना आम बात थी। यहाँ तक कि मिड ऑन व डीप

स्क्वेयर लेग पर भी ऊपर उठा स्ट्रोक क्षेत्ररक्षक द्वारा टपका दिया जाता था। लेकिन यही क्या कम है कि गुप्ते हताश या निराश नहीं हुए और उनका मनोबल व उत्साह ऊँचा ही बना रहा। वे अच्छी तरह जानते थे कि उन्हें भारत के प्रमुख गेंदबाज बने रहने की जिम्मेदारी निभानी है।

उनके टेस्ट जीवन की शुरुआत तो प्रभावशाली नहीं रही लेकिन 1952-53 में जब पाकिस्तान की टीम भारत के दौरे पर आई तो ब्रेबोर्न स्टेडियम पर खेले गए मुम्बई टेस्ट में उन्होंने 5 विकेट लेकर अपनी स्पिन गेंदबाजी से सभी को प्रभावित किया। फिर जब 1953 में भारत की टीम वेस्टइंडीज गई तो उन्होंने उस दौरे में 23. 64 की औसत से 50 विकेट लिए। वेस्टइंडीज दौरे से ही वे अपनी असली रंगत में आए। बल्लेबाजी के लिए मददगार उन विकेटों पर गुप्ते ने टेस्ट शृंखला में 27 विकेट लिए। तब फ्रेंक वॉरेल, ईव्हर्टन वीक्स, क्रिश्चिसानी वॉलकॉट जैसे तीन 'डब्ल्यूज' ही नहीं, रे, स्टॉलमेयर और पेराड्यू जैसे विख्यात बल्लेबाज वेस्टइंडीज की टीम में थे। वेस्टइंडीज के बल्लेबाज अपनी आक्रामक और आकर्षक खेल शैली के लिए मशहूर व लोकप्रिय रहे हैं। गुप्ते ने उन्हें कभी खुलकर नहीं खेलने दिया। प्रभावी स्पिन गेंदबाजी के कारण गुप्ते की धाक जम गई। उनका आत्मविश्वास भी बढ़ा। वरना कोलकाता के अपने पदार्पण टेस्ट में 18 ओवर में 57 रन देनेवाले गुप्ते को 1952 के इंग्लैंड दौरे में खर्चीला गेंदबाज मानकर टीम में ही नहीं लिया गया था। यदि वे होते तो गुलाम अहमद व मनकड़ को बड़ी मदद मिलती। साथ ही गुप्ते को इंग्लैंड में खेलने व बहुत कुछ सीखने का लाभ मिलता। खैर, वेस्टइंडीज के दौरे के बाद उन्हें उनकी शैली का विश्व का श्रेष्ठ स्पिनर करार दिया गया। पहले टेस्ट में उन्होंने 66 ओवर में 162 रन देकर 7 विकेट लिए जिनमें उनके एक स्पेल के 32 गेंदों में 12 रन देकर 5 विकेट शरीक थे। दूसरे टेस्ट में उन्होंने पहली पारी में 99 रन देकर 3 व दूसरी पारी में 82 रन देकर 2 विकेट लिए। तीसरे टेस्ट में उन्होंने 107 पर 5 व 19 पर 1 विकेट लिया। चौथे टेस्ट की पहली पारी में उन्होंने 56. 2 ओवर में 122 रनों पर 4 विकेट लिए। और पाँचवें व अन्तिम टेस्ट में 65.1 ओवर में 180 रनों पर 5 विकेट लिए। 'रबर' में 27 विकेट भारत के बाहर किसी भी भारतीय गेंदबाज का तब तक का श्रेष्ठ प्रदर्शन था। उसी दौरे में गुप्ते वेस्टइंडियन बाला केरॉल के प्यार में बँध गए और अन्त में वेस्टइंडीज के त्रिनिडाड में ही बस गए।

वेस्टइंडीज दौरे में मिली सफलता के बाद उनकी गेंदबाजी के स्तर में आश्चर्यजनक सुधार हुआ। जिस तरह वे वेस्टइंडीज के बल्लेबाजों पर हावी रहे थे वैसे ही अन्य देशों के बल्लेबाजों पर भी हावी रहने लगे। एक नया सुधार यह था कि वे मैच की पहली गेंद से ही सही दिशा व लम्बाई का ध्यान रखने लगे। 1953-54 में भारत आई सिल्वर जुबली एकादश टीम के खिलाफ उन्होंने 5 टेस्ट में 26 विकेट लिए। 1954-55 के पाकिस्तान के दौरे पर मैटिंग विकेट पर गेंदबाजी

करना इनके लिए परीक्षा की घड़ी थी। शुरू में तो 4 टेस्ट टर्फ पर व एक मैटिंग पर होना तय हुआ था लेकिन दौरे के पहले मुम्बई में जो मैच हुआ उसमें जब पाकिस्तान सर्विसेज के कप्तान अब्दुल हफीज कारदार ने गुप्ते को 78 रनों पर सभी 10 विकेट लेते देखा तो वे समझ गए कि गुप्ते के सामने पाकिस्तानी बल्लेबाजी चरमरा जाएगी। गुप्ते का ऐसा खौफ था कि उन्होंने तभी 3 टेस्ट मैटिंग पर तथा 2 टेस्ट 'टर्फ' पर खिलाने का फैसला किया। लेकिन गुप्ते की गेंदबाजी का स्तर इतना ऊँचा था कि उन्हें 'मैटिंग' अथवा 'टर्फ' से कोई फर्क नहीं पड़ा। उन्होंने उस शृंखला में 21 विकेट लिए। लाहौर टेस्ट में उन्होंने 73.5 ओवर फेंके तथा 5 विकेट लिए और ढाका में खेले गए पहले ही टेस्ट में उन्होंने 6 ओवर में 5 विकेट लिए। अगली शृंखला न्यूजीलैंड के खिलाफ खेली गई और उसमें गुप्ते ने 19.67 की औसत से 34 विकेट लिए तथा मनकड़ के शृंखला में सर्वाधिक विकेट लेने की बराबरी की। उस शृंखला में गुप्ते ने 2140 गेंदें फेंकी और 12 मेडन ओवर डाले जो कि किसी भी भारतीय गेंदबाज द्वारा मेडन ओवर का कीर्तिमान था, वह भी एक लेग स्पिनर द्वारा रचा गया कीर्तिमान तथा इस कारण उसका अपना इतिहास व महत्त्व था। 27 साल बाद चन्द्रशेखर ने इस कीर्तिमान को खंडित किया।

1956-57 में आस्ट्रेलियाई टीम भारत के दौरे पर आई। इस समय गुप्ते अपनी गेंदबाजी के शिखर पर थे। अभी तक 18 टेस्ट में उनकी गेंदबाजी पर कोई हावी नहीं हो पाया था और न ही कोई दावे के साथ कह सकता था कि वह उनकी गेंदों को समझ सकता है। लेकिन आस्ट्रेलिया के बाएँ हाथ के आकर्षक बल्लेबाज नील हार्वे ने पहले टेस्ट में अपने कदमों का बेहतरीन इस्तेमाल करके गुप्ते की गेंदों पर 'ड्राइव' लगाई और मुम्बई टेस्ट में आगे बढ़-बढ़कर ऐसे जबरदस्त प्रहार किए कि गुप्ते की स्पिन का जादू जाता रहा। ऐसा लगा कि न सिर्फ उनकी गेंदबाजी बल्कि उनका आत्मविश्वास व मनोबल भी टूट गया है। वे 3 टेस्ट में कुल 8 विकेट ही ले पाए। वैसे भी बाएँ हाथ के बल्लेबाज के लिए दाहिने हाथ के लेग स्पिनर को खेलना अपेक्षाकृत आसान होता है तथा दाहिने हाथ के लेग स्पिनर के लिए बाएँ हाथ के बल्लेबाज के खिलाफ गेंदबाजी करना मुश्किल होता है। हार्वे पहले बल्लेबाज थे जो गुप्ते पर हावी हो पाए। लेकिन 1958-59 में वेस्टइंडीज के खिलाफ पहले टेस्ट में अपना सौवाँ टेस्ट विकेट तथा दूसरे में 102 रनों पर 9 विकेट लेकर गुप्ते ने साबित कर दिया कि भले ही हार्वे ने उनकी स्पिन कला को कुछ समय के लिए बेअसर कर दिया हो, उनका जादू अभी भी बरकरार था तथा उनका प्रभाव पूरी तरह खत्म नहीं हुआ था। उस शृंखला में उन्होंने 22 विकेट तो लिए लेकिन 42 की औसत से जो कि एक चैम्पियन गेंदबाज के लिए बहुत महँगा था।

गुप्ते लम्बे अर्से से इंग्लैंड दौरे का इन्तजार कर रहे थे। अन्ततः 1959 में उन्हें इंग्लैंड यात्रा का मौका मिला। वे वहाँ विश्व के श्रेष्ठ स्पिनर की ख्याति के साथ गए। क्रिकेट पंडितों की भविष्यवाणी थी कि गुप्ते को बहुत विकेट मिलेंगे क्योंकि इंग्लैंड

के बल्लेबाज लेग स्पिन के सामने परेशानी महसूस करते हैं। उस दौरे में गुप्ते ने 95 विकेट लिए और 5 टेस्ट की श्रृंखला में उन्हें 34 की औसत से 17 विकेट मिले। यह जरूर है कि उन्हें भारतीय क्षेत्ररक्षकों से वांछित सहयोग नहीं मिला फिर भी गुप्ते की सफलता उतने ऊँचे दर्जे की नहीं रही जितने की उम्मीद की गई थी।

तब तक गुप्ते त्रिनिडाड में बस गए थे। इस कारण 1959-60 में जब रिची बेनो की अगुआई में आस्ट्रेलियाई टीम भारत आई तो अपने प्रशिक्षण कार्य में व्यस्त होने के कारण गुप्ते उपलब्ध नहीं हो पाए। क्रिकेट प्रेमी हार्वे व गुप्ते के बीच एक और मुकाबला देखने से वंचित रहे। 1960-61 में वे पाकिस्तान के खिलाफ 3 टेस्ट खेलने भारत आए। लेकिन उनका प्रदर्शन उल्लेखनीय नहीं रहा और ऐसा लगने लगा कि उनका खेल जीवन अब उतार पर है। लेकिन शमा की आखिरी लौ की तरह उन्होंने इंग्लैंड के खिलाफ दिसम्बर 1961 में कानपुर में पुनः अपना जलवा दिखाया। गुप्ते ने पहली पारी में 5 विकेट लिए और उनकी गेंदबाजी के कारण ही इंग्लैंड को भारत के खिलाफ 'फॉलो ऑन' खेलना पड़ा। लेकिन दूसरी पारी में वे कुछ खास नहीं कर सके। दिल्ली टेस्ट में उन्होंने माइक स्मिथ को श्रृंखला में तीसरी बार आउट किया। यह गुप्ते का आखिरी टेस्ट था और इसमें उन्हें यही एक मात्र विकेट मिला। इस श्रृंखला का यादगार पक्ष यह था कि कानपुर टेस्ट में गुप्ते ने एक समय 18 गेंदों में सिर्फ 6 रन देकर 4 विकेट लिए थे। वरना गुप्ते के अन्तिम 5 टेस्ट उतने परिणामकारी नहीं रहे जितने कि इनसे पहले के 31 टेस्ट रहे थे।

36 टेस्ट मैचों में उन्होंने 1880.4 ओवर फेंके और 4403 रन देकर 29.55 की औसत से 149 विकेट लिए। उन्होंने एक बार मैच में 10 व 12 बार पारी में 5 विकेट लिए तथा 1961 में कानपुर टेस्ट में वेस्टइंडीज के खिलाफ 102 रनों पर 9 विकेट उनका श्रेष्ठ गेंदबाजी प्रदर्शन रहा। तब टेस्ट मैच भी कम होते थे और वे लम्बे अर्से बाद भी खेले जाते थे तथा भारत का क्षेत्ररक्षण भी अन्तर्राष्ट्रीय स्तर का नहीं था। वरना गुप्ते का अन्तर्राष्ट्रीय प्रदर्शन और भी ज्यादा चमकदार होता। कहते हैं उनकी गुगली भी दो प्रकार की थी जिससे कि वह और भी खतरनाक हो जाती थी।

प्रथम श्रेणी क्रिकेट में गुप्ते के खाते में 115 मैचों की 29632 गेंदों पर 12567 रन देकर 530 विकेट दर्ज हैं जिनमें 11 बार मैच में 10 और 36 बार पारी में 5 विकेट शामिल हैं। उनका प्रथम श्रेणी का प्रति विकेट औसत है 23.71 जो कि एक लेग स्पिनर के लिए आदर्श है। रणजी ट्रॉफी में उनके नाम पर 5158 गेंदों में 2264 रनों पर 18.71 की औसत से 264 विकेट हैं।

अपने अन्तिम कुछ वर्षों में गुप्ते पहिएवाली कुर्सी पर ही रहते थे और मुम्बई के क्रिकेट क्लब ऑफ इंडिया से उन्हें भावनात्मक लगाव था। जब भी वे भारत आए अकसर वहाँ आते थे। उन्हें डायबिटीज हो गई थी और इस कारण वे बहुत कमजोर हो गए थे। मगर वेस्टइंडीज जानेवाली हर भारतीय टीम का वे बड़ी गर्मजोशी से

स्वागत करते थे। खासकर लेग स्पिनर्स से मिलकर व उनसे बात करके उन्हें बड़ी खुशी होती थी। लक्ष्मण शिवरामकृष्णन, नरेन्द्र हीरवानी व अनिल कुम्बले को उन्होंने वहाँ बहुत स्नेह व कुछ जरूरी हिदायतें भी दीं।

31 मई 2002 को 72 वर्ष की आयु में उनका निधन हुआ। जब वे गुजरे तब सौरभ गांगुली के नेतृत्व में भारतीय टीम वेस्टइंडीज के दौरे पर ही थी। जाहिर है, सभी खिलाड़ियों को दिली दुख हुआ। गुप्ते के दिल में भारतीय क्रिकेट व भारतीय खिलाड़ियों के प्रति अटूट स्नेह व सम्मान रहा। वे यह जानते थे कि भारतीय क्रिकेट कंट्रोल बोर्ड ने नायडू शताब्दी वर्ष से नायडू अवार्ड शुरू किया है। उनकी दिली ख्वाहिश थी कि उन्हें यह सम्मान मिले। बोर्ड में भी बहुत से लोग मानते थे कि उन्हें न सिर्फ यह सम्मान मिलना चाहिए बल्कि जीते जी मिलना चाहिए। आखिर उनका भारतीय क्रिकेट में अहम योगदान रहा था। वे न सिर्फ अपने समय के, बल्कि कई जानकारों की राय में क्रिकेट के सार्वकालिक महान लेग स्पिनर थे। बोर्ड के लोग जानते थे कि वे गम्भीर रूप से बीमार हैं। वे यह भी मानते थे कि वे नायडू अवार्ड पाने के योग्य हैं व उन्हें यह अवार्ड दिया जाना चाहिए। सवाल सिर्फ पहले या बाद का था। नायडू अवार्ड समिति को तत्काल परिस्थिति की नजाकत को समझते हुए गुप्ते को नायडू अवार्ड उनके जीवन काल में ही दे देना था। लेकिन ऐसा नहीं हुआ और गुप्ते गुजर गए। उनकी मृत्यु के बाद उन्हें नायडू अवार्ड देने का फैसला हुआ और वह अवार्ड उनकी पत्नी के पास भेजा गया। अफसोस यही है कि बोर्ड ने मानवता के आधार पर और परिस्थितियों के मद्देनजर फैसला नहीं किया और गुप्ते नायडू अवार्ड की हसरत दिल में लिए ही दुनिया से चले गए।

काश उनके जमाने में विडियोग्राफी की व्यवस्था होती और उनकी गेंदबाजी की कोई फिल्म ली गई होती। वह युवा लेग स्पिनरों के लिए बड़ी मददगार रहती। नए जमाने के लोग भी जान पाते कि गुप्ते कितने ऊँचे दर्जे के स्पिनर थे। और उनके सामने किस तरह दिग्गज बल्लेबाज भी पानी भरते थे और वे किस तरह उन्हें विकेट पर नचाया करते थे। हमेशा मुस्कान बिखेरनेवाले, ज़िन्दगी को शिद्दत से जीनेवाले व हमेशा बिना लाग-लगाव के दो टूक बात कहनेवाले गुप्ते क्रिकेट के—खासकर लुप्त होती जा रही लेग स्पिन के—सच्चे नुमाइन्दे थे।

आजकल क्रिकेट अधिक व्यवस्थित, वैज्ञानिक, पेशेवर और प्रतिस्पर्धात्मक हो गया है। आजकल के लेग स्पिनर जानते हैं कि अधिक गुगली फेंकने से कन्धे व स्पिन पर विपरीत प्रभाव पड़ता है अतः वे बहुत कम गेंदें गुगली फेंकते हैं। लेकिन गुप्ते के साथ ऐसा नहीं था। वे आजकल के खिलाड़ियों की तरह निजी प्रदर्शन, असुरक्षा, बेहतर व अधिक समय तक टीम में बने रहने की कोशिश के प्रति सचेत नहीं रहते थे। वे अधिक-से-अधिक विकेट लेकर भारत को जिताना चाहते थे। फिर इसके लिए उन्हें भले ही लगातार गुगली व फ्लिपर ही क्यों न फेंकना पड़े। न उन्होंने अपने कन्धे की परवाह की और न ही स्पिन की धार कम हो जाने की चिन्ता की।

(iv) जसू पटेल

जसू भाई मोती भाई पटेल को क्रिकेट जगत में जसू पटेल के नाम से ही जाना जाता है। 26 नवम्बर को गुजरात के अहमदाबाद में जन्मे जसू पटेल दाहिने हाथ से ऑफ स्पिन गेंदबाजी करते थे।

उनके दाहिने हाथ में कोई विकृति थी और लगता था जैसे वह कभी या तो चोटग्रस्त रहा हो अथवा उसमें जल जाने जैसे निशान कभी हो गए हों। जो भी हो उनका हाथ सामान्य लोगों जैसा नहीं लगता था। शायद इसी कारण वे मैटिंग पर ज्यादा ऑफ स्पिन करा लेते थे। उन दिनों भारत तथा पाकिस्तान में मैटिंग व टर्फ दोनों ही पर टेस्ट मैच खेले जाते थे। और जसू पटेल को मैटिंग पर अधिक प्रभावशाली गेंदबाजी करने के कारण हर उस मौके पर खिलाया जाता था जब मैच मैटिंग पर हो। 1955 के पाकिस्तान के दौरे पर उन्हें उनकी मैटिंग की विशेषज्ञता के कारण ही टीम में लिया गया था। तब ढाका व कराची दोनों ही पाक केन्द्रों पर मैटिंग विकेट थे। उन्होंने अपना टेस्ट जीवन 1955 में पाकिस्तान के खिलाफ कराची टेस्ट में खेलकर शुरू किया था।

जसू पटेल का टेस्ट प्रदर्शन 1955 से 1960 तक सीमित रहा। इस बीच वे भारत के लिए 7 टेस्ट खेले। अन्य टेस्ट मैचों में तो वे कुछ विशेष नहीं कर पाए लेकिन 1959-60 में रिची बेनो की कप्तानी में भारत यात्रा पर आई आस्ट्रेलियाई टीम के खिलाफ कानपुर में खेले गए दूसरे टेस्ट मैच में जसू पटेल ने अपनी ऑफ स्पिन से पूरी आस्ट्रेलियाई बल्लेबाजी की कमर तोड़कर जिस तरह मैच में 124 रन देकर 14 विकेट लिए उसकी वजह से वे रातोंरात मशहूर हो गए। उन्होंने दूसरी पारी में तो सिर्फ 69 रन देकर 9 विकेट लिए थे। और उन्हीं की हैरतअंगेज ऑफ स्पिन की बदौलत भारत वह टेस्ट 119 रनों से जीत पाया। वरना आस्ट्रेलियाई टीम दिल्ली टेस्ट तो एक पारी से जीत चुकी थी और फिर मद्रास टेस्ट भी उसने एक पारी से ही जीता तथा श्रृंखला भी 2-1 से जीती क्योंकि मुम्बई व कोलकाता टेस्ट 'ड्रा' रहे थे।

कुछ लोगों की राय है कि पटेल की इस अभूतपूर्व सफलता के पीछे लाला अमरनाथ का हाथ था जो कि उस समय चयन समिति के प्रमुख थे। कहते हैं उन्होंने वह विकेट क्यूरेटर सीताराम से कहकर जसू पटेल के हिसाब से बनवाया था। पता नहीं इस बात में कितनी सचाई है और इस तरह ऐसा विकेट बना पाना मुमकिन भी है या नहीं। जो भी हो जसू पटेल को ऐसी सफलता न तो इस मैच के पहले मिली थी, और न ही बाद में मिली। यही कारण है कि वे अन्तर्राष्ट्रीय क्रिकेट में कानपुर टेस्ट के प्रदर्शन की वजह से ही जाने जाते हैं। 69 रनों पर उनके 9 विकेट लम्बे समय तक एक पारी में भारत का टेस्ट क्रिकेट का श्रेष्ठ प्रदर्शन रहा।

जसू पटेल 5 साल में कुल 7 टेस्ट खेले और उन्होंने 1725 गेंदों पर 637 रन देकर 21.96 की औसत से कुल 29 विकेट लिए। जरा गौर कीजिए कि कहाँ तो

अकेले कानपुर टेस्ट में 14 विकेट और कहाँ बाकी 6 टेस्ट में 15 विकेट। अर्थात् अन्य टेस्ट मैचों में वे कुछ खास नहीं कर पाए।

जसू पटेल गुजरात के लिए रणजी ट्रॉफी में जरूर गतिशील व सक्रिय बने रहे और उन्होंने 21.46 की औसत से 140 विकेट लिए। उनका प्रथम श्रेणी क्रिकेट जीवन 1943-44 से लेकर 1961-62 तक का रहा। यह सच है कि वे मैटिंग विकेट के ही गेंदबाज थे और भले ही वह क्वायर मैटिंग हो या फिर जूट मैटिंग, उनकी गेंद उस पर ज्यादा ही घूमती थी। लेकिन इसका यह मतलब नहीं कि वे टर्फ पर बिलकुल बेअसर रहते थे। हाँ टर्फ पर उनकी गेंदें कम धारदार रहती थीं।

जसू पटेल की गेंदबाजी पर 'चकिंग' का भी आरोप लगा। तब आजकल जैसे अत्याधुनिक उपकरण व फिल्म लिए जाने की सुविधाएँ नहीं थीं। और अम्पायर भी किसी को 'चक' का दोषी करार देने के पहले दस बार सोचते थे। क्योंकि सवाल उस गेंदबाज के भविष्य से जुड़ा हुआ था। लेकिन फिर भी उनके एक्शन को लेकर इस आधार पर विवाद उठा था कि उनकी कुछ गेंदें उनकी अन्य गेंदों की बनिस्बत अधिक तेज आती हैं और अधिक घूमती भी हैं और इन गेंदों को लेकर शक की गुंजाइश है।

वे ऐसे ऑफ स्पिनर थे जो एकदम बिजली की तरह कौंधे और फिर गुमनामी के अँधेरे में हमेशा के लिए खो गए।

ऑलराउंडर स्पिनरों का युग

1959 के पहले तक भारत को गुलाम अहमद, वीनू मनकड़ और सुभाष गुप्ते की सेवाएँ उपलब्ध रहीं। ये ही तीन स्पिनर थे जिन्हें भारतीय स्पिन गेंदबाजी के परिपक्व काल का प्रामाणिक और उचित प्रतिनिधि माना जा सकता है। तीनों का अन्तर्राष्ट्रीय क्रिकेट जगत में तहलका रहा। गुलाम अहमद की दाहिने हाथ की ऑफ स्पिन, मनकड़ की बाएँ हाथ की स्पिन तथा गुप्ते की दाहिने हाथ की कलाई को मोड़कर की जानेवाली अपरम्परागत शैली की लेग स्पिन दुनियाभर के बल्लेबाजों को परेशान करती व छकाती रही तथा आउट भी करती रही। 1958-59 तक गुलाम अहमद व वीनू मनकड़ तो अन्तर्राष्ट्रीय क्रिकेट से निवृत्त हो गए और सुभाष गुप्ते वेस्टइंडीज में क्रिकेट प्रशिक्षण से जुड़ गए और इस कारण 1959-60 के आस्ट्रेलियाई दौरे के खिलाफ खेलनेवाली भारतीय टीम के लिए उपलब्ध नहीं हो सके। वे 1960-61 में 5 टेस्ट खेलने के लिए भारत आए जिनमें से 3 टेस्ट पाकिस्तान के खिलाफ खेले व 2 इंग्लैंड के। लेकिन उनका खेल जीवन भी समाप्ति की कगार पर ही था।

मनकड़ 12 साल भारत के लिए खेले थे तो गुलाम अहमद व सुभाष गुप्ते 10-10 साल। तीनों ही भारतीय आक्रमण की जान थे। जब ये तीन अनुभवी व अग्रणी स्पिनर भारतीय टीम में नहीं रहे तो स्पिन विभाग में एक तरह का शून्य उभरा। चूँकि ये तीनों लम्बे अर्से तक टीम के प्रमुख सदस्य रहे थे, इस कारण उन्हीं की शैली का कोई युवा गेंदबाज तैयार होकर सामने नहीं आ पाया। ऐसा अकसर होता ही है। शुरुआती दौर में तो खैर न तो भारतीय टीम में नियमित उद्घाटक बल्लेबाज थे और न ही विशेषज्ञ क्षेत्ररक्षक व स्पिनर। लेकिन 70 के दशक में जब गावस्कर व चेतन चौहान व फिर श्रीकांत व अंशुमन गायकवाड़ पारी की शुरुआत करने लगे और ऐसा बरसों तक चला तो उद्घाटक बल्लेबाज तैयार नहीं हो पाए। और कपिल, चेतन शर्मा व मनोज प्रभाकर के होने से श्रीनाथ तक को पर्याप्त अवसर नहीं मिल पाए। किरमानी, मोरे व मोंगिया के होते नया विकेटकीपर नहीं मिल पाया। ऐसा ही 1959-60 में हुआ। देश में कोई विशेषज्ञ स्पिनर ऐसा नहीं था जो मनकड़, गुप्ते व गुलाम अहमद की भरपाई कर सके।

ऐसे जरूरत के समय सलीम दुर्रानी, चन्दू बोर्डे व बापू नाडकर्णी जैसे ऑलराउंडरों ने मिल-जुलकर स्पिन गेंदबाजी के शून्य को भरा। ये तीनों ही

ऑलराउंडर थे। दुर्रानी बाएँ हाथ के बल्लेबाज व बाएँ हाथ के ही स्पिनर थे जबकि चन्दू बोर्डे दाहिने हाथ के मध्यक्रम के बल्लेबाज व दाहिने हाथ से कलाई मोड़कर लेग स्पिन करानेवाले गेंदबाज। नाडकर्णी वैसे तो बाएँ हाथ के बल्लेबाज और बाएँ हाथ के ही स्पिनर भी थे लेकिन उनकी ख्याति एक सुरक्षात्मक खिलाड़ी की ही अधिक थी। वे बोर्डे व दुर्रानी दोनों ही से वरिष्ठ थे। और 1955 में अपना पहला टेस्ट खेले थे जबकि दुर्रानी व बोर्डे लगभग हमउम्र व समकालीन थे। तीनों ने रणजी ट्रॉफी में भी ऑलराउंडर की छवि बनाई व बल्ले तथा गेंद दोनों से शानदार प्रदर्शन किया।

(i) **आर. जी. नाडकर्णी** यानी **रामचन्द्र गंगाराम नाडकर्णी**

क्रिकेट की दुनिया में बापू नाडकर्णी के नाम से जाने जाते हैं। उनका जन्म 4 अप्रैल 1933 को महाराष्ट्र के नासिक शहर में हुआ था।

नाडकर्णी को मुख्य रूप से ऐसे गेंदबाज के रूप में टीम में लिया जाता था जिसमें अच्छे-अच्छे आक्रामक बल्लेबाजों की भी बाँधकर रखने की क्षमता थी। यदि आप गुड लेंग्थ स्थान पर एक छोटा सिक्का रख दें तो नाडकर्णी वहीं लगातार गेंद फेंक सकते थे। न ढीली गेंद और न ही कभी दिशाहीन गेंद। जैसी क्षेत्ररक्षण की जमावट, वैसी ही गेंदबाजी, बल्कि क्षेत्ररक्षण की जमावट ही इस हिसाब से करना जिस हिसाब से व जिस योजनानुसार गेंदबाजी करनी हो। वे ऑफ स्टम्प पर या उसके बाहर उचित लम्बाई व दिशा का ध्यान रखकर गेंद डालते थे और अपने अधिकतर क्षेत्ररक्षकों को ऑफ साइड में ही तैनात करके रखते थे। बहुत ही कम अवसर ऐसे आए जब उन्होंने 'लेग व मिडिल स्टम्प' पर गेंद की हो। ऐसी स्थिति में बाहर की गेंद पर वह भी जब वह उचित लम्बाई पर फेंकी गई हो, कोई स्ट्रोक लगाना मुश्किल काम था। या तो बल्लेबाज उनकी गेंदों को विकेटकीपर द्वारा दस्तानों में लेने के लिए छोड़ देते थे या फिर किसी भी तरह क्षेत्ररक्षकों के बीच में खेलकर एक या कभी दो रन बनाने का प्रयास करते थे। उनकी गेंद पर बल्लेबाज़ के सामने दो ही विकल्प हुआ करते थे। या तो वह हर गेंद छोड़ दे व कोई रन न बनाए या फिर वह कम-से-कम रन बना ले। और चूँकि नाडकर्णी खुद अपनी ही गेंद पर बड़ी फुर्ती से क्षेत्ररक्षण करते थे अतः गेंदबाज के पीछे से भी रन बनाना मुश्किल होता था।

उनकी छवि एक बेहद कंजूस व कसी हुई गेंदबाजी करनेवाले गेंदबाज की रही। वे एक ऐसे गेंदबाज थे जो लगातार मेडन ओवर फेंकने के लिए जाने जाते थे। सटीक गेंदबाजी और नियन्त्रणयुक्त यानी दिशा व लम्बाई को नियन्त्रित करके गेंदबाजी करनेवाले स्पिनर तो मनकड़, गुलाम अहमद, गुप्ते व बाद में बेदी, प्रसन्ना, चन्द्रशेखर व वेंकटराघवन भी हुए और नए जमाने में कुम्बले भी हैं। लेकिन ऐसी कसावट भरी गेंदबाजी करनेवाला स्पिनर कोई नहीं हुआ जैसी नाडकर्णी किया करते थे। उन्होंने

अपने पूरे टेस्ट जीवन में प्रति ओवर सिर्फ 1.67 रन दिए। और वे दो चार साल नहीं, 13 साल टेस्ट क्रिकेट खेले। यह कोई मामूली उपलब्धि नहीं है। यदि एक छोर पर नाडकर्णी जैसा रन रोकनेवाला गेंदबाज हो तो दूसरे छोर के गेंदबाज को विकेट मिलने की अधिक सम्भावना रहती है। क्योंकि बल्लेबाज उसके खिलाफ अधिकाधिक रन

बनाने व खुलकर खेलने की कोशिश करते हैं। और ऐसी जुगलबन्दी अकसर असरदार साबित होती है। लेकिन ऐसे लोगों की भी कमी नहीं थी जो नाडकर्णी की गेंदबाजी को नकारात्मक गेंदबाजी मानते थे क्योंकि वह विकेट लेने के लिए नहीं, रन न देने के लिए की ,गई होती थी। 1960-61 में पाकिस्तान के खिलाफ कानपुर टेस्ट में उनकी गेंदबाजी का विश्लेषण रहा था 32-24-23-0 और दिल्ली टेस्ट में उनकी गेंदबाजी का विश्लेषण था 34-24-24-1, यही नहीं, 1964 में इंग्लैंड के खिलाफ मद्रास टेस्ट में उनकी गेंदबाजी रही 32-27-5-0 और इनमें से उन्होंने 23 ओवर तो लगातार मेडन फेंके थे। अब अगर कोई गेंदबाज लगातार 23 ओवर में एक भी रन न दे और वह भी इंग्लैंड की 1964 जैसी टीम के खिलाफ, तो उसे आप अनदेखा कैसे कर सकते हैं? क्या नियन्त्रण व कसावट का कोई महत्त्व नहीं है?

यह कौशल नाडकर्णी ने वर्षों के सतत अभ्यास, परिश्रम व खोजपरक सूझबूझ के बाद प्राप्त किया था। उन्हें अपने कप्तान मंसूर अली खान पटौदी का वांछित सहयोग व मार्गदर्शन मिला। यद्यपि नाडकर्णी को भारतीय क्रिकेट इतिहास में तो उनकी रन न देनेवाली और अचूक सटीकता लिए हुए वामहस्त स्पिन गेंदबाजी के लिए ही जाना जाता रहेगा लेकिन निस्सन्देह वे एक बढ़िया ऑलराउंडर थे। बल्लेबाजी में भी वे सुरक्षात्मक अन्दाज ही पसन्द करते थे। बाएँ हाथ के बल्लेबाज नाडकर्णी का स्टांस ही 'क्राउचिंग' यानी झुका हुआ था। वे खेलने के लिए झुककर खड़े होते थे और अधिकतर 'हाफ कॉक' यानी दाहिना पैर बिना बढ़ाए अपनी जगह से ही बल्ला बढ़ाकर सुरक्षात्मक ढंग से खेलना या फिर दाहिना पैर बढ़ाकर व वहीं बल्ला ले जाकर धीरे-से रोकना—यही उनकी बल्लेबाजी का तरीका था। वे रन भले ही अधिक न बनाएँ लेकिन विकेट पर लम्बे समय तक टिके रह सकते थे और उन्हें आउट करना मुश्किल होता था। वे बड़े जिद्दी किस्म के व डटकर खेलनेवाले बल्लेबाज थे और उनकी एकाग्रता, धैर्य व साहस काबिलेतारीफ था। 1963-64 में इंग्लैंड के खिलाफ कानपुर टेस्ट में उन्होंने 52 नाबाद व 122 नाबाद रनों की पारियाँ खेलीं और इस तरह वे इस टेस्ट की दोनों पारियों में आउट नहीं हुए।

उनकी गेंदबाजी को नकारात्मक व कंजूस किस्म की तथा विकेट लेने की बजाय रन रोकनेवाली बतानेवाले जरा यह भी याद रखें कि मद्रास टेस्ट में आस्ट्रेलिया के खिलाफ नाडकर्णी ने पहली पारी में 31 पर 5 व दूसरी पारी में 91 पर 6 इस तरह मैच में 122 रनों पर 11 विकेट लिए थे। जाहिर है उनमें विकेट लेने की क्षमता भी थी। उन्होंने 41 टेस्ट में 9165 गेंदों पर 2559 रन देकर 88 विकेट लिए जिनमें 4 बार पारी में 5 और 1 बार मैच में 10 विकेट भी शरीक हैं। रणजी ट्रॉफी में भी 63 मैचों में उनके खाते में 182 विकेट दर्ज हैं।

बतौर बल्लेबाज 41 टेस्ट की 67 पारियों में 1 शतक व 7 अर्धशतकों के साथ उनके नाम पर 25.70 की औसत से 1414 रन हैं जिनमें 122 उनका सर्वाधिक स्कोर है। रणजी ट्रॉफी में उनके नाम पर 3904 रन हैं। सलीम दुर्रानी की ही तरह नाडकर्णी

भी रणजी में 'डबल' पूरा करनेवालों की सूची में हैं। 63 रणजी मैच खेलकर 3904 रन व 182 विकेट लेने की क्षमता उन्हें एक सम्पूर्ण ऑलराउंडर के रूप में पेश करने के लिए पर्याप्त हैं।

दरअसल बापू नाडकर्णी को एक आदर्श ऑलराउंडर के रूप में ही देखा जाना चाहिए। वे एक ऐसे खिलाड़ी थे जिसने जरूरत के समय रन भी बनाए व विरोधी टीमों को अपनी लेफ्टआर्म स्पिन के द्वारा रन बनाने से भी रोका और उनके खिलाड़ियों को आउट भी किया।

उनकी गेंदबाजी कंजूस किस्म की तो थी पर उनकी गेंदें ऑफ स्टम्प के इतने बाहर भी नहीं गिरती थीं कि उन्हें एकदिवसीय क्रिकेट के हिसाब से 'वाइड' दिया जा सके। बल्लेबाजी में यद्यपि वे चौके व छक्के लगानेवाले बल्लेबाज तो नहीं थे फिर भी क्षेत्ररक्षकों के इस या उस ओर अथवा उनके बीच में खेलकर वे एक या दो रन बराबर बना लिया करते थे और क्षेत्ररक्षक भी अच्छे थे। यदि उनके जमाने में एकदिवसीय क्रिकेट होता अथवा यदि वे आज खेल रहे होते तो यह देखना दिलचस्प होता कि वे एकदिवसीय मैचों में गेंद व बल्ले से कैसा प्रदर्शन करते हैं।

एक ऑलराउंडर के बतौर उन्होंने ऐसे समय अपनी सेवाएँ दीं जब उन जैसे बल्लेबाज व स्पिनर की भारतीय क्रिकेट टीम को बेहद जरूरत थी।

(ii) चन्दू बोर्डे

चन्द्रकान्त गुलाबराव बोर्डे क्रिकेट की दुनिया में चन्दू बोर्डे के नाम से जाने जाते हैं। उनका जन्म 21 जुलाई 1934 को महाराष्ट्र के पुणे शहर में हुआ।

पचास के उत्तरार्ध में बोर्डे ने एक उदीयमान किन्तु प्रतिभाशाली एवं भविष्य में असीम सम्भावनाओंवाले दाहिने हाथ के मध्यक्रम के बल्लेबाज के रूप में क्रिकेट जगत में प्रवेश किया और 60 के पूर्वार्ध में वे भारत के अग्रणी ऑलराउंडर्स में शुमार किए जाने लगे। तब से 60 के उत्तरार्ध तक वे भारत के विश्वसनीय व जुझारू बल्लेबाज के रूप में विख्यात हुए।

अपने शुरुआती क्रिकेट जीवन में वे भारत के सर्वाधिक उपयोगी खिलाड़ी थे। जरूरत के समय ठोस बल्लेबाजी व मौका पड़ने पर दाहिने हाथ की लेग ब्रेक गेंदबाजी करना उनकी आदत में शुमार हो गया। वे महाराष्ट्र व बड़ौदा के लिए रणजी ट्रॉफी में लगातार एक सफल बल्लेबाज साबित हो रहे थे। राष्ट्रीय स्तर पर वे एक मजबूत बल्लेबाज के रूप में चर्चित थे ही। जैसी कि उम्मीद थी वे भारत के भी विश्वसनीय बल्लेबाज बन गए और उन्होंने लँगर डालकर खेलनेवाले बल्लेबाज की ख्याति अर्जित की। निस्सन्देह वे अपने समय के सर्वाधिक पसन्द किए जानेवाले क्रिकेट खिलाड़ी थे। लोग उन्हें तहेदिल से चाहते थे व सराहते थे। जिस तरह वे संकट व मुसीबत के क्षणों में जीवट व साहस से खेलते थे व भारत को मुसीबत

में से निकालकर राहत दिलाते थे उसकी वजह से वे लोगों को प्रिय थे। और ऐसा चूँकि एक बार नहीं अनेक बार हुआ करता था, वे हमेशा चर्चा में बने रहते थे। उनकी छवि एक साफ-सुथरे खिलाड़ी की रही। उन्हें समाचार पत्रों ने हमेशा सराहा। वे विवादों से दूर रहे और 11 साल के अन्तर्राष्ट्रीय खेल जीवन में यह एक महत्त्वपूर्ण व दुर्लभ बात रही कि वे कभी विवाद में नहीं फँसे। वे बड़ी मुस्तैदी व चतुराई से अपनी जिम्मेदारी निभाते रहे और अपने शालीन व सौम्य व्यवहार से उन्होंने अपने चाहनेवालों का दिल जीता। उनकी टीम के साथी खिलाड़ी हमेशा उनका सम्मान करते थे। वे जानते थे कि वे जरूरत पड़ने पर बोर्डे पर निर्भर रह सकते हैं व उन पर भरोसा कर सकते हैं। उन्हें विश्वास रहा कि बोर्डे उनकी मदद करेंगे व उचित मार्गदर्शन देंगे। उनके जमाने में उनसे बड़ा 'टीम मेट' यानी खुद को टीम का हिस्सा माननेवाला व पूरी टीम को साथ लेकर चलनेवाला कोई दूसरा खिलाड़ी नहीं था। वे खुदगर्ज नहीं थे और उन्होंने हमेशा अपने हित की बजाय टीम के हित का खयाल किया। उनका स्वभाव ही ऐसा था कि वे कभी घटिया हरकत या काम कर ही नहीं सकते थे। अर्थात् वे सही अर्थों में एक सम्भ्रान्त व सभ्य खिलाड़ी बने रहे।

मैच में वे कभी अनावश्यक अपील नहीं करते थे। यहाँ तक कि जब उनकी खुद की गेंद बल्लेबाज के पैड पर लगती थी तो भी उन्होंने कभी फिजूल एल. बी. डब्ल्यू. की अपील नहीं की। अकसर ऐसा होता था कि उनकी टीम के अन्य खिलाड़ी तो अपील करते थे लेकिन बोर्डे अगली गेंद फेंकने के लिए तैयार हो जाते थे। वे तभी अपील करते थे जब उन्हें पक्का यकीन होता था कि बल्लेबाज आउट है। न तो उन्होंने अपील करके या हावी होकर बल्लेबाज पर दबाव डाला और न ही अम्पायर पर। उन्होंने हमेशा अपनी काबलियत व कौशल के बल पर विकेट लिए, शोर-शराबा करके या तमाशा खड़ा करके नहीं। आजकल आप ऐसे व्यवहार की कल्पना भी नहीं कर सकते।

सिर्फ गेंदबाजी करते वक्त ही नहीं, बल्लेबाजी करते वक्त भी बोर्डे खेल भावना कभी नहीं भूलते थे। आउट दिए जाने पर वे कभी विकेट पर नहीं रुके और न ही कभी उन्होंने हिचकिचाहट या असन्तोष दर्शाया। जब कभी उन्हें लगा कि गेंद उनके बल्ले से लगी थी तो भले ही दूसरों को वह कैच शंकास्पद लगा हो, लेकिन बोर्डे तत्काल विकेट छोड़ देते थे। जब भी उन्हें लगा कि वे आउट हैं वे बिना कोई देर किए पेवेलियन लौट आते थे। आज कल के युवा खिलाड़ी बोर्डे से खेल भावना के बारे में बहुत कुछ सीख सकते हैं।

जब बोर्डे का टेस्ट क्रिकेट में पदार्पण हुआ तो मध्यक्रम के बल्लेबाजों में उमरीगर व विजय मांजरेकर ही प्रमुख अनुभवी बल्लेबाज थे। बोर्डे को खुद को एक सक्षम व पुराने निवृत्त हो चुके मध्यक्रम के बल्लेबाजों की कमी को पूरा करने योग्य बल्लेबाज के रूप में साबित करना था। उन्होंने स्वयं को भारतीय टीम के महत्त्वपूर्ण बल्लेबाज के रूप में स्थापित किया। उन्हें खेलते हुए देखकर युवा खिलाड़ी उनसे

कई 'स्ट्रोक' लगाने की कला सीख सकते थे। 'स्क्वेयर कट' इनमें से एक था। विजय हजारे के बाद इतनी अच्छी तरह 'स्क्वेयर कट' लगानेवाला बल्लेबाज देखा ही नहीं गया था। उनके एक दशक बाद बोर्डे ही हजारे के जैसा 'स्क्वेयर कट' लगानेवाले भारतीय बल्लेबाज हुए। दरअसल हजारे बोर्डे के क्रिकेट गुरु रहे थे। बोर्डे ने जो कुछ भी सीखा प्रो. देवधर व हजारे से सीखा। तभी तो बोर्डे भी हजारे के जैसी खूबसूरत व हवा से बातें करती 'कवर ड्राइव' भी लगाते थे। बोर्डे का 'लेट कट' भी उतना ही अच्छा होता था जितना कि मनकड़ का हुआ करता था। धीरे-धीरे समय के साथ वे 'ऑन साइड' पर भी अच्छे स्ट्रोक लगाने लगे। लेग ग्लांस और मिड ऑन पर ताकतवर ऑन ड्राइव और 'पुल-ड्राइव' लगाना उन्होंने अनुभव प्राप्ति के बाद शुरू किया। अपने खेल जीवन के अन्तिम प्रहर में 'पुल ड्राइव' द्वारा उन्होंने बहुत से रन बनाए। 1958 से लेकर 1969 तक अपने 11 साल के टेस्ट जीवन में उन्होंने इन सभी स्ट्रोक्स का जमकर प्रयोग किया।

वे एक सफल व असरदार लेग स्पिनर भी थे। 1964 तक वे दाहिने हाथ से कलाई मोड़कर लेग ब्रेक कामयाबी से करते रहे। लेकिन 1964 में कन्धे में चोट लग जाने की वजह से उन्हें लेग स्पिन करना बन्द कर देना पड़ा। वैसे भी कहते हैं कि चूँकि लेग स्पिनर को लगातार कन्धे पर जोर देना पड़ता है इस कारण कन्धे पर विपरीत असर पड़ता ही है। और अगर वह लेग स्पिनर एक अच्छा बल्लेबाज भी है तो उसे बल्लेबाजी पर ही अपना ध्यान केन्द्रित करना पड़ता है और लेग स्पिन करना छोड़ना पड़ता है। हनुमन्त सिंह को भी बल्लेबाजी के लिए लेग स्पिन छोड़नी पड़ी थी। लेकिन 60 के दशक के पूर्वार्ध में बोर्डे दुर्रानी के साथ भारतीय टीम के प्रमुख स्पिन गेंदबाज रहे थे। उन्हें लेग स्पिन का भार उस समय उठाना पड़ा था जब सुभाष गुप्ते उपलब्ध नहीं थे। गुप्ते जैसे महान लेग स्पिनर की कमी पूरी करना आसान नहीं था। लेकिन आंशिक रूप से तो टीम की जरूरत पूरी की ही जा सकती थी। बोर्डे की नियति ही यह रही कि जहाँ उन्हें बल्लेबाजी में हजारे, मर्चेंट व मोदी के बाद उमरीगर व मांजरेकर का साथ निभाने की जिम्मेदारी मिली वहीं गेंदबाजी में गुप्ते की जगह लेनी पड़ी। एक ऑलराउंडर के रूप में बोर्डे ने संकट व जरूरत के समय दोनों जिम्मेदारियाँ पूरी कीं। वे अंशकालिक स्पिनर न होकर पूर्णकालिक स्पिनर बने और उन्होंने अपनी लेग स्पिन की बदौलत भारत को कई टेस्ट जितवाए। भारतीय टीम के तत्कालीन कप्तान कंट्रेक्टर का उन पर व उनकी लेग स्पिन कला पर पूरा भरोसा था। उन्होंने उन्हें गेंदबाजी करने के पर्याप्त अवसर भी दिए। 1961-62 में भारत के दौरे पर आई इंगलैंड टीम के खिलाफ तो उनकी गेंदबाजी अपने चरम पर थी। बोर्डे की लेग स्पिन व दुर्रानी की लेफ्टआर्म स्पिन की जुगलबन्दी की बदौलत भारत इंगलैंड से शृंखला जीतने में कामयाब रहा। खास बात यह कि वे जितने अच्छे बल्लेबाज व गेंदबाज थे उतने ही अच्छे क्षेत्ररक्षक भी थे। पहले वे 'आउटफील्ड' यानी दूर के स्थान पर क्षेत्ररक्षण किया करते थे। लेकिन बाद में नजदीकी स्थानों

पर क्षेत्ररक्षण करने लगे थे। टेस्ट क्रिकेट में उन्होंने 38 कैच किए जो सोलकर, गावस्कर व वाडेकर के बाद किसी भी भारतीय क्षेत्ररक्षक द्वारा लिए गए सर्वाधिक कैच हैं। आमतौर पर 'स्लिप' या 'शॉर्ट लेग' जैसे नजदीकी स्थान पर ही अधिक कैच किए जाने की सम्भावना रहती है। पर बोर्डे ने नजदीकी व दूर के सभी स्थानों पर रहकर कैच किए। गेंद के लिए वे चीते की तरह तेज दौड़ते थे तथा बाउंड्री रोकते थे तथा दौड़ते हुए ही कैच भी करते थे।

1958 में अपना पहला टेस्ट खेलने के पहले से ही बोर्डे देशभर में विख्यात हो चुके थे। उन्होंने 1952-53 में सिर्फ 18 साल की उम्र से रणजी ट्रॉफी में खेलना शुरू किया था और तब वे एक स्कूली छात्र थे। फिर जब वे 20 साल के थे तो 1954-55 में उन्हें पाकिस्तान के दौरे के लिए चुन लिया गया था। लेकिन उस टेस्ट शृंखला में उन्हें खेलने का मौका नहीं मिला। उनका वह दौरा उल्लेखनीय नहीं रहा और इसके बाद 4 साल तक किसी ने उनकी सुध नहीं ली। इन चार सालों तक उन्हें अनदेखा किया जाता रहा। 1958-59 में जब वेस्टइंडीज की टीम भारत आई तब चयनकर्ताओं ने नई प्रतिभाओं की खोज पर ध्यान दिया क्योंकि शीघ्र ही 1959 में भारतीय टीम को इंग्लैंड की यात्रा पर जाना था। बोर्डे को पहले 2 टेस्ट मैचों में खिलाया गया और वे 7, 0 व 13 रन बना पाए। इस तरह उनकी टेस्ट शुरुआत निराशाजनक रही। लेकिन उन्होंने अपने चुस्त व शानदार क्षेत्ररक्षण से सभी को प्रभावित किया। यही कारण था कि वे टीम में बने रहे। भाग्य की बात है कि गोपीनाथ व मांजरेकर दोनों कोलकाता टेस्ट के पहले 'अनफिट' हो गए और बोर्डे को टीम में जगह मिल गई। परन्तु पहली पारी में वे बिना कोई रन बनाए आउट हो गए। दूसरी पारी में मनकड़ व कृपाल सिंह के चोटग्रस्त होने के कारण बोर्डे को पाँचवें क्रम पर बल्लेबाजी के लिए भेजा गया। जब वे खेलने गए तब भारत का स्कोर था 3 विकेट पर 42 रन। बोर्डे का सब कुछ दाँव पर लगा हुआ था। उनका भविष्य उनकी इसी पारी पर निर्भर था। दबाव व चुनौती के क्षणों में वे सन्तुलित बने रहे तथा उन्होंने आत्मविश्वास बनाए रखा।

करीब 3 घंटे तक किला लड़ाते हुए बोर्डे ने 56 रन बनाए जिनमें 9 चौके थे। इस पारी के कारण वे दिल्ली में खेले जानेवाले अन्तिम टेस्ट में भी खेले। दिल्ली टेस्ट में बोर्डे ने जो करिश्मा कर दिखाया उसकी तमन्ना तो हर खिलाड़ी अपने दिल में रखना चाहेगा। बोर्डे ने पहली पारी में 109 व दूसरी पारी में 96 रन बनाए। वे विजय हजारे के 1948 के एडिलेड टेस्ट की दोनों पारी में शतक बनाने के इतिहास को दोहराने से सिर्फ 4 रनों से चूक गए। उनके रूप में भारत को जरूरत के समय एक ऐसा मसीहा मिल गया जिसने भारत को मुश्किल की घड़ी में बचाया।

लेकिन 1959 के इंग्लैंड दौरे में बोर्डे ने निराश किया। सिर्फ चौथे टेस्ट में उन्होंने 75 रन बनाए। पूरे दौरे में उन्होंने जरूर अपने एक हजार रन पूरे किए तथा 72 विकेट भी लिए। शायद अधिक 'बैक लिफ्ट' के कारण बोर्डे इंग्लैंड के तेज व स्विंग

गेंदबाजों के मददगार विकेट पर उतनी अच्छी बल्लेबाजी नहीं कर पाए जितनी कि वे भारत के धीमे विकेट पर करते रहे थे। अत: उन्होंने अपने चाहनेवालों को निराश किया। लेकिन उस दौरे से बोर्डे एक बेहतर क्रिकेटर बनकर लौटे। 1959-60 की तगड़ी आस्ट्रेलियाई टीम के खिलाफ वे 44 व 50 रनों की दो पारियाँ खेले। उनकी गेंदबाजी में भी निखार आया और उनका क्षेत्ररक्षण तो उच्चस्तरीय था ही। 60 के दशक के प्रारम्भ से ही वे भारत के अग्रणी ऑलराउंडर हो गए। 1960-61 में पाकिस्तान के खिलाफ पहले दो टेस्ट में वे कुछ खास नहीं कर पाए। कोलकाता टेस्ट में उन्होंने 44 व 23 नाबाद रन भी बनाए और 21 रन देकर 4 विकेट भी लिए तथा अपनी ऑलराउंड खेल प्रतिभा का नमूना पेश किया। लेकिन मद्रास टेस्ट में बोर्डे ने अपने खेल का असली स्तर दिखाया। 164 पर 4 विकेट गिर जाने के बाद बोर्डे ने उमरीगर के साथ पाँचवें विकेट के लिए 177 रनों की भागीदारी की जो कि उस समय का उस विकेट का कीर्तिमान था। उस टेस्ट में बोर्डे ने नाबाद 177 रन बनाए। 1961-62 में इंग्लैंड के खिलाफ बोर्डे ने अपनी ऑलराउंड खेल प्रतिभा सिद्ध की। बोर्डे और दुर्रानी ने पहले 2 टेस्ट में इंग्लैंड की बल्लेबाजी को अपनी स्पिन की गिरफ्त में ले लिया और पहली बार भारत ने इंग्लैंड के खिलाफश्रृंखला जीतने का इतिहास रचा। उस श्रृंखला में बोर्डे ने अपनी लेग स्पिन के जरिए 16 विकेट लिए और गेंदबाजी में वे औसत व विकेट के लिहाज से दूसरे क्रम पर रहे। साथ ही इस श्रृंखला में उन्होंने 3 अर्धशतकीय पारियाँ भी खेलीं। किसी श्रृंखला में 300 से ज्यादा रन बनानेवाले व 15 से अधिक विकेट लेनेवाले वे पहले ऑलराउंडर बने। उनके बाद केवल रूसी सूर्ती ने ऐसा प्रदर्शन किया था और फिर कपिलदेव ने।

1962 के वेस्टइंडीज दौरे में बोर्डे का प्रदर्शन वैसा नहीं रहा जैसा कि उन जैसे भारत के पहले क्रम के ऑलराउंडर का होना चाहिए था। उस टेस्ट श्रृंखला में उन्होंने 246 रन बनाए और सिर्फ 6 विकेट लिए। उनके लिए कहा जाता था कि वे उन चन्द भारतीय बल्लेबाजों में से हैं जो तेज गेंदबाजी का निडरता से डटकर सामना कर सकते हैं। लेकिन बोर्डे वहाँ असफल रहे। इस दौरे के बाद उमरीगर खेल से निवृत्त हो गए और कांट्रेक्टर दौरे में ही गम्भीर रूप से घायल हो गए और उनके सिर की शल्य चिकित्सा हुई। इस कारण जब 1963-64 में माइक स्मिथ की कप्तानी में इंग्लैंड की टीम भारत के दौरे पर आई तो बोर्डे और मांजरेकर को ही भारत के दो प्रमुख बल्लेबाजों की भूमिका निभानी पड़ी। और बोर्डे को तो कांट्रेक्टर अपने उत्तराधिकारी के रूप में तैयार कर रहे थे। 1963 के अन्त में कप्तानी का मसला जितना चर्चित हुआ उतना शायद पहले कभी नहीं हुआ था। पूरे भारत में क्या तो क्लबों में और क्या चाय और पान की दुकानों में, एक ही चर्चा होती रहती थी—भारत का कप्तान कौन होगा, पटौदी या बोर्डे? पटौदी कांट्रेक्टर की टीम के उप-कप्तान थे और वेस्टइंडीज दौरे के अन्तिम तीन टेस्ट मैचों में उन्होंने टीम की कप्तानी भी की थी। तर्क के हिसाब से तो पटौदी का दावा मजबूत था लेकिन उनके आलोचक

भी थे। उनके खिलाफ कहा जा रहा था कि वे सिर्फ 22 साल के हैं तथा अन्तर्मुखी हैं व खिलाड़ियों से घुलने-मिलने की बजाय उनसे दूरी बनाए रखते हैं। बोर्डे 29 के थे और उनमें नेतृत्व के सभी गुण थे। मांजरेकर के बाद वे सर्वाधिक अनुभवी खिलाड़ी थे। पर यह भी कहा जा रहा था कि चूँकि वे प्रमुख बल्लेबाजों में से हैं, उनके कन्धों पर बल्लेबाजी का ही भार अधिक होगा। ऐसे में उन पर कप्तानी का भार डालना उचित नहीं होगा। अत: पटौदी को कप्तान बनाया गया, बोर्डे को नहीं। वे अनधिकृत रूप से उप-कप्तान तो थे ही पर 1967 में इंग्लैंड के खिलाफ ही अधिकृत रूप से उन्हें उप-कप्तान नियुक्त किया जा सका। अलबत्ता कुछ लोगों की राय है कि बोर्डे व पटौदी के आपसी सम्बन्ध अच्छे थे जबकि अन्य लोगों की राय है कि दोनों में काफी मतभेद थे परन्तु उन्होंने सामूहिक रूप से उन्हें व्यक्त नहीं किया। इंग्लैंड के खिलाफ घरेलू शृंखला में बोर्डे की बल्लेबाजी निराशाजनक रही। केवल मुम्बई में खेले गए दूसरे टेस्ट में उन्होंने 84 रन बनाए तथा दुर्रानी के साथ 7 वें विकेट की भागीदारी में 153 उपयोगी रन जोड़े। उनकी गेंदबाजी भी उतनी अच्छी व असरदार नहीं रही जितनी कि इंग्लैंड के ही खिलाफ दो साल पहले रही थी। उन्होंने इस शृंखला में 241.4 ओवर डाले और सिर्फ 9 विकेट लिए। इतने अधिक ओवर उन्होंने किसी भी शृंखला में नहीं डाले थे।

उनके कन्धे में तकलीफ तो 1964 से ही शुरू हो गई थी। लेकिन वह बढ़ती गई और उन्हें गेंदबाजी करना छोड़ देना पड़ा। भारत को तो कोई नुकसान नहीं हुआ क्योंकि 19 वर्षीय 'फ्रीक' गेंदबाज भागवत चन्द्रशेखर को खोज लिया गया था। बोर्डे गेंदबाजी करने से वंचित हो गए। किन्तु उनका गेंदबाजी न कर पाना भारत ही नहीं खुद बोर्डे के लिए भी वरदान ही साबित हुआ, अभिशाप नहीं। भारत को चन्द्रशेखर मिल गए और बोर्डे को अपनी बल्लेबाजी पर ही ध्यान केन्द्रित करने का मौका मिला। इसके बाद उनके स्ट्रोक्स को लय मिली तथा वे खुलकर प्रहार करने लगे। मांजरेकर निवृत्ति के कगार पर थे तथा बोर्डे भारतीय बल्लेबाजी का प्रमुख आधार बनने के लिए मानसिक रूप से तैयार थे। 1964 में जब आस्ट्रेलियाई टीम 3 टेस्ट मैचों की शृंखला खेलने भारत आई तो बोर्डे बल्लेबाजी के प्रमुख स्तम्भ थे। इसके बाद अगले तीन सालों तक भारत के क्रिकेट प्रेमी, मीडिया तथा साथी खिलाड़ी—सभी बोर्डे से बल्लेबाजी में बड़ी उम्मीदें लगाते रहे। उनकी बल्लेबाजी पहले से अधिक मजबूत हुई। इसके पहले 33 टेस्ट मैचों में उन्होंने 1700 रन बनाए थे। लेकिन अगले 10 टेस्ट में उन्होंने करीब 900 रन बना डाले। कहाँ तो पहले 57 पारियों में उन्होंने 2 शतक लगाए थे। लेकिन अगली 16 पारियों में उन्होंने 3 शतक और लगा लिए और अब चूँकि वे एक स्थापित, मजबूत व विश्वसनीय बल्लेबाज थे, उनकी बल्लेबाजी का क्रम भी निश्चित हो गया। पहले उन्हें नीचे-ऊपर भेजा जाता था। पर अब वे चौथे क्रम पर जानेवाले बल्लेबाज हो गए जो कि एक महत्त्वपूर्ण क्रम है तथा जिस पर आमतौर पर टीम के श्रेष्ठ बल्लेबाज को ही भेजा जाता है। आस्ट्रेलिया के

खिलाफ बोर्डे ने हर टेस्ट में रन बनाए। पहले टेस्ट में उन्होंने 49 रन बनाए तथा पटौदी के साथ छठे विकेट की साझेदारी में 142 रन जोड़े। मुम्बई में खेले गए दूसरे टेस्ट में भारत को मिली जीत में बोर्डे की अहम भूमिका रही और वीव्हर्स की गेंद पर उनके विजयी ऑन ड्राइव की मुम्बईवासी आज तक चर्चा करते हैं। कोलकाता में खेले गए अन्तिम टेस्ट में उन्होंने यादगार अविजित 68 रन बनाए। इस शृंखला में बोर्डे बल्लेबाजी में पटौदी के बाद दूसरे क्रम पर रहे। उसी मौसम में न्यूजीलैंड के खिलाफ वे अपने श्रेष्ठ आक्रामक अन्दाज में नजर आए। एक शतक व तीन अर्धशतक सहित उन्होंने शृंखला में सर्वाधिक 371 रन बनाए तथा औसत में वे दूसरे क्रम पर रहे।

बोर्डे की ये सभी सफलताएँ उनकी 1966-67 की वेस्टइंडीज के खिलाफ आकाशीय सफलता के सामने पानी भरती हैं। उनसे बड़ी उम्मीदें की गई थीं और उन्होंने उम्मीदों से कहीं ज्यादा कर दिखाया। हॉल, ग्रिफिथ, सोबर्स व गिब्स जैसे गेंदबाजों के सामने विश्वविजेता मानी जानेवाली वेस्टइंडीज की टीम के खिलाफ बोर्डे ने 3 टेस्ट में 2 शतक लगाए। उन्होंने कुल 346 रन बनाए और उनके बाद दूसरे क्रम पर रहे पटौदी के 143 रन थे। इस शृंखला के तुरन्त बाद बोर्डे को दुर्लभ सम्मान प्राप्त हुआ। उन्हें बारबडोस के खिलाफ ब्रिजटाउन में विश्व एकादश की ओर से खेलने के लिए चुना गया। इसके बाद जब वे भारतीय टीम के साथ अपने दूसरे इंग्लैंड दौरे पर गए तो उनसे और भी बड़ी अपेक्षाएँ की गईं। दुर्भाग्यवश यह दौरा उनके लिए निराशाजनक रहा। तब ऐसा लगा कि शायद उनके गौरवशाली खेल जीवन के अन्त का प्रारम्भ हो चुका है। भला किसने सोचा था कि जिस बल्लेबाज को विश्व एकादश में चुना गया था वह इंग्लैंड के दौरे में 10 की औसत से रन बनाएगा? वे कुल जमा 60 रन बना पाए और बल्लेबाजी औसत में दो शुद्ध गेंदबाज–वेंकटराघवन तथा चन्द्रशेखर से भी नीचे रहे। वे तीन बार तेज व तीन बार स्पिन गेंदबाजी पर आउट हुए। यह भी सच है कि उनकी इस असफलता ने टीम के प्रदर्शन को भी प्रभावित किया। जब प्रमुख बल्लेबाज ही लगातार कम स्कोर पर आउट हो तो टीम का आत्मविश्वास टूटता ही है। इसके बाद का उनका जीवन सिर्फ आस्ट्रेलिया व न्यूजीलैंड के खिलाफ खेली गई शृंखलाओं तक ही सीमित रहा। आस्ट्रेलिया के खिलाफ वे 8 में से 6 पारियों में असफल रहे। न्यूजीलैंड के खिलाफ जरूर वे बल्लेबाजी की औसत में शिखर पर रहे।

यह स्पष्ट हो गया कि मार्च 1968 में आस्ट्रेलिया के दौरे से लौटनेवाले बोर्डे उस पुराने बोर्डे से एकदम भिन्न थे जो क्षेत्ररक्षण के लिए हिरन की तरह कुलाँचें मारता था तथा चीते की तरह फुर्तीला था और जो तीव्रतम गति की गेंद को अपने कदमों के करीब से 'फ्लिक' करके चौका लगाता था। वे थक चले थे, उनका अन्दाज धीमा हो चला था और उनकी नजर भी कमजोर हो गई थी। उनकी 'फिटनेस' भी सन्देह के घेरे में थी। 1969 के अन्तिम दिनों में विजय मर्चेंट चयन समिति के

प्रमुख बने और उनकी स्पष्ट राय थी कि भविष्य चूँकि युवाओं का है अत: युवा खिलाड़ियों को प्रोत्साहित किया जाना चाहिए। न्यूजीलैंड के खिलाफ पहले टेस्ट की टीम में बोर्डे नहीं थे। और यहीं बोर्डे का अन्तर्राष्ट्रीय खेल जीवन समाप्त हुआ।

बोर्डे ने 1959 में लीड्स टेस्ट से अपना टेस्ट जीवन शुरू किया था और आस्ट्रेलिया के खिलाफ 1969-70 में वे अपना अन्तिम टेस्ट खेले। इन 10 वर्षों के लम्बे टेस्ट जीवन में बोर्डे ने 55 टेस्ट खेले। 55 टेस्ट की 97 पारियों में उन्होंने 5 शतक व 18 अर्धशतकों के साथ 39.59 की औसत से 3061 रन बनाए और दाहिने हाथ के लेग स्पिनर के रूप में 949.1 ओवर में 2417 रन देकर 46.48 की औसत से 52 विकेट लिए जिनमें एक बार पारी में 5 विकेट भी शरीक हैं। 20 साल के प्रथम श्रेणी क्रिकेट में बोर्डे ने 251 मैच खेले और 30 शतक तथा 72 अर्धशतकों के साथ 40.91 की औसत से 12805 रन बनाए और 20171 गेंदों पर 9044 रन देकर 331 विकेट लिए। बड़ौदा व महाराष्ट्र के लिए उन्होंने रणजी ट्रॉफी के 104 मैचों में 4978 रन बनाए और 123 विकेट लिए।

बोर्डे का मूल्यांकन करते समय हमें केवल उनकी बल्लेबाजी अथवा केवल उनकी लेग स्पिन पर ही ध्यान न देते हुए उनकी सम्पूर्ण क्रिकेट प्रतिभा पर ध्यान केन्द्रित करना चाहिए और उन्हें एक आदर्श ऑलराउंडर के रूप में देखना चाहिए। उनकी हरफनमौलावाली खूबी टेस्ट क्रिकेट में भी देखने को मिली और प्रथम श्रेणी क्रिकेट में भी तथा रणजी ट्रॉफी स्पर्धा में भी। यदि उनका कन्धा 1964 में चोटग्रस्त न हुआ होता और उस कारण यदि उन्होंने गेंदबाजी करना बन्द नहीं किया होता तो यकीनन उनके खाते में 100 से ज्यादा टेस्ट विकेट होते। मनकड़ के बाद और कपिल के पहले बोर्डे व दुर्रानी ही ऐसे ऑलराउंडर्स थे जिन्होंने गेंद व बल्ले दोनों ही से अन्तर्राष्ट्रीय क्रिकेट में ख्याति प्राप्त की। और यह तथ्य भी कम महत्त्वपूर्ण नहीं है कि दोनों ही स्पिनर थे।

(iii) सलीम दुर्रानी

अजीज दुर्रानी के पुत्र सलीम दुर्रानी को क्रिकेट खेलने का शौक विरासत में मिला। उनके पिता भी क्रिकेट खेलते थे और विकेटकीपर बल्लेबाज के रूप में मशहूर थे। सलीम का जन्म 11 दिसम्बर 1934 को अफगानिस्तान के काबुल में हुआ। कद-काठी, नाक-नक्श व तन्दुरुस्ती के लिहाज से तो वे पठान थे ही। साहस, बेफिक्री और हर परिस्थिति में डटे रहने के स्वभाव से भी वे पठान ही थे। उन्होंने इस बात की कभी परवाह नहीं की कि वे जो कर रहे हैं उसका परिणाम क्या होगा। बस जो दिल ने चाहा व जो उन्हें ठीक लगा, वही बेखौफ होकर किया।

इस दौर के ऑलराउंडर्स में सलीम दुर्रानी, नाडकर्णी व बोर्डे के अलावा तीसरे थे। उन्होंने भी उस दौर की जरूरतों को न सिर्फ पूरा किया बल्कि स्पिनर्स की कभी

कमी ही महसूस नहीं होने दी। वे बोर्डे के हमउम्र थे और टेस्ट जीवन शुरू करने में बोर्डे व उनमें बमुश्किल साल भर का अन्तर था। बोर्डे ने 1958-59 से वेस्टइंडीज के खिलाफ खेलकर अपना टेस्ट जीवन शुरू किया था तो सलीम दुर्रानी ने 1959-60 में आस्ट्रेलिया के खिलाफ खेलकर अपनी टेस्ट यात्रा शुरू की। उन्होंने भी बोर्डे व नाडकर्णी की तरह प्रभावी स्पिनर की भूमिका निभाई और भारत को निर्णायक अवसरों पर सक्रिय योगदान दिया।

दुर्रानी बेजोड़ प्रतिभा के धनी खिलाड़ी थे। शुरुआती दौर में वे अपने पिता की ही तरह विकेटकीपिंग करते थे। लेकिन कुछ तो लम्बे कद के कारण उन्हें हर गेंद पर उठना-बैठना कष्टप्रद व थकान भरा दिखाई देता होगा इस कारण, और कुछ टीम की जरूरत के मद्देनजर बाद में उन्होंने परम्परागत शैली की बाएँ हाथ की स्पिन गेंदबाजी करना शुरू किया और फिर इसी विधा में महारत हासिल कर ली। दुर्भाग्यवश न तो उन्होंने अपनी ज़िन्दगी को व्यवस्थित किया और न ही अपने खेल को। वे अपनी प्रतिभा को सहेज नहीं पाए और चूँकि उन्होंने अपनी प्रतिभा का सही इस्तेमाल नहीं किया अत: उनके जीवन की ही तरह उनका खेल भटक गया और वे उतना अच्छा प्रदर्शन नहीं कर पाए जितना कर पाने में वे सक्षम थे।

बाएँ हाथ के बल्लेबाज व बाएँ हाथ के ही स्पिनर दुर्रानी जब आलसी व बेफिक्र अन्दाज में बल्ला लिए विकेट की ओर जाते थे तो दर्शक उन्हें देखकर खुशी से झूम उठते थे। ऐसा लगता था मानो दुर्रानी व उनके चाहनेवालों में कोई अदृश्य अन्त:सम्बन्ध या 'टेलीपैथी' हो और उसके अन्तर्गत वे उनसे कह रहे हों कि वे भरपूर

मनोरंजन व उत्तेजक खेल के लिए तैयार हो जाएँ। वे गार्ड लेते और क्षेत्ररक्षकों की जमावट पर नजर डालते तथा मन–ही–मन जैसे कहते कि यह सब फिजूल है। भला कौन है जो उन्हें जहाँ चाहे व जैसे चाहे रन बनाने से रोक सकता है? दिखने में खूबसूरत व आकर्षक व्यक्तित्व के धनी दुर्रानी के हाथ में क्रिकेट का बल्ला टहलने की छड़ी जैसा लगता था। मैदान पर या मैदान के बाहर वे जो कुछ भी करते थे बड़े शालीन तरीके से व बड़ी नजाकत व नफासत से करते थे। उन्हें देखकर लगता था कि यदि वे क्रिकेट खिलाड़ी न हुए होते तो यकीनन फिल्म अभिनेता होते। उनके बारे में कभी कोई पूर्वानुमान लगा ही नहीं सकता था। और न ही वे खुद जानते थे कि वे कब किस मैच में क्या करेंगे। लेकिन जो दिन उनका होता था, उस दिन वे किसी भी परिस्थिति में किसी भी टीम के खिलाफ कभी अपने बल्ले से तो कभी गेंद से तो कभी दोनों से अपनी टीम को मैच जितवा देते थे। वे उन अभूतपूर्व प्रतिभावान खिलाड़ियों में से थे जो कभी अपनी थोड़ी ही देर की धुआँधार बल्लेबाजी से तो कभी कुछ ही ओवर की घातक स्पिन गेंदबाजी से मैच का रुख बदल देते थे। उनके पहले भारतीय क्रिकेट खिलाड़ियों की छवि अनुशासित, धैर्यवान व शास्त्रीय पद्धति से खेलनेवाले लोगों की रही थी। दुर्रानी ने भारतीय क्रिकेट में उत्तेजना, साहस व जोखिम का संचार किया। उनके पहले 40 के दशक में, मुश्ताक अली ने इन्हीं गुणों की बदौलत लोकप्रियता प्राप्त की थी। दुर्रानी भी दर्शकों के चहेते खिलाड़ी थे। वे अपनी वामहस्त, आक्रामक, आकर्षक व लुभावनी बल्लेबाजी से किसी भी आक्रमण की धज्जियाँ उड़ा सकते थे और किसी भी गेंदबाज को असहाय व निराश कर सकते थे तथा अपनी गेंदबाजी की लय मिल जाने पर किसी भी बल्लेबाज को विकेट पर नचा सकते थे। जब वे अपने खेल के शबाब पर होते थे तो उनका खेल देखते ही बनता था। आप उन्हें अपने पूरे 'फॉर्म' में देखने के लिए मीलों पैदल चलकर जा सकते थे। तब उन्हें देखना उतना ही सुखद व सुकून भरा होता था जितना कि किसी संगीत की महफिल में अच्छे संगीतकार को सुनना या किसी काव्य सन्ध्या में अच्छी कविता या शायरी सुनना होता है। वे कभी भी कुछ भी कर सकते थे। अच्छा खेलते–खेलते खराब 'शॉट' लगाकर आउट भी हो सकते थे और खराब खेलते खेलते अचानक इतने बढ़िया स्ट्रोक लगाने लगते थे कि देखनेवाले भी दंग रह जाते थे। दुर्रानी ने भारतीय क्रिकेट में एक बाएँ हाथ के स्पिनर के रूप में ही प्रवेश किया था। गेंदबाजी करने का उनका तरीका यानी 'एक्शन' उतना ही आलस्य भरा था जितनी कि उनकी चाल। लेकिन उनकी कुछ गेंदें तो इतनी अच्छी पड़ती थीं कि आप उनका शब्दों में वर्णन कर ही नहीं सकते थे। वे देखने लायक होती थीं। ऊँचे कद के दुर्रानी सर के ऊपर से गेंद फेंकते थे जो घूमती तो थी ही, विकेट पर टप्पा खाकर ऊपर भी उठती थी। वे आर्मर भी अच्छी फेंकते थे जो ऑफ स्टम्प से अन्दर की तरफ आती थी।

दुर्रानी जन्मजात खिलाड़ी थे। वे सभी कुछ कर सकते थे–विकेटकीपिंग, स्पिन

गेंदबाजी, तीसरे क्रम पर जाकर गेंदबाजों की दिशा व लय को ध्वस्त करनेवाली बल्लेबाजी व दाहिने और बाएँ दोनों हाथों से इतना अच्छा 'थ्रो' कि रन आउट की अगर जरा-सी भी सम्भावना हो तो बल्लेबाज यकीनन आउट हो जाए। मगर साथ ही वे मनमौजी किस्म के इनसान थे। कभी लाजवाब तो कभी एकदम साधारण। वे सही मायने में 'जीनियस' थे। उनमें किथ मिलर का-सा वह अद्‌भुत स्पर्श था जो एक ही पल में किसी भी मैच का रुख पलट सकता है। फिर भले ही वह दो या तीन महत्त्वपूर्ण विकेट लेकर हटें या फिर तीस या चालीस आतिशी रन बनाकर। वे दर्शकों में इतने लोकप्रिय थे कि दर्शक उन्हें देखते ही छक्के की फरमाइश करने लगते थे। और दुर्रानी दर्शकों की फरमाइश पूरी करके उन्हें वह सन्तोष व सुकून देते थे जिसके इन्तजार में वे पैसे खर्च करके दिनभर मैच देखने के लिए बैठे रहते थे। उनके अलावा चालीस के दशक में मुश्ताक अली भी इसी तरह दर्शकों को लुभाते व उन्हें आन्दोलित करते थे। यदि दुर्रानी भी मुश्ताक अली के जमाने में हुए होते और यदि ये दोनों एक साथ खेल रहे होते तो विश्व का बड़े-से-बड़ा स्टेडियम दर्शकों को समा पाने के लिए छोटा पड़ जाता। क्या यह एक सुखद संयोग नहीं था कि 1972-73 में दुर्रानी के मुम्बई टेस्ट में न लिए जाने पर 'दुर्रानी नहीं, तो टेस्ट नहीं' के बैनर व विरोध प्रकट किया गया था। इसके करीब 30 साल पहले मुश्ताक अली को भी कोलकाता टेस्ट में न लिए जाने पर ऐसा ही विरोध प्रदर्शन हुआ था व 'मुश्ताक नहीं तो टेस्ट नहीं' के बैनर पूरे कोलकाता में नजर आए थे? ऐसा भारत में किसी अन्य खिलाड़ी के लिए नहीं हुआ।

1959-60 में रिची बेनो की आस्ट्रेलियाई टीम के खिलाफ दुर्रानी दिल्ली टेस्ट में 12वें खिलाड़ी थे। लेकिन मुम्बई टेस्ट के लिए वे टीम में थे। 2 जनवरी 1960 को जब वे अपना पहला टेस्ट खेले तो वे 25 साल के थे। उन्हें 10वें क्रम पर बल्लेबाजी के लिए भेजा गया। चूँकि उन्हें लेफ्टआर्म स्पिनर के बतौर टीम में लिया गया था अत: 'टेल ऐंडर' यानी पुछल्ले बल्लेबाजों में ही शरीक माना गया। लिंडवॉल व मैकिफ की तेज गेंदबाजी का उन्होंने विश्वासपूर्वक सामना किया और नाडकर्णी के साथ आखिरी विकेट के लिए 26 रन जोड़े जिनमें 18 रन उनके खुद के थे। इसके बाद उन्हें शेष श्रृंखला में मौका ही नहीं दिया गया। यहाँ तक कि अगले क्रिकेट मौसम में भी उन्हें अनदेखा किया गया। भारत-पाक के बीच खेली गई उस नीरस श्रृंखला में दुर्रानी जैसा आकर्षक खिलाड़ी थोड़ी जान तो डाल ही सकता था। लेकिन जब रणजी ट्रॉफी फाइनल में उन्होंने अपने लेफ्टआर्म स्पिन से राजस्थान के लिए मुम्बई के 8 विकेट मात्र 99 रनों पर उखाड़ दिए तो फिर से लोगों का ध्यान उनकी ओर गया। इंग्लैंड के खिलाफ 1961 में मुम्बई में खेले गए पहले टेस्ट में उनकी वापसी हुई। इसके बाद 21 टेस्ट में वे भारतीय टीम के महत्त्वपूर्ण सदस्य रहे। उन्हें एक सितारा ऑलराउंडर और चैम्पियन गेंदबाज माना जाता रहा। महज मेहनत व अभ्यास के बल पर उन्होंने अपनी बाएँ हाथ की स्पिन गेंदबाजी को ऐसी ऊँचाइयाँ

प्रदान कीं कि अनुभवी नाडकर्णी की बजाय उन्हें गेंदबाजी के छोर बदलने के लिए मौका दिया जाता था। यह महज एक संयोग था कि अपनी दिशा व स्पिन को नियन्त्रित करके वे मनकड़ के विकल्प के रूप में उभरे। वे आर्मर का इतना अच्छा उपयोग करते थे कि अच्छे-अच्छे अनुभवी बल्लेबाज भी गच्चा खा जाते थे। और वर्षा से प्रभावित विकेट पर तो वे कहर बरपाते थे। यद्यपि वे अपनी गेंदबाजी पर ही अधिक ध्यान देने लगे थे लेकिन फिर भी इस कारण उनकी बल्लेबाजी पर इसका कोई विपरीत प्रभाव नहीं पड़ा था। दरअसल मुम्बई टेस्ट की अपनी 71 शानदार रनों की पारी की बदौलत ही वे टेस्ट क्रिकेट में वापसी कर पाए। अन्यथा नीरस भारतीय पारी में लॉक व एलन की गेंदबाजी के खिलाफ आक्रामक पारी खेलकर दुर्रानी ने ही दर्शकों को आन्दोलित किया। परन्तु फिर भी उनके प्रदर्शन की धुरी उनकी गेंदबाजी की क्षमताओं के आस-पास ही घूमती रही। इंग्लैंड के खिलाफ किस तरह कोलकाता व मद्रास टेस्ट जीतकर भारत पहली बार रबर जीतने में कामयाब हुआ, यह जानने के लिए दुर्रानी की घातक स्पिन गेंदबाजी व उन्हें बोर्ड से मिले उचित सहयोग को ध्यान में रखना जरूरी है। कोलकाता में 47 पर 5 व 66 पर 3 तथा मद्रास में 105 पर 6 तथा 72 पर 4 विकेट लेकर दुर्रानी ने अपनी स्पिन कला की धाक जमाई व श्रृंखला में 23 विकेट लिए। तब तक सुभाष गुप्ते के न्यूजीलैंड के खिलाफ श्रृंखला में लिए गए 34 विकेट ही उनसे अधिक थे।

जब भारतीय टीम वेस्टइंडीज के दौरे पर गई तो उसमें दुर्रानी को एक लेफ्टआर्म स्पिनर के रूप में लिया गया था। वे उस दौरे पर एक खतरनाक वामहस्त स्पिनर की ख्याति के साथ गए थे। जब वे दौरे से लौटे तो उनकी स्पिनर की ख्याति तो वैसी ही बनी रही किन्तु उन्होंने एक बल्लेबाज के रूप में अपनी ख्याति में इजाफा किया। उन्होंने श्रृंखला में 35 की औसत से 17 विकेट लिए जो कि एक महँगा सौदा लगता है। मगर दुर्रानी एक आक्रामक गेंदबाज थे। और विकेट लेने की कोशिश में रन भी देते ही थे। वे रन रोकनेवाले सुरक्षात्मक गेंदबाज नहीं थे। तब भारतीय आक्रमण भी अधूरा-सा ही था। भारतीय टीम श्रृंखला के सभी पाँच मैचों में पराजित हुई थी। यह सब देखते हुए और यह ध्यान में रखते हुए कि उस वेस्टइंडीज टीम में हंट, मेकमोरिस, कन्हाई, सोबर्स, सोलोमन व वॉरेल जैसे धाकड़ बल्लेबाज थे, दुर्रानी की गेंदबाजी का विश्लेषण तारीफ के काबिल ही माना जाना चाहिए। पहले मैच में दुर्रानी ने 56 रन बनाए और 82 रन देकर 4 विकेट लिए। दूसरे टेस्ट में उन्हें 70 ओवर फेंकने पड़े और उन्होंने 173 रन देकर सोबर्स व वॉरेल के दो कीमती विकेट लिए। शायद यह स्पैल उनके क्रिकेट जीवन का सर्वाधिक दुर्भाग्यशाली स्पैल रहा। बल्लेबाज आउट होने से बचते रहे और कैच छूटते रहे। सोबर्स को तो सिर्फ 2 रनों पर जीवनदान मिला और फिर उन्होंने 153 रन बनाए। तीसरे टेस्ट में 10वें क्रम पर खेलने आकर दुर्रानी ने 48 नाबाद रन बनाए। अभी तक 9 टेस्ट मैचों में उन्हें एक से दूसरे क्रम पर भेजा जाता रहा था और उनका क्रम ही तय नहीं था।

चौथे से 10वें क्रम पर उन्हें मैच-दर-मैच सरकाया जाता रहा था। चौथे टेस्ट की दूसरी पारी में फॉलोआन खेलते हुए कप्तान मंसूर अली खान पटौदी ने उन्हें तीसरे क्रम पर भेजा। उन्होंने हॉल व स्टेयर्स की तेज व गिब्स व सोबर्स की स्पिन तथा वॉरेल की मध्यम गति की गेंदों का दृढ़ता से सामना करते हुए अपने चिरपरिचित आक्रामक व आकर्षक अन्दाज में क्वीन्स पार्क ओवल के मैदान पर यादगार 104 रन बनाए। इसके बाद वेस्टइंडीज की दूसरी पारी में गिरनेवाले तीनों विकेट भी उन्हीं ने लिए। दुर्रानी ने श्रृंखला में 259 रन बनाए और 17 विकेट लिए। वे गेंदबाजी में पहले व बल्लेबाजी में दूसरे क्रम पर रहे।

साठ के पूर्वार्ध व मध्य में दुर्रानी भारतीय गेंदबाजी के लिए उतने ही महत्त्वपूर्ण थे जितने कि बिशन सिंह बेदी एक दशक बाद बने। एक दिलचस्प किस्सा याद आता है। 1962-63 के क्रिकेट मौसम में दुर्रानी मद्रास में एक स्थानीय क्लब के लिए लीग क्रिकेट खेल रहे थे। अभ्यास सत्र के दौरान जो भी बल्लेबाज आता, वह यह सोच कर आता कि वह दुर्रानी की गेंद को आगे बढ़कर मारेगा। उनकी हर गेंद बल्लेबाजों को ललचाती और बल्लेबाज इधर-उधर कैच दे बैठते। तब उन्हें पता चला कि दुर्रानी की 'फ्लाइट' भ्रम में डालती थी, उनकी गेंद में घुमाव के साथ-साथ हवा में लहराने की खूबी भी थी, लम्बाई व दिशा बेहद नियन्त्रित थी और साथ में जानलेवा 'आर्मर' तो थी ही। 1964 में माइक स्मिथ की कप्तानी में जब इंग्लैंड की टीम ने भारत का दौरा किया तो टीम के सभी खिलाड़ी दुर्रानी की गेंदबाजी से खौफ खाए हुए थे। लेकिन उस श्रृंखला में उन्होंने ऐसा प्रदर्शन नहीं किया जो उनकी ख्याति में इजाफा करता। वे श्रृंखला में 5 विकेट ले पाए और मुम्बई में खेले गए दूसरे टेस्ट में उस स्थिति में जाकर 90 रन बनाए जब भारत ने 99 रनों पर 6 विकेट खो दिए थे। बोर्डे ने उनका अच्छा साथ दिया। अगले ही साल बॉबी सिम्पसन के नेतृत्व में आस्ट्रेलिया ने भारत का दौरा किया। इस बार दुर्रानी का प्रदर्शन और भी अधिक निराशाजनक रहा। 5 पारियों में 70 रन किसी भी तरह से दुर्रानी जैसे लाजवाब ऑलराउंडर की ख्याति के अनुरूप नहीं था।

दुर्रानी मनमौजी व्यक्ति थे और उनका खेल उनके 'मूड' पर निर्भर था। पटौदी ही उन्हें सम्भाल सकते थे और वे ही उनका सही उपयोग भी करते थे। लेकिन क्रिकेट जानकारों में इस बारे में हमेशा मत-भिन्नता रही कि एकान्तप्रिय पटौदी दुर्रानी जैसे 'मूडी' व प्रतिभावान खिलाड़ी के लिए उचित कप्तान थे या नहीं। कुछ लोग मानते थे कि दुर्रानी ने जो भी कुछ प्राप्त किया, पटौदी की वजह से प्राप्त किया, जबकि अन्य लोगों की राय थी कि यदि पटौदी की बजाय कोई अन्य व्यक्ति कप्तान होता तो दुर्रानी का प्रदर्शन और ज्यादा चमकदार होता। जो भी हो यह तो सच है कि दुर्रानी का सर्वाधिक उल्लेखनीय प्रदर्शन या तो कांट्रेक्टर की कप्तानी में रहा या फिर वाडेकर की कप्तानी में। परन्तु आस्ट्रेलियाई टीम के खिलाफ भी कोलकाता टेस्ट में उनकी स्पिन का जादू फिर से सिर पर चढ़कर बोला। बिना कोई विकेट

खोए 97 रन बनानेवाली आस्ट्रेलियाई टीम सहसा चरमराकर 167 पर 7 विकेट गँवा बैठी। इनमें से 6 विकेट दुर्रानी ने लिए। लॉरी, बूथ, जारमन, कूपर, बर्ज और वीवर्स उनके शिकार बने।

पटौदी की कप्तानी में दुर्रानी 1965 की शुरुआत में न्यूजीलैंड के खिलाफ खेली गई श्रृंखला में भी असफल रहे और उन्हें पाँचवें टेस्ट की टीम से भी बाहर होना पड़ा। नवम्बर 1961 के बाद यह पहला अवसर था जब उन्हें टेस्ट टीम से बाहर किया गया था। वरना वे अभी तक लगातार 21 टेस्ट खेले थे। दिसम्बर 1966 में मुम्बई में वेस्टइंडीज के खिलाफ पहले टेस्ट में वे खेले और जब भारत के 138 पर 5 विकेट गिर गए तब वे बल्लेबाजी करने के लिए आए और उन्होंने चमकदार 55 रन बनाए व बोर्डे के साथ 102 रनों की कीमती भागीदारी की और अच्छा खेलते-खेलते व अच्छी तरह जम जाने के बाद वे सोबर्स की एक आसान-सी गेंद पर 'स्वीप' शाट मारने की कोशिश में बोल्ड हो गए जबकि वह गेंद आसानी से सुरक्षात्मक अन्दाज में खेली जा सकती थी। दुर्रानी की नियति ही ऐसी रही और यदि उन्होंने इस तरह अपना विकेट न गँवाया होता तो यकीनन वे 50 टेस्ट खेलते। 55 रन बनाने के बावजूद लापरवाहीपूर्वक विकेट गँवाने के कारण उनके टेस्ट जीवन में फिर 4 साल का अवरोध आ गया। उनका अपराध अक्षम्य माना गया और अच्छा खेलने के लिए उन्हें पुरस्कृत करने की बजाय लापरवाहीपूर्वक विकेट खो देने के कारण सजा देना ज्यादा तर्कसंगत समझा गया।

तब तक भारतीय क्रिकेट मंच पर बेदी, प्रसन्ना, चन्द्रशेखर व वेंकटराघवन का प्रादुर्भाव हो चुका था। तब तक अजीत वाडेकर भी तीसरे क्रम के बल्लेबाज के रूप में स्थापित हो चुके थे। अत: दुर्रानी की तरफ किसी का ध्यान ही नहीं गया। भारतीय टीम दुर्रानी के बिना इंग्लैंड, आस्ट्रेलिया व न्यूजीलैंड के दौरों पर गई। परन्तु 1970-71 में राष्ट्रीय स्तर पर अपने अद्वितीय ऑलराउंड प्रदर्शन के दम पर दुर्रानी फिर चर्चित हुए। और 1971 में वेस्टइंडीज जानेवाली युवा टीम में दुर्रानी, सरदेसाई व जयसिम्हा जैसे अनुभवी खिलाड़ियों को भी जगह मिली। तब दुर्रानी 36 के थे और टीम के वरिष्ठतम सदस्य थे। लेकिन उस श्रृंखला में दुर्रानी ने सबसे ज्यादा निराश किया। 4 पारियों में सिर्फ 24 रन बनाए व 53.66 की औसत से सिर्फ 3 विकेट लिए। लेकिन इस त्रासदीपूर्ण प्रदर्शन के बावजूद दुर्रानी ने अपनी असाधारण प्रतिभा की एक झलक दिखा ही दी। पोर्ट ऑफ स्पेन पर खेले गए दूसरे टेस्ट में जब प्रसन्ना घायल थे और बेदी व वेंकटराघवन को विश्राम की नितान्त आवश्यकता थी ऐसी कठिन व चुनौतीपूर्ण परिस्थिति में कप्तान वाडेकर ने गेंद दुर्रानी को थमाई और दुर्रानी ने लॉयड को कैच करवाकर व सोबर्स को बोल्ड करके इन दो विकेट लेनेवाली गेंदों की दम पर मैच भारत की झोली में डलवा दिया। सच, वे ऐसे क्रिकेटर थे जो कुछ ही मिनट के खेल में मैच का मिजाज बदल सकता था। काश वे अपने जीवन व खेल को अधिक व्यवस्थित रख पाते। पर तब शायद वे दुर्रानी न होते।

1971 के इंग्लैंड दौरे के लिए दुर्रानी का चयन नहीं हुआ। लेकिन 1971-72 के राष्ट्रीय क्रिकेट में दुर्रानी ने फिर एक धमाकेदार प्रदर्शन किया। मध्यक्षेत्र तब देश का सबसे कमजोर क्षेत्र था। और दुर्रानी ने अकेले अपने ऑलराउंड प्रदर्शन की दम पर उस कमजोर क्षेत्र को दलीप ट्रॉफी विजेता बनवा दिया। दुर्रानी के 20 पर 4 तथा 12 पर 2 विकेट और आकर्षक 43 रनों की बदौलत उत्तर क्षेत्र को व फिर 65 पर 6 व यादगार 83 रनों की बदौलत दक्षिण क्षेत्र को पराजित करने के बाद मध्यक्षेत्र ने फाइनल में पश्चिम क्षेत्र को पराजित किया। फाइनल में उन्होंने 44 पर 6 तथा 43 पर 3 विकेट लिए तथा 20 व नाबाद 83 रन बनाए; अर्थात् कुल 236 रन व 22 विकेट जो कि स्पर्धा में एक ऑलराउंडर का कीर्तिमान था। इस अद्‌भुत प्रदर्शन के बाद 1972-73 में भारत आई इंग्लैंड की टीम के खिलाफ उन्होंने फिर से भारतीय टीम में वापसी की। तब तक वे 38 के हो गए थे। कोलकाता टेस्ट में उन्होंने चमकीले 53 रन बनाए और भारत की जीत में महत्त्वपूर्ण योगदान दिया। मद्रास टेस्ट में उन्होंने पहली पारी में 38 व दूसरी में, जब भारत के 86 पर 6 विकेट गिर गए थे, तब 38 महत्त्वपूर्ण रनों की पारी खेली। परन्तु अगले टेस्ट में उन्हें अनुशासनहीनता के कारण टीम से बाहर कर दिया गया। यह कभी नहीं बताया गया कि आखिर दुर्रानी ने मद्रास टेस्ट के दौरान या उसके तुरन्त बाद ऐसी क्या अनुशासनहीनता की कि उन्हें टीम से निकाल दिया गया। उन्हें मुम्बई टेस्ट में न लिए जाने का तीखा विरोध हुआ। लोगों ने तख्तियाँ हाथ में लेकर अपना आक्रोश जताया। अन्ततः दुर्रानी को अन्तिम टेस्ट में फिर लिया गया और उन्होंने अपने प्रशंसकों को निराश नहीं किया तथा अपने चिर-परिचित अन्दाज में 73 व 36 रन बनाए। 1974 के इंग्लैंड दौरे के लिए भी उनके नाम की चर्चा तो बहुत हुई किन्तु उन्हें लिया नहीं गया। दुर्रानी जैसे जीनियस के लिए कोई कैसे कह सकता है कि उनका खेल जीवन खत्म हो गया? उन जैसा खिलाड़ी तो कभी भी टीम में आ सकता है व आश्चर्यजनक प्रदर्शन भी कर सकता है। लेकिन उनकी उम्र हो चुकी थी और वे 'फिट' भी नहीं रह पा रहे थे। अनेक बार 12वें खिलाड़ी को उनकी जगह क्षेत्ररक्षण करना पड़ता था। अतः इंग्लैंड के खिलाफ 1972-73 का मुम्बई टेस्ट उनका आखिरी टेस्ट साबित हुआ।

दुर्रानी ने 1959-60 से 1972-73 के बीच 13 सालों में 29 टेस्ट खेले और वे कई बार टीम से अन्दर-बाहर होते रहे। यह सिलसिला शुरू से ही चला। पदार्पण टेस्ट के बाद ही उन्हें उस श्रृंखला में नहीं लिया गया। 21 टेस्ट लगातार खेलने के बाद उन्हें टीम से बाहर कर दिया गया और 1966 में उन्होंने अपनी दूसरी वापसी की। तीसरी वापसी 1971 के वेस्टइंडीज दौरे में की और चौथी वापसी 1972-73 में इंग्लैंड की रॉनी लुईस की टीम के खिलाफ की। उन्हें मुम्बई टेस्ट के लिए निकाले जाने के बाद क्रिकेट प्रेमियों के विरोध व आक्रोश के कारण लिया गया और वही उनका अन्तिम टेस्ट रहा।

दुर्रानी ने 1959-60 से 1972-73 के बीच 13 वर्षों में 29 टेस्ट की 50 पारियों

में 1 शतक व 7 अर्धशतकों सहित 25.04 की औसत से 1202 रन बनाए तथा 1074.2 ओवर में 2657 रन देकर 35.42 की औसत से 75 विकेट लिए जिनमें 1 बार मैच में 10 व 3 बार पारी में 5 विकेट शरीक हैं। प्रथम श्रेणी क्रिकेट में 1953-54 से 1977-78 के बीच 24 वर्षों में दुर्रानी ने 170 मैचों की 275 पारियों में 33.37 की औसत से 8543 रन बनाए जिनमें 14 शतक व 45 अर्धशतक हैं। गेंदबाजी में प्रथम श्रेणी क्रिकेट में 28130 गेंदों पर 12630 रन देकर उन्होंने 26.09 की औसत से 484 विकेट लिए जिनमें 2 बार मैच में 10 व 21 बार पारी में 5 विकेट शरीक हैं। रणजी ट्रॉफी में वे सौराष्ट्र, गुजरात व राजस्थान के लिए खेले और बल्ले व गेंद दोनों से ऑलराउंड प्रदर्शन करते हुए उन्होंने 71 रणजी मैचों में 3617 रन बनाए तथा 241 विकेट लिए। वैसे दुर्रानी जैसे जन्मजात प्रतिभासम्पन्न खिलाड़ी के खेल को आँकड़ों के तंग दायरे में कैद करके देखना एक भूल होगी। वे चन्द गेंदों में ही विकेट लेकर या आतिशी बल्लेबाजी करके मैच का परिणाम बदल देने की क्षमता रखते थे। और 'मूडी' इतने कि कलाकारों व शायरों को भी मात दें। एक मौके पर उन्होंने तीन विकेट ले लेने के बाद अपने कप्तान से गेंदबाजी करने से यह कहकर इनकार कर दिया कि उन्होंने मैदान के बाहर के पेड़ पर तीन परिन्दे बैठे देखे थे और वे चूँकि उड़ गए इसलिए वे गेंदबाजी कैसे कर सकते हैं?

मुश्ताक अली मानते थे कि उन्होंने अपने जमाने के कर्नल नायडू, किथ मिलर, फ्रेंक वॉरेल, जॅक हॉब्स, डेनिस कंप्टन, लैरी कांस्टेंटाइन के बाद इतना आकर्षक, आनन्ददायी, लुभावना क्रिकेट खेलते दुर्रानी के अलावा किसी को नहीं देखा। दर्शकों के दुलारे व चहेते माने जानेवाले मुश्ताक साहब का दुर्रानी की इस तरह तारीफ करना दुर्रानी के खेल की सबसे बड़ी खूबी है। उनकी यही शिकायत है कि दुर्रानी ने अपने खेल व ज़िन्दगी को सँवारने की कोशिश नहीं की। कुछ लोग मानते हैं कि वे उस समय से कुछ देर बाद पैदा हुए जब उनकी सही कद्र होती। जो भी हो औसत व आँकड़ों की दृष्टि से बिलकुल साधारण लगनेवाले दुर्रानी का मूल्यांकन करते वक्त दरअसल उस परिस्थिति और सन्दर्भ को देखा जाना चाहिए जब वे खेले। विलक्षण प्रतिभावान लोग तो विरले ही होते हैं तथा वे खुद को कहाँ सम्भाल पाते हैं। उन्हें तो दूसरे लोग ही सम्भालते हैं। वे स्कोर बुक के लिए नहीं खेलते; उस क्षण के लिए खेलते हैं जब उन्हें दैविक शक्ति प्राप्त रहती है। दुर्रानी उन्हीं में से थे। आप जानते ही हैं कि सोबर्स को सभी क्रिकेट का अब तक का श्रेष्ठ ऑलराउंडर मानते हैं। वे ही सोबर्स खुद दुर्रानी के प्रशंसक रहे। दुर्रानी गेंद फेंकते वक्त जिस अन्दाज में गेंद को थोड़ी देर तक 'हैंग' करते थे यानी गेंद छोड़ने के बाद गेंद कुछ देर तक हवा में लटकी रहती थी या कहें कि तैरती-सी रहती थी या कुछ देर रुकी रहती थी व अल्प समय बाद वह बल्लेबाज की तरफ आती थी, वही दुर्रानी की सबसे बड़ी ताकत थी।

(iv) अन्य स्पिनर

ऑलराउंडर स्पिनरों के इस युग में दो अन्य स्पिन गेंदबाज भी हुए जो टेस्ट क्रिकेट में तो कुछ खास नहीं कर सके किन्तु प्रथम श्रेणी क्रिकेट में गेंदबाजी की दृष्टि से अच्छा प्रदर्शन करते रहे। ये स्पिनर थे—वी. कुमार अथवा वामन कुमार और बालू गुप्ते।

1. वामन कुमार

पहले तीन सौ रणजी विकेट और फिर चार सौ रणजी विकेट का आँकड़ा सबसे पहले छूने वाले तमिलनाडु के वामन कुमार को भी बालू गुप्ते की ही तरह सुभाष

गुप्ते का उत्तराधिकारी समझा जाता था। दाहिने हाथ के लेग ब्रेक गुगली गेंदबाज कुमार ने 1960-61 में पाकिस्तान के खिलाफ अपने जीवन का पहला टेस्ट खेलकर टेस्ट जीवन की शुरुआत की और 64 पर 5 व 68 पर 2 विकेट लेकर सुर्खियों में आए। उन्होंने भारत को लगभग जीत के दरवाजे पर ही ला खड़ा किया था। अगले ही वर्ष इंग्लैंड के खिलाफ उन्हें अनफिट होते हुए भी मजबूरन इसलिए खिलाया गया क्योंकि इंग्लैंड के बल्लेबाज लेग स्पिन की कमजोरी के लिए बदनाम हैं। लेकिन वे असफल रहे। फिर उन्हें आगे कभी मौका नहीं मिल पाया क्योंकि चन्द्रशेखर का पदार्पण हो चुका था। कुमार के नाम पर प्रथम श्रेणी क्रिकेट में 129 मैचों में 19.98 की औसत से 599 विकेट हैं।

कुमार अच्छे स्पिनर तो थे लेकिन फिटनेस उनकी समस्या रही। दूसरे, वे जब खेले तब उन्हें चन्द्रा के तेजी से उभरकर आ जाने का भी खामियाजा भुगतना पड़ा।

2. बालू गुप्ते

सुभाष गुप्ते के छोटे भाई बालू गुप्ते भी अपने बड़े भाई की तरह दाहिने हाथ के लेग ब्रेक गुगली गेंदबाज थे। उन्हें भी वामन कुमार की ही तरह सुभाष गुप्ते का उत्तराधिकारी माना जाता था। वामन कुमार के उम्मीद के अनुरूप प्रदर्शन न कर पाने के कारण बालू गुप्ते को पाकिस्तान के खिलाफ 1961 में पहले टेस्ट में खिलाया तो गया लेकिन वे अपने जीवन के पहले टेस्ट में 35 ओवर में 116 रन देने के बावजूद एक भी विकेट नहीं ले पाए। उन्हें दूसरा टेस्ट खेलने का मौका 2 साल बाद टाइगर पटौदी की कप्तानी में इंग्लैंड के खिलाफ कानपुर के ग्रीन पार्क में मिला। मगर इस बार भी वे असफल रहे और उन्होंने 115 रन देकर सिर्फ 1 विकेट लिया। तब तक चन्द्रशेखर का आगमन हो चुका था। लेकिन 1964-65 में उन्हें न्यूजीलैंड के खिलाफ टेस्ट खेलने का एक और मौका दिया गया लेकिन वे पहली पारी में 54 रन देकर 1 व दूसरी पारी में 64 रन देकर 1, इस तरह टेस्ट में 118 रन देकर सिर्फ 2 विकेट ले पाए। इस तरह वे अन्तर्राष्ट्रीय स्तर पर तीनों बार वांछित सफलता प्राप्त नहीं कर पाए।

टेस्ट क्रिकेट में वामन कुमार की ही भाँति असफल रहनेवाले बालू गुप्ते राष्ट्रीय स्तर पर बेहद कामयाब रहे। रणजी में उन्होंने 23.47 की औसत से 255 विकेट लिए। प्रथम श्रेणी क्रिकेट में उनके नाम पर 99 मैचों में 24.88 की औसत से 417 विकेट दर्ज हैं।

भारतीय स्पिन का स्वर्णकाल

स्वर्णकाल से आशय उस क्रिकेट समय से है जब भारतीय क्रिकेट इतिहास के ऐसे चार सार्वकालिक श्रेष्ठ स्पिन गेंदबाज एक साथ एक ही समय भारतीय टीम का प्रतिनिधित्व कर रहे थे जिनकी धाक सभी क्रिकेट राष्ट्र मानते थे। वे थे दाहिने हाथ के ऑफ स्पिनर ईरापल्ली प्रसन्ना, बाएँ हाथ के स्पिनर बिशन सिंह बेदी, दाहिने हाथ के 'फ्रीक' गेंदबाज भागवत चन्द्रशेखर और दाहिने हाथ के ऑफ स्पिनर वेंकटराघवन। प्रसन्ना अपना पहला टेस्ट 1961-62 में खेले, चन्द्रशेखर 1963-64 में, वेंकटराघवन 1964-65 में और बिशन सिंह बेदी 1966-67 में। यह वह समय था जब नाडकर्णी निवृत्त हो चुके थे, बोर्डे निवृत्ति की कगार पर थे और दुर्रानी कभी टीम के अन्दर होते थे तो कभी बाहर। बहरहाल दुर्रानी ही एकमात्र ऐसे ऑलराउंडर थे जो इन चार महान स्पिनरों के होते हुए भी टीम में स्थान पाते रहे थे।

1971 का वर्ष भारतीय क्रिकेट इतिहास का सुनहरा वर्ष रहा। इसी वर्ष पहले तो भारतीय टीम ने अजीत वाडेकर के नेतृत्व में वेस्टइंडीज जाकर पहली बार, वेस्टइंडीज से टेस्ट श्रृंखला जीती और इसके बाद फिर इंग्लैंड जाकर इंग्लैंड के खिलाफ भी पहली बार टेस्ट श्रृंखला जीती। विदेश जाकर वहाँ टेस्ट श्रृंखला जीतना एक बड़ी उपलब्धि थी। इससे भारत की साख भी बढ़ी और इन स्पिन गेंदबाजों का दबदबा भी बढ़ा क्योंकि ये दोनों टेस्ट श्रृंखलाएँ इन स्पिन गेंदबाजों के कारण ही जीती जा सकी थीं। यह उपलब्धि भारतीय क्रिकेट इतिहास में स्वर्णाक्षरों में अंकित है।

(i) ईरापल्ली प्रसन्ना

ईरापल्ली अन्तराव श्रीनिवास प्रसन्ना यानी ई. ए. एस. प्रसन्ना का जन्म 22 मई 1940 को कर्नाटक के बेंगलौर शहर में हुआ। दाहिने हाथ के ऑफ स्पिनर के रूप में वे गेंद को हवा में छोड़ने यानी फ्लाइट करने में इतने कुशल थे कि अपने इस कौशल के कारण किसी भी तरह के विकेट पर असरदार गेंदबाज साबित होते थे। उन्हें विकेट लेने के लिए स्पिन के मददगार विकेट्स की जरूरत नहीं पड़ती थी। चूँकि वे गेंद को धीरे से हवा में छोड़ते थे यानी 'रिलीज़' करते थे तथा उसी विधा में

अपनी उँगलियों का उम्दा उपयोग कर स्पिन भी कराते थे। इस कारण उनकी गेंद अन्य ऑफ स्पिनर्स की तुलना में अधिक स्पिन भी होती थी और उसमें पैनापन भी ज्यादा रहता था। वे निस्सन्देह भारत के श्रेष्ठ ऑफ स्पिनर थे।

फ्लाइट करानेवाले गेंदबाज की खूबी ही यह होती है कि वह गेंद को हवा में छोड़कर बल्लेबाज को ललचाता है। बल्लेबाज क्रीज से बाहर आगे बढ़कर उसे मारने की कोशिश करता है। वही बल्लेबाज ऐसा कर पाता है जिसका 'फुटवर्क' अच्छा हो, नजर पैनी हो और जिसका 'टाइमिंग' भी बढ़िया हो यानी जो तकनीकी दृष्टि से अच्छा बल्लेबाज हो। और चूँकि गेंद स्पिन भी होती है अत: उसे यह भी ध्यान में रखना होता है कि यदि गेंद ऑफ ब्रेक है तो वह ऑफ से लेग की तरफ आएगी और यदि लेग ब्रेक है तो लेग से ऑफ की तरफ। प्रसन्ना हवा में तो बल्लेबाज को गच्चा देते ही थे, उनकी स्पिन भी इतनी ज्यादा थी कि वे स्पिन में भी बल्लेबाज को मात दे देते थे। जरूरी यही था कि उन्हें विकेटकीपर व क्षेत्ररक्षकों, खासकर नजदीकी क्षेत्ररक्षकों, जैसे 'फारवर्ड शॉर्ट लेग' व 'बेकवर्ड शॉर्ट लेग' पर खड़े क्षेत्ररक्षकों का अच्छा सहयोग मिले। प्रसन्ना ने ऐसी ही गेंदबाजी की और उन्हें आबिद

अली, एकनाथ सोलकर व वेंकटराघवन का अच्छा सहयोग मिला।

जिस तरह 40 के उत्तरार्ध व 50 के पूर्वार्ध में वीनू मनकड़ की लेफ्टआर्म स्पिन की तूती बोलती रही और 50 के दशक में सुभाष गुप्ते की दाहिने हाथ की लेग स्पिन व गुगली का तहलका मचा रहा, उसी प्रकार 60 के उत्तरार्ध व 70 के पूर्वार्ध में प्रसन्ना की दाहिने हाथ की ऑफ स्पिन का जादू छाया रहा। प्रसन्ना अपना पहला टेस्ट 1961-62 में इंग्लैंड के खिलाफ खेले और अन्तिम टेस्ट खेले 1978-79 में पाकिस्तान के खिलाफ। इस तरह उनका अन्तर्राष्ट्रीय क्रिकेट जीवन 17 साल लम्बा रहा। मद्रास से शुरू हुई उनकी टेस्ट यात्रा लाहौर में खत्म हुई। इतने लम्बे खेल जीवन में उतार-चढ़ाव आना तो अवश्यम्भावी था। कभी ऐसा भी हुआ कि अधिकांश अवसरों पर सफल होनेवाले प्रसन्ना कुछ मौकों पर असफल रहे। जब भी वे असफल होते, समीक्षक उनकी बढ़ती उम्र का हवाला देते और कहते कि उनका खेल जीवन उतार पर व समाप्ति पर है। तभी प्रसन्ना कुछ विकेट झटकते और सब मानने लगते कि वे ही भारत के अग्रणी स्पिनर हैं। खासकर 1974-75 में वेस्टइंडीज के खिलाफ खेली गई शृंखला, फिर 1976 में न्यूजीलैंड यात्रा में न्यूजीलैंड के खिलाफ खेली गई शृंखला और 1976-77 में इंग्लैंड के खिलाफ खेली गई शृंखला का उदाहरण उनकी श्रेष्ठता साबित करने के लिए पर्याप्त है।

1967 से 1969 के बीच 16 टेस्ट खेलकर प्रसन्ना ने 95 विकेट लिए। यह उनका श्रेष्ठ खेल जीवन रहा तथा यही उनकी श्रेष्ठ टेस्ट उपलब्धि भी है कि सिर्फ 2 साल में वे इतनी बड़ी सफलता प्राप्त कर पाए। उनकी इस उपलब्धि के आसपास सिर्फ आस्ट्रेलिया के मध्यम तेज गति के वामहस्त गेंदबाज एलन डेविडसन की 1957 से 1961 के बीच 4 वर्षों में लगातार 21 टेस्ट खेलकर 117 विकेट की उपलिब्ध को ही रखा जा सकता है। कोई अन्य उदाहरण ढूँढना मुश्किल है। प्रसन्ना की विशेषता यह रही कि उन्होंने हर तरह के विकेट्स पर विकेट लिए—तेज गेंदबाजों के मददगार, आस्ट्रेलिया के सख्त विकेट्स पर भी, न्यूजीलैंड के धीमे विकेट्स पर भी और भारत के स्पिन गेंदबाजों के मददगार विकेट्स पर भी। उनके जमाने में यदि कोई आदर्श विश्व एकादश की टीम बनाई जाती तो उसमें वेस्टइंडीज के लांस गिब्स की बजाय बतौर ऑफ स्पिनर प्रसन्ना को ही लिया जाता। कोई ताज्जुब नहीं कि अंडरवुड, सोबर्स व ग्लीसन के होते हुए प्रसन्ना ही पहले क्रम के स्पिनर होते। वीनू मनकड़ के बाद भारतीय क्रिकेट में प्रसन्ना ही ऐसे गेंदबाज थे जो गेंदबाजी करते समय अपने दिमाग का उपयोग करते थे। वे हमेशा कुछ-न-कुछ सोचते रहते थे, नई योजना बनाते रहते थे और बल्लेबाज को झाँसा देने की नई-नई तरकीब निकालते थे। 1969 की बात है। बिल लॉरी को प्रसन्ना की गेंदों ने बहुत परेशान किया। वैसे भी बाएँ हाथ के बल्लेबाजों को ऑफ स्पिन खेलने में दिक्कत होती है। लॉरी प्रसन्ना को ऑफ साइड पर खेलकर रन बनाने लगे। प्रसन्ना ने जानबूझकर लॉरी को अपना पसन्दीदा शॉट खेलने दिया व उन्हें ललचाने के बाद प्रसन्ना ने एक सीधी गेंद फेंकी

और लॉरी बोल्ड हो गए। उसी टेस्ट में उन्होंने इयान चैपल को भी 'फ्लोटर' द्वारा आउट किया। प्रसन्ना ने टेस्ट खेलना तो 1961-62 में 21 की उम्र से ही शुरू कर दिया था लेकिन कुछ ही दिनों बाद वे वेस्टइंडीज गए पर अपनी स्नातक स्तर की अधूरी पढ़ाई पूरी करने के लिए दौरा छोड़कर फिर से विद्यार्थी जीवन में लौटे। इस तरह वे 5 साल तक टेस्ट क्रिकेट से दूर रहे और 1967 में वापस लौटे। प्रसन्ना ने शायद वक्त की नब्ज टटोल ली थी और उन्हें लगा कि महज खेलना ही काफी नहीं है। व्यक्ति को व्यावसायिक रूप से भी सुव्यवस्थित व काबिल होना चाहिए। उस जमाने में क्रिकेट में न तो व्यावसायिकता थी और न ही आज जितना प्रचार प्रसार व पैसा। खिलाड़ियों को शैक्षणिक योग्यताएँ भी पूरी करनी होती थीं। वाडेकर, वेंकटराघवन, प्रसन्ना, सभी ने यही किया। और इसके बाद उन्होंने पूरा ध्यान अपनी ऑफ स्पिन को पैना व असरदार करने में ही लगाया।

जिस तरह प्रसन्ना ने 1969 में लॉरी व चैपल को चकमा दिया, उसी तरह इसमें 5 साल बाद उन्होंने विवियन रिचर्ड्स को भी अपनी 'फ्लाइट' से गच्चा देकर बोल्ड किया। उनकी गेंदें हवा में तो बेहद खतरनाक होती थीं। उनकी स्पिन भी इतनी अधिक थी कि बल्लेबाज ऑफ स्टम्प के काफी बाहर टप्पा खानेवाली गेंद को लेग स्टम्प के बाहर जाती देखकर हैरान रह जाते थे। 1969 की आस्ट्रेलिया के खिलाफ शृंखला में उन्होंने जिन बेहतरीन गेंदों पर स्टॉकपोल और पॉल शीहन को आउट किया वह देखने के काबिल था। अपनी इन्हीं खूबियों की बदौलत प्रसन्ना ने अपने 20 वें टेस्ट में ही अपने 100 टेस्ट विकेट पूरे कर लिए। अगर विकेट से उन्हें जरा-सी भी मदद मिलती थी तो वे कहर बरपा देते थे। पटौदी को उन पर इतना भरोसा था कि वे उनके लिए तीन-तीन शॉर्ट लेग लगाते थे। स्लिप भी होती ही थी ताकि 'फ्लोटर' पर आया कैच लिया जा सके, फिर एक 'सिली मिड ऑन' और 'गली' और वह भी करीब ही। इस तरह बल्लेबाज के आसपास आठ क्षेत्ररक्षक उसे चारों ओर से घेरे रहते थे। सिर्फ दो क्षेत्ररक्षक दूरी पर रखे जाते थे—एक 'डीप स्क्वेयर लेग' और एक 'डीप मिड विकेट'। कुछ इसी तरह के क्षेत्ररक्षण की जमावट इंग्लैंड के कप्तान 1956 में जिम लेकर के लिए किया करते थे। और यह एक संयोग ही था कि गेंदबाजी के तरीके, स्वभाव व परिणाम के लिहाज से प्रसन्ना व लेकर में बहुत साम्य था। इन दोनों के औसत में भी समानता है। लेकर ने 46 टेस्ट में 193 विकेट लिए तो प्रसन्ना ने 49 टेस्ट में 189 विकेट। हाँ, लेकर का 'स्ट्राइक रेट' जरूर बेहतर है। लेकर ने प्रसन्ना से 2300 गेंदें कम फेंकी और उन्होंने प्रसन्ना से 100 मेडन ओवर अधिक डाले। लेकर का प्रति विकेट औसत 21 है तो प्रसन्ना का 29 है। इसका यह अर्थ नहीं है कि प्रसन्ना में सटीकता नहीं थी। बस उन्होंने कुछ ओवरों में अधिक रन दिए हैं। इसका भी कारण यही था कि वे आक्रामक किस्म के गेंदबाज थे और बल्लेबाज को आउट करने की कोशिश में कभी-कभी ज्यादा रन भी दे दिया करते थे। 1967 के इंग्लैंड दौरे में ऐसा ही हुआ। पहले टेस्ट में उनकी गेंदबाजी का

विश्लेषण 59-8-187-0 था। 1967 के आस्ट्रेलिया के दौरे में बेदी, चन्द्रशेखर व नाडकर्णी को पीछे छोड़ते हुए प्रसन्ना ने वहाँ सभी को प्रभावित किया। चन्द्रशेखर सिर्फ पहले 2 टेस्ट मैचों में खेले जबकि बेदी अन्तिम 2 टेस्ट मैचों में। नाडकर्णी का प्रदर्शन उम्मीद के अनुरूप नहीं रहा। ऐसी स्थिति में प्रसन्ना ने रूसी सूरती के साथ भारतीय आक्रमण की बागडोर सम्भाली। यद्यपि आस्ट्रेलियाई बल्लेबाज अपने 'फुटवर्क' यानी कदमों की चपलता के लिए मशहूर रहे हैं, फिर भी प्रसन्ना ने कड़ी मेहनत व स्पिन प्रतिभा के बल पर उन्हें परेशान किया। प्रसन्ना का आत्म-विश्वास इतना बढ़ा कि वे नीचे के क्रम पर अच्छी बल्लेबाजी भी करने लगे। आस्ट्रेलिया के कड़े व मजबूत विकेट्स पर खेलने के बाद वे न्यूजीलैंड के अपेक्षाकृत धीमे विकेट्स पर भी प्रभावशाली रहे। आस्ट्रेलिया में शृंखला में 25 विकेट लेने के बाद वे न्यूजीलैंड में भी 4 टेस्ट में 24 विकेट लेने में कामयाब हुए। इन दो सफलताओं के बाद समीक्षक, दर्शक व खिलाड़ी सभी उन्हें विश्व का श्रेष्ठ ऑफ स्पिनर मानने लगे और उन्हें वेस्टइंडीज के ऑफ स्पिनर लांस गिब्स से क्रम में ऊपर रखा जाने लगा।

जब न्यूजीलैंड व आस्ट्रेलिया की टीमें भारत के दौरे पर आईं तो दोनों ही टीमों के बल्लेबाजों के दिमाग पर प्रसन्ना की ऑफ स्पिन का खौफ था। भारतीय दर्शक भी यह देखने को बेचैन थे कि क्या प्रसन्ना दोनों ही टीमों को फिर उतना ही परेशान कर पाएँगे जितना कि उन्होंने दोनों देशों के दौरों पर किया था? प्रसन्ना ने अपने चाहनेवालों को निराश नहीं किया। न्यूजीलैंड के खिलाफ उन्होंने 3 टेस्ट में 20 विकेट लिए। और आस्ट्रेलिया के खिलाफ भी उतना ही अच्छा प्रदर्शन किया। उन्होंने 5 टेस्ट में 287 ओवर गेंदबाजी की और 26 विकेट लिए। लेकिन उन्होंने जैसी गेंदबाजी की और जिस तरह विकेट लिए वह वर्णन करने की नहीं मैदान पर अपनी आँखों से देखने की चीज थी। 8 टेस्ट में 49 विकेट व फिर घरेलू शृंखला के 8 टेस्ट में 46 विकेट एक ऑफ स्पिनर के लिए लाजवाब प्रदर्शन था। लगातार 16 टेस्ट में 95 विकेट और वह भी न्यूजीलैण्ड व आस्ट्रेलिया जैसी टीमों के खिलाफ, यह सचमुच अद्‌भुत था। आस्ट्रेलिया की बल्लेबाजी विश्व में सबसे सशक्त मानी जाती थी। लॉरी, स्टेकपोल, रेडपाथ, शीहन, वाल्टर्स और चैपल जैसे बल्लेबाजों के बावजूद आस्ट्रेलियाई टीम यदि शृंखला में बहुत बड़ा स्कोर नहीं बना पाई तो उसका कारण प्रसन्ना व बेदी की स्पिन गेंदबाजी थी। कानपुर के आसान, व बल्लेबाजों के लिए मददगार विकेट पर भी वह 348 का स्कोर खड़ा कर पाई जो कि उसका उस शृंखला का सर्वाधिक स्कोर था। प्रसन्ना मुम्बई, दिल्ली और मद्रास टेस्ट में विशेष रूप से घातक रहे। लेकिन कोलकाता टेस्ट में उन्होंने सौ से अधिक रन दिए और उन्हें एक भी विकेट नहीं मिला। यह दूसरा मौका था जब वे अपने टेस्ट जीवन में सौ से अधिक रन देने के बावजूद किसी टेस्ट में एक भी विकेट नहीं ले पाए। उनका विश्लेषण था 49-15-116-0; परन्तु मद्रास टेस्ट में उन्होंने पहली पारी में 4 विकेट लिए और

चारों ऊपर के क्रम के बल्लेबाजों को आउट किया तथा दूसरी पारी में अपने कहर का सिलसिला बरकरार रखते हुए उन्होंने फिर 4 विकेट लिए। एक समय उनका दूसरी पारी का विश्लेषण था 3.2-2-8-4, उनके बेहतरीन गेंदबाजी प्रदर्शन के बावजूद भारत वह टेस्ट नहीं जीत पाया। क्षेत्ररक्षकों ने कैच छोड़े और बल्लेबाजों ने रन नहीं बनाए। प्रसन्ना ने मैच में 10 विकेट लिए, 4 पहली पारी में व 6 दूसरी में।

1971 में जो ख्याति प्रसन्ना की थी वैसी विश्व के किसी स्पिनर की नहीं थी। इसी ख्याति के साथ वे भारतीय टीम के साथ वेस्टइंडीज दौरे पर गए। परन्तु 5 में से 3 टेस्ट मैचों में वे घायल होने के कारण खेल ही नहीं पाए। फिर भी औसत के मामले में वे पहले क्रम पर रहनेवाले अपने साथी ऑफ स्पिनर वेंकटराघवन के बाद दूसरे स्थान पर रहे। इसके तुरन्त बाद भारतीय टीम इंग्लैंड के दौरे पर गई। यह दौरा प्रसन्ना के क्रिकेट जीवन का सर्वाधिक निष्क्रिय दौरा रहा। त्रासदी यही रही कि उन्हें इस दौरे में एक भी टेस्ट में नहीं खिलाया गया। उनको न खिलाए जाने से न सिर्फ इंग्लैंड के दर्शक बल्कि दुनियाभर के क्रिकेट प्रेमियों को घोर निराशा हुई। यह आश्चर्यजनक था कि भारत ने इस पूरी श्रृंखला में प्रसन्ना जैसे स्पिनर को नहीं खिलाया जो 25 टेस्ट में 124 विकेट ले चुका था और जो चारों स्पिनरों–बेदी, चन्द्रा, वेंकट व प्रसन्ना–में सबसे सफल रहा था। चूँकि भारत वह श्रृंखला भी जीता व उसने पहली बार इंग्लैंड में इंग्लैंड के खिलाफ टेस्ट श्रृंखला जीती, इस कारण प्रसन्ना को न खिलाए जाने के मामले ने ज्यादा तूल नहीं पकड़ा। पर टीम के लौटते ही यह विवाद शुरू हो गया कि इंग्लैंड दौरे में प्रसन्ना को जानबूझकर नहीं खिलाया गया। इस कारण कप्तान वाडेकर व प्रसन्ना के साथी व प्रतिस्पर्धी ऑफ स्पिनर व उपकप्तान वेंकट की आलोचना हुई कि उन दोनों ने प्रसन्ना को न खिलाने की साजिश रची। कहना कठिन है कि इस आरोप में कितनी सच्चाई थी। जो भी हो वेस्टइंडीज के अपने बेहतरीन प्रदर्शन के कारण वेंकटराघवन ने टीम में अपनी जगह बनाई थी। और बेदी व चन्द्रा को तो बाहर किया नहीं जा सकता था। प्रसन्ना ने यह बयान दिया कि उन्हें जानबूझकर ऐसे विकेट्स पर खिलाया गया जिनसे उन्हें कोई मदद नहीं मिली। बेहतर होता यदि प्रसन्ना चुप ही रहते। परन्तु वे अपनी स्पष्टवादिता के कारण ज्यादा ही मुखर रहे। 1971-72 के सत्र में प्रसन्ना ने फिर अपना ध्यान गेंदबाजी पर ही केन्द्रित किया व सिद्ध किया कि वे एक महान गेंदबाज हैं और उनका खेल जीवन अभी समाप्त नहीं हुआ है। यह जरूर है कि 70 के पूर्वार्ध में क्षेत्रीय सन्तुलन व टीम गठन की राजनीति के चलते उन्हें अकसर वेंकटराघवन के पक्ष में टीम से बाहर किया जाता रहा। 1972-73 की इंग्लैण्ड टीम के खिलाफ जब वेंकटराघवन पहले टेस्ट में असफल रहे तो प्रसन्ना को पुन: याद किया गया। 3 टेस्ट में कम रनों के औसत के साथ प्रसन्ना ने 10 विकेट लिए और औसत की दृष्टि से वे दूसरे स्थान पर रहे। तीसरे टेस्ट में एक समय एक स्पेल में उन्होंने

41 गेंदों में सिर्फ 6 रन देकर 4 विकेट लिए और भारत की 4 विकेट से विजय में महत्त्वपूर्ण भूमिका निभाई। उस टेस्ट में उन्होंने 37 रन भी बनाए जो कि उनका सर्वाधिक टेस्ट स्कोर है। अतः मद्रास में खेले गए उस तीसरे टेस्ट में उन्हें 'मैन ऑफ दी मैच' से नवाजा गया।

1974 में जब भारतीय टीम इंग्लैंड के दौरे पर गई तो प्रसन्ना वैसा प्रदर्शन नहीं कर पाए जैसा कि उन्होंने 1967 में किया था। तब यह अफवाह उड़ी कि चूँकि वे 34 के हो गए हैं अतः अब उनका खेल उतार पर है। और एक बार फिर उन्होंने अपने आलोचकों को मुँहतोड़ जवाब दिया। 1974-75 में वेस्टइंडीज के खिलाफ भारत के उन चार महान समकालीन स्पिन गेंदबाजों में सिर्फ प्रसन्ना ही ऐसे थे जिन्हें पाँचों टेस्ट मैचों में खिलाया गया था। दिल्ली में उन्होंने 4 विकेट लिए, कोलकाता में यद्यपि उन्होंने अच्छी गेंदबाजी की किन्तु उन्हें एक भी विकेट नहीं मिला और फिर मद्रास टेस्ट में उन्होंने अपने एक घातक स्पेल में 31 गेंदों में सिर्फ 5 रन देकर 5 विकेट लिए। उन्होंने जिस तरह क्लाइव लायड का विकेट लिया वह अद्भुत था। वह गेंद इतनी अधिक घूमी कि विश्वनाथ को अपने काफी दाहिनी ओर घूमकर वह कैच करना पड़ा। दूसरी पारी में उन्होंने 4 विकेट लिए और इस तरह इस टेस्ट में 9 विकेट लेकर अपनी क्षमता का प्रमाण दिया। श्रृंखला में उन्होंने कुल 15 विकेट लिए तथा वे बेदी के साथ संयुक्त रूप से शीर्ष पर रहे। मुम्बई टेस्ट में उन्हें एक भी विकेट नहीं मिला था और उनकी गेंदबाजी का विश्लेषण था 45-5-149-0, इस तरह यह उनके टेस्ट जीवन का तीसरा अवसर था जब सौ से अधिक रन देने के बावजूद उन्हें एक भी विकेट नहीं मिला।

1976 के न्यूजीलैंड प्रवास में उन्होंने ऑकलैंड में खेले गए पहले टेस्ट में 19 विकेट लिए किन्तु अन्य दो टेस्ट मैचों में उन्हें एक भी विकेट नहीं मिला। लेकिन पहले टेस्ट का प्रदर्शन उनकी गेंदबाजी का सर्वश्रेष्ठ टेस्ट प्रदर्शन रहा। लेकिन जब न्यूजीलैंड की टीम भारत आई तो प्रसन्ना की जगह वेंकटराघवन ने ली, परन्तु इंग्लैंड के खिलाफ पहले टेस्ट में असफल होने पर वेंकट का स्थान फिर प्रसन्ना को मिला और उन्होंने 4 टेस्ट मैचों में 21.5 की औसत से 18 विकेट लिए। जब भारतीय टीम आस्ट्रेलिया गई तो प्रसन्ना की उम्र बढ़ गई थी और उनसे अभूतपूर्व प्रदर्शन की उम्मीद तो किसी ने नहीं की थी। लेकिन उनका प्रदर्शन इतना खराब रहेगा यह भी किसी ने नहीं सोचा था। वे श्रृंखला में सिर्फ 6 विकेट ले पाए। फिर भी चौथे टेस्ट में 51 पर 4 विकेट लेकर उन्होंने अपनी प्रतिभा की झलक दिखा ही दी। उस प्रदर्शन को जानकारों ने भारत का श्रेष्ठ गेंदबाजी प्रदर्शन करार दिया। प्रसन्ना को पाकिस्तान दौरे के लिए चुना तो गया, किन्तु उन्होंने वहाँ निराश किया। 2 टेस्ट मैचों में 251 रन देकर वे सिर्फ 2 विकेट ही ले पाए। अतः फिर वेंकटराघवन को याद किया गया और उन्होंने इतनी अच्छी गेंदबाजी की कि बाद में उन्हें वेस्टइंडीज के खिलाफ भी खिलाया गया। इंग्लैंड के दौरों के लिए चन्द्रशेखर व बेदी की तो वापसी हुई किन्तु

प्रसन्ना की नहीं। प्रसन्ना यद्यपि पिछले तीन दौरों में इंग्लैंड गए थे परन्तु इस दौरे में वे टीम से बाहर थे। ऐसा माना गया कि उन्हें पर्याप्त अवसर दिए जा चुके हैं और अनेक बार वे अपने चयनकर्ताओं को गलत साबित कर चुके हैं। लोगों को उम्मीद थी कि पहले अनेक बार टीम में वापसी कर चुके प्रसन्ना फिर से भारतीय टीम में लिए जाएँगे और अपने 200 टेस्ट विकेट पूरे करके ही टेस्ट क्रिकेट से निवृत्त होंगे। लेकिन ऐसा नहीं हुआ।

प्रसन्ना ने अपने 17 साल के टेस्ट जीवन में 49 टेस्ट खेले और 14353 गेंदों पर 5742 रन देकर 30.38 की औसत से 189 विकेट लिए जिनमें 2 बार मैच में 10 व 10 बार पारी में 5 विकेट शरीक हैं। वे कुम्बले, कपिल, बेदी, चन्द्रशेखर व हरभजन के बाद भारत के सर्वाधिक टेस्ट विकेट लेनेवाले गेंदबाज हैं। प्रसन्ना 4 साल में 9 एकदिवसीय मैचों में भी खेले और उन्होंने 18.70 की औसत से 17 विकेट लिए। प्रथम श्रेणी क्रिकेट में उनके नाम पर 235 मैचों में 54823 गेंदों पर 22442 रनों पर 957 'विकेट हैं। वे मैसूर व कर्नाटक के लिए रणजी ट्रॉफी में खेले और उन्होंने 16560 गेंदों पर 6414 रन देकर 17.20 की औसत से 373 विकेट लिए। रणजी ट्रॉफी की गेंदबाजी की तालिका में वे 8वें क्रम पर हैं।

उन्होंने दो बार रणजी ट्रॉफी में कर्नाटक की टीम का नेतृत्व किया और पहली बार मुम्बई के 15 साल के वर्चस्व को समाप्त किया। प्रसन्ना से घरेलू क्रिकेट की राष्ट्रीय स्पर्धाओं में भी बल्लेबाज उतना ही डरते थे जितना अन्तर्राष्ट्रीय स्तर के बल्लेबाज डरा करते थे। देश में भी उन्हें वही सम्मान व सराहना मिली जो अन्तर्राष्ट्रीय क्रिकेट में मिली। वे आक्रामक गेंदबाजी में यकीन करते थे और बल्लेबाज को रन बनाने से रोकने की बजाय उसे आउट करने की कोशिश करते थे भले ही उन्हें इसके लिए कुछ रन क्यों न देने पड़ें। पर्याप्त धैर्य व एकाग्रता दिखाते हुए वे यही प्रयास करते थे कि बल्लेबाज कब गलती करे और कब वे उसे आउट करें।

उनके आलोचकों की मान्यता है कि प्रसन्ना बल्लेबाजों को मदद देनेवाले और स्पिन गेंदबाजों को जरा-सी भी मदद न देनेवाले विकेटों पर खेलने से बचते रहे। यह विचार अतिशयोक्तिपूर्ण लगता है। सम्भव है ऐसा कभी-कभार हुआ भी हो। लेकिन फ्लाइट करानेवाला गेंदबाज तो हर तरह के विकेट पर प्रभावी हो सकता है। अत: प्रसन्ना निर्जीव विकेट पर भी असरदार गेंदबाजी करने में सक्षम थे। उनके व वेंकट के बीच प्रतिस्पर्धा तो रही। एक ही विधा के दो समकालीन गेंदबाजों में ऐसी प्रतिस्पर्धा अवश्यम्भावी है तथा यह खेल के हित में भी है। पर कभी मनमुटाव रहा हो ऐसा नहीं हुआ। इतना जरूर है कि तुलनात्मक रूप से दोनों को ही कभी-कभार नुकसान हुआ क्योंकि दो ऑफ स्पिनर को खिलाना, वह भी बेदी व चन्द्रा के होते हुए, हमेशा सम्भव नहीं हो पाया।

जब भी दाहिने हाथ के शुद्ध ऑफ स्पिनर की चर्चा होगी, प्रसन्ना का नाम बड़े

सम्मान के साथ लिया जाएगा। उनके जमाने में एकदिवसीय क्रिकेट अपनी प्रारम्भिक अवस्था में था। फिर भी उन्होंने 9 सीमित ओवर के एकदिवसीय मुकाबलों में 18.70 की औसत से 17 विकेट लिए। यदि कहा जाए कि वे भारत के सार्वकालिक श्रेष्ठ ऑफ स्पिनर ही नहीं, अपने समय के विश्व के श्रेष्ठ ऑफ स्पिनरों में से थे, तो गलत न होगा। प्रसन्ना ने ऑफ स्पिन को नई ऊँचाइयाँ व नया सम्मान दिया।

(ii) भागवत सुब्रमन्या चन्द्रशेखर

भागवत सुब्रमन्या चन्द्रशेखर को क्रिकेट जगत में बी. एस. चन्द्रशेखर के नाम से जाना जाता है व उनके मित्र तथा चाहनेवाले तो उन्हें उनके छोटे नाम 'चन्द्रा' से ही पुकारते व जानते रहे हैं। चन्द्रा ने जब 1963-64 से अन्तर्राष्ट्रीय क्रिकेट में प्रवेश किया तब भारतीय टीम को अन्तर्राष्ट्रीय मुकाबलों में जीत हासिल करने की सख्त जरूरत थी। वर्षों से चली आ रही जीत की तलाश चन्द्रा के आगमन से पूरी होती नजर आई। चन्द्रा ऐसे नायाब हीरे थे जो लय मिल जाने पर अच्छी-से-अच्छी टीम की छुट्टी कर सकते थे। जीत की प्यासी भारतीय टीम को चन्द्रा की गेंदबाजी ने सफलता का वह अमृत पिलाया कि देखते-ही-देखते भारतीय स्पिन गेंदबाजी के चर्चे समूचे क्रिकेट जगत में होने लगे।

दाहिने हाथ के गेंदबाज चन्द्रा को स्पिनर की बजाय 'फ्रीक' गेंदबाज कहना ज्यादा तर्कसंगत होगा। जिस तरह आस्ट्रेलिया के सिसिल पेपर व वेस्टइंडीज के सनी रामाधीन 'फ्रीक' गेंदबाज थे, उसी प्रकार चन्द्रा भी 'फ्रीक' गेंदबाज थे। उन्हें किसी भी प्रकार की स्पिन गेंदबाजी से जोड़ना दरअसल उनकी गेंदबाजी को संकुचित या सीमित करना होगा। उनका दाहिना हाथ पोलियोग्रस्त था और चन्द्रा ने इस शारीरिक विकृति को अभिशाप बने रहने देने की बजाय सतत परिश्रम, अभ्यास व इच्छाशक्ति की दम पर वरदान में बदल दिया। उनका हाथ इतना लचीला हो गया था कि वे उसे किसी भी तरह मोड़ सकते थे। और लगातार गेंदबाजी के अभ्यास द्वारा उन्होंने तेज गति की ऐसी गेंदबाजी विकसित की जिसे वे करते तो लेग स्पिन के एक्शन से थे किन्तु होती वह ऑफ स्पिन थी। वे करीब 9 या 10 गज से दौड़कर आते व कलाई को मोड़कर तेज गति से गेंद फेंकते थे। उनकी गेंद में रफ्तार तो होती ही थी, गेंद टप्पा खाकर ऊपर भी उछलती थी अर्थात् उसमें 'बाउंस' भी होता था। अपने कमजोर व रोगग्रस्त हाथ को उन्होंने जादुई हाथ में बदल दिया। और उस समय चूँकि भारतीय टीम में कोई स्तरीय मध्यम तेज गेंदबाज नहीं था अतः बहुत से विदेशी समीक्षक तो चन्द्रा को भारत का तीव्रतम गति का गेंदबाज कहा करते थे।

पश्चिमवासियों के लिए पूर्व हमेशा से रहस्यमय रहा है। बंगाल का जादू, बाजीगरों के तमाशे व साधू-सन्तों का लोहे की कीलों या अंगारों पर चलना तो रहस्यमय माना ही गया। रणजी की बल्लेबाजी को भी रहस्यमय माना गया क्योंकि

वे बड़ी खूबसूरती से अपनी कलाइयों का उपयोग करके सीधी व अच्छी लम्बाई की गेंदों को 'ग्लांस' करके डीप फाइन लेग की ओर मोड़ देते थे। मुश्ताक अली की साहसिक, जोखिम उठाकर व कलाइयों को मोड़कर की जानेवाली बल्लेबाजी भी कम रहस्यमय नहीं थी। परन्तु अभी तक किसी भारतीय गेंदबाज ने रहस्य का अहसास नहीं करवाया था। कोई ऐसा गेंदबाज नहीं हो पाया था जिसकी गेंदबाजी बल्लेबाजों में भ्रम, घबराहट व असमर्थता का संचार कर दे। आस्ट्रेलिया में आई. व्हर्सन ऐसे ही गेंदबाज थे तो वेस्टइंडीज में रामाधीन थे। दोनों ही की गेंदों को समझ पाना व पहचान पाना बेहद मुश्किल व पेचीदा काम था। इंग्लैंड को भी 'गुगली' के आविष्कारक बोसानक्वेट पर इसीलिए नाज रहा था कि उनकी गेंदों को कोई पहचान व समझ नहीं पाता था। भारतीय क्रिकेट की यह कमी तब पूरी हुई जब चन्द्रशेखर ने 18 साल की उम्र में 1963-64 से अपना क्रिकेट जीवन शुरू किया। रहस्य का

अंश ही उनकी गेंदबाजी की प्रमुख ताकत रही। वे पहली बार मैसूर की जूनियर टीम में खेले और साल भर में ही दुर्रानी व बोर्डे के साथ भारतीय टीम के अग्रणी स्पिन गेंदबाजों में शुमार हो गए। सफलता की इतनी ऊँची छलाँग दुनिया के किसी भी गेंदबाज ने शायद ही लगाई हो। और उनकी इस महती सफलता का एकमात्र कारण वह रहस्य का अंश ही था जो उनकी गेंदबाजी को विशिष्ट बनाता था। शुरुआत में तो सभी उन्हें दाहिने हाथ का लेग स्पिनर ही करार देते रहे। तभी यह सवाल भी उठा कि एक लेग स्पिनर की तुलना में उनकी गेंद इतनी तेज गति की कैसे होती है? यह भी सवाल उठने लगा कि वे गेंद को 'फ्लाइट' क्यों नहीं करते और उनका एक्शन इतना तेज व झटकेवाला क्यों है? तभी यह महसूस किया गया कि उनकी गेंदबाजी तो असामान्य है ही, उनका दाहिना हाथ भी असामान्य किस्म का है। तब यह सच्चाई सामने आई कि उनका दाहिना हाथ बचपन में ही पोलियोग्रस्त हो जाने के कारण मुरझा-सा गया था और बाएँ हाथ की तुलना में काफी छोटा रह गया था। तब यह भी सुनने में आया कि इस विकृति के कारण एक साल पहले चन्द्रा ने बाएँ हाथ से भी गेंदबाजी की। उनका बायाँ हाथ भी ताकतवर था और इसी कारण वे मैदान के दूर के स्थानों से बाएँ हाथ से ही 'थ्रो' किया करते थे। जो भी हो दाहिने हाथ की इस विकृति ने चन्द्रा के दाहिने हाथ को लचीला व लोचदार बना दिया और इसी कारण वे इतनी तेज व चाबुक की मार जैसी पैनी गेंदबाजी कर पाने में कामयाब हुए।

बारीक निरीक्षण व मूल्यांकन के बाद यह तय माना गया कि चन्द्रा लेग स्पिनर नहीं हैं। उनकी अधिकांश गेंदें या तो 'गुगली' होती थीं या फिर 'टॉप स्पिनर' यानी तेज गति की सीधी। अपनी तेज गति व उछाल के कारण बल्लेबाजों को वे परेशान करती रहीं। यदा-कदा वे 'लेग ब्रेक' भी फेंकते थे। और इस कारण बल्लेबाजों की परेशानी और बढ़ जाती थी। बल्लेबाज आखिरी क्षण तक यह नहीं जान पाते थे कि गेंद का टप्पा कहाँ पड़ेगा और वह कैसे व किस ओर घूमेगी। चन्द्रशेखर पूरी बाँह की कमीज पहनते थे और उनका दाहिना हाथ कमीज की बाँह से ढँका रहता था। कुल मिलाकर चन्द्रा दाहिने हाथ से लेग ब्रेक एक्शन से तेज गति की गुगली व ऑफ ब्रेक तथा फ्लिपर गेंद फेंकते थे व कभी-कभार लेग ब्रेक भी फेंकते थे। लेकिन यह जान पाने में बल्लेबाजों को काफी समय लगा और खास बात तो यह है कि यह जान पाने के बावजूद विभिन्न देशों के बल्लेबाज मैच-दर-मैच उनकी गेंदों के शिकार होते रहे।

चन्द्रा में ये सब विशेषताएँ तो थीं, परन्तु एक दोष भी था और वह था सटीकता का अभाव। वे अकसर दिशा व लम्बाई पर नियन्त्रण नहीं रख पाते थे। यह सच है कि आई. व्हर्सन व रामाधीन भी बहुत रन देते थे और वे चन्द्रा की अपेक्षा धीमी गति के भी थे। साठ के मध्य में जब भारत को तेज या मध्यम तेज गेंदबाजों की सख्त जरूरत थी तो लोग मजाक में कहा करते थे कि चन्द्रा जैसे तेज गति के स्पिनर

के होते हुए यह समस्या क्यों होनी चाहिए। वाकई चन्द्रा तब भारत के तीव्रतम गति के गेंदबाज थे। हाथ की विकृति और ऊपर से अपरम्परागत शैली की गेंदबाजी। अत: नियन्त्रण रख पाना आसान नहीं था। उन जैसे अद्‌भुत गेंदबाज का 'स्टॉक' गेंदबाज की तरह उपयोग नहीं किया जाना चाहिए था। उन्हें तो छोटे-छोटे स्पेल में 'शॉक' गेंदबाज की तरह गेंदबाजी करने के लिए कहा जाना चाहिए था। दुर्भाग्यवश उन दिनों भारतीय गेंदबाजी की हालत इतनी खस्ता थी कि कप्तानों को चन्द्रा से जरूरत से ज्यादा गेंदबाजी करवानी पड़ती थी। यदि इसके बावजूद चन्द्रा विश्व क्रिकेट के सर्वाधिक विध्वंसक गेंदबाज बने रहे तो यह उनकी प्रतिभा का ही कमाल था। चोट व दुर्घटनाओं से ग्रस्त रहने के बावजूद दुबले-पतले और बाहर से कमजोर नजर आनेवाले चन्द्रा ने बड़े कौशल व बहादुरी से भारतीय आक्रमण की कमान सम्भाली। पोलियोग्रस्त हाथ तो था ही, फिर 1967-68 के आस्ट्रेलियाई दौरे के बीच में ही उनके पैर में चोट लग गई और उन्हें दौरा छोड़कर भारत आना पड़ा। फिर 1968-69 में स्कूटर दुर्घटना के कारण उन्हें पूरे क्रिकेट मौसम में क्रिकेट से दूर रहना पड़ा। और वेस्टइंडीज, आस्ट्रेलिया व इंग्लैंड के अपने करिश्माई प्रदर्शन के उपरान्त 1969 में तो उन्हें लगभग भुला ही दिया गया था। प्रसन्ना, बेदी व वेंकटराघवन की तिकड़ी भारतीय टीम में अच्छी तरह से स्थापित हो चुकी थी। ऐसी स्थिति में चन्द्रशेखर कभी फिर से टीम में जगह पा सकेंगे कि नहीं इस बात पर बहस होने लगी थी। बाहरी व सरसरी तौर पर चन्द्रा भले ही कमजोर लगते हों, अन्दर से वे बहुत मजबूत इरादे के व्यक्ति थे। जहाँ तक इच्छाशक्ति व मनोबल का सवाल है, भारत का कोई खिलाड़ी चन्द्रशेखर की बराबरी नहीं कर सकता। उसके बाद वे भारत के लिए 41 टेस्ट और खेले साथ ही, भारत की हर सफलता में उन्होंने महत्त्वपूर्ण योगदान दिया। आप 1971 के ओवल टेस्ट से लेकर कोलकाता व मद्रास के 1975 के टेस्ट मैचों को लें या फिर 1976 के पोर्ट ऑफ स्पेन टेस्ट से लेकर 1978 के मेलबोर्न या सिडनी टेस्ट को लें, आप पाएँगे कि इन सभी में चन्द्रा की घातक गेंदबाजी ने भारत को जीत दिलवाई।

18 साल की उम्र में जनवरी 1964 में इंग्लैंड के खिलाफ खेलकर चन्द्रा ने अपना अन्तर्राष्ट्रीय क्रिकेट जीवन प्रारम्भ किया था। पहले टेस्ट में उन्होंने 5 विकेट लिए। रणजी व दलीप ट्रॉफी में प्रभावित करने के कारण उन्हें जब टेस्ट क्रिकेट के लिए चुना गया तो कई लोगों का विचार था कि इतनी जल्दी इतनी कम उम्र के लड़के को टेस्ट टीम में लेना जल्दबाजी थी। और चूँकि मैच मुम्बई के ब्रेबोर्न स्टेडियम के बेजान विकेट पर होना था अत: उनके चाहनेवालों को भी उनकी सफलता पर शक था। लेकिन इंग्लैंड के बल्लेबाजों की लेग स्पिन को खेलने की कमजोरी को ध्यान में रखते हुए चयनकर्ताओं ने चन्द्रा को तत्काल खिलाने का फैसला किया। चन्द्रा ने ब्रेबोर्न के आसान व पाटा विकेट पर 40 ओवर में 67 रन देकर 4 विकेट लिए। पटौदी ने जब दुर्रानी व बोर्डे को असफल पाया तो उन्होंने चन्द्रा

पर भरोसा किया। उनसे कुछ ज्यादा गेंदबाजी करवाई गई। नतीजा यह हुआ कि वे शृंखला में उतने सफल नहीं हो पाए जितनी उनसे उम्मीद थी। फिर भी वे शृंखला में 10 विकेट लेकर दुर्रानी के 11 विकेट के बाद दूसरे क्रम पर रहे। अगली शृंखला आस्ट्रेलिया में आस्ट्रेलिया के खिलाफ होनी थी। आस्ट्रेलियाई अपने चपल फुटवर्क के लिए विख्यात रहे हैं। सवाल यह था कि क्या चन्द्रा आस्ट्रेलियाई बल्लेबाजों के खिलाफ भी सफल हो पाएँगे? उन्होंने दूसरे टेस्ट में 8 विकेट लेकर भारत को विजयी तो करवाया ही, यह भी साबित किया कि आक्रामक बल्लेबाजों के खिलाफ भी वे सफल हो सकते हैं। उन्होंने लॉरी, सिम्पसन, बर्ज, बूथ, जारमन, व्रेव्हर्स और मार्टिन को अपना शिकार बनाया। लोगों को यही अफसोस हुआ कि बीमारी के कारण वे पहला टेस्ट नहीं खेल पाए। फिर न्यूजीलैंड के खिलाफ भी उन्हें पहले 2 टेस्ट मैचों में खेल से बाहर रहना पड़ा किन्तु शेष 2 टेस्ट मैचों में उन्होंने 8 विकेट लेकर वेंकटराघवन को अच्छा सहयोग दिया।

1966-67 में वेस्टइंडीज ने भारत का दौरा किया। उसे सभी विश्व चैम्पियन टीम मानते थे। उसकी बल्लेबाजी बेहद मजबूत थी। हंट, कन्हाई, बुचर, नर्स, सोबर्स, लॉयड व हॉलफोर्ड जैसे बल्लेबाज उस टीम में थे। मुम्बई में खेले गए पहले टेस्ट की पहली पारी में बल्लेबाजी के लिए आसान ब्रेबोर्न विकेट पर चन्द्रा ने 7 विकेट लिए और उनकी गेंदबाजी इतनी प्रभावशाली थी कि उनका विश्लेषण 61.5-17-157-7 उसकी असली तस्वीर पेश नहीं करता। दूसरी पारी में भी उन्होंने 4 विकेट लिए और इस तरह मैच में 11 विकेट लेकर अपनी स्पिन कला का दबदबा स्थापित किया। यह शृंखला चन्द्रा के श्रेष्ठ प्रदर्शनों की शृंखला की पहली कड़ी थी। मैच में वेस्टइंडीज के कुल 14 विकेट गिरे और उनमें से 11 चन्द्रा को मिले। कोलकाता में उन्हें 3 विकेट मिले और मद्रास में 4 और दोनों में उन्होंने सोबर्स को आउट किया। लेकिन उन्हें शृंखला में 196.5 ओवर डालने पड़े जो कि अत्यधिक थे। 1967 के इंग्लैंड प्रवास पर वे भारत के अग्रणी गेंदबाज के रूप में गए। यद्यपि उन्हें 3 टेस्ट की इस शृंखला में भी 169.5 ओवर फेंकने पड़े लेकिन उन्होंने 16 विकेट लेकर गेंदबाजी की तालिका में शीर्ष स्थान प्राप्त किया। लॉर्ड्स के बेजान विकेट पर भी उन्होंने 5 विकेट लिए और इस कारण उनकी गेंदबाजी की दिशा, लम्बाई और नियन्त्रण की सभी ने दिल खोलकर तारीफ की। उस दौरे में चन्द्रा ने 57 और प्रसन्ना ने 45 विकेट लिए। लेकिन इसके बाद उनका आस्ट्रेलिया का दौरा निराशाजनक रहा। सख्त विकेट्स पर तालमेल बैठाने में उन्हें बहुत तकलीफों का सामना करना पड़ा। पहले टेस्ट में उन्हें आंशिक सफलता मिली और दूसरे टेस्ट के दौरान उनके पैर में चोट लग गई व इस कारण दौरा अधूरा छोड़कर वापस लौटना पड़ा। इसके बाद से उनका खराब समय शुरू हुआ। वे हमेशा सुर्खियों में रहना चाहते थे तथा अग्रणी गेंदबाज बने रहना चाहते थे। पैर की चोट के बाद उनका स्कूटर दुर्घटनाग्रस्त हो गया और उन्हें मजबूरन लम्बे समय के लिए खेल से दूर रहना पड़ा।

इस बीच भारत ने दो घरेलू श्रृंखलाएँ खेलीं—एक न्यूजीलैंड के खिलाफ व दूसरी आस्ट्रेलिया के खिलाफ, और दोनों में ही चन्द्रशेखर नहीं खेल सके। 1971 की शुरुआत में जब भारत ने वेस्टइंडीज की यात्रा की तब अपने रणजी ट्रॉफी के अच्छे प्रदर्शन व समीक्षकों की माँग के बावजूद चन्द्रा को टीम में नहीं लिया गया। उसी वर्ष इंग्लैंड के दौरे में उन्हें टीम में लिया गया। उस दौरे में चन्द्रा अपने श्रेष्ठ फार्म में रहे। यहीं उनके खेल जीवन का वह सुनहरा पल भी आया जो भारतीय क्रिकेट इतिहास का भी सुनहरा पल था। 1971 के ओवल टेस्ट का जिक्र आते ही चन्द्रा की जादुई गेंदबाजी का चित्र उभरकर सामने आता है। उनकी गेंदबाजी की धुन पर इंग्लैंड के सभी बल्लेबाज नाचते नजर आए। उनकी गेंदबाजी का विश्लेषण था 18.1-3-38-6 और निस्सन्देह यह क्रिकेट इतिहास का सर्वाधिक ऐतिहासिक गेंदबाजी विश्लेषण है। केवल एक व्यक्ति के निजी प्रदर्शन के सामने इंग्लैंड की पूरी टीम धराशायी हो गई। भारत ने इसके तुरन्त पहले वेस्टइंडीज को वेस्टइंडीज में हराया था। परन्तु उसकी छवि एक ताकतवर टीम की नहीं थी जबकि इंग्लैंड वेस्टइंडीज व आस्ट्रेलिया जैसी विश्व की दों श्रेष्ठ टीमों को हरा चुका था व 3 साल तथा 26 टेस्ट मैचों में कभी हारा ही नहीं था। ब्रायन लुखारस्ट, जॉन एड्रिच, कीथ फ्लेचर, बेसिल डॉलीवेरा व एलन नॉट जैसे बल्लेबाज उसकी टीम में थे। उस टेस्ट में चन्द्रा ने 114 रन देकर 8 विकेट लिए और भारत पहली बार इंग्लैंड को इंग्लैंड में हराने में कामयाब हुआ, तथा श्रृंखला में 1-0 से आगे हुआ तथा अन्तत:श्रृंखला जीता।

1972-73 में इंग्लैंड के खिलाफ घरेलू श्रृंखला में भी चन्द्रा की स्पिन का जादू सर पर चढ़कर बोला और उन्होंने 35 विकेट लेकर अपने सौ टेस्ट विकेट को पार कर 110 कर लिए तथा साथ ही 21 वर्ष पूर्व वीनू मनकड़ के श्रृंखला में 34 टेस्ट विकेट का कीर्तिमान खंडित किया। शायद चन्द्रा के ओवल टेस्ट का असर इंग्लिश बल्लेबाजों के दिलोदिमाग पर बरकरार था। चन्द्रा के सामने वे वैसे ही थरथरा रहे थे जैसे कि 1956 में जिम लेकर के सामने आस्ट्रेलियाई बल्लेबाज थरथराए थे। चन्द्रा ने दिल्ली टेस्ट में 9, कोलकाता में 9, मद्रास में 7, कानपुर में 4 और मुम्बई टेस्ट में 6 विकेट लिए और उन्हें श्रृंखला में 1747 गेंदें फेंकनी पड़ीं। ओवल टेस्ट की जीत चन्द्रा की निजी सफलता थी और इसी तरह 1972-73 में कोलकाता व मद्रास टेस्ट की जीत भी उनकी निजी सफलता ही थी। 1974 में वे तीसरी बार टेस्टश्रृंखला खेलने इंग्लैंड गए परन्तु चोटग्रस्त हो जाने के कारण पहले टेस्ट में सिर्फ 9 ओवर ही फेंक सके और स्वदेश लौट आए। 1974-75 में जब वे वेस्टइंडीज के दौरे पर गए तो मैच जितानेवाले गेंदबाज के रूप में विख्यात हो चुके थे। घरेलूश्रृंखला के कोलकाता टेस्ट में जमे व डटे हुए लॉयड व कालीचरण को अगले ही दिन जल्दी आउट कर उन्होंने उस टेस्ट में भारत को जितवाया ही था। मद्रास में भी ऐसा ही हुआ था। मद्रास में पटौदी ने चन्द्रा का इस्तेमाल छोटे-छोटे स्पेल में किया और चन्द्रा,

प्रसन्ना व बेदी ने मिल कर भारत को जितवा दिया। अतः चन्द्रा द्वारा वेस्टइंडीज के उछालवाले विकेट्स पर किए जानेवाले प्रदर्शन का सभी को इन्तजार था। वहाँ के विकेट्स पर चन्द्रा को जितना उछाल व घुमाव मिला वह अद्भुत था। तब ऐसा लगा कि यदि वे 1971 की भारतीय टीम में होते तो टीम की सफलताएँ और भी अधिक चमकदार होतीं। उनकी टॉप स्पिनर इतनी तेजी से आती थी कि उन्हें तीन शार्ट लेग लगाकर गेंदबाजी करनी पड़ी। उन्होंने पहले टेस्ट में 4, दूसरे में 4, तीसरे में 8 और चौथे टेस्ट में 5—इस तरह श्रृंखला में कुल 21 विकेट लिए। इसके बाद न्यूजीलैंड के खिलाफ घरेलू श्रृंखला में भी उनका दबदबा बरकरार रहा। उन्होंने श्रृंखला में 17 विकेट लिए। उनके 40 टेस्ट में 175 विकेट हो गए थे। भारत को इंग्लैंड के खिलाफ 5 टेस्ट खेलना था। लग रहा था कि इस श्रृंखला के बाद वे अपने दो सौ विकेट पूरे कर लेंगे। परन्तु न्यूजीलैंड व वेस्टइंडीज के दौरे व फिर न्यूजीलैंड के खिलाफ घरेलू श्रृंखला में लगातार खेलते रहने का असर सभी भारतीय खिलाड़ियों पर नजर आ रहा था। अतः वे श्रृंखला में 19 विकेट ले पाए। कोलकाता व मद्रास टेस्ट में तो क्रमशः 33 व 25 ओवर डालने के बावजूद उन्हें एक भी विकेट नहीं मिला।

इसके बाद चन्द्रशेखर आस्ट्रेलिया के अपने दूसरे दौरे पर गए। वहाँ दस साल पहले लगी चोट व उनका ताजा 'फार्म' उत्साहवर्धक न होने से उनके बारे में इस बार कुछ भी कह पाना कठिन था। पहले 2 टेस्ट में तो वे कुछ खास नहीं कर पाए व उन्हें सिर्फ 5 विकेट मिले। लेकिन अगले 3 टेस्ट मैचों में वे एकदम दूसरे ही गेंदबाज नजर आए। ऐसा लगा जैसे उनका कायाकल्प हो गया हो। मेलबोर्न टेस्ट में उन्होंने अपना दो सौ वाँ टेस्ट विकेट लिया। ये 200 टेस्ट विकेट उन्होंने 48 टेस्ट में पूरे किए। बेदी ने अपने 200 टेस्ट विकेट 51 टेस्ट में पूरे किए थे। मेलबोर्न टेस्ट की हर पारी में चन्द्रा ने 52-52 रन देकर 6-6 विकेट लिए और उन्हीं की घातक गेंदबाजी से भारत पहली बार आस्ट्रेलिया में आस्ट्रेलिया से टेस्ट जीतने में कामयाब रहा। उन्होंने श्रृंखला में 28 विकेट लिए और वह भी पहले 2 टेस्ट में एक भी विकेट न ले पाने के बावजूद। पहले दौरे की दुःखदायी यादों को भुलाते हुए चन्द्रा ने अपनी गेंदबाजी की धाक आस्ट्रेलिया में भी जमाई। चन्द्रा व बेदी की जोड़ी भारत की आस्ट्रेलिया यात्रा की सफलतम स्पिन जोड़ी साबित हुई।

पाकिस्तान एकमात्र ऐसा क्रिकेट देश था जिसके खिलाफ चन्द्रा को खेलने व गेंदबाजी करने का अवसर नहीं मिला। तब की पाक बल्लेबाजी बेहद मजबूत व आकर्षक थी। उसमें किसी भी आक्रमण को ध्वस्त करने की क्षमता थी। क्या चन्द्रा उस बल्लेबाजी के खिलाफ सफल होते या फिर उनकी भी वही गत होती जो तब के गेंदबाजों खासकर स्पिन गेंदबाजों की होती थी? यह एक काल्पनिक स्थिति व प्रश्न जरूर है पर इसका उत्तर दे पाना कठिन है। 1978-79 में वेस्टइंडीज के खिलाफ घरेलू श्रृंखला के मुम्बई टेस्ट में चन्द्रा ने 5 विकेट लिए परन्तु बंगलौर में वे कुछ खास नहीं कर सके। कोलकाता टेस्ट के लिए जब उन्हें 'फिट' न होने के

कारण नहीं लिया गया तो क्रिकेट प्रेमियों को बड़ा आश्चर्य हुआ। देश भर में इस फैसले की कड़ी प्रतिक्रिया हुई। अन्ततः अन्तिम दो टेस्ट मैचों के लिए चन्द्रा को फिर टीम में लिया गया। इसके बाद इंग्लैंड का दौरा था और चन्द्रा अपने चौथे इंग्लैंड प्रवास पर गए। लगभग 35 की उम्र में भी वे भारतीय आक्रमण की जान थे। कहा भी जाता है कि स्पिनर उम्र बढ़ने के साथ और परिपक्व व धारदार होता जाता है। जो स्पिन गेंदबाज कम उम्र में व जल्द परिपक्व होते हैं वे खत्म भी जल्दी होते हैं। वेस्टइंडीज के रामाधीन व वेलेंटाइन के उदाहरण हमारे सामने हैं। अपने दुबले-पतले व कमजोर शरीर, पोलियोग्रस्त दाहिने हाथ, अनेक बार चोटिल व घायल होते रहने व दिशा व लम्बाई पर नियन्त्रण न रख पाने के बावजूद वे भारत के प्रमुख मैच विजेता गेंदबाज साबित हुए। केवल बेदी ने ही उनसे अधिक गेंदबाजी की है।

जब अच्छे-अच्छे बल्लेबाज जम जाते और उन्हें लगता कि वे चन्द्रा की गेंदबाजी को समझ चुके हैं व उसका रहस्य जान चुके हैं, सहसा वे आउट हो जाते। तब उन्हें लगता था कि चन्द्रा को भाँप पाना कितना कठिन है। 1976-77 में इंग्लैंड के डी. एल. एमिस को दिल्ली टेस्ट में 179 रनों पर चन्द्रा ने ऐसी ही मन:स्थिति में आउट किया था। इसके पहले 1974 में वेस्टइंडीज के क्लाइव लॉयड भी बंगलौर टेस्ट में 162 व मुम्बई टेस्ट में 242 नाबाद बनाने के बाद कोलकाता में इसी मनोदशा में चन्द्रा के शिकार हुए। 1974-75 में महान विवियन रिचर्ड्स को चन्द्रा ने उनके पदार्पण टेस्ट में पहली पारी में 4 व दूसरी में 3 पर आउट किया था। अगले टेस्ट में चन्द्रा को नहीं खिलाया गया व रिचर्ड्स ने 192 रन ठोके। 1979 में जब भारतीय टीम इंग्लैंड गई तो सोमरसेट के लिए खेल रहे रिचर्ड्स को चन्द्रा ने फिर अपना शिकार बनाया। उनके लिए चन्द्रा गर्वपूर्वक कहते भी थे, ''रिचर्ड्स मेरा 'बनी' यानी 'रैबिट' अर्थात् शिकार है।''

चन्द्रा जहाँ एक गेंद ऐसी लाजवाब डालते थे कि वह अखेलनीय ही होती थी वहीं अगली ही गेंद इतनी घटिया या लल्लू किस्म की ड़ालते थे कि उस पर कोई भी 'बाउंड्री' लगा सकता था। श्रेष्ठता व घटियापन का यह मेलजोल समझ से परे था। पर यह शायद उनके अपरम्परागत शैली के गेंदबाज होने व पोलियो के कारण दाहिना हाथ बेजान हो जाने के कारण ही था कि उन्हें अपनी गेंदों की लम्बाई व दिशा को नियन्त्रित करने में इतनी दिक्कत आती थी। लेकिन जब उन्हें अपनी लय मिल जाती थी तो वे मुकेश के दर्दीले गाने गुनगुनाते हुए या फिर उन गानों की धुन पर सीटी बजाते हुए गेंदबाजी करते थे।

चन्द्रा ने 18 साल की उम्र में 1963-64 में इंग्लैंड के खिलाफ खेलकर अपने टेस्ट जीवन का आगाज किया और 1979 में जब वे इंग्लैंड के ही खिलाफ अपना अन्तिम टेस्ट खेले तब वे 34 साल के थे। उन्होंने 58 टेस्ट मैचों में 15963 गेंदें फेंककर 7199 रन दिए और 29.74 की औसत से 242 विकेट लिए जिनमें 2 बार मैच में 10 व 16 बार पारी में 5 विकेट शरीक हैं। प्रथम श्रेणी क्रिकेट में उन्होंने

246 मैचों में 54119 गेंदों पर 25547 रन देकर 1063 विकेट लिए जिनमें 19 बार मैच में 10 व 75 बार पारी में 5 विकेट शरीक हैं तथा उनका विकेट औसत 24.03 रहा। रणजी ट्रॉफी में उनके नाम पर 17418 गेंदों पर 8345 रनों पर 19.14 की औसत से 436 विकेट दर्ज हैं जो कि राजेन्द्र गोयल व वेंकटराघवन के बाद सर्वाधिक रणजी विकेट हैं। चन्द्रा के जमाने में एकदिवसीय क्रिकेट अपनी प्रारम्भिक अवस्था में था। वे सिर्फ 1 अन्तर्राष्ट्रीय मैच खेले और उसमें उन्होंने 56 गेंदों में 36 रन देकर 3 विकेट लिए। सीमित ओवर के घरेलू एकदिवसीय मैचों में उन्होंने 7 मैच खेलकर 420 गेंदों में 311 रन देकर 8 विकेट लिए।

चन्द्रा का बल्लेबाजी का कीर्तिमान विचित्र किन्तु दिलचस्प है। 11वें क्रम के बल्लेबाज के रूप में वे 25 बार शून्य पर आउट हुए और 10 बार बिना कोई रन बनाए नाबाद रहे। 1964 में कोलकाता में नाडकर्णी के साथ उन्होंने अन्तिम विकेट के लिए 51 रनों की भागीदारी की जो कि इंग्लैंड के खिलाफ इस क्रम का कीर्तिमान है।

बेदी और प्रसन्ना जहाँ 'फ्लाइट' कराके गेंद स्पिन करवाते थे तथा रन देकर विकेट लेते थे वहीं चन्द्रा अपनी स्प्रिंग की माफिक उछलती 'टॉप स्पिनर' द्वारा बल्लेबाजों को घबराते व आउट करते थे। वे एक आक्रामक गेंदबाज थे व यदा-कदा गुगली व लेग ब्रेक भी करते थे। सच पूछिए तो खुद उन्हें भी नहीं मालूम होता था कि उनकी कौन-सी गेंद क्या करेगी। वह कहर बरपाएगी या फिर सीमा रेखा के पार होगी! फिर भला बेचारे बल्लेबाजों की क्या बिसात? यदि बढ़िया टप्पा पड़ गया तो उनकी शामत और अगर ढीली गेंद मिल जाए तो बाउंड्री। कभी अर्श पर तो कभी फर्श पर वाला हिसाब था। मगर उन्होंने भारतीय स्पिन आक्रमण का विश्वव्यापी दबदबा स्थापित किया। अन्तर्राष्ट्रीय स्तर पर ही नहीं, राष्ट्रीय स्तर पर भी बल्लेबाज उनसे खौफ खाते रहे। 14 साल तक टेस्ट क्रिकेट में उनकी स्पिन कला का डंका बजता रहा और उनके समकालीन बल्लेबाज जितना उनसे डरते थे उतना दुनिया के किसी गेंदबाज से नहीं डरते थे। जब भी कोई सार्वकालिक महान भारतीय टीम चुनी जाएगी, एक 'फ्रीक' गेंदबाज के रूप में चन्द्रा का नाम उसमें ससम्मान शरीक होगा। अपनी तमाम खामियों व खूबियों के कारण ही वे अप्रत्याशित परिणाम दे पाए। और ऐसा एक 'जीनियस' अर्थात् अभूतपूर्व प्रतिभा-सम्पन्न व्यक्ति ही कर सकता है। जब तक वे सक्रिय रहे तब तक उनकी जोड़ का स्पिनर समूचे क्रिकेट जगत में नहीं था। उन्होंने अपना नाम तो किया ही, भारतीय क्रिकेट का भी मान बढ़ाया। वे जब तक खेले, भारतीय टीम की गेंदबाजी के ट्रंप कार्ड बने रहे। भले ही उन्होंने विकेट लिए अथवा नहीं लिए, हर मैच में उन्होंने बल्लेबाजों को आतंकित अवश्य किया। सौ, डेढ़ सौ व दो सौ रन बना लेनेवाला बल्लेबाज भी चन्द्रा के हाथ में गेंद आते ही डर व सहम जाता था तथा उसके पैर थरथराने लगते थे। क्रिकेट इतिहास में ऐसा दबदबा शायद ही कभी किसी स्पिनर का रहा हो। यदि एक बहुमूल्य एवं दुर्लभ

आभूषण की तरह उनका उपयोग दुर्लभ व विरले अवसरों पर ही किया गया होता, लगातार एक आम गेंदबाज की तरह नहीं तो शायद उनकी उपलब्धियाँ और अधिक व ज्यादा चमकदार होती।

चन्द्रशेखर, बेदी व प्रसन्ना ने ऐसे समय भारत का प्रतिनिधित्व किया जब भारत को दो नियमित व शुद्ध मध्यम तेज गेंदबाजों की सेवाएँ उपलब्ध नहीं थीं। यह समस्या तो 60 के दशक से ही थी और तब भी मनकड़ व गुप्ते को 5-10 ओवर बाद ही नई गेंद की चमक जमीन पर रगड़कर निकालना व गेंदबाजी करनी होती थी। परन्तु तब हजारे, रामचन्द, उमरीगर जैसे खिलाड़ी कुछ ओवर गेंदबाजी कर लेते थे। लेकिन 70 के दशक में आबिद अली का साथ जयसिम्हा, सोलकर व सूरती दिया करते थे। भारत को तीन स्पिनर खिलाने ही पड़ते थे और आमतौर पर चन्द्रा, बेदी व प्रसन्ना को ही वरीयता दी जाती थी तथा फिर वेंकटराघवन को लिया जाता था। चन्द्रशेखर ने भी नई गेंद से गेंदबाजी कर उसकी चमक मिटाने की जिम्मेदारी निभाई। यही कारण है कि इन चारों ने मिलकर अपनी धाक जमाई। उन्हें एकनाथ सोलकर, अजीत वाडेकर, आबिद अली व वेंकटराघवन जैसे चुस्त नजदीकी क्षेत्ररक्षकों का अच्छा सहयोग मिला—खासकर बेकवर्ड व फॉरवर्ड शॉर्ट लेग व सिली पॉइंट जैसे स्थानों पर हिम्मत के साथ खड़े रहकर इन क्षेत्ररक्षकों ने बेहतरीन कैच लपके।

जो गेंदबाज मास्टर ब्लास्टर रिचर्ड्स को अपना शिकार माने, उसके जलवे व स्वाभिमान का क्या कहना। कब उनकी कौन-सी गेंद कहाँ टप्पा खाएगी, कितनी स्पिन होगी, कितनी तेज आएगी और सीधी विकेट पर आएगी कि नहीं आएगी या फिर वह 'फुलटॉस', अथवा 'शार्ट पिच' या दिशाहीन रहेगी, कोई नहीं जानता था। खुद चन्द्रा भी नहीं।

(iii) श्रीनिवास राघवन वेंकटराघवन

21 अप्रैल 1945 को मद्रास में जन्मे वेंकटराघवन अपने छोटे नाम वेंकट के रूप में ही जाने जाते रहे। दाहिने हाथ के लोअर ट्रेजेक्ट्री से ऑफ स्पिन करानेवाले वेंकट भारत के ही अपने समकालीन ऑफ स्पिनर प्रसन्ना के प्रमुख प्रतिस्पर्धी रहे और इस कारण बहुत से मौकों पर दोनों ही को नुकसान हुआ क्योंकि बेदी व चन्द्रा के होते हुए दोनों को अन्तिम ग्यारह में खिलाया नहीं जा सकता था।

दरअसल प्रसन्ना व वेंकट दोनों ही दाहिने हाथ के ऑफ स्पिनर होने के बावजूद एक-दूसरे से भिन्न शैली के गेंदबाज थे। प्रसन्ना जहाँ गेंद को फ्लाइट करते थे व गेंद सिर के ऊपर से ढीले-से छोड़ते व इस कारण किसी भी तरह के विकेट पर अधिक स्पिन करा लेते थे, वेंकट कन्धे के पास से गेंद नीची रखकर अपेक्षाकृत अधिक गति से गेंद फेंकते थे और इस कारण उनकी गेंद में स्पिन भले ही प्रसन्ना से कम हो, सटीकता व नियन्त्रण बेहतर होता था।

अन्तर्राष्ट्रीय क्रिकेट में वेंकटराघवन का आगमन बड़े दिलचस्प तरीके से हुआ। न्यूजीलैंड की टीम के पहले भारत दौरे के एक दशक बाद न्यूजीलैंड की दूसरी टीम 1965 में भारत आई। दरअसल वह इंग्लैंड यात्रा के लिए जा रही थी। किन्तु भारत में वह 4 टेस्ट खेलने के लिए रुकी। हर टेस्ट चार दिन का था अत: मैच में हार-जीत के फैसले की कम ही सम्भावना थी। खासकर भारत के धीमे व घुमावदार विकेट पर चार दिन में टेस्ट मैच का फैसला होना तो मुश्किल ही था। किन्तु एक नए लड़के एस. वेंकटराघवन ने इतनी बढ़िया ऑफ स्पिन गेंदबाजी का प्रदर्शन किया कि भारत, दिल्ली में खेला गया अन्तिम टेस्ट जीत गया और उसी के साथ उस श्रृंखला पर भी उसका कब्जा हो गया। वेंकट इस तरह एकदम टेस्ट क्रिकेट में आए और अपने लाजवाब प्रदर्शन से हीरो बन गए। न्यूजीलैंड की 1965 की टीम उसकी 1955-56 की टीम से अधिक सुगठित, सन्तुलित व तगड़ी थी। जॉन रीड,

बर्ट सटक्लिफ, डाउलिंग, कांग्डन व टेलर जैसे बल्लेबाज व मोट्ज, कॉलिंग, मूली व पोलार्ड जैसे गेंदबाजों के कारण वह एक मजबूत टीम थी। साठ के दशक के मध्य में मंसूर अली खान पटौदी के सक्रिय नेतृत्व में भारत ने अनेक अन्तर्राष्ट्रीय सफलताएँ अर्जित की थीं। आस्ट्रेलिया को मुम्बई टेस्ट में पराजित कर भारत ने श्रृंखला में बराबरी की थी। और यह न्यूजीलैंड के भारत आने के कुछ माह पहले की ही घटना है अत: भारतीय टीम 'फार्म' में भी थी तथा उसका मनोबल भी ऊँचा था। जयसिम्हा, सरदेसाई, हनुमन्त सिंह, बोर्डे, इंजीनियर, मांजरेकर, दुर्रानी और सूरती के अलावा खुद पटौदी के कारण उसकी बल्लेबाजी तो मजबूत थी ही, उसमें गहराई भी थी। सूरती, दुर्रानी, नाडकर्णी, चन्द्रशेखर व वेंकटराघवन के कारण गेंदबाजी में न्यूजीलैंड जैसी विविधता भी थी और पैनापन भी। न्यूजीलैंड जैसी टीम को आसान विकेट पर चार दिन में दो बार आउट कर मैच जीतना आसान नहीं था। मगर वेंकट ने अपने पहली ही अन्तर्राष्ट्रीय श्रृंखला में जो कमाल किया वह काबिलेतारीफ था। मद्रास व कोलकाता टेस्ट के 'ड्रा' हो जाने के बाद मुम्बई टेस्ट यद्यपि दिलचस्प घटनाओं से ओत-प्रोत रहा लेकिन न्यूजीलैंड हारते-हारते बची और यह टेस्ट भी 'ड्रा'

हो गया। दिल्ली में खेले गए अन्तिम टेस्ट की पहली पारी में वेंकट ने अपनी ऑफ स्पिन के जादू से 72 रन देकर 8 विकेट लिए और दूसरी पारी में भी 4 विकेट लेकर चन्द्रा को अच्छा सहयोग दिया। वेंकट ने इस टेस्ट में 152 रन देकर 12 विकेट लिए और वे भारतीय जीत के प्रमुख शिल्पकार रहे। तभी लगा कि भारत के क्रिकेट क्षितिज पर एक नया सितारा उभरा है।

प्रसन्ना व वेंकटराघवन दोनों ही दाहिने हाथ से ऑफ स्पिन करानेवाले गेंदबाज होने के बावजूद परस्पर विरोधी शैली के गेंदबाज थे। प्रसन्ना जहाँ गेंद को ढीले से छोड़कर फ्लाइट कराते थे व इस कारण अधिक रन भी देते थे, वेंकट अधिक तेज व सटीक एवं किफायती किस्म की ऑफ ब्रेक फेंकते थे। उनकी गेंद में पैनापन भी था। दरअसल उनकी ऑफ स्पिन नियन्त्रित किस्म की थी। वे भी उस स्पिन चौकड़ी के महत्त्वपूर्ण सदस्य थे जिसकी स्पिन का डंका समूचे क्रिकेट जगत में बजता था और जो करीब एक दशक तक विश्वभर के बल्लेबाजों को परेशान, लाचार व असहाय साबित करते रहे।

वेंकट एक साहसिक व जुझारू किस्म के खिलाड़ी थे। उन्हें भारतीय टीम में ऑफ स्पिनर के रूप में जगह बनाने के लिए प्रसन्ना से तगड़ी प्रतिस्पर्धा करनी पड़ती थी। लेकिन वे लगातार अपनी गेंदबाजी में सुधार करते रहे और चूँकि वे एक उपयोगी बल्लेबाज व नजदीकी क्षेत्र के लाजवाब क्षेत्ररक्षक भी थे अत: टीम में उनकी उपयोगिता तो थी ही। इन गुणों के कारण उन्हें टीम में तरजीह दी जाती थी। वे अपना पहला टेस्ट खेले न्यूजीलैंड के खिलाफ 1964-65 में और आखिरी टेस्ट खेले 1983-84 में पाकिस्तान के खिलाफ। इस तरह उनका टेस्ट जीवन 19 साल लम्बा रहा जो कि भारतीय टेस्ट खिलाड़ियों के सर्वाधिक लम्बे खेल जीवनों में शुमार रहा। वे इस बीच चुस्त, दुरुस्त व शारीरिक रूप से सक्षम बने रहे।

अपनी पहली ही श्रृंखला के चार टेस्ट मैचों में 21 विकेट लेकर उन्होंने प्रभावी असर छोड़ा। उन्हें मिलाकर जैसे ही भारतीय स्पिन कला की चौकड़ी पूरी हुई यह विडम्बना भी सामने आई कि प्रसन्ना के टीम में होते वेंकट का टीम में स्थान पाना मुश्किल है। बेदी व चन्द्रा तो थे ही और वे दोनों अलग किस्म के स्पिनर थे जबकि प्रसन्ना व वेंकट दोनों ही दाहिने हाथ के ऑफ स्पिनर थे। अत: टीम में उनमें से एक बार में एक ही खेल सकता था। परन्तु जब भी उन्हें टीम में लिया गया व जब भी वे खेले उन्होंने अपनी उपस्थिति प्रभावशाली तरीके से दर्ज करवाई। 1970-71 का स्मरण कीजिए जब वेस्टइंडीज के दौरे पर गई भारतीय टीम के साथ गए वेंकट ने पोर्ट ऑफ स्पेन टेस्ट में 95 रनों पर 5 विकेट लेकर भारतीय टीम की जीत में महत्त्वपूर्ण भूमिका निभाई थी। 1971 भारतीय टीम का रबर वर्ष साबित हुआ और उस साल भारत ने पहले वेस्टइंडीज को वेस्टइंडीज में व फिर इंग्लैंड को इंग्लैंड में पराजित कर नया इतिहास रचा। तब वेंकट भारतीय टीम के उप-कप्तान तो थे ही, उन्होंने उन 8 टेस्ट मैचों में 35 विकेट लेकर अपनी ऑफ स्पिन कला की अमिट

छाप छोड़ी।

प्रसन्ना उनसे 3 साल वरिष्ठ थे। वे उनसे पहले से भारतीय टीम में थे और स्थापित भी हो चुके थे तथा सफलतापूर्वक प्रदर्शन भी कर रहे थे। अतः उन्हें हटा कर तो वेंकट को लिया नहीं जा सकता था। पहले से खेल रहे व स्थापित खिलाड़ी की वजह से नए प्रतिभावान खिलाड़ियों को टीम में आने में कठिनाई होती ही है–विशेषकर तब जब वे दोनों एक ही विधा के व शैली के नुमाइन्दे हों। यही दिक्कत वेंकट को भी आई। उन्हें भी रुककर मौके का इन्तजार करना पड़ा। 70 के उत्तरार्ध में जब स्पिन चौकड़ी टूटी और 1979 तक जब चन्द्रशेखर व प्रसन्ना दोनों ही टेस्ट क्रिकेट से निवृत्त हो गए तो वेंकटराघवन भारतीय टीम के अभिन्न सदस्य बने। उन्होंने 1975 व 1979 की विश्वकप स्पर्धा में भारतीय टीम का नेतृत्व किया और 1979 में इंग्लैंड के दौरे पर गई भारतीय टीम की कप्तानी भी की। 1980 के आते-आते उन्हें भारतीय टीम में से अपना स्थान गँवाना पड़ा और तब जबकि सभी मान चुके थे कि उनका खेल जीवन समाप्त हो चुका है 1983 में वेंकट ने भारतीय टीम में वापसी की। उन्हें 1983 में वेस्टइंडीज के दौरे पर गई भारतीय टीम में चुना गया। वे 1983-84 में पाकिस्तान के दौरे पर गई भारतीय टीम के साथ भी गए पर उल्लेखनीय कुछ नहीं कर पाए और 1983-84 के दौरे का जालन्धर टेस्ट उनका अन्तिम टेस्ट साबित हुआ।

वेंकटराघवन ने 1964-65 से लेकर 1983-84 के बीच 57 टेस्ट खेले और 14877 गेंदों पर 5634 रन देकर 36.11 की औसत से 156 विकेट लिए। उन्होंने 1 बार मैच में 10 तथा 3 बार पारी में 5 विकेट लिए। एकदिवसीय मुकाबले में उनके नाम पर 15 मैचों में 868 गेंदों पर 542 रन देकर सिर्फ 5 विकेट हैं। वेंकट का प्रथम श्रेणी एवं रणजी ट्रॉफी खेल जीवन भी प्रभावशाली रहा तथा घरेलू क्रिकेट में भी उनकी गेंदबाजी असरदार रही। उनका प्रथम श्रेणी क्रिकेट जीवन 21 साल का रहा और उन्होंने 341 प्रथम श्रेणी मैचों में 83696 गेंदों पर 33568 रन देकर 24.14 की औसत से 1390 विकेट लिए जिनमें 21 बार मैच में 10 तथा 85 बार पारी में 5 विकेट शरीक थे। सीमित ओवर के मैचों में उन्होंने 71 मैचों में 2262 रन देकर 64 विकेट लिए। रणजी ट्रॉफी में तमिलनाडु का प्रतिनिधित्व करते हुए उन्होंने 26760 गेंदों पर 9664 रन देकर 18.33 की औसत से 530 विकेट लिए और वे रणजी में सर्वाधिक 640 विकेट लेनेवाले राजेन्द्र गोयल के बाद तालिका में दूसरे क्रम पर हैं। 1985 में वे प्रथम श्रेणी क्रिकेट से भी निवृत्त हो गए किन्तु क्रिकेट से लगातार जुड़े रहे। वे क्रिकेट प्रशासक भी रहे, चयनकर्ता भी, भारतीय टीम के मैनेजर भी और अम्पायर भी। उन्होंने 73 टेस्ट मैचों व 52 एकदिवसीय मैचों में अम्पायरिंग की और वे आई. सी. सी. के अम्पायर पैनल में भी रहे। उन्हें अम्पायर के तौर पर वही सम्मान मिला जो इंग्लैंड के डेविड शेफर्ड को मिलता रहा। मार्च 2004 में वे अम्पायरिंग से भी निवृत्त हो गए।

(iv) बिशन सिंह बेदी

कभी बिशन सिंह और बी. एस. बेदी के नाम से जाने जानेवाले बिशन सिंह बेदी एक जीते-जागते किंवदन्ती हैं। उनका सम्पूर्ण क्रिकेट जीवन हैरतअंगेज प्रदर्शनों और स्वप्निल उपलब्धियों से भरपूर रहा है। आप जरा उनके बचपन के दिनों पर गौर करें तो पाएँगे कि सिर्फ 15 साल की उम्र में वे उत्तरी पंजाब के लिए रणजी ट्रॉफी में खेले और अगले ही वर्ष 16 की उम्र में उन्होंने 2 रणजी मैचों में 15 विकेट लिए जिनमें से 11 विकेट तो दिल्ली के खिलाफ थे जो कि एक मजबूत टीम थी और उत्तर क्षेत्र की रणजी चैम्पियन थी। 17 की उम्र में वे उत्तर क्षेत्र की तरफ से प्रवासी माइक स्मिथ की एम. सी. सी. टीम के खिलाफ खेले व उन्होंने बोलस व शार्प को आउट किया। उसी साल उन्होंने 3 रणजी मैचों में 19 विकेट लिए। 1965 में उन्होंने 4 रणजी मैचों में 27 विकेट लिए। तब क्रिकेट समीक्षकों को विश्वास हो गया कि बेदी कोई मामूली वामहस्त स्पिनर नहीं हैं। उनकी साल-दर-साल की तेज प्रगति यह साबित करने के लिए पर्याप्त थी कि उनमें कुछ खास है यानी असाधारण प्रतिभा है। उसी वर्ष मध्यक्षेत्र के खिलाफ दलीप ट्रॉफी मैच में उन्होंने उत्तर क्षेत्र के लिए 57 रन देकर 4 विकेट लिए जिनमें हनुमन्त सिंह व दुर्रानी जैसे विख्यात खिलाड़ियों के विकेट भी थे। उन्हीं दिनों एक दूसरे वामहस्त स्पिनर का नाम भी तेजी से उभर रहा था और वे थे राजेन्द्र गोयल जो दिल्ली के लिए प्रभावशाली गेंदबाजी कर रहे थे और विकेट लेने के कारण सुर्खियों में थे। तब प्रसिद्ध कमेंट्रीकार देवराज पुरी ने तो साफ तौर पर गोयल की तरफदारी करते हुए कहा था कि बेदी की बजाय राष्ट्रीय टीम के लिए गोयल को तैयार किया जाना चाहिए। दो अच्छे व प्रतिभावान और एक ही विधा तथा शैली के खिलाड़ियों के एक ही समय पर खेलते रहने के कारण अकसर ऐसी स्थिति बनती है जब कुछ लोग यदि एक का समर्थन करते हैं तो अन्य लोग दूसरे का। ऐसे में जो पहले टीम में जगह पा लेता है व अच्छा प्रदर्शन करता है तो दूसरे को अवसरों से वंचित रह जाना पड़ता है। उसे तब तक इन्तजार करना पड़ता है जब तक स्थापित व पहले से खेल रहा खिलाड़ी असफल या अनफिट न हो। और कभी-कभी तो यह प्रतीक्षा इतनी लम्बी हो जाती है कि प्रतीक्षा करनेवाले की सारी उम्र इन्तजार में ही गुजर जाती है। बेदी की सफलता व गोयल का इन्तजार इसका जीता-जागता उदाहरण है।

बेदी का शानदार प्रदर्शन करने का सिलसिला 1965-66 के मौसम में भी कायम रहा। लेकिन अगले वर्ष के प्रारम्भ में बेदी को उत्तर भारत के अलावा और कहीं कोई नहीं जानता था। जब वेस्टइंडीज की टीम भारत आई तो बेदी को उसके खिलाफ संयुक्त विश्वविद्यालय की टीम में चुना गया। वे खेले तो, परन्तु उन्हें कोई विकेट नहीं मिला। इसके एक माह पहले ही दलीप ट्रॉफी मैच में दक्षिण क्षेत्र के बल्लेबाजों ने बेदी की अच्छी धुनाई की थी और उन्होंने 123 रन देकर 2 विकेट लिए थे जो

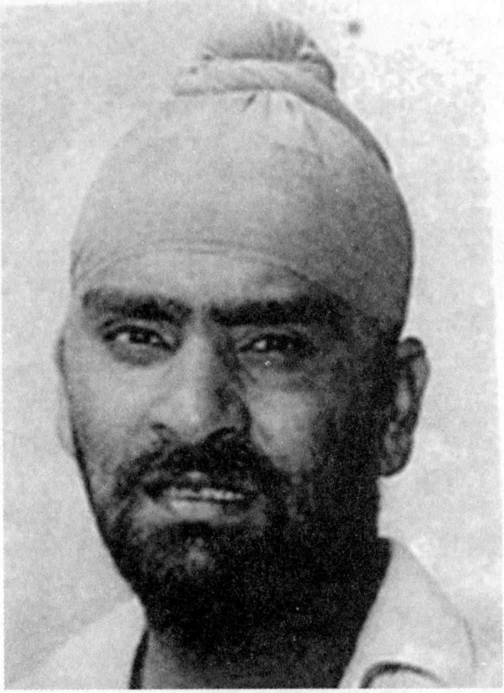

कि एक महँगा सौदा था। इसके बावजूद जब उन्हें प्रधानमन्त्री एकादश टीम में प्रवासी टीम के खिलाफ फिरोजशाह कोटला मैदान के निर्जीव विकेट पर खेलने के लिए चुना गया तो लोगों को ऐसा लगा कि अधिक अनुभवी कुमार व प्रसन्ना के सामने भला 20 वर्षीय बेदी क्या टिक पाएँगे। लेकिन मैच शुरू होने व बेदी के आक्रमण पर लगाए जाने के बाद स्थिति ही बदल गई। बेदी की धारदार लेफ्टआर्म स्पिन व विविधता के आगे वेस्टइंडीज के बल्लेबाज धराशायी होते गए और बेदी ने 51 ओवर में 139 रन देकर 6 विकेट चटका दिए। निस्सन्देह यह एक उच्चस्तरीय प्रदर्शन था अतः चयनकर्ताओं ने उन्हें कोलकाता टेस्ट के लिए चुन लिया। तब परम्परावादी व कम उम्र में नए खिलाड़ियों को खिलाने की मुखालफत करनेवाले कुछ समीक्षकों की राय थी कि ऐसा करके चयनकर्ताओं ने भेड़ियों के आगे मेमने को शिकार के लिए असहाय छोड़ दिया है। बेदी ने अपने पहले ही टेस्ट के पहले ही दिन दिखा दिया कि वे अलग किस्म के इनसान हैं और अलग ही तरह की मिट्टी के बने हैं। दर्शक दीर्घा से बैठने पर बेदी की गेंदें धीमी व आसान नजर आतीं। लोग हैरान थे कि आखिर इतनी आसान लग रही गेंदों को बल्लेबाज चौकों व छक्कों के लिए क्यों नहीं मार रहे हैं? बेचारे बल्लेबाज ही जानते थे कि माजरा क्या है? दरअसल

वे समझ ही नहीं पा रहे थे कि बेदी की गेंदों को कैसे खेला जाए। वे जीवन व मरण के बीच संघर्ष कर रहे थे। स्मरण रहे कि इसके पहले कभी बेदी ने टेस्ट मैच देखा तक नहीं था। मगर अपने पदार्पण टेस्ट में ही वे बल्लेबाजों पर हावी थे। हंट, कन्हाई, बुचर व लॉयड जैसे बल्लेबाज उनके सामने लड़खड़ा रहे थे। लोगों को तब एकदम वीनू मनकड़ की याद ताजा हो गई। दोनों ही का छोटा-सा रनअप था, दोनों ही गेंद फेंकने के लिए ऐसे आते थे मानो बड़े आलसी हों, हाथ घुमाते समय एक जैसी ही लय व अर्ध गोलाकार घेरा और एक जैसा फॉलो थ्रू। और दोनों ही के सामने बेचारे बल्लेबाजों की फजीहत। ऐसा लगता था मानो सभी बल्लेबाज नौसिखिए हों।

बेदी अकसर स्लिप, गली, सिली मिड ऑफ, सिली मिड ऑन, शॉर्ट लेग व बेकवर्ड शॉट लेग रखकर गेंदबाजी करते थे। इस तरह के क्षेत्ररक्षण की जमावट कोई आक्रामक गेंदबाज ही कर सकता है। वे भारत के सर्वाधिक गेंदबाजी करनेवाले गेंदबाज रहे हैं। वे प्रति शृंखला औसतन 20 से 30 विकेट लेते रहे। 1977 में आस्ट्रेलिया के खिलाफ 5 टेस्ट मैचों में उनके 23.87 की औसत से 31 विकेट लेफ्टआर्म स्पिन के जादू का नायाब प्रदर्शन था।

बेदी की गेंद यद्यपि बहुत 'टर्न' तो नहीं होती थी लेकिन जब उन्हें विकेट से जरा-सी भी मदद मिलती थी तो वे बेहद खतरनाक गेंदबाज हो जाते थे। उनके समकालीन इंग्लैंड के बाएँ हाथ के स्पिनर अंडरवुड गीले विकेट पर उनसे ज्यादा खतरनाक भले ही लगते हों वास्तविकता यह है कि सभी तरह के विकेट पर—अच्छे अथवा खराब, सहायक या बेजान—बेदी अपने समय के श्रेष्ठ लेफ्टआर्म स्पिनर थे। ऐसा लगता था जैसे मनकड़ का पुनरागमन हुआ है व वे साफा या फेंटा बाँधकर गेंदबाजी कर रहे हैं।

बेदी का आत्मविश्वास गजब का था। उन्हें अपनी गेंदबाजी क्षमता पर पूरा भरोसा था। इसका सबसे बड़ा कारण यही था कि वे टीम में अपने स्थान के प्रति पूरे आश्वस्त थे। टीम में अपना स्थान पक्का होने के कारण ही उन्हें उनसे वरिष्ठ प्रसन्ना के होते हुए टीम का कप्तान बनाया गया था। भारत वेंकट व प्रसन्ना के बिना तो टेस्ट खेला पर जब तक बेदी खेले ऐसा कभी नहीं हुआ जब भारतीय टीम उनके बिना कोई टेस्ट खेली हो। 1968 से लेकर 1974 तक लगातार 6 वर्ष में वे 30 टेस्ट में खेले और इसके बाद अनुशासनात्मक कार्यवाही के कारण एक टेस्ट में टीम के बाहर रहे। लेकिन कभी बीमारी या चोट के कारण उन्होंने कोई टेस्ट नहीं छोड़ा।

वेस्टइंडीज के खिलाफ अपनी पहली सफल टेस्ट शृंखला के बाद बेदी 1967 में इंग्लैंड के दौरे पर गए। क्रिकेट पंडितों ने उनकी सटीकता व विविधता की तारीफ में कसीदे पढ़े। और उन्हें 'दूसरा मनकड़' निरूपित किया। टेस्ट शृंखला व दौरे दोनों में वे गेंदबाजी में तीसरे क्रम पर रहे। तीसरे टेस्ट में उन्होंने जिस तरह बॉयकाट को स्टम्प करवाया वह अद्भुत था। इसके बाद आस्ट्रेलिया प्रवास में तो वे इतने कामयाब

नहीं रहे लेकिन न्यूजीलैंड के धीमे विकेट पर उन्होंने 4 टेस्ट कीशृंखला में 16 विकेट जरूर लिए। लेकिन 1969-70 में जब न्यूजीलैंड व आस्ट्रेलिया की टीमें भारत के दौरे पर आईं तो दोनों घरेलू शृंखलाओं में उन्होंने प्रभावी प्रदर्शन किया। 3 टेस्ट में न्यूजीलैंड के खिलाफ जहाँ उन्होंने 15 विकेट लिए वहीं आस्ट्रेलिया के खिलाफ 5 टेस्ट में 21; इस तरह दो शृंखलाओं के 8 टेस्ट में उन्होंने 36 खिलाड़ियों को आउट किया। अब तक वे परिपक्व व अनुभवी हो चुके थे और उनका अपनी स्पिन, फ्लाइट, लम्बाई, दिशा व चतुराई से बल्लेबाज को धोखा देने की कला में पूरा नियन्त्रण हो गया था। आस्ट्रेलियाई बल्लेबाज स्पिन को खेलने में माहिर रहे हैं लेकिन शृंखला समाप्ति के बाद तक कोई भी आस्ट्रेलियाई बल्लेबाज उनको ठीक से खेल पाने की स्थिति में नहीं था। वाल्टर्स को उन्होंने 7 में से 5 बार आउट किया। लॉरी व बेदी के बीच कोलकाता टेस्ट की प्रतिद्वन्द्विता भी दिलचस्प थी। लॉरी रोककर सुरक्षात्मक शैली से खेलते रहे और उन्होंने 'क्रीज' से बाहर निकलने के लालच को नियन्त्रित किया। आखिर उनका धैर्य भी जवाब दे गया और वे शॉर्ट लेग पर खड़े सोलकर को कैच थमा बैठे। बेदी ने उस पारी में 98 रनों पर 7 विकेट लिए। प्रसन्ना खराब फार्म में थे अत: बेदी को ही गेंदबाजी का भार ढोना पड़ा। वे गेंदबाजी में अव्वल स्थान पर रहे।

1971 का, पहले वेस्टइंडीज व फिर इंग्लैंड का दौरा भी उनके लिए महत्त्वपूर्ण रहा और इन दौरों से उनकी साख बढ़ी। वे गेंदबाजी की प्रमुख धुरी थे और दोनों ही शृंखलाओं में महत्त्वपूर्ण गेंदबाज रहे। उन्होंने वेस्टइंडीज के खिलाफ 5 टेस्ट मैचों में 43 की औसत से 15 विकेट लिए जो कि महँगा जरूर था, मगर यह भी ध्यान में रखा जाना जरूरी है कि उन्हें प्रसन्ना के घायल होने के कारण उस शृंखला में 310.3 ओवर डालने पड़े थे। इंग्लैंड में उन्हें 29 की औसत से टेस्टशृंखला में 11 विकेट मिले। मगर सभी समीक्षकों ने उनकी तारीफ में वही कहा जो वे 25 साल पहले मनकड़ की तारीफ में कह चुके थे कि बेदी अपनी शैली के विश्व के श्रेष्ठ स्पिनर हैं। इंग्लैंड की टीम जब भारत के दौरे पर आई तो बेदी अपने श्रेष्ठ फार्म में थे। भारतीय टीम के कप्तान अजीत वाडेकर ने उनसे खूब गेंदबाजी करवाई। 5 टेस्ट की शृंखला में बेदी ने 372.5 ओवर गेंदबाजी की जो किसी भी भारतीय गेंदबाज का सर्वाधिक ओवरों का कीर्तिमान था। उन्होंने मनकड़ के कीर्तिमान को भंग किया जो मनकड़ ने उनसे 13 गेंद कम फेंककर स्थापित किया था। बेदी ने 5 टेस्ट में 25 विकेट लिए और साथ ही अपने 28वें टेस्ट में 100 टेस्ट विकेट भी पूरे किए। 1974 के त्रासदीपूर्ण इंग्लैंड दौरे में भी बेदी ने अच्छा प्रदर्शन किया और उस शृंखला में इंग्लैंड के जो 24 विकेट गिरे उनमें से 10 विकेट बेदी को मिले। दौरे में प्रसन्ना व वेंकटराघवन की असफलता तथा चन्द्रशेखर के चोटिल होने से बेदी पर ही गेंदबाजी का अधिक भार रहा जो उन्होंने सफलतापूर्वक निभाया भी। पर वे अकेले उस संकटपूर्ण स्थिति से पार नहीं पा सकते थे। दौरे से लौटते ही बेदी को बोर्ड

अधिकारियों के सामने पेश होना पड़ा। इंग्लैंड में किसी अनधिकृत टेलीविजन साक्षात्कार के लिए उन्हें अनुशासनहीनता का दोषी पाया गया। समझा जाता है कि उसमें बेदी ने बोर्ड के खिलाफ कुछ अपमानजनक टिप्पणी की थी। लेकिन सच्चाई का पता ही नहीं चल पाया और बेदी को वेस्टइंडीज के खिलाफ पहले टेस्ट में टीम से बाहर कर दिया गया व भारत वह टेस्ट हार गया। शेष टेस्ट मैचों के लिए उन्हें फिर टीम में लिया गया और उनमें बेदी ने 15 विकेट लिए। 1975 के पहले प्रूडेंशियल विश्व कप में खेलने जा रही भारतीय टीम में बेदी का चुनाव होना ही था। लेकिन उन्हें नहीं लिया गया और पहले ही मैच में भारत इंग्लैंड से बुरी तरह हारा। लेकिन पूर्वी अफ्रीका व न्यूजीलैंड के खिलाफ खेले जानेवाले मैचों में बेदी को खिलाया गया और उनकी गेंदबाजी का विश्लेषण था क्रमशः 12-8-6-1 और 12-6-28-1, इससे जाहिर है कि बेदी के न होने का खामियाजा कितना महँगा पड़ा।

1975-76 के मौसम के लिए भारतीय टीम के नए कप्तान का चुनाव होना था। बेदी को श्रीलंका के खिलाफ 3 मैचों की श्रृंखला के लिए कप्तान बनाया गया और भारत 2-0 से जीता। उन्होंने 22 विकेट लिए। 1976 के न्यूजीलैंड व वेस्टइंडीज दौरे के लिए बेदी की कप्तानी बरकरार रही। और वे गुलाम अहमद के बाद भारत के पहले गेंदबाज कप्तान बने। न्यूजीलैंड के खिलाफ आकलैंड टेस्ट में तो वे नहीं खेले; शेष दो टेस्ट मैचों में खेले जिनमें से एक में भारत हारा व एक 'ड्रा' रहा। वेस्टइंडीज में भी भारत पहला टेस्ट बुरी तरह हारा। दूसरा 'ड्रा' रहा। बेदी को जीत का बेसब्री से इन्तजार था। तीसरे टेस्ट में वह जीत मिली और मिली भी इस अन्दाज में कि वह ऐतिहासिक व स्वर्णिम बन गई। वह भारतीय टीम की पहली सबसे बड़ी सफलता थी। भारतीय बल्लेबाजों ने आखिरी पारी खेलते हुए 4 विकेट पर 406 रनों का बड़ा लक्ष्य प्राप्त करते हुए वह टेस्ट 6 विकेट से जीता। क्रिकेट पंडितों ने यद्यपि बेदी की कप्तानी की आलोचना की और कहा कि उनके गेंदबाजी परिवर्तन ठीक नहीं थे तथा उनके क्षेत्ररक्षण की जमावट भी त्रुटिपूर्ण थी और उन्होंने खुद बहुत ज्यादा गेंदबाजी की। लेकिन भारत की पूरी टीम बेदी के साथ एकजुट होकर खड़ी रही और यही उनकी सबसे बड़ी सफलता थी कि उन्होंने टीम को एकता के मजबूत गठबन्धन में बाँधे रखा। पोर्ट ऑफ स्पेन टेस्ट उनके जीवन का यादगार टेस्ट रहा क्योंकि इसी टेस्ट में वे भारत के सर्वाधिक टेस्ट विकेट लेनेवाले गेंदबाज बन गए। अपने 44वें टेस्ट मे उन्होंने यह करिश्मा किया और 17 साल पहले के मनकड़ के 163 विकेट के कीर्तिमान को खंडित किया। न्यूजीलैंड के खिलाफ घरेलू श्रृंखला में उन्होंने अपनी बल्लेबाजी में सुधार किया। इसके पहले उनका सर्वाधिक टेस्ट स्कोर 30 था। मुम्बई टेस्ट में उन्होंने 36 रन बनाए तो कानपुर टेस्ट में 50 नाबाद और 13 की औसत से श्रृंखला में 22 विकेट लिए।

अगले ही वर्ष आस्ट्रेलिया के खिलाफ उनका प्रदर्शन लाजवाब रहा। उनके पहले लेफ्टआर्म स्पिनर आस्ट्रेलिया में कम ही सफल हो पाए थे। वेरिटी, वेलेंटाइन व

मनकड़ को भी वहाँ के सख्त विकेट रास नहीं आए थे। इंग्लैंड के खिलाफ 19 टेस्ट में 78, न्यूजीलैण्ड के खिलाफ 12 टेस्ट में 57, आस्ट्रेलिया के खिलाफ 12 टेस्ट में 56 व वेस्टइंडीज के खिलाफ 18 टेस्ट में 62 विकेट लेकर बेदी इन ताकतवर क्रिकेट देशों के खिलाफ 50 से ज्यादा विकेट लेनेवाले विश्व के एकमात्र गेंदबाज थे। बेदी जहाँ न्यूजीलैंड के खिलाफ भारत के सबसे ज्यादा टेस्ट विकेट लेनेवाले गेंदबाज हैं तो चन्द्रशेखर ने यह करिश्मा इंग्लैंड के खिलाफ किया है और प्रसन्ना ने आस्ट्रेलिया के खिलाफ।

1978 के पाकिस्तान के दौरे पर भी बेदी ही भारत के कप्तान थे। मुश्ताक मोहम्मद पाकिस्तान के कप्तान थे। संयोग से दोनों ही स्पिनर थे। बेदी बाएँ हाथ के स्पिनर थे तो मुश्ताक मोहम्मद दाहिने हाथ के लेग स्पिनर। दौरे के पहले से ही कहा जा रहा था कि वह दौरा बेदी के लिए बतौर कप्तान व बतौर स्पिन गेंदबाज दोनों ही दृष्टि से चुनौतीपूर्ण होगा। उनकी सर्वाधिक टेस्ट विकेट लेनेवाले स्पिनर की प्रतिष्ठा भी दाँव पर थी। लेकिन जब उनकी टीम तीन टेस्ट में से 2 टेस्ट लगातार हार गई तो उनकी कप्तानी पर सवाल उठने लगे। लोगों की राय थी कि वे दोनों मैच थोड़ी चतुराईपूर्ण कप्तानी व रक्षात्मक गेंदबाजी एवं क्षेत्ररक्षण द्वारा बचाए जा सकते थे। दौरे के बाद बेदी को हटाकर गावस्कर को कप्तान बना दिया गया। बेदी को पाक दौरे में 75 की औसत से 6 विकेट मिले जिससे स्पष्ट है कि पाक बल्लेबाजों ने क्रीज से निकलकर उनकी गेंदों की धुनाई की। वेस्टइंडीज के खिलाफ घरेलू श्रृंखला के पहले व दूसरे टेस्ट में तो बेदी को खिलाया गया किन्तु तीसरे में उन्हें बाहर कर दिया गया। 12 साल में यह पहला मौका था जब बेदी को टेस्ट टीम से बाहर किया गया।

बेदी के स्थान पर लिए गए नए व युवा स्पिनर जब सफल नहीं हो पाए तो बेदी को फिर से टीम में लिया गया। भारत के इंग्लैंड दौरे में बेदी टीम के साथ थे। लेकिन 1979 का ओवल टेस्ट उनका आखिरी टेस्ट साबित हुआ। बेदी ने 1966-67 से लेकर 1979 तक 13 साल लम्बे टेस्ट जीवन में 67 टेस्ट में 21364 गेंदें डालकर 7637 रन दिए और 28.71 की औसत से 266 विकेट लिए। कुम्बले के पहले बेदी ही भारत के सर्वाधिक टेस्ट विकेट लेनेवाले स्पिनर थे और कपिल के पहले सर्वाधिक टेस्ट विकेट लेनेवाले गेंदबाज भी बेदी ही थे। उन्होंने 1 बार मैच में 10 तथा 14 बार पारी में 5 विकेट लिए। एकदिवसीय अन्तर्राष्ट्रीय मैचों में उन्होंने 10 मैचों में 590 गेंदों पर 340 रन देकर 48.57 की औसत से 7 विकेट लिए। उनका प्रथम श्रेणी क्रिकेट जीवन 1961-62 से लेकर 1980-81 तक 19 साल का रहा और उन्होंने 370 मैचों में 90354 गेंदों पर 33843 रन देकर 21.69 की औसत से 1560 विकेट लिए जिनमें 20 बार मैच में 10 तथा 106 बार पारी में 5 विकेट शरीक हैं। सीमित ओवर के मैचों में उनके खाते में 71 मैचों में 3686 गेंदों पर 2087 रन देकर 29.39 की औसत से 71 विकेट हैं। रणजी ट्रॉफी में उत्तरी पंजाब व

दिल्ली की टीमों का प्रतिनिधित्व करते हुए बेदी ने 17496 गेंदों पर 6072 रन देकर 15.10 की औसत से 402 विकेट लिए और वे राष्ट्रीय स्तर पर भी उतने ही सफल, घातक व खतरनाक स्पिन गेंदबाज साबित हुए जितने कि वे अन्तर्राष्ट्रीय स्तर पर रहे थे।

बेदी पूरी क्षमता से अपना सौ फीसदी टीम को अर्पित करनेवाले एक साहसिक खिलाड़ी रहे। एक ही एक्शन से वे किस तरह अपनी स्पिन, फ्लाइट, लूप व रफ्तार में विविधता रख पाते थे यह वाकई आश्चर्यजनक था। वे इतने दिलेर स्पिनर थे कि अपनी गेंदों को हवा में पर्याप्त ढीला छोड़कर बल्लेबाज को आगे बढ़कर प्रहार करने के लिए ललचाते थे व उसे गच्चा देकर आउट करते थे। वे नार्थैंपटनशायर के लिए काउंटी क्रिकेट भी खेले। उनकी आर्मर व सीधी आनेवाली गेंदें ही उनको अधिकांश विकेट दिलानेवाली गेंदें साबित हुईं। वे मुँहफट व बेबाक इनसान थे और कभी कोई गलत बात सहन नहीं कर पाते थे। 1976-77 में उन्होंने इंग्लैंड के बाएँ हाथ के मध्यम तेज गति के गेंदबाज जॉन लीवर की गेंद पर वेसलीन लगाने की शिकायत की और 1976 में वेस्टइंडीज की आतंकित व घायल करनेवाली तेज गेंदबाजी के खिलाफ किंग्स्टन टेस्ट की दूसरी पारी विरोध-स्वरूप घोषित की और 1990 में जब वे भारतीय टीम के कोच थे तो पूरी टीम को समुद्र में डुबाने का वक्तव्य दिया। अपने इसी स्वभाव के कारण वे क्रिकेट जगत में विवादास्पद बने रहे। जब बेदी पंजाब के कोच थे तो उन्होंने मध्य प्रदेश के खिलाफ पहली पारी में बढ़त लेने के बावजूद अपने बल्लेबाजों को लंच न लेने की हिदायत दी। जब उन्होंने बल्लेबाजी कर रहे गुरुशरण को हाथ में प्लेट लिए देखा तो तत्काल डाँटकर उनसे प्लेट रखवा दी। दरअसल बेदी क्रिकेट के प्रति समर्पित रहे हैं व उनका उसके प्रति उत्साह देखते ही बनता है और चूँकि वे भावुक व्यक्ति हैं अत: जब भी खेल में कहीं कुछ अनुचित देखते हैं तो तल्ख टिप्पणी करने से खुद को रोक नहीं पाते। यही कारण है कि दुनियादारी में होशियार लोग उनसे असहमत होते रहे हैं। मगर बेदी का जो नजरिया था वही अभी भी है। उन्होंने कभी इस बात की परवाह नहीं की कि अन्य लोग उनके बारे में क्या सोचते हैं। उन्हें जब जो ठीक लगा उन्होंने उसे खूबी से सराहा और जब भी कुछ अनुचित लगा उसकी दो टूक शब्दों में आलोचना की। मुरलीधरन को वे चकर मानते हैं और कहते हैं कि उनके सभी विकेट रन आउट की श्रेणी में लिए जाने चाहिए।

यदि मनकड़ 50 के दशक के विश्व के श्रेष्ठ लेफ्टआर्म स्पिनर थे तो 70 व 80 के दशक में यही स्थान बेदी का था। बेदी मानते थे कि अधिक स्पिन कराने से ज्यादा जरूरी है स्पिन पर नियन्त्रण रख पाना। अधिक स्पिन करानेवाला बल्लेबाज को बीट तो कर सकता है पर आउट नहीं कर सकता क्योंकि हर बार अधिक स्पिन के कारण गेंद के स्टम्प के बाहर निकलने की सम्भावना रहती है। परन्तु अपनी स्पिन को नियन्त्रित करनेवाला अकसर बल्लेबाज को आउट करने में कामयाब होता है।

उसकी गेंद स्टम्प पर ही आती है अतः बल्लेबाज उसे खेलने के लिए मजबूर होता है। और जो गेंदबाज बल्लेबाज को जितना अधिक खिलाएगा, उसके द्वारा उसे आउट करने की उतनी ही अधिक सम्भावना बनेगी।

बेदी साफ-साफ कहते हैं कि भारत को शुरू से अभी तक जितने अधिक टेस्ट मैच स्पिन गेंदबाजों ने जितवाए हैं उतने मध्यम तेज गति के गेंदबाजों ने नहीं जितवाए। यह कहना कि हम अच्छे मध्यम तेज गति के गेंदबाज इसीलिए तैयार नहीं कर पाते क्योंकि हमारे विकेट धीमे हैं पूरी तरह सही नहीं है। आखिर इमरान खान, इयान बॉथम, बॉब विलिस, मैल्कम मार्शल व माइकल होल्डिंग जैसे विश्व के तेज व मध्यम तेज गेंदबाजों ने भारत की गेंद पट्टियों पर खेलकर विकेट लिए ही हैं। बेदी यह भी नहीं मानते कि भारतीयों में मारक क्षमता का अभाव है। यदि वाकई ऐसा होता तो हमारे देश में दंगों में इतने अधिक लोग भला क्यों मारे जाते? बेदी की मान्यता है कि भारत में मध्यम तेज गेंदबाज इसलिए तैयार नहीं हो पाते क्योंकि यह काम बेहद मुश्किल और मेहनत का है। इसके लिए मजबूत इच्छाशक्ति और इरादा चाहिए। यह बेहद थकान भरा काम है। अतः शरीर को पूरी तरह थकाने की क्षमता जरूरी है और अधिकांश भारतवासी इतना कड़ा परिश्रम करने के लिए तैयार ही नहीं हैं। कपिलदेव के बारे में भी वे कहते हैं कि कपिल भी स्वाभाविक रूप से तेज गेंदबाज नहीं थे। वे मेहनत व अभ्यास के दम पर मध्यम तेज गेंदबाज बने। 1979 में माइक ब्रेयर्ली ने कपिल को देखकर कहा था कि वे इंग्लैंड की किसी भी काउंटी टीम में तीसरे सीमर का स्थान लेने के काबिल हैं। लेकिन यदि कपिल हेडली के 431 विकेट का कीर्तिमान तोड़कर 434 विकेट ले पाए तो यह उनके मजबूत इरादे व मेहनत करने की क्षमता का ही परिणाम था। बेदी बोर्ड की आलोचना करते रहने के कारण भी बोर्ड की नाराजगी भुगतते रहे हैं। मगर वे अपनी आदत से मजबूर हैं। आलोचना का मौका मिलते ही बेदी मुखर हो उठते हैं। वे कहते हैं कि वित्तीय हित साधने के लालच में बोर्ड हमारी मूलभूत शक्ति को ही भुला बैठा है जो कि स्पिन गेंदबाजी है। सभी तत्काल परिणाम चाहते हैं और स्पिन गेंदबाजी आपको तुरत-फुरत लाभ नहीं दे सकती। स्पिन के लिए धैर्य, संयम व मेहनत की जरूरत है। बोर्ड ने क्षेत्रीय व राष्ट्रीय स्तर पर स्पिन अकादमी बनाई हैं। इरादा तो अच्छा है लेकिन क्रियान्वयन में सुधार की बहुत गुंजाइश है। चेन्नई की स्पिन अकादमी भी आधे-अधूरे मन से किया गया प्रयास है। बेदी की राय में न सिर्फ अकादमियों में बल्कि टीम चयन में भी स्पिन की उपेक्षा होती है। संजय बांगर की जगह यदि वेस्टइंडीज गई भारतीय टीम में कोई स्पिनर होता तो नतीजा ही कुछ और होता। इसीलिए अच्छे कप्तान की भूमिका महत्त्वपूर्ण होती है। बेदी की मान्यता है कि वे व उनके साथी स्पिनर भाग्यशाली थे कि उन्हें टाइगर पटौदी जैसा कप्तान मिला। पटौदी के सामने एक साफ सपना था और वे हमेशा एक साधारण मध्यम गति के गेंदबाज की बजाय एक अच्छे स्पिनर को अहमियत देते थे। दरअसल पटौदी भारत के पहले ऐसे कप्तान

थे जिन्होंने स्पिन गेंदबाजों की मैच जिताने की क्षमता पर भरोसा किया और बिना हिचक के अपनी टीम में एक साथ तीन स्पिन गेंदबाज खिलाए।

बेदी को क्रिकेट से रूमानी लगाव है। यद्यपि उनके अनेक विषयों पर बड़े सख्त विचार हैं फिर भी वे दार्शनिक नजरिया कभी नहीं भूलते। वे कहते हैं कि क्रिकेट एकमात्र ऐसा खेल है जिसकी तुलना आप ज़िन्दगी से कर सकते हैं। क्रिकेट का स्वभाव ही ऐसा है कि वह खिलाड़ियों को विनम्र बनाए रखता है। खेलते वक्त आपसे गलतियाँ होती हैं और आप अर्श से फर्श पर आ जाते हैं। वह हमें सिखाता है कि टीम व्यक्ति से ज्यादा महत्त्वपूर्ण है। अफसोस यही है कि वर्तमान में भारतीय क्रिकेट में यह सब नहीं हो रहा है। अत: यदि कपिल कहते हैं कि वर्तमान टीम के कुछ खिलाड़ियों में प्रतिबद्धता का अभाव है तो उसमें कुछ सचाई तो है। खिलाड़ियों के निजी प्रदर्शन व ख्याति के बारे में वे कोलकाता टेस्ट में आस्ट्रेलिया के खिलाफ लक्ष्मण की 281 रनों की पारी को अद्वितीय मानते हैं और कहते हैं कि यही एकमात्र महान पारी है जिसने भारत की विजय सुनिश्चित की। चौथे दिन कोई विकेट ही नहीं गिरा और यह महत्त्वपूर्ण रहा। परन्तु यह किसी सोची-समझी योजना का हिस्सा नहीं था बल्कि एक ऐसी सुखद और अभूतपूर्व घटना थी जो बस हो ही गई।

बेदी स्पिनर तो थे ही वे स्पिन के बारे में ही संजीदगी से सोचते हैं और उन्हें अपने हुनर पर नाज है। वे मानते हैं कि भारतीय क्रिकेट का भविष्य स्पिन के विकास में ही निहित है। अत: युवा स्पिन गेंदबाजों को प्रोत्साहित करना ही भारत की प्राथमिकता होना चाहिए। जिस तरह अतीत में स्पिन ने भारत को स्वर्णिम सफलताएँ दिलाई हैं, कोई कारण नहीं कि भविष्य में भी स्पिन गेंदबाज ही उसे नई सफलताएँ न दिलाएँ। उनका मानना है कि हमें स्पिन पर भरोसा करना चाहिए।

1987-88 में जब वेस्टइंडीज की टीम भारत आई तो गैरी सोबर्स देव फीचर्स के लिए श्रृंखला कवर कर रहे थे। मुम्बई टेस्ट के दौरान हम लोगों ने उनसे बातचीत की। एक भाई ने नादानी से पूछा कि बेदी और मनिन्दर की तुलना कैसे करना चाहेंगे। सोबर्स का दो टूक जवाब था, ''भला 'चीज़' व 'चॉक' में भी तुलना हो सकती है!'' जाहिर है सोबर्स भी बेदी के मुरीद थे। बेदी ठीक ही कहते हैं कि उनकी स्पिन चौकड़ी के चारों गेंदबाज एक-दूसरे से भिन्न किस्म की स्पिन कराते थे किन्तु फिर भी तकनीकी रूप से मजबूत थे तथा चारों एक-दूसरे का सम्मान भी करते थे व एक-दूसरे पर गर्व भी।

संक्रान्ति-काल

अस्सी के उत्तरार्ध तक स्पिन चौकड़ी के तीन गेंदबाज प्रसन्ना, चन्द्रशेखर व बेदी तो अन्तर्राष्ट्रीय क्रिकेट से निवृत्त हो चुके थे और वेंकटराघवन विकल्प के अभाव में, फिट बने रहने तथा टीम की उपयोगिता के कारण टीम में रहते हुए भी, निवृत्ति के पड़ाव पर थे। 1983-84 तक वेंकट भी निवृत्त हो गए। स्पिनकला की विविधता के प्रतिनिधि चार विश्वस्तरीय गेंदबाजों की अनुपस्थिति का टीम के सन्तुलन पर तत्काल प्रभाव पड़ा। इतने अनुभवी एवं स्तरीय गेंदबाजों का विकल्प मिलना आसान नहीं था। चूँकि ये बरसों से खेल रहे थे व अच्छा प्रदर्शन भी कर रहे थे इस कारण इन्हीं की शैली के गेंदबाज उभरकर सामने भी नहीं आ पाए क्योंकि टीम में उनके लिए स्थान ही नहीं था। जब ये हट गए तो स्पिन का शून्य पैदा हो गया। ऐसी स्थिति में दिलीप दोशी, शिवलाल यादव, एल. शिवरामकृष्णन, मनिन्दर सिंह, अर्शद अय्यूब, वेंकटपति राजू, नरेन्द्र हीरवानी और राजेश चौहान ने समय-समय पर स्पिन गेंदबाजी की जिम्मेदारी निभाई।

(i) दिलीप दोशी

राजकोट, गुजरात में जन्मे दोशी सौराष्ट्र व बंगाल के लिए खेले और फिर इंग्लैंड में नॉटिंघमशायर, वारविकशायर, हर्टफोर्डशायर से खेलने के अलावा बाएँ हाथ के स्पिनर के रूप में भारत के लिए भी खेले। भारत के महान लेफ्टआर्म स्पिनर बिशन बेदी की निवृत्ति के बाद लेफ्ट स्पिन की कमान दोशी ने सम्भाली।

1979-80 में आस्ट्रेलिया के खिलाफ मद्रास टेस्ट में खेलकर दोशी ने अपने अन्तर्राष्ट्रीय क्रिकेट जीवन की शुरुआत की। वे अपना आखिरी टेस्ट 1983-84 में पाकिस्तान के खिलाफ बंगलौर में खेले। तब तक टेस्ट मैचों की संख्या में भी इजाफा हो चुका था तथा एकदिवसीय अन्तर्राष्ट्रीय मैचों की भी शुरुआत हो चुकी थी। तभी दोशी को सिर्फ 4 साल में 33 टेस्ट खेलने का अवसर मिला। उन्होंने 33 टेस्ट में कुल 1553.4 ओवर डाले जिनमें से 456 मेडन रहे और 3502 रन देकर उन्होंने 30.71 की औसत से 114 विकेट लिए। उन्होंने 6 बार पारी में 5 विकेट लिए।

दोशी का फ्लाइट व स्पिन पर उम्दा नियन्त्रण रहा। इसी वजह से उन्हें एक

लेफ्टआर्म स्पिनर के बतौर क्रिकेट जगत में सम्मान के साथ देखा जाता रहा। क्योंकि वे टेस्ट क्रिकेट के पहले इंग्लैंड में काउंटी क्रिकेट खेलने का अनुभव प्राप्त कर चुके थे अत: उन्हें इसका अन्तर्राष्ट्रीय क्रिकेट में बहुत लाभ मिला। यदि वे किसी और समय में खेले होते तो शायद वे सौ के आस-पास टेस्ट खेले होते। लेकिन अपने पहले राजेन्द्र गोयल व पद्माकर शिवालकर की तरह उन्हें भी बेदी के समकालीन होने का खामियाजा भुगतना पड़ा। बेदी एक वटवृक्ष की तरह थे। इस कारण उनके होते हुए कोई दूसरा लेफ्टआर्म स्पिनर अन्तर्राष्ट्रीय स्तर पर पनप ही नहीं पाया। सभी वामहस्त स्पिन गेंदबाजों को उनकी छत्रछाया में ही खेलना पड़ा। अत: वे उनकी छाया ही बने रहे। मैदान उनके हटने के बाद ही खाली हुआ और तब तक दिलीप दोशी 32 साल के हो चुके थे। तब तक कपिलदेव का भी आगमन हो चुका था। दिलीप दोशी ने कपिलदेव का गेंदबाजी में बखूबी साथ निभाया। लगातार 3 साल तक वे भारतीय आक्रमण के आधार रहे। चश्मा लगाकर खेलने व गेंदबाजी करनेवाले दिलीप दोशी की गेंदबाजी कितनी पैनी, धारदार व असरदार थी कि उन्होंने सिर्फ 28 टेस्ट में ही अपने 100 टेस्ट विकेट पूरे कर लिए। अन्तर्राष्ट्रीय क्रिकेट जगत में दोशी व आस्ट्रेलियाई लेग स्पिनर चार्ली ग्रिमेट ही दो ऐसे गेंदबाज हुए हैं, जिन्होंने 30 पार करने के बाद टेस्ट क्रिकेट खेलने की शुरुआत की और फिर भी कम टेस्ट खेलकर अपने सौ टेस्ट विकेट पूरे किए। इस तरह संयोगवश चार्ली ग्रिमेट के नाम के साथ जुड़ना भी दोशी के लिए सम्मान की बात है।

1982-83 के पाकिस्तान के दौरे पर उनमें व सुनील गावस्कर के बीच विवाद व मनमुटाव हो गया और कहा जाता है कि इसी वजह से उनका अन्तर्राष्ट्रीय क्रिकेट जीवन असमय ही समाप्त हो गया। 1983 में जब पाक टीम भारत यात्रा पर आई तो बंगलौर में खेला गया 3 टेस्ट मैचों की शृंखला का पहला टेस्ट दोशी के टेस्ट जीवन का आखिरी टेस्ट साबित हुआ।

दोशी ने प्रथम श्रेणी क्रिकेट में 238 मैच खेलकर 58712 गेंदों पर 23874 रन दिए और 26.58 की औसत से 898 विकेट लिए जिनमें 6 बार मैच में 10 व 43 बार पारी में 5 विकेट लिए। एकदिवसीय अन्तर्राष्ट्रीय मैचों में उन्होंने 15 मैच में 132 ओवर में 524 रन देकर 23.81 की औसत से 22 विकेट लिए। सीमित ओवर के प्रथम श्रेणी मैचों में दोशी के 59 मैचों में 1935 रनों पर 25.80 की औसत से 75 विकेट हैं। बंगाल और सौराष्ट्र के लिए रणजी खेलकर उन्होंने 15828 गेंदों पर 5832 रन देकर 18.34 की औसत से 318 विकेट लिए।

एक अनुभवी और समझदार खिलाड़ी के रूप में दोशी ने भारतीय क्रिकेट की ऐसे समय सेवा की जब भारत को एक स्तरीय स्पिनर की नितान्त आवश्यकता थी। उनकी लेफ्टआर्म स्पिन ने दाहिने हाथ के ऑफ स्पिनर हैदराबाद के शिवलाल यादव को उपयोगी सहयोग दिया।

(ii) शिवलाल यादव

नन्दलाल शिवलाल यादव क्रिकेट जगत में शिवलाल यादव के नाम से ही जाने गए। 26 जनवरी 1957 को हैदराबाद में जन्मे शिवलाल यादव दाहिने हाथ के ऑफ ब्रेक गेंद फेंकनेवाले गेंदबाज थे।

दिलीप दोशी की लेफ्टआर्म स्पिन और शिवलाल यादव की दाहिने हाथ की ऑफ स्पिन गेंदबाजी ने करीब 4 साल तक भारतीय टीम की स्पिन गेंदबाजी की कमान सम्भाली। यादव अपने जीवन का पहला टेस्ट आस्ट्रेलिया के खिलाफ 1979-80 में बंगलौर में खेले और अन्तिम टेस्ट बंगलौर में ही 1986-87 में पाकिस्तान के खिलाफ खेले। 7 साल के टेस्ट जीवन में दाहिने हाथ के ऑफ स्पिनर के रूप में उन्होंने भारत के लिए 35 टेस्ट खेले और 1393.2 ओवर में 3580 रन देकर 35.09 की औसत से कुल 102 विकेट लिए जिनमें 3 बार पारी में 5 विकेट भी शरीक थे। एकदिवसीय अन्तर्राष्ट्रीय मैचों में उन्होंने 7 मैच में 55 ओवर फेंक कर 228 रन दिए और 28.50 की औसत से 8 विकेट लिए।

प्रथम श्रेणी क्रिकेट में उन्होंने 112 मैच खेलकर 23846 गेंदों पर 10609 रन देकर 32.14 की औसत से 330 विकेट लिए जिनमें 15 बार पारी में 5 विकेट भी थे। राष्ट्रीय स्तर पर सीमित ओवर के मैचों में उन्होंने 20 मैचों में 169.5 ओवर में 684 रन दिए और 25.33 की औसत से 27 विकेट लिए। रणजी ट्रॉफी में वे हैदराबाद का प्रतिनिधित्व करते रहे।

हैदराबाद में स्पिन की पुरानी एवं समृद्ध परम्परा रही है। हैदराबाद से उभरे प्रमुख स्पिन गेंदबाजों में हैं 50 के दशक में गुलाम अहमद और फिर उन्हीं की तरह ऑफ स्पिन करनेवाले शिवलाल यादव, अर्शद अय्यूब और कँवलजीत सिंह तथा लेफ्टआर्म स्पिनर मुमताज हुसैन एवं वेंकटपति राजू। शिवलाल यादव और अर्शद अय्यूब ने बतौर ऑफ स्पिनर तथा राजू ने बतौर लेफ्टआर्म स्पिनर भारतीय टीम का प्रतिनिधित्व भी किया। हैदराबाद से गुलाम अहमद के बाद भारतीय टीम में स्थान पानेवाले ये तीन ही स्पिनर रहे।

दरअसल शिवलाल यादव का टेस्ट पदार्पण उस नाजुक दौर में हुआ जब भारत की यशस्वी स्पिन चौकड़ी टूट रही थी और ऐसी स्थिति में उनसे प्रसन्ना-वेंकट के स्तर की ऑफ स्पिन की उम्मीद की जा रही थी। यह भला कैसे मुमकिन था? उनकी तारीफ की जानी चाहिए कि उन्होंने विचलित होने की बजाय अपना सन्तुलन व मनोबल बनाए रखा और वे लगभग 1987 तक भारतीय टीम के सदस्य बने रहे। जब वे निवृत्त हुए तब उनके खेल जीवन का औसत भारत के महान स्पिन गेंदबाजों के समतुल्य ही था।

शिवलाल यादव एक अच्छे ऑफ स्पिनर तो थे ही, उनमें और भी बहुत-से गुण थे। वे गेंद को फ्लाइट कराने से नहीं डरते थे। उनकी गेंद बहुत ज्यादा स्पिन तो नहीं

होती थी लेकिन उनका दमखम गजब का था। वे हमेशा संयमित बने रहते थे और कभी गुमान नहीं करते थे। न बड़ी-बड़ी बातें और न ही फिजूल की हवाबाजी, और न ही खुद को महान समझने की मूर्खता। टेस्ट क्रिकेट में उनका आगमन बड़ा धमाकेदार हुआ और 1979 में अपने जीवन की पहली टेस्ट शृंखला खेलते हुए उन्होंने आस्ट्रेलिया जैसी स्पिन गेंदबाजी को अच्छा खेलनेवाली टीम के खिलाफ 5 टेस्ट में 24 विकेट लिए। उनकी इस महती सफलता के कारण उनसे वरिष्ठ व अधिक अनुभवी व सफल रहे वेंकटराघवन को टीम से बाहर होना पड़ा। 80 के उत्तरार्ध में शिवलाल यादव ने रवि शास्त्री व दिलीप दोशी के साथ मिलकर स्पिन की अच्छी तिकड़ी जमाई जो कारगर रही। कुछ समय के लिए वे टीम के बाहर भी रहे। लेकिन 1983-84 में वेस्टइंडीज के भारत दौरे में उन्हें फिर से टीम में ले लिया गया। वहाँ मुम्बई में खेले गए चौथे टेस्ट की पहली पारी में उन्होंने 131 रन देकर 5 विकेट लिए। 1984-85 में जब इंग्लैंड की टीम भारत दौरे पर आई तो दाहिने हाथ के युवा लेग स्पिन गुगली गेंदबाज लक्ष्मण शिवरामकृष्णन की सफलता की चकाचौंध में शिवलाल यादव की चमक फीकी पड़ गई। परन्तु 1985-86 में आस्ट्रेलिया के खिलाफ वे फिर चमके और 3 टेस्ट मैचों में उन्होंने 15 विकेट लिए। उनकी इस उपलब्धि में सिडनी में खेले गए अन्तिम टेस्ट मैच में 8 विकेट का करिश्मा भी शरीक था जिसकी वजह से भारत वह टेस्ट जीतने के कगार पर ही जा पहुँचा था।

उन्हें अधिकतर लम्बे समय तक गेंदबाजी करनी पड़ती थी और उनमें ऐसा कर पाने की शारीरिक क्षमता भी थी। 1984 में पाकिस्तान के खिलाफ फैसलाबाद टेस्ट में उन्होंने एक पारी में 75 ओवर फेंके थे और कुल मैच में उन्होंने 95.3 ओवर गेंदबाजी की थी। 1986-87 में आस्ट्रेलिया के भारत दौरे में भी उन्होंने सफलतापूर्वक गेंदबाजी की और उसी क्रिकेट मौसम में श्रीलंका के खिलाफ नागपुर टेस्ट में 76 रन देकर 5 विकेट लिए जो कि उनके टेस्ट जीवन का श्रेष्ठ गेंदबाजी प्रदर्शन है। अपनी अन्तिम टेस्ट शृंखला में भी उनका प्रदर्शन अच्छा ही रहा और पाकिस्तान के खिलाफ खेलकर ही उन्होंने अपना 100वाँ टेस्ट विकेट लिया।

खेल से निवृत्ति के बाद भी वे हैदराबाद क्रिकेट संघ के प्रशासनिक कार्य में सक्रिय रहे तथा राष्ट्रीय चयनकर्ता भी रहे।

(iii) रवि शास्त्री

रविशंकर जयद्रथ शास्त्री यानी रवि शास्त्री का जन्म 27 मई 1962 को मुम्बई में हुआ। वे अपने जीवन का पहला टेस्ट न्यूजीलैंड के 1981 के दौरे में वेलिंगटन में खेले। दरअसल वे भारतीय कप्तान सुनील गावस्कर की पसन्द थे और गावस्कर दिलीप दोशी की बाएँ हाथ की स्पिन गेंदबाजी से सन्तुष्ट नहीं थे। उन्हीं की पहल पर शास्त्री को भारत से तत्काल न्यूजीलैंड भेजा गया था। तब से लेकर 1992-93

में भारत के प्रथम दक्षिण अफ्रीकी दौरे के पोर्ट एलिजाबेथ पर खेले गए तीसरे टेस्ट तक वे भारत के लिए 11 वर्षों में 80 टेस्ट खेले। उन्होंने एक ऑलराउंडर की जिम्मेदारी सफलतापूर्वक निभाई। वे दाहिने हाथ से बल्लेबाजी और बाएँ हाथ से स्पिन गेंदबाजी करते थे। टेस्ट क्रिकेट में उनके नाम पर 35.79 की औसत से 3830 रन हैं जिनमें 11 शतक और 12 अर्धशतक शरीक हैं तथा एक लेफ्टआर्म स्पिनर के रूप में उन्होंने 2625.1 ओवर में 6185 रन देकर 40.96 की औसत से 151 विकेट लिए जिनमें 2 बार पारी में 5 विकेट भी शरीक हैं।

शास्त्री के जमाने में एकदिवसीय क्रिकेट स्थापित होकर लोकप्रिय भी हो चला था। दो विश्वकप हो चुके थे और तीसरा करीब था। उन्होंने 150 एकदिवसीय अन्तर्राष्ट्रीय मैच खेले जिनमें 29.04 की औसत से 3108 रन बनाए तथा 1102.1 ओवर में 4650 रन देकर 36.04 की औसत से 129 विकेट लिए।

प्रथम श्रेणी क्रिकेट में वे 1979 से लेकर 1993-94 तक सक्रिय रहे और 14 वर्षों में उन्होंने 245 मैचों में 44 की औसत से 34 शतक व 66 अर्धशतक सहित 13202 रन बनाए तथा 6942.1 ओवर में 16744 रन देकर 32.89 की औसत से 509 विकेट लिए जिनमें 3 बार मैच में 10 व 18 बार पारी में 5 विकेट भी थे। सीमित ओवर के क्रिकेट में उनके नाम पर 278 मैचों में 31.13 की औसत से 6383 रन और 1994.2 ओवर में 8175 रन देकर 32.18 की औसत से 254 विकेट हैं। रणजी ट्रॉफी में मुम्बई के लिए 37 मैचों में उनके खाते में 2223 रन और 112 विकेट दर्ज हैं। वे ग्लेमोर्गन के लिए इंग्लैंड की काउंटी क्रिकेट भी खेले।

जब उन्हें गावस्कर ने न्यूजीलैंड बुलवाकर टेस्ट टीम में शरीक किया तो सभी ने कहा कि मुम्बई के होने व गावस्कर के पसन्दीदा होने के कारण उन्हें टेस्ट टीम में जगह मिली है। वे तब महज 18 साल के थे और उन्हें तब राष्ट्रीय स्तर पर भी नहीं जाना जाता था। परन्तु शास्त्री ने प्रारम्भ से अन्त तक अपने मैदानी प्रदर्शन से अपने चयन की सार्थकता सिद्ध की। उन पर गावस्कर ने जो विश्वास व्यक्त किया था उस पर वे खरे उतरे। उन्होंने अनेक तरह से भारतीय क्रिकेट की सेवा की। जब प्रारम्भिक बल्लेबाजी का संकट आया तो अपने ऊँचे कद के कारण वे ऊपर उठती गेंदों को आसानी से खेल पाने के कारण पारी की शुरुआत भी करते रहे। उन्होंने टेस्ट व एकदिवसीय दोनों ही शैलियों के क्रिकेट में जरूरत पड़ने पर उद्घाटक बल्लेबाज की भूमिका सफलतापूर्वक निभाई। और लेफ्टआर्म स्पिनर के रूप में टेस्ट व एकदिवसीय दोनों तरह के क्रिकेट में अपनी जिम्मेदारी निभाई। शिवलाल यादव, दिलीप दोशी, शिवरामकृष्णन, अर्शद अय्यूब, मनिन्दर सिंह, राजू, हीरवानी तथा कुम्बले के होते हुए वे उनके साथी स्पिनर की भूमिका बड़ी कामयाबी के साथ निभाते रहे। वे इस बीच भारतीय आक्रमण के अभिन्न अंग रहे। यही नहीं वे समय-समय पर विभिन्न भारतीय कप्तानों के उपकप्तान की भूमिका भी निभाते रहे।

अपने समय के वे भारतीय टीम के सर्वाधिक आकर्षक और लोकप्रिय सदस्य

थे। लम्बे, छरहरे, देखने में सुन्दर एवं चाल-ढाल में ध्यान आकर्षित करनेवाले शास्त्री अपने साथियों से एकदम अलग लगते थे। साठ से सत्तर के बीच जो आलम सलीम दुर्रानी का था वही शास्त्री के समय उनका था। उनके चाहनेवाले तो थे ही, आलोचक भी कम नहीं थे। उनके खिलाफ अकसर यह कहा जाता था कि वे बहुत धीमे खेलते हैं। यह भी कहा जाता था कि उनका दृष्टिकोण स्वार्थी है और वे खुद के लिए खेलते हैं, टीम के लिए नहीं। यह भी कहा गया कि वे केवल इसीलिए भारतीय टीम में बने रहे क्योंकि कप्तान गावस्कर उन्हें चाहते थे। परन्तु शास्त्री ने इस आरोपों को बड़ी सहजता से लिया तथा उन्हें अपने खेल पर हावी नहीं होने दिया। वे अपने मैदानी प्रदर्शन से इन आरोपों का जवाब देते रहे। वे मानते थे कि वे नैसर्गिक प्रतिभावान या जन्मजात खिलाड़ी नहीं थे। उन्होंने जो कुछ प्राप्त किया कड़ी मेहनत एवं सतत अभ्यास द्वारा प्राप्त किया।

यह सच है कि उनकी बल्लेबाजी की शैली आकर्षक व आक्रामक नहीं थी। वे अपने अधिकतर रन 'पुश' व 'प्लेसमेंट' द्वारा बनाते थे। उनकी गेंदबाजी भी नाडकर्णी की गेंदबाजी की ही तरह सुरक्षात्मक व कुछ हद तक नकारात्मक थी। वे अच्छी लम्बाई पर गेंद फेंकते रहते थे जिससे कि बल्लेबाजों को उनकी गेंद पर प्रहार करने में दिक्कत आती थी। इसके अलावा इनकी गेंदों में विविधता का भी अभाव था। फिर भी बल्लेबाजी में आस्ट्रेलिया के खिलाफ दस पारियों का उनका औसत इतना प्रभावशाली है कि आस्ट्रेलियाई बल्लेबाजों में केवल एडी पेंटर का औसत ही शास्त्री के 77.75 के औसत से अधिक है। उनका मामला नवजोत सिद्धू से उलटा था। नीचे के क्रम पर जाकर धुँआधार करनेवाले बल्लेबाज के रूप में शुरू करके उन्होंने भारत के लिए एक उपयोगी व सफल उद्घाटक बल्लेबाज की भूमिका निभाई। चाहे बल्लेबाजी रही हो अथवा गेंदबाजी, वे हर विभाग में मौके पर भारत के काम आए। एक मजबूत दीवार की तरह डटकर जहाँ टेस्ट क्रिकेट में उन्होंने अपना योगदान दिया वहीं एकदिवसीय फटाफट क्रिकेट में भी वे प्रति ओवर 3 व 4 के हिसाब से रन बनाते रहे। गेंदबाजी में भी उन्होंने बल्लेबाजों को बाँधे रखा तथा कभी खुलकर खेलने का मौका नहीं दिया। तभी तो वे एकदिवसीय क्रिकेट के सफल ऑलराउंडर बने।

शास्त्री भारतीय टीम के उपयोगी खिलाड़ी रहे और खेल के प्रति प्रतिबद्धता तथा टीम के हित में कुछ भी कर गुजरने की तमन्ना एवं लगातार समरूप प्रदर्शन करते रहने के उनके कौशल की जितनी भी तारीफ की जाए कम है। उन्होंने कभी अपनी टीम को नीचा नहीं दिखाया बल्कि अपनी टीम के लिए गेंद और बल्ले से हमेशा अच्छा प्रदर्शन करने का प्रयास किया। 1985 में आस्ट्रेलिया में खेली गई विश्व क्रिकेट स्पर्धा में उन्हें 'चैम्पियन ऑफ चैम्पियन' का पुरस्कार मिला जो उनके सफल ऑलराउंडर होने का प्रमाणपत्र था। अपने सुरक्षात्मक स्वभाव के बावजूद, जब वे चाहते थे तब गेंदबाजी को ध्वस्त भी कर देते थे। 1985 में ही रणजी ट्रॉफी में एक

ओवर में 6 छक्के लगाकर उन्होंने गैरी सोबर्स के विश्व कीर्तिमान की बराबरी करके साबित किया कि वे तेज भी खेल सकते हैं।

उन्होंने 1987-88 में वेस्टइंडीज के खिलाफ मद्रास टेस्ट में भारत की कप्तानी करते हुए भारत को टेस्ट जितवाकर सिद्ध कर दिया कि वे एक सफल योजनाकार एवं क्रिकेट की बारीकियों के अच्छे जानकार हैं। उसी टेस्ट में लेग स्पिनर हीरवानी ने 136 रन देकर 16 विकेट लिए थे।

बातचीत में प्रभावित करनेवाले शास्त्री दोस्तीप्रिय व्यक्ति हैं और आजकल मशहूर टेलीविजन कमेंट्रीकार तथा एंकर परसन की भूमिका सफलतापूर्वक निभा रहे हैं। उनके इस शौक से भी क्रिकेट के प्रति उनके लगाव की पुष्टि होती है।

भारत में क्रिकेट के प्रति ऐसा जबरदस्त जुनून है कि जिन क्रिकेट प्रेमियों ने उन्हें 1985 में सर आँखों पर बैठाया था, उन्हीं ने 1992 के विश्व कप में धीमा खेलने पर उनके पुतले जलाए और मुम्बई में उनके घर के बाहर विरोध प्रदर्शन किया। क्रिकेट है ही अजीब खेल, आज यदि सब कुछ देता है तो कल सब कुछ छीन भी लेता है। शास्त्री से बेहतर यह भला और कौन जानता होगा!

(iv) लक्ष्मण शिवरामकृष्णन

31 दिसम्बर 1965 को मद्रास में जन्मे लक्ष्मण शिवरामकृष्णन दाहिने हाथ के कलाई को मोड़कर लेग ब्रेक गुगली गेंदबाजी करनेवाले गेंदबाज थे। सिर्फ 16 साल की उम्र में अपना पहला रणजी ट्रॉफी मैच खेलते हुए 1981-82 में दिल्ली के खिलाफ सिर्फ 28 रन पर 7 विकेट लेनेवाले शिवा तभी से सुर्खियों में आए। राष्ट्रीय स्तर पर उनकी चर्चा होने लगी। लेग स्पिनर की सफलता वैसे भी ध्यान आकर्षित करती है क्योंकि वह अस्वाभाविक किस्म की गेंदबाजी है। उन्हें राष्ट्रीय टीम में लिए जाने की माँग जोर पकड़ने लगी। 1982-83 में पाकिस्तान दौरे पर गई भारतीय टीम में उन्हें भी शरीक किया गया। तब वे 17 के भी नहीं हुए थे। वे वहाँ खेले तो नहीं लेकिन दौरे से उन्हें अनुभव जरूर मिला। अपनी ही शैली के उस वक्त के श्रेष्ठ लेग स्पिनर पाकिस्तान के अब्दुल कादिर को गेंदबाजी करते हुए देखकर उन्हें भी प्रेरणा मिली होगी।

1982-83 में ही जब भारतीय टीम वेस्टइंडीज गई तो एंटीगुआ में खेले गए 5वें टेस्ट से उन्होंने अपने टेस्ट जीवन की शुरुआत की। तब वे 17 साल व 118 दिन के थे। अतः वे सबसे कम उम्र में टेस्ट पदार्पण करनेवाले भारतीय खिलाड़ी बने। और जब वे 19 के भी नहीं हुए थे तब उन्होंने 1984-85 में मुम्बई टेस्ट में इंग्लैंड के खिलाफ मैच में 181 रन देकर 12 विकेट लिए और खुद अपनी ही दम पर भारत को वह टेस्ट जितवा दिया। कुछ लोगों का खयाल था कि वह एक अंडरप्रिपेयर्ड विकेट था। क्योंकि वहाँ कुछ ही दिनों पहले एक हॉकी मैच हुआ था

अत: आयोजकों को ठीक से विकेट तैयार करने का मौका ही नहीं मिल पाया था। सम्भव है इस आरोप में कुछ सच्चाई हो। मगर इंग्लैंड की लेग स्पिन को न खेल पाने की कमजोरी का लाभ भी भारत को मिला होगा। इस श्रृंखला की समाप्ति तक उनके श्रृंखला में 23 विकेट हो गए थे और वे श्रृंखला के श्रेष्ठ गेंदबाज चुने गए थे। परन्तु उन्होंने धमाका तो तब किया जब वे 1985 में आस्ट्रेलिया द्वारा आयोजित विश्व क्रिकेट स्पर्धा में खेलने गए और उन्होंने भारत की टीम में महत्त्वपूर्ण भूमिका निभाई। 3 साल तक अन्तर्राष्ट्रीय क्रिकेट में धूम मचाकर व अपनी लेग स्पिन-गुगली का सिक्का जमाकर शिवा गुमनामी के गर्त में खो गए।

1985 में वे श्रीलंका गए। वहाँ एक टेस्ट में खेले भी। किन्तु उल्लेखनीय कुछ नहीं कर पाए। उनके खेल की गिरावट का सिलसिला जो शुरू हुआ तो फिर रुका ही नहीं। मगर उन्हें टीम में लिया जाता रहा। कुछ ही माह बाद वे आस्ट्रेलियाई दौरे पर भी गए। एक साल पहले तक ऐसा माना जा रहा था कि शायद वे गेंदबाजी के सभी तरह के कीर्तिमान भंग कर देंगे। लेकिन किसी ने नहीं सोचा था कि इतनी जल्दी वे अपनी उस छवि की छाया मात्र हो जाएँगे। 1987-88 के विश्व कप में वे भारतीय टीम के सदस्य थे। परन्तु वे सफल नहीं हुए। निराश व हताश होकर उन्होंने एक ऑलराउंडर बनने की कोशिश की। आप अपने खेल जीवन के उतार पर किसी नई भूमिका में भला कैसे सफल हो सकते हैं? उन्हें लगा कि 80 के

उत्तरार्ध में उनकी बल्लेबाजी के स्तर में सुधार हुआ है। इसी आधार पर वे 1987-88 में 33 साल के लम्बे अन्तराल के बाद रणजी चैम्पियन बनी तमिलनाडु टीम में शरीक रहे। परन्तु शीघ्र उन्हें रणजी टीम से भी स्थान खोना पड़ा। 90 के दशक में फिर यह खबर जोरों पर थी कि लेग स्पिन के जादूगर शिवा फिर से वापसी के लिए प्रयासशील हैं। लेकिन यह कोरी अफवाह निकली। वे गुमनामी व इतिहास की धरोहर बनकर रह गए। जितना तेज व आश्चर्यजनक उनका आगमन हुआ था उतना ही तीव्र उनका उतार रहा। वे केवल अल्प समय तक चमकनेवाले तारे की तरह तेजी से आए और उससे अधिक तेजी से गायब हो गए। ऐसा क्यों हुआ, और हुआ भी तो इतनी जल्दी क्यों हुआ, ठीक से बता पाना मुश्किल है। मगर इतना जरूर है कि पीने की आदत का लत बन जाना और उनका अपने खेल व जीवन को ठीक से न सम्भाल पाना भी अन्य कारणों में शुमार रहा।

शिवा 1982-83 में अपना पहला टेस्ट खेले और 1985-86 में आस्ट्रेलिया के खिलाफ सिडनी में अपने जीवन का आखिरी टेस्ट खेले। 3 साल में 9 टेस्ट खेलकर उन्होंने 394.3 ओवर में 1145 रन देकर 44.03 की औसत से 26 विकेट लिए जिनमें 1 बार मैच में 10 व तीन बार पारी में 5 विकेट शरीक हैं। एकदिवसीय अन्तर्राष्ट्रीय मैचों में उन्होंने 16 मैचों में 126 ओवर में 538 रन देकर 35.86 की औसत से 15 विकेट लिए। प्रथम श्रेणी क्रिकेट में उन्होंने 1981-82 से 1998-99 तक 17 वर्षों में 76 मैच खेलकर 1739.2 ओवर में 5928 रन देकर 38.49 की औसत से 154 विकेट लिए। प्रथम श्रेणी क्रिकेट में उनकी बल्लेबाजी भी उनके अन्तर्राष्ट्रीय क्रिकेट की बल्लेबाजी से बेहतर रही। उन्होंने 5 शतक व 3 अर्धशतक सहित 25.02 की औसत से 1802 रन बनाए।

शिवरामकृष्णन शास्त्रीय शैली के ऐसे लेग स्पिनर थे जिनकी प्रतिभा का सही व ठीक दिशा में उपयोग नहीं हो पाया। यह प्रतिभावान एवं असीम सम्भावनाओंवाला गेंदबाज थोड़े ही समय अपनी सफलता की झलक दिखाकर गायब हो गया और लम्बे समय तक खेल सकनेवाले लम्बी दौड़ के घोड़े के रूप में विकसित नहीं हो पाया। इसे आप प्रतिभा का अपव्यय नहीं तो और क्या कहेंगे? 1984-85 में अपनी लेग ब्रेक, गुगली और टॉप स्पिनर के जरिए इंग्लैंड के बल्लेबाजों को पेवेलियन लौटाने वाले शिवा आस्ट्रेलिया में खेली गई विश्व चैम्पियनशिप में भी कामयाब रहे। लेकिन तभी शायद उन्हें सम्भालने व सही सलाह देने की जरूरत थी और ऐसा न हो पाने से वे भटक गए। साथ ही एकदिवसीय क्रिकेट के बढ़ते प्रभाव के कारण अन्य देशों की तरह भारत में भी स्पिन गेंदबाजी के स्तर में गिरावट आई। अपने 1981-82 के पहले रणजी मैच की याद ताजा करके वे उन दिनों जैसा ही महसूस करने लगते हैं। वह स्पिन गेंदबाजों का मददगार विकेट था। वेंकटराघवन व वासुदेवन जैसे वरिष्ठ स्पिनर टीम में होने से शिवा के खेलने की उम्मीद ही नहीं थी। लेकिन मध्यम तेज गेंदबाज सुनील वाल्सन के अनफिट हो जाने के कारण शिवा को एक अतिरिक्त

स्पिनर के तौर पर खिलाया गया। पहली पारी में उन्होंने 70 रन देकर 2 विकेट लिए। लेकिन दूसरी में तो उन्होंने दिल्ली की मजबूत बल्लेबाजी की कमर ही तोड़ डाली। 11 ओवर में 28 रन देकर 7 विकेट उनकी गेंदबाजी के तांडव को व्यक्त करने के लिए पर्याप्त हैं। वे मानते हैं कि आस्ट्रेलिया की विश्व स्पर्धा में वे इसीलिए अच्छा प्रदर्शन कर पाए क्योंकि कप्तान सुनील गावस्कर को उन पर अटूट विश्वास था। एकदिवसीय क्रिकेट ने स्पिन कला को कुछ हद तक तो समाप्त किया ही है। पर यह भी सच है कि अच्छे व स्तरीय स्पिन गेंदबाज भी तैयार नहीं हो पा रहे हैं। स्पिन का स्तर गिरा है। लेग स्पिनर सुरक्षात्मक बनकर विकेट नहीं ले सकता। उसे तो हर कीमत पर विकेट लेने का प्रयास करना चाहिए। एक अच्छा कप्तान ही एक लेग स्पिनर का सही उपयोग कर सकता है। गावस्कर ने हमेशा उन्हें विश्वास में लिया और अपने हिसाब से गेंदबाजी करने दी जबकि कपिल चाहते थे कि शिवा उनके हिसाब से गेंदबाजी करें। कपिल के व शिवा के विचार एक जैसे नहीं रहे। उन्हें बचपन में प्रशिक्षण तो मिला पर उन्होंने किसी लेग स्पिनर का आदर्श अपने सामने नहीं रखा। वे अपनी तरह ही विकसित होना चाहते थे।

फिलहाल वे टेलीविजन पर क्रिकेट कमेंट्री कर रहे हैं। मगर जब उनके पास पर्याप्त समय होगा तब वे पूर्णकालिक प्रशिक्षक बनना चाहेंगे। वे आधे-अधूरे मन से कुछ नहीं करना चाहते। यदि बचपन के दिनों में लौट पाना उनके बस में हो तो वे अपने काबिल प्रशिक्षक की मदद से उन तकनीकी समस्याओं को जरूर दूर करना चाहेंगे जो उनके लम्बे खेल जीवन में बाधा बनीं। उन्हें सर्वाधिक स्मरणीय वे दो अवसर लगते हैं जब उन्होंने आस्ट्रेलिया की विश्व स्पर्धा में जावेद मियाँदाद को स्टम्प आउट करवाया था और दूसरा मौका था जब दलीप ट्रॉफी में गावस्कर ने उनकी गेंद को खेलने की कोशिश ही नहीं की और वे एल. बी. डब्ल्यू. आउट हो गए। तभी से गावस्कर ने उन्हें प्रोत्साहित करना शुरू किया।

शिवरामकृष्णन प्रतिभा, सम्भावना और उनका सदुपयोग कर पूरा लाभ न उठाने वाले स्पिनर होने का ज्वलन्त उदाहरण हैं।

(v) मनिन्दर सिंह

मनिन्दर सिंह का जन्म 13 जून 1965 को पुणे में हुआ। वे पैदा तो हुए महाराष्ट्र में, मगर खेले दिल्ली के लिए और फिर भारत तथा श्रॉपशायर के लिए।

दाहिने हाथ के स्पिनर मनिन्दर वैसे शिवरामकृष्णन के समकालीन खिलाड़ी थे। शिवा ने शुरुआत की वेस्टइंडीज के खिलाफ खेलकर और मनिन्दर ने पाकिस्तान के खिलाफ खेलकर। दोनों का टेस्ट जीवन 1982-83 से शुरू हुआ। दिलीप दोशी के बाद लेफ्टआर्म स्पिन की जवाबदारी निभानेवाले रवि शास्त्री ने जब सिर्फ स्पिनर के बतौर खेलने की बजाय एक ऑलराउंडर की जवाबदेही सम्भाली तो शुद्ध लेफ्टआर्म

स्पिन की बागडोर मनिन्दर के कन्धों पर आ गई। 1982-83 में पाकिस्तान के खिलाफ कराँची में खेलकर अपना टेस्ट सफर शुरू करनेवाले मनिन्दर अपना अन्तिम टेस्ट 1992-93 में जिम्बाब्वे के खिलाफ दिल्ली में खेले। अपने 10 साल के टेस्ट जीवन में मनिन्दर ने 35 टेस्ट में 1369.4 ओवर में 3288 रन देकर 37.36 की औसत से 88 विकेट लिए जिनमें 2 बार मैच में 10 तथा 3 बार पारी में 5 विकेट शरीक थे और 27 रनों पर 7 विकेट उनका श्रेष्ठ गेंदबाजी प्रदर्शन रहा। वे जिस दौर में खेले उसमें एकदिवसीय क्रिकेट की धूम तो थी ही। एकदिवसीय अन्तर्राष्ट्रीय क्रिकेट में भी उन्होंने 10 साल तक भारतीय टीम की नुमाइन्दगी की और 1982-83 से 1992-93 के बीच 59 मैचों में 522.1 ओवर में 2066 रन देकर 31. 30 की औसत से 66 विकेट लिए। प्रथम श्रेणी क्रिकेट में उनके नाम पर 1980-81 से 1993-94 तक 13 वर्षों के खेल जीवन में 145 मैचों में 6045.3 ओवर में 14457 रनों पर 23.85 की औसत से 606 विकेट हैं। रणजी ट्रॉफी में उनके खाते में दिल्ली के लिए खेलते हुए 15008 गेंदों पर 5039 रन देकर 303 विकेट दर्ज हैं।

मनिन्दर ने शुरुआत तो एक अच्छे लेफ्टआर्म स्पिनर के रूप में ही की। किन्तु एकदिवसीय क्रिकेट के बढ़ते चलन की वजह से गेंद को फ्लाइट व स्पिन कराने की बजाय सटीक व रन रोकनेवाली गेंदबाजी करने लगे। इस कारण वे एकदिवसीय क्रिकेट के गेंदबाज बनकर रह गए। कभी उन्हें विख्यात विश्वस्तरीय लेफ्टआर्म स्पिनर बिशन सिंह बेदी का काबिल वारिस माना जाता था। ऐसा अकसर हुआ है कि नए युवा खिलाड़ी प्रसिद्ध व स्थापित खिलाड़ियों को आदर्श मानकर उन्हीं की तर्ज में खेलने के चक्कर में अपना भविष्य गँवा बैठे हैं। 17 साल की उम्र में जब उन्होंने खेलना शुरू किया तो वे अनुभवहीन तो थे किन्तु उनमें विविधता, गेंद को फ्लाइट करने तथा सहायक विकेट पर गेंद को तेजी से स्पिन कराने का कौशल अवश्य था। 1986 के इंग्लैंड दौरे में उन्होंने अपनी शानदार गेंदबाजी द्वारा भारत को मैच जितवाए और फिर श्रीलंका तथा पाकिस्तान के खिलाफ घरेलू शृंखलाओं में भारत के स्पिन को मदद देनेवाले विकेट पर अच्छा प्रदर्शन किया। इतनी सफलता के बाद यह दुर्भाग्यपूर्ण था कि उन्होंने अकस्मात् सब कुछ एकदम खो दिया। उन्होंने अपनी गेंदबाजी की लय तो खोई ही, उसका 'लूप' भी गायब हो गया, और फिर उन्हें टीम में से अपना स्थान भी खोना पड़ा।

मनिन्दर वापसी के लिए मेहनत व संघर्ष करते रहे और 90 के पूर्वार्ध में उन्होंने वापसी की भी। किन्तु तब तक उनका मूल गेंदबाजी एक्शन ही बदल चुका था। यह शायद बेवजह के उन प्रयोगों का परिणाम था जो वे शीघ्र सफल होने के लिए छोटे रास्ते के रूप में करते रहे थे। उनका हश्र भी शिवरामकृष्णन के जैसा ही हुआ और वे भी उन्हीं की तरह बिखरे हुए सपने के प्रतीक बनकर रह गए। उनसे बड़ी-बड़ी उम्मीदें की गई थीं लेकिन उन्होंने उन्हें तोड़ दिया। क्रिकेट इतिहास में उन्हें भले ही मैच जितानेवाले स्पिनर के रूप में याद न किया जाए परन्तु जिस तरह

1986–87 में उन्होंने आस्ट्रेलिया के खिलाफ मद्रास टेस्ट 'टाई' करवाया और फिर वे ग्रेग मैथ्यूज की ऑफ स्पिन के शिकार हुए, उसे लोग हमेशा याद रखेंगे।

तब तक हैदराबाद के वेंकटपति राजू एक लेफ्टआर्म स्पिनर के रूप में उभर कर तैयार हो चुके थे और टेस्ट टीम में दस्तक दे रहे थे। अत: मनिन्दर को राजू के लिए जगह खाली करनी पड़ी।

(vi) अर्शद अय्यूब

गुलाम अहमद और शिवलाल यादव के बाद अर्शद अय्यूब हैदराबाद के दाहिने तीसरे हाथ के ऑफ स्पिन गेंदबाज थे जो भारतीय टीम में शुद्ध स्पिनर के रूप में खेले।

शिवलाल यादव के बाद अर्शद अय्यूब ने ही ऑफ स्पिन की जिम्मेदारी सम्भाली। बाएँ हाथ के बल्लेबाजों पर अंकुश लगाने के लिए ऑफ स्पिनर का टीम में होना लाभकारी रहता है। अत: भारतीय टीम विदेशी टीमों के खिलाफ ऑफ स्पिनर को खिलाती आई है। 1987–88 में जब वेस्टइंडीज की टीम भारत आई तो दिल्ली में खेले गए पहले टेस्ट में खेलकर अर्शद अय्यूब ने अपने टेस्ट जीवन की शुरुआत की। वे कुशल स्पिनर तो नहीं थे मगर अपनी सीमित प्रतिभा एवं योग्यता की बदौलत उन्होंने भारतीय टीम के लिए भरसक प्रयास किया। सफलता भले ही उन्हें कम मिल पाई हो, लेकिन उनकी कोशिश में कभी कोई कमी नहीं रही। 1989–90 में कृष्णमाचारी श्रीकान्त के नेतृत्व में पाकिस्तान के दौरे पर गई भारतीय टीम के साथ अर्शद अय्यूब भी गए मगर रनों से भरपूर वहाँ के आसान विकेट्स पर कुछ खास नहीं कर सके। शृंखला के चारों टेस्ट 'ड्रॉ' रहे और लाहौर में खेला गया तीसरा टेस्ट अर्शद अय्यूब का आखिरी टेस्ट साबित हुआ। उन्होंने अपने 2 साल के छोटे–से टेस्ट जीवन में 13 टेस्ट खेले और 610.3 ओवर में 1438 रन देकर 35.07 की औसत से 41 विकेट लिए जिनमें 3 बार पारी में 5 विकेट भी शरीक थे। वे 32 अन्तर्राष्ट्रीय मुकाबलों में खेले और उन्होंने 294.5 ओवर में 1216 रन देकर 39.22 की औसत से 31 विकेट लिए। रणजी ट्रॉफी में हैदराबाद के लिए खेलते हुए उनके नाम पर 16261 गेंदों पर 7394 रन देकर 268 विकेट दर्ज हैं। रवि शास्त्री, मनिन्दर सिंह और नरेन्द्र हीरवानी के साथ अर्शद अय्यूब ने एक कुशल ऑफ स्पिनर की जिम्मेदारी निभाई तथा भारतीय आक्रमण को विविधता प्रदान की।

29 साल की उम्र में अपना पहला टेस्ट खेलनेवाले अर्शद अय्यूब 31 की उम्र में टेस्ट क्रिकेट से और 33 की उम्र में एकदिवसीय अन्तर्राष्ट्रीय मैचों से निवृत्त हो गए। आप उन्हें महान भारतीय स्पिनरों की सूची में तो शरीक नहीं कर सकते। परन्तु ऐसे उपयोगी स्पिनर की श्रेणी में तो रख ही सकते हैं जिन्होंने मिले हुए अवसरों का भरपूर उपयोग किया व हमेशा जीवट के साथ प्रतिस्पर्धा की। उन्होंने अपनी पहली ही टेस्ट शृंखला में वेस्टइंडीज के खिलाफ 4 विकेट लेकर और फिर तीसरे टेस्ट

में 9 वें क्रम पर जाकर 57 रन बनाकर भविष्य के लिए जो बड़ी उम्मीदें जताई थीं वे पूरी नहीं हो पाईं। 1988 में एशिया कप के फाइनल में उन्होंने ढाका में 21 रन देकर 5 विकेट लिए थे जो कि किसी भी भारतीय स्पिनर का एकदिवसीय क्रिकेट का श्रेष्ठ गेंदबाजी प्रदर्शन है।

वेस्टइंडीज के खिलाफ श्रृंखला के पहले वे न्यूजीलैंड के खिलाफ 3 टेस्ट में 21 विकेट ले चुके थे। उन्हें न सिर्फ भारतीय टीम से जल्दी ही निकाल दिया गया बल्कि उनकी अपनी टीम हैदराबाद से भी उनकी विदाई जल्दी ही हो गई। उनका अन्तर्राष्ट्रीय क्रिकेट जीवन 2 साल में ही समाप्त हो गया।

(vii) नरेन्द्र हीरवानी

18 अक्टूबर 1968 को गोरखपुर में जन्मे नरेन्द्र हीरवानी क्रिकेट जगत में हीरू के नाम से पुकारे जाते रहे। 16 वर्ष की उम्र में भारतीय टीम में शरीक होने की तमन्ना लिए गोरखपुर के ईंटों के व्यवसायी के पुत्र नरेन्द्र हीरवानी इन्दौर आए। नाटे कद के तो थे ही, वजन भी कुछ ज्यादा ही था। न जाने कैसे वे क्रिकेट प्रशिक्षक व क्रिकेट क्लब ऑफ इन्दौर के कर्ताधर्ता संजय जगदाले के सम्पर्क में आए। संजय ने पहले उन्हें वजन घटाने की सलाह दी। फिर देखा कि हीरू वाकई खेलने के प्रति गम्भीर हैं। वे धुन व इरादे के पक्के थे। उनका संकल्प था कि वे जब तक टेस्ट टीम में नहीं आएँगे व भारत के लिए नहीं खेलेंगे, घर नहीं जाएँगे। और उन्होंने यह किया भी।

अपने क्रिकेट गुरु संजय जगदाले की देखरेख में उन्होंने कड़ा अभ्यास किया और भारत की जूनियर टीम में जगह बनाई। साथ हीं रणजी ट्रॉफी में भी सफलतापूर्वक गेंदबाजी की। मध्य प्रदेश अपेक्षाकृत कमजोर टीम थी। लेकिन हीरू ताकतवर टीमों की बल्लेबाजी के सामने भी अच्छा प्रदर्शन करते रहे। 1987 की विश्व कप टीम में उन्हें लिया जाना चाहिए था। लेकिन किसी ने उनकी पैरवी नहीं की। 1987-88 में विवियन रिचर्ड्स की अगुआई में भारत आई वेस्टइंडीज टीम के खिलाफ मद्रास टेस्ट में उन्हें खिलाया गया और उन्होंने अपने पदार्पण टेस्ट में ही इतिहास बना डाला। पहली पारी में 61 रन देकर 8 व दूसरी पारी में 75 रन देकर 8—इस तरह मैच में 136 रन देकर 16 विकेट लिए। यह टेस्ट क्रिकेट इतिहास का अब तक का तीसरा श्रेष्ठ गेंदबाजी प्रदर्शन और किसी भारतीय गेंदबाज का अब तक का श्रेष्ठ प्रदर्शन है। उन्होंने अपने पहले ही टेस्ट और पहली ही टेस्ट पारी, दोनों में सर्वाधिक विकेट लेने का कीर्तिमान भी बना डाला। उन्होंने आस्ट्रेलिया के मैसी के 1972 के विश्व कीर्तिमान को खंडित कर नया विश्व कीर्तिमान स्थापित किया।

1984-85 में अपना पहला रणजी मैच खेलनेवाले हीरू की यह प्रगति अद्‌भुत थी। दरअसल उन्हें दो साल पहले ही भारतीय टीम में लिया जाना चाहिए था। परन्तु

क्षेत्रीय समीकरण के मद्देनजर उनकी उपेक्षा हुई। वे भारत की युवा टीम के साथ 86-87 में आस्ट्रेलिया व न्यूजीलैंड गए और भारतीय टीम के साथ 1988-89 में वेस्टइंडीज, 88-89 में ही शारजाह, 89-90 में पाकिस्तान व न्यूजीलैंड, 90 व 96 में इंग्लैंड तथा 1991-92 में आस्ट्रेलिया गए।

उन्होंने दुबारा अपने पदार्पण टेस्ट जैसा यादगार व ऐतिहासिक प्रदर्शन नहीं किया। लोगों ने उनसे उम्मीदें तो बहुत कीं पर शेष टेस्ट मैचों में उन्हें आंशिक सफलता

ही मिली। 1991 में आस्ट्रेलियाई दौरे में उन्हें एक भी टेस्ट में नहीं खिलाया गया और न ही उन्हें 1992-93 के दक्षिण अफ्रीकी दौरे पर ले जाया गया। यही नहीं उन्हें 1996 में इंग्लैंड दौरे में भी खेलने का अवसर नहीं दिया गया। 1996 में आस्ट्रेलिया के खिलाफ उन्हें टीम में लिया तो गया मगर खिलाया नहीं गया। और यही सिलसिला 2000 में भारत आई दक्षिण अफ्रीका टीम के खिलाफ भी जारी रहा।

एक स्पिनर की सफलता में अच्छे कप्तान व कोच तथा मैनेजर का महत्त्वपूर्ण योगदान होता है। मगर न तो अजहर ने और न ही वाडेकर, संदीप पाटिल और मदनलाल ने उन्हें समुचित प्रोत्साहन व सहयोग दिया। यह सच है कि इंग्लैंड, न्यूजीलैंड व वेस्टइंडीज के नए व अपरिचित विकेट पर वे उतना अच्छा प्रदर्शन नहीं कर पाए जितने की उनसे उम्मीद की गई थी। लेकिन इसकी वजह कुछ तो उनका पूरी तरह फिट न होना था और कुछ कप्तान व टीम प्रबन्धन द्वारा उन पर विश्वास न रख पाना व उनका समुचित उपयोग न कर पाना था।

हीरू भारत के लिए कुल 17 टेस्ट खेले और उन्होंने दाहिने हाथ के लेग ब्रेक, गुगली व फ्लिपर गेंदबाज के बतौर 716.2 ओवर में 1987 रन देकर 30.10 की औसत से 66 विकेट लिए जिनमें 1 बार मैच में 10 तथा 4 बार पारी में 5 विकेट शरीक हैं। एकदिवसीय अन्तर्राष्ट्रीय मैचों में भी उन्होंने भारत का प्रतिनिधित्व किया तथा 18 मैचों में 160 ओवर डालकर 719 रन दिए तथा 31.26 की औसत से 23 विकेट लिए। 1988 में शारजाह में न्यूजीलैंड के खिलाफ एक मैच में 43 पर 4 व दूसरे में 46 पर 4 विकेट लेकर मैन ऑफ दी मैच का पुरस्कार जीता। प्रथम श्रेणी क्रिकेट में अप्रैल 05 तक वे 163 मैचों में 7034.1 ओवर फेंककर 19463 रन दे चुके हैं तथा 26.95 की औसत से 722 विकेट ले चुके हैं। और यह उपलब्धि 1984-85 से लेकर 2004-05 तक 20 वर्ष के खेल जीवन में मुमकिन हुई है। रणजी ट्रॉफी में वे चार सौ से ज्यादा विकेट ले चुके हैं और शिखर के 5 सर्वाधिक विकेट लेनेवालों में उनका नाम है। 93-94 में विदर्भ के खिलाफ 52 रन देकर 8 विकेट उनका श्रेष्ठ रणजी गेंदबाजी प्रदर्शन है। प्रथम श्रेणी क्रिकेट में वे 51 से अधिक बार पारी में 5 या अधिक विकेट ले चुके हैं—4 बार टेस्ट क्रिकेट में, 34 से अधिक बार रणजी ट्रॉफी में, 7 बार दलीप ट्रॉफी में और 1 बार ईरानी ट्रॉफी में। प्रथम श्रेणी क्रिकेट में वे 9 से अधिक बार मैच में 10 या अधिक विकेट ले चुके हैं—1 बार टेस्ट में, 6 से अधिक बार रणजी ट्रॉफी में और 2 बार दलीप ट्रॉफी में।

वे जानते हैं कि अब अन्तर्राष्ट्रीय क्रिकेट के दरवाजे उनके लिए बन्द हो चुके हैं और आगे उच्च स्तर पर उनके लिए कोई अवसर नहीं है। फिर भी वे प्रथम श्रेणी क्रिकेट में अपनी लेग स्पिन से कहर बरपा रहे हैं। अभी भी वे पूरी निष्ठा व लगन से गेंदबाजी करते हैं और विकेट लेते हैं। 2002-03 के रणजी सत्र में उन्होंने मध्य प्रदेश के लिए 15.07 की औसत से 45 विकेट लिए। 1992-93 में उन्होंने 22.02 की औसत से 47 विकेट लिए थे। और 93-94 में उनके 17.88 की औसत

से 33 तथा 98-99 में भी 25.94 की औसत से 33 विकेट थे।

उनकी गेंदबाजी में विविधता थी और वे अच्छी फ्लाइट भी कराते थे। लेग स्पिन, गुगली व टॉप स्पिन का मिश्रण कराते हुए वे सटीक गेंदबाजी करने में कुशल थे। लेकिन उनके खिलाफ लगातार कहा जाता रहा कि वे एक अच्छे क्षेत्ररक्षक नहीं हैं। ताज्जुब है कि तब अन्य खिलाड़ियों के कमजोर व ढीले क्षेत्ररक्षण की ओर किसी का ध्यान नहीं गया। उन्हें सही समय पर मौका नहीं दिया गया और अनेक बार उनसे उचित समय पर गेंदबाजी भी नहीं करवाई गई। खासकर 1996 के इंग्लैंड दौरे में उनकी उपेक्षा त्रासदीपूर्ण थी। वे जन्मजात स्पिनर नहीं थे, न ही उनमें सुभाष गुप्ते व शिवरामकृष्णन जैसी नैसर्गिक प्रतिभा ही थी। मगर अपनी मेहनत व जिद के बल पर वे सफलता के शिखर पर पहुँचने में कामयाब हुए। 37 की उम्र में भी वे अपनी फिटनेस पर जितना ध्यान देते हैं व गेंदबाजी करने के लिए हमेशा लालायित रहते हैं वह युवाओं के लिए प्रेरणा का स्रोत है। अफसोस यही है कि वे जितना कर सकते थे उतना नहीं कर पाए।

1990-91 से दलीप ट्रॉफी में प्रवेश करने के बाद ही अनिल कुम्बले ने हीरवानी का स्थान लेने का संकेत दे दिया था। मगर 1992-93 की ईरानी ट्रॉफी स्पर्धा में 138 रन देकर 13 विकेट के प्रदर्शन के बाद तो भारतीय टीम में उनका स्थान पक्का ही हो गया और हीरवानी बाहर हो गए। दरअसल हीरवानी की गेंदबाजी में न तो कुम्बले जैसा नियन्त्रण था और न ही शेन वार्न जैसी विविधता। मगर उनका इरादा बड़ा मजबूत था। कुल मिलाकर यही कहा जा सकता है कि महानता के साथ अल्पकालीन मैत्री करके वे अन्तर्राष्ट्रीय क्रिकेट से गायब हो गए। लेकिन दृढ़ निश्चय व संकल्प के मामले में हीरवानी सभी युवा क्रिकेट खिलाड़ियों के लिए प्रेरणा के स्रोत साबित हो सकते हैं।

(viii) वेंकटपति राजू

साजी लक्ष्मी वेंकटपति राजू का जन्म 9 जुलाई 1969 को आन्ध्रप्रदेश के अलामुरू में हुआ। जिस तरह भारतीय ऑफ स्पिन की कमान शिवलाल यादव के बाद अर्शद अय्यूब ने सम्भाली, उसी तरह मनिन्दर सिंह के बाद भारत की लेफ्टआर्म स्पिन की कमान वेंकटपति राजू ने सम्भाली।

औसत ऊँचाई व दुबली-पतली काठी के राजू का क्रिकेट जीवन भी भारतीय टीम से अन्दर-बाहर होने में ही बीता। उनके दोस्त उन्हें 'मसल्स' यानी श्रीमान मजबूत या लौहपुरुष के उपनाम से पुकारते थे। दिखने में छोटे व कमजोर से भले ही लगते हों, संकल्प, इरादे व साहस के मामले में वे किसी से कम नहीं थे। उनका दिल शेर का-सा था। वे गेंद को फ्लाइट करने से नहीं घबराते थे जिससे कि अच्छे-अच्छे बल्लेबाजों को उनकी गेंदों को खेलने में परेशानी होती थी। परन्तु अपनी

आक्रामक गेंदबाजी यानी बल्लेबाज को आउट करने की कोशिश करने व इस कोशिश में रन देने की फिक्र न करने के कारण कई बार उन्हें बहुत रन देने पड़े हैं। इस कारण भारत के परम्परावादी एवं रूढ़िवादी चयनकर्ता उन्हें महँगा मानकर नापसन्द करते रहे।

राजू 80 के दशक के उत्तरार्ध में सुर्खियों में आए और मनिन्दर के उत्तराधिकारी के तौर पर भारतीय टीम में चुने गए। राजू उँगलियों से गेंद को स्पिन करानेवाले

शास्त्रीय पद्धति के गेंदबाज थे। उन्हें भारतीय टीम में जमने में कोई दिक्कत नहीं हुई और आते ही वे घुल-मिल गए। वे अपना पहला टेस्ट 1989-90 में क्राइस्टचर्च में न्यूजीलैंड के खिलाफ खेले। तब वे 20 वर्ष के थे। 1990-91 में श्रीलंका के खिलाफ खेले गए एकमात्र टेस्ट में उन्हीं की घातक लेफ्टआर्म स्पिन की वजह से भारत ने श्रीलंका को परास्त किया था। तब तक वे सिर्फ 2 टेस्ट ही खेले थे। लेकिन चंडीगढ़ में श्रीलंकाई बल्लेबाज उनकी बाएँ हाथ की स्पिन के सामने लड़खड़ाते नजर आए और उनके एक ही स्पेल ने श्रीलंकाई पारी को ध्वस्त कर दिया। उनकी गेंदबाजी का विश्लेषण था—17.5-13-12-6, सिर्फ 12 रनों पर 6 विकेट किसी भी गेंदबाज की आँखों का सपना हो सकता है।

राजू के समय में ऑफ स्पिनर के रूप में राजेश चौहान थे और लेग स्पिनर के रूप में अनिल कुम्बले। चौहान ने अर्शद अय्यूब की जगह ले ली थी और कुम्बले ने हीरवानी की। इस तरह मनिन्दर की जगह लेनेवाले राजू ने चौहान व कुम्बले के साथ स्पिन का नया त्रिकोण स्थापित कर लिया था। स्पिन की यह त्रिवेणी 90 के पूर्वार्ध में भारतीय आक्रमण की जान बनी रही। लेकिन 90 के मध्य व उत्तरार्ध में उनकी गेंदबाजी के स्तर में गिरावट आ गई। शायद यह एकदिवसीय क्रिकेट अधिक खेलने के कारण हुआ था। वे गेंद को हवा में छोड़ने की बजाय उसे दबाने लगे ताकि रन कम बनें। परन्तु घरेलू क्रिकेट में अच्छा प्रदर्शन करने और कप्तान अजहरुद्दीन के भी उन्हीं की तरह हैदराबाद के होने के कारण वे टीम में बने रहे। उन्हें टीम के कप्तान का भी विश्वास प्राप्त रहा। अगर उनके टेस्ट विकेटों का वर्गीकरण किया जाए तो आप पाएँगे कि राजू ने भारत के घरेलू विकेटों पर 15 टेस्ट खेलकर जहाँ 70 विकेट लिए वहीं विदेशों में 12 टेस्ट खेलकर वे सिर्फ 22 विकेट ही ले पाए। जाहिर है उनके लिए घरेलू विकेट ज्यादा मुफीद रहे।

1994-95 की वेस्टइंडीज के खिलाफ खेली गई घरेलू शृंखला उनके जीवन की श्रेष्ठ व यादगार शृंखला रही। इस शृंखला के 3 टेस्ट मैचों में उन्होंने 20 विकेट लिए जो कि टेस्ट क्रिकेट में उनका श्रेष्ठ गेंदबाजी प्रदर्शन है। लेकिन इसके बाद वे कोई उल्लेखनीय प्रदर्शन नहीं कर पाए। और 1997-98 की आस्ट्रेलियाई शृंखला के बाद उन्हें भुला दिया गया।

अन्तर्राष्ट्रीय क्रिकेट से निवृत्त हो जाने के बावजूद राजू हैदराबाद टीम के प्रमुख गेंदबाज बने रहे और राष्ट्रीय स्तर पर उम्दा प्रदर्शन करते रहे। 1999 में हैदराबाद को रणजी फाइनल में पहुँचाने में उनका महत्त्वपूर्ण योगदान रहा और उस वर्ष उन्होंने रणजी ट्रॉफी में 52 विकेट लिए। दिसम्बर 2004 में वे प्रथम श्रेणी क्रिकेट से भी निवृत्त हो गए। वे हीरवानी से 10 टेस्ट ज्यादा खेले और उन्होंने उनसे 27 विकेट ज्यादा लिए।

राजू ने 1989-90 में 2000-01 के बीच 11 वर्षों में भारत के लिए 28 टेस्ट खेले। बाएँ हाथ के स्पिन गेंदबाज के रूप में उन्होंने 1267 ओवर में 2857 रन देकर

30.72 की औसत से 93 विकेट लिए जिनमें 1 बार मैच में 10 तथा 5 बार पारी में पाँच विकेट शरीक, थे। एकदिवसीय अन्तर्राष्ट्रीय मैचों में उन्होंने 53 मैचों में 461.4 ओवर में 2014 रन देकर 31.96 की औसत से 63 विकेट लिए। वे 1985-86 से लेकर 2004-05 के बीच 19 साल तक प्रथम श्रेणी क्रिकेट खेले और उन्होंने 7118.2 ओवर में 16332 रन देकर 27.72 की औसत से 152 विकेट लिए। रणजी ट्रॉफी में उन्होंने हैदराबाद के लिए 22471 गेंदों में 8455 रन देकर 24.51 की औसत से 345 विकेट लिए।

राजू ने 20 वर्ष की उम्र में टेस्ट क्रिकेट खेलने की शुरुआत की और 31 की उम्र में टेस्ट क्रिकेट से अवकाश ग्रहण किया। 35 की उम्र में वे प्रथम श्रेणी क्रिकेट से भी निवृत्त हो गए। अपनी टीम के रणजी ट्रॉफी में दयनीय प्रदर्शन के कारण उन्होंने खेलना छोड़ने का फैसला किया। उतार-चढ़ाव से भरपूर उनका खेल जीवन भारतीय टीम के लिए अनेक बार मददगार साबित हुआ। एक साहसिक खिलाड़ी के बतौर राजू ने भारतीय टीम की उपयोगी सेवा की। एक तो उन्हें अनिल कुम्बले के साए में गेंदबाज़ी करनी पड़ी। दूसरे 90 के दशक के उत्तरार्ध में सुनील जोशी जब बाएँ हाथ के स्पिनर के रूप में उभरे तो राजू को जोशी के लिए स्थान खाली करना पड़ा। 2001 में आस्ट्रेलिया के खिलाफ कोलकाता के ऐतिहासिक टेस्ट में राजू की वापसी तो हुई पर हरभजन व लक्ष्मण की सफलता की चकाचौंध में राजू का विनम्र प्रयास छिप-सा गया। पर वे जब भी खेले उन्होंने टीम को अपना सौ फीसदी दिया व श्रेष्ठतम प्रयास किया।

(ix) राजेश चौहान

राजेश चौहान 10 दिसम्बर 1966 को राँची (झारखंड) में पैदा हुए और भिलाई में रहे, पढ़े और अपना प्रारम्भिक क्रिकेट खेले। बिहार में पैदा होनेवाले राजेश मध्य प्रदेश के लिए रणजी ट्रॉफी व दलीप ट्रॉफी में खेले और फिर भारतीय टीम में चुने गए। उनके पिता लेफ्टआर्म स्पिनर थे मगर वे दाहिने हाथ से ऑफ स्पिन करते थे।

भारत को शिवलाल यादव के बाद अर्शद अय्यूब के रूप में ऑफ स्पिनर मिल गया था। लेकिन अर्शद अय्यूब के 1989-90 में अन्तर्राष्ट्रीय क्रिकेट पटल से हट जाने के बाद से भारतीय टीम में ऑफ स्पिनर की जो कमी महसूस की जा रही थी उसे राजेश चौहान ने 1992-93 में पूरा किया।

वे अपना पहला टेस्ट इंग्लैंड के खिलाफ कोलकाता के ईडन गार्डेन्स में 1992-93 में खेले और आखिरी टेस्ट भी कोलकाता में ही आस्ट्रेलियाई टीम के खिलाफ 1997-98 में। इस बीच 5 वर्षों में उन्हें शंकास्पद गेंदबाजी एक्शन व 'चकिंग' के आरोप में अन्तर्राष्ट्रीय क्रिकेट परिषद् के निर्णयानुसार खेल से बाहर भी रहना पड़ा। जाँच कार्य में एवं फिर उसका नतीजा आने में भी विलम्ब हुआ और

उनकी उम्र बढ़ती रही। खामियाजा उन्हें भी भुगतना पड़ा तथा भारतीय टीम को भी। इस बीच वे 21 टेस्ट खेले और उन्होंने 791.3 ओवर में 1857 रन देकर 39.51 की औसत से 47 विकेट लिए। वे भारत की ओर से 35 एकदिवसीय अन्तर्राष्ट्रीय मैच खेले तथा उन्होंने 272.2 ओवर में 1216 रन देकर 41.93 की औसत से 29 विकेट लिए। उनका प्रथम श्रेणी क्रिकेट जीवन 12 वर्ष का रहा और इस बीच उन्होंने 99 मैच खेले, 4216.4 ओवर गेंदबाजी की तथा 32.35 की औसत से 318 विकेट लिए। एकदिवसीय क्रिकेट में उनके खाते में 834 ओवर में 31.73 की औसत से 101 विकेट हैं। रणजी ट्रॉफी में उनके खाते में मध्यप्रदेश के लिए 30562 गेंदों में 6723 रनों पर 32.64 की औसत से 206 विकेट दर्ज हैं।

विवादास्पद एक्शन के कारण उनके टेस्ट जीवन में आए व्यवधान के बाद जब आई. सी.सी. ने उन्हें अन्तर्राष्ट्रीय क्रिकेट खेलने की इजाजत दी तो उन्हें दुर्भाग्यवश श्रीलंका में कोलम्बो के प्रेमदासा स्टेडियम के आसान व रनों से भरपूर विकेट पर बड़े स्कोर करने के लिए विख्यात श्रीलंकाई बल्लेबाजों के खिलाफ गेंदबाजी करनी पड़ी। 1997-98 में बड़े स्कोरवाले टेस्ट में श्रीलंका ने सिर्फ 6 विकेट खोकर 952 रनों का विशाल स्कोर खड़ा किया और राजेश चौहान को 78 ओवर में 276 रन देने के बाद सिर्फ 1 विकेट मिला। इस दयनीय प्रदर्शन के बाद और उनके एक्शन पर विवाद के चलते अभी तक भारतीय युवा टीम में खेल रहे शरनदीप सिंह व हरभजन सिंह सीनियर टीम के लिए दावेदारी कर रहे थे। अत: राजेश चौहान को भारतीय टीम से बाहर हो जाना पड़ा।

राजेश चौहान दाहिना हाथ पूरा घुमाकर 'ओवरहेड' एक्शन से गेंदबाजी करने की बजाय 'राउंडआर्म एक्शन' से गेंदबाजी करते थे। अत: उनकी गेंद में 'फ्लाइट' भी नहीं थी और उतना घुमाव भी नहीं था जितना कि प्रसन्ना में था या अब हरभजन में है। उनकी गेंदबाजी सटीक जरूर थी और गेंद टप्पा खाने के बाद घूमती भी थी। इसी कारण वे एकदिवसीय क्रिकेट के बेहतर खिलाड़ी व गेंदबाज साबित हुए। नीचे के क्रम पर जाकर लप्पेबाजी भी अच्छी कर लेते थे। अत: वे उपयोगी बल्लेबाज भी साबित हुए। पर टेस्ट क्रिकेट में एक बार भी वे पारी में 5 विकेट नहीं ले पाए। 48 रनों पर 4 विकेट ही उनका श्रेष्ठ गेंदबाजी प्रदर्शन रहा।

अर्शद अय्यूब की ही तरह राजेश चौहान ने दाहिने हाथ के ऑफ स्पिन गेंदबाज के रूप में भारतीय क्रिकेट की उस समय सेवा की जब टीम में एक ऑफ स्पिनर की सख्त जरूरत थी। आस्ट्रेलिया, न्यूजीलैंड व श्रीलंका जैसी टीमों में बाएँ हाथ के बल्लेबाजों की भरमार थी। उन्हें नियन्त्रित करने के लिए ऑफ स्पिनर का टीम में होना जरूरी था। ऐसे में चौहान उपयोगी साबित हुए। लेकिन उनकी अपनी सीमाएँ व समस्याएँ थीं। अत: वे वांछित रूप से सफल नहीं हो पाए।

वर्तमान स्पिनर

90 के उत्तरार्ध में भारतीय क्रिकेट में स्पिन गेंदबाजी सत्तर के दशक जैसी धारदार व स्वर्णिम सफलता दिलाने के स्तर की तो नहीं, लेकिन असरदार व परिणाम को प्रभावित करनेवाली अवश्य हुई। वर्तमान भारतीय स्पिन गेंदबाजों में दाहिने हाथ के लेग स्पिनर अनिल कुम्बले, दाहिने हाथ के ऑफ स्पिनर हरभजन सिंह व शरणदीप सिंह तथा बाएँ हाथ के स्पिनर मुरली कार्तिक उल्लेखनीय हैं।

(i) अनिल कुम्बले

17 अक्टूबर 1970 को कर्नाटक के बंगलौर शहर में जन्मे अनिल कुम्बले भारत के सबसे सफल स्पिनर और टेस्ट क्रिकेट में सबसे अधिक विकेट लेनेवाले भारतीय गेंदबाज हैं। खिलाड़ी की सफलता में उसकी खेल प्रतिभा, मेहनत और इच्छाशक्ति का हाथ तो होता ही है, भाग्य का भी बड़ा हाथ रहता है। कर्नाटक के लेग स्पिनर कुम्बले का खेल जीवन इन सभी के योगदान का जीता-जागता उदाहरण है।

कुम्बले एक कुशल इंजीनियर हैं और अपने स्कूली दिनों से ही क्रिकेट के शौकीन थे। वे एक ऑलराउंडर बनना चाहते थे। लेग स्पिन उन्हें आकर्षित करती थी। वे जानते थे कि गेंद को कलाई मोड़कर घुमाने व स्पिन कराने के लिए जन्मजात प्रतिभा होनी चाहिए और वह उनमें नहीं थी। जो नहीं था उसके लिए चिन्ता करने की बजाय उन्होंने जो कड़ी मेहनत व अभ्यास से प्राप्त कर सकते थे वही करने का सिलसिला शुरू किया। वे अपने दाहिने हाथ की पूरी कलाई घुमाकर गेंदबाजी का अभ्यास करने लगे। धीरे-धीरे उनकी गेंदबाजी की दिशा, लम्बाई व नियन्त्रण सुधरने लगा।

1989-90 में 19 साल की उम्र में उन्होंने हैदराबाद के खिलाफ खेलकर अपना रणजी जीवन शुरू किया। तब से अब तक वे 200 रणजी विकेट पूरे करने के करीब पहुँच गए हैं और चूँकि अन्तर्राष्ट्रीय क्रिकेट खेलने में व्यस्त रहने के कारण उन्हें अपने राज्य की टीम के लिए रणजी खेलने के कम ही मौके मिल पाते हैं इसलिए उनकी राष्ट्रीय उपलब्धि उनकी अन्तर्राष्ट्रीय उपलब्धियों से कम है। रणजी में उन्होंने डेढ़ हजार से ज्यादा रन भी बनाए हैं। केरल के खिलाफ 1991-92 में नाबाद 154

रन उनका रणजी का श्रेष्ठ स्कोर है। तथा एक पारी में 41 रनों पर 8 विकेट तथा एक मैच में 99 रनों पर 16 विकेट उनका रणजी ट्रॉफी का श्रेष्ठ गेंदबाजी प्रदर्शन है। 1995-96 में उत्तर क्षेत्र के खिलाफ 35 पर 4 तथा ईरानी ट्रॉफी में 1992-93 में दिल्ली के खिलाफ पहली पारी में 64 रनों पर 7 तथा दूसरी पारी में 74 रनों पर 6 विकेट, इस तरह मैच में 138 रन देकर 13 विकेट सिर्फ उनका ही नहीं, किसी भी भारतीय गेंदबाज का ईरानी ट्रॉफी का अब तक का श्रेष्ठ प्रदर्शन है।

भारत के कुछ ही खिलाड़ी हैं जो इंग्लैंड की चुनौतीपूर्ण व कड़ी काउंटी क्रिकेट

स्पर्धा में खेले हैं। कुम्बले उन चन्द खिलाड़ियों में हैं। वे 1995 में नार्थम्पटनशायर की ओर से और 2000 में लीसेस्टरशायर की ओर से खेले। 1995 में नार्थम्पटनशायर के लिए उन्होंने 150 विकेट लिए। उस साल कांउटी क्रिकेट में 100 से अधिक विकेट लेनेवाले वे एकमात्र गेंदबाज थे। 2004-05 तक प्रथम श्रेणी क्रिकेट में उन्होंने 196 मैचों में 6 शतक व 15 अर्धशतक सहित 22.97 की औसत से 4618 रन बनाए हैं और 8979.2 ओवर में 22776 रन देकर 24.64 की औसत से 924 विकेट लिए हैं जिनमें 17 बार मैच में 10 तथा 63 बार पारी में 5 विकेट शरीक हैं। सीमित ओवर के क्रिकेट में उनके नाम पर 3258.2 ओवर में 27.41 की औसत से 498 विकेट हैं।

टेस्ट क्रिकेट में मार्च 2005 तक उनके नाम पर 95 टेस्ट मैचों में 5054 ओवर में 13015 रन देकर 28.23 की औसत से 461 विकेट हैं जिनमें 7 बार मैच में 10 तथा 29 बार पारी में 5 विकेट शरीक हैं। पाकिस्तान के खिलाफ 1998-99 में दिल्ली टेस्ट में 74 रन देकर सभी 10 विकेट उनका एक टेस्ट पारी का व मैच में 149 रन देकर 14 विकेट इनका टेस्ट जीवन का श्रेष्ठ गेंदबाजी प्रदर्शन है। एकदिवसीय अन्तर्राष्ट्रीय क्रिकेट में वे अप्रैल 2005 तक 261 मैच में 2322.5 ओवर में 30.71 की औसत से 325 विकेट ले चुके हैं।

अनिल कुम्बले ने 1990 में मेनचेस्टर टेस्ट में इंग्लैंड के खिलाफ खेलकर अपने टेस्ट जीवन की शुरुआत की। तब से वे करीब 15 साल से अन्तर्राष्ट्रीय स्तर पर टेस्ट व एकदिवसीय अन्तर्राष्ट्रीय मैचों में एक लेग स्पिनर के रूप में भारतीय टीम का प्रतिनिधित्व कर रहे हैं। वे 90 के दशक के भारत के प्रमुख 'स्ट्राइक' गेंदबाज तो हैं ही, 'स्टॉक' व 'शॉक' गेंदबाज की जिम्मेदारी भी अच्छी तरह से निभाते रहे हैं। अपनी मेहनत, दमखम व अभ्यास की बदौलत वे इस मुकाम पर पहुँचे हैं। उनका रास्ता आसान नहीं रहा। दक्षिण क्षेत्र एक ताकतवर क्रिकेट क्षेत्र है। कर्नाटक के अलावा हैदराबाद व तमिलनाडु जैसी मजबूत टीमें उसी क्षेत्र में हैं। अतः प्रतिस्पर्धा भी तगड़ी ही होती है। राष्ट्रीय स्तर पर लगातार तगड़ी प्रतिस्पर्धा करते रहने के बाद वे भारतीय टीम में जगह बना पाए। परन्तु 1990 के इंग्लैंड दौरे के बाद उन्हें भुला दिया गया क्योंकि मध्यप्रदेश के नरेन्द्र हीरवानी एक लेग स्पिनर के बतौर भारतीय टीम में स्थान बना चुके थे और अच्छा प्रदर्शन कर रहे थे। लेकिन अचानक हीरवानी का अनफिट हो जाना व उनका चयनकर्ताओं के हिसाब से प्रदर्शन न कर पाना कुम्बले के लिए वरदान बन गया। 1992-93 में दिल्ली में खेले गए ईरानी ट्रॉफी मैच में दिल्ली के खिलाफ शेष भारत के लिए पहली पारी में 64 पर 7 व दूसरी में 74 पर 6 इस तरह मैच में कुल 138 रन देकर 13 विकेट लेने के बाद तो जैसे उनकी किस्मत का दरवाजा ही खुल गया। इस प्रदर्शन पर सभी का ध्यान गया और लोगों को लगा कि भारत को एक उम्दा स्पिनर की जो तलाश थी वह पूरी हो गई। क्रिकेट में एक बार टीम से बाहर हो जाने के बाद फिर से वापसी करना आसान

नहीं होता। दम गुर्देवाले ही वापसी कर पाते हैं। कौन जाने कब किसी के स्थान पर लिया गया खिलाड़ी टीम में स्थायी जगह बना ले। मगर कुम्बले 1990 के बाद से लगातार कड़ी मेहनत व अभ्यास करते रहे। यह मेहनत रंग लाई और ईरानी ट्रॉफी में अपने इस नायाब प्रदर्शन के बाद वे 1992-93 में दक्षिण अफ्रीका के दौरे पर गई भारतीय टीम में लिए गए। जोहानेसबर्ग में खेले गए दूसरे टेस्ट में उन्होंने 53 रनों पर 6 विकेट लेकर धमाकेदार वापसी की। 4 टेस्ट मैचों की उस श्रृंखला में कुम्बले ने 25.94 की औसत से 18 विकेट लिए। इसके बाद उन्होंने कभी पीछे मुड़कर नहीं देखा।

अपने 13 साल के अन्तर्राष्ट्रीय क्रिकेट जीवन में कुम्बले को मजबूरन कुछ समय के लिए 'फिटनेस' की वजह से टीम से बाहर रहना पड़ा है। पर वे जब भी खेले पूरी तन्मयता व जिम्मेदारी से खेले। उन्होंने सभी टेस्ट राष्ट्रों—आस्ट्रेलिया, इंग्लैंड, न्यूजीलैंड, दक्षिण अफ्रीका, पाकिस्तान, श्रीलंका, वेस्टइंडीज व बांग्लादेश—के खिलाफ विकेट लिए। वे टेस्ट क्रिकेट में भी सफल रहे व एकदिवसीय क्रिकेट में भी। शेन वार्न के बाद वे आज क्रिकेट जगत के सर्वाधिक सफल लेग स्पिनर हैं। कुम्बले की सफलता की चर्चा पाकिस्तान के खिलाफ फरवरी 1999 में दिल्ली टेस्ट की दूसरी पारी में उनके द्वारा लिए गए सभी 10 विकेट के उल्लेख के बिना अधूरी है। दो टेस्ट मैचों की श्रृंखला का यह दूसरा व अन्तिम टेस्ट था। चौथे दिन लंच के बाद अपने तीसरे 'स्पेल' में कुम्बले ने जो कहर बरपाया वह अद्‌भुत था। उनका यह प्रदर्शन यादगार भी था, ऐतिहासिक भी और गर्व करने लायक भी। उनकी गेंदबाजी का विश्लेषण था 26.3-9-74-10, टेस्ट क्रिकेट में 125 वर्षों के लम्बे इतिहास में यह सिर्फ दूसरा ऐसा मौका था जब किसी गेंदबाज ने पारी के सभी दसों विकेट लिए। 45 साल पहले इंग्लैंड के महान ऑफ स्पिनर जिम लेकर ने 1966 में आस्ट्रेलिया के खिलाफ मेनचेस्टर टेस्ट में 58 रन देकर 10 विकेट लिए थे। टेस्ट क्रिकेट में किसी एक पारी में सभी दसों विकेट लेने का हैरतअंगेज कारनामा अभी तक दो गेंदबाजों ने ही कर दिखाया है और संयोग देखिए कि दोनों ही स्पिनर हैं। फर्क इतना ही है कि इंग्लैंड के जिम लेकर जहाँ दाहिने हाथ से ऑफ स्पिन करते थे वहीं भारत के अनिल कुम्बले दाहिने हाथ से कलाई मोड़कर लेग स्पिन करते हैं। कुम्बले के टेस्ट जीवन की शुरुआत तो विशेष उल्लेखनीय नहीं रही थी और 1990 का उनका प्रदर्शन तो साधारण ही था। उन्होंने कभी सपने में भी नहीं सोचा होगा कि कभी वे टेस्ट क्रिकेट में एक पारी में दसों विकेट लेंगे। दिल्ली की कड़ाके की सर्दी में उस दोपहर कुम्बले के असाधारण प्रदर्शन ने माहौल गर्मा दिया। सभी खुश थे। खिलाड़ी, दर्शक और बंगलौर में उनका परिवार, सभी खुशी से झूम रहे थे। कुम्बले ने खुद माना कि उन्हें विश्वास ही नहीं हुआ कि वास्तव में उन्होंने पारी के सभी दसों विकेट ले लिए हैं। उन्होंने अपने जोड़ीदार हरभजन की ऑफ स्पिन की भी तारीफ की। किन्तु क्रिकेट में यह कतई जरूरी नहीं हैं कि जो गेंदबाज अच्छी

गेंदबाजी करे उसे विकेट भी मिले। अच्छी गेंदबाजी करनेवाले को बल्लेबाज अधिक सम्भलकर खेलते हैं अत: उसे विकेट नहीं मिल पाते। जबकि वे अन्य गेंदबाजों को बेफिक्री से खेलते हैं। अत: उनकी गेंद पर आउट भी होते हैं। कुम्बले का कहना था कि जब उन्होंने 7वाँ, 8वाँ व 9वाँ विकेट भी ले लिया था तब भी उन्हें भरोसा नहीं था कि वे 10वाँ विकेट भी ले ही लेंगे। एक और संयोग रहा। जब भी तेन्दुलकर ने कुम्बले का स्वेटर व कैप अम्पायर को दिए, उन्हें विकेट मिला। एक और संयोग देखिए। लेकर ने दसों विकेट इंग्लैंड की परम्परागत प्रतिद्वन्द्वी टीम आस्ट्रेलिया के खिलाफ लिए थे और कुम्बले ने दसों विकेट भारत की परम्परागत प्रतिद्वन्द्वी टीम पाकिस्तान के खिलाफ लिए। तेन्दुलकर ने ठीक ही कहा कि ऐसी हैरतअंगेज उपलब्धि को खुद मैदान पर मौजूद रहकर देखना गौरवपूर्ण एवं आश्चर्यजनक अनुभूति थी।

यह सच है कि भारत में कुम्बले से अधिक स्पिन करानेवाले लेग स्पिनर हुए हैं। गुप्ते तो खैर अपने समय के विश्व के श्रेष्ठ लेग स्पिनर माने जाते थे। शिवरामकृष्णन व हीरवानी भी कुम्बले से ज्यादा स्पिन करा लेते थे। पर कुम्बले की शक्ति स्पिन न होकर रफ्तार व उछाल है। वे एक ऐसे गेंदबाज हैं जो लेग ब्रेक एक्शन से गेंदबाजी तो करते हैं किन्तु, उनकी गेंदों में न तो उतनी स्पिन है और न ही वह घातक 'फ्लाइट' जो बल्लेबाजों को आगे बढ़ने के लिए ललचाती है व भ्रम में डालती व छकाती है। इसके बावजूद उनकी गेंदबाजी की दिशा, लम्बाई व सटीकता अतुलनीय है। विकेट लेने की जो क्षमता तथा अपनी सीमाओं को पहचानने व सीमा में ही गेंदबाजी करने की खूबी कुम्बले में है वह उनके समकालीन व उनसे बेहतर गेंदबाजों में भी नहीं है। बिशन सिंह बेदी तो कहते भी रहे हैं—स्पिन से कहीं ज्यादा जरूरी है स्पिन पर नियन्त्रण। अधिक स्पिन करानेवाला बल्लेबाज को 'बीट' तो करता है पर साथ ही रन भी अधिक देता है और आउट भी कम ही कर पाता है जबकि अपनी स्पिन को नियन्त्रित करनेवाला स्पिनर बल्लेबाज को आउट भी करता है व रन भी कम देता है।

कुम्बले चूँकि लम्बे कद के हैं इस कारण उनकी गेंदों को विकेट से उछाल भी अधिक मिलता है। लेग स्पिन वैसे भी अस्वाभाविक तथा अपरम्परागत शैली की गेंदबाजी है। इस विधा में नियन्त्रण व सन्तुलन कायम रख पाना एक जटिल व कठिन काम है क्योंकि गेंदबाज अपनी कलाई को मोड़कर कलाई व उँगलियों के मेल से गेंद को स्पिन कराता है। कुम्बले जानते हैं कि गेंद को घुमाने की जन्मजात प्रतिभा उनमें नहीं है। फिर भी उन्होंने गहन अभ्यास, लगन व मजबूत मानसिकता के बल पर अपनी सीमित प्रतिभा का भरपूर उपयोग किया है। आज वे बुलन्दी के उस मुकाम पर पहुँच गए हैं कि लोग उन्हें हाथों-हाथ ले रहे हैं। वे अपने क्षेत्ररक्षण की जमावट के हिसाब से गेंदबाजी करते हैं और परिस्थिति व जरूरत के हिसाब से कभी 'ओवर द विकेट' तो कभी 'राउंड द विकेट' गेंदबाजी करते हैं जिससे कि बल्लेबाज विकेट

पर जम न पाए। आपने उन्हें अपवादस्वरूप व विरले अवसरों पर ही 'शार्ट पिच' या 'ओवर पिच' अथवा ढीली तथा 'ऑफ साइड' पर क्षेत्ररक्षक जमाकर गेंद फेंकते देखा होगा। पेशे से वे इंजीनियर हैं और इंजीनियर होने के कारण वे नपे-तुले अन्दाज में सटीक एवं नियन्त्रणयुक्त गेंदबाजी करते हैं। नतीजन वे विकेट भी लेते हैं व रन भी कम देते हैं। वे टेस्ट क्रिकेट में भी सफल रहे हैं और एकदिवसीय क्रिकेट में भी।

व्यावसायिकता एवं प्रतिद्वन्द्विता के इस दौर में वही खिलाड़ी टिका रह सकता है जो शारीरिक रूप से 'फिट' हो, जिसकी सोच वैज्ञानिक हो तथा जो योजना बनाकर खेलने में माहिर हो। दिमागी सन्तुलन के बिना न तो वह अधिक समय तक खेल सकता है और न ही सफल हो सकता है। सच ही कहा जाता है कि क्रिकेट एक दिमागी खेल है तथा सफल खिलाड़ी खेल का आधे से अधिक भाग अपने दिमाग में खेलता है तथा शेष भाग मैदान पर। कुम्बले ऐसे ही सफल खिलाड़ियों में हैं। मेहनत और मेहनत, तथा सफलता और, और ज्यादा सफलता, उनके जीवन का मूल मन्त्र है। पढ़ाई-लिखाई का लाभ प्रसन्ना तथा वेंकटराघवन को भी मिला तथा कुम्बले को भी। मानसिक सन्तुलन, एकाग्रता, धैर्य व मजबूत इरादा ये सभी गुण कुम्बले में मौजूद हैं। और ऐसा व्यक्ति जीवन में कितना आगे जा सकता है यह उनकी क्रिकेट यात्रा से सिद्ध होता है। कर्नाटक के ही अपने अग्रज लेग स्पिनर भागवत चन्द्रशेखर की परम्परा को आगे बढ़ाते हुए कुम्बले ने भारतीय क्रिकेट में वह मंजिल प्राप्त की है जिसकी अच्छे-अच्छों को हसरत रहती है। अधिक दिनों तक कड़ी व अन्तर्राष्ट्रीय प्रतिस्पर्धा खेलते रहने के कारण उनका कन्धा भी प्रभावित हुआ है तथा उन्हें उसकी शल्य चिकित्सा करानी पड़ी है। लोगों को शक था कि ऑपरेशन के बाद क्या वे उतने ही चुस्त-दुरुस्त रह पाएँगे जितने कि पहले थे और क्या वे उतनी ही मुस्तैदी से गेंदबाजी करके उतने ही सफल हो पाएँगे जितने कि पहले हुआ करते थे। दक्षिण अफ्रीकी दौरे में तो वे कुछ खास नहीं कर पाए लेकिन इंग्लैंड के भारत दौरे में वे पुनः अपनी रंगत में आने लगे।

उनकी गेंदों को खेलनेवाले बल्लेबाज को यह तो पता रहता है कि उनकी गेंद लेग ब्रेक न होकर सीधी आएगी, लेकिन उसे यह पता नहीं होता कि वह किस रफ्तार से आएगी तथा कब व कितना उछाल लेगी। यही बल्लेबाज को परेशान करने के लिए काफी होता है। इंग्लैंड के भारत दौरे में भी उनका जलवा बरकरार रहा और जिम्बाब्वे के भारत दौरे में भी। मानसिक एवं शारीरिक सन्तुलन के सामंजस्य ने कुम्बले को सफलता के उस मुकाम पर पहुँचा दिया है जहाँ उनके पहले कोई भारतीय स्पिनर नहीं पहुँच पाया था। वे एक ऐसे गेंदबाज हैं जिन्हें विश्व का कोई भी कप्तान अपनी टीम में खुशी-खुशी लेना चाहेगा। विश्व के श्रेष्ठ लेग स्पिनर आस्ट्रेलिया के शेन वार्न ने भी माना कि एक टेस्ट पारी में सभी दस विकेट लेनेवाला योग्यतम गेंदबाज कुम्बले के अलावा कोई हो ही नहीं सकता था। कुछ खिलाड़ी ऐसे

होते हैं जिनके नाम पर कीर्तिमान होना अच्छा लगता है। कुम्बले ऐसे ही विरले खिलाड़ियों में से हैं। जिनके नाम पर गेंदबाजी का यह कीर्तिमान फबता है। उनका पारी में दसों विकेट लेना वैसा ही राष्ट्रीय गौरव का क्षण था जैसा गावस्कर का 10 हजार टेस्ट रन पूरे करना और कपिल का हेडली के 431 टेस्ट विकेट को पार करना। निजी उपलब्धियों के हिसाब से गावस्कर, कपिलदेव, कुम्बले के अलावा तेन्दुलकर ही हैं जिन्होंने देशवासियों को गर्व करने के अवसर दिए हैं।

गेंद को स्पिन कराने के मामले में कुम्बले भले ही आस्ट्रेलिया के लेग स्पिनर शेन वार्न तथा श्रीलंका के ऑफ स्पिनर तथा ऑफ स्पिन एक्शन से लेग स्पिन भी करानेवाले मुरलीधरन से हलके बैठते हैं। लेकिन सफलता व असर के हिसाब से वे इन दोनों के समकक्ष ही हैं। यदि सीमित प्रतिभा के बावजूद खिलाड़ी इतनी बड़ी सफलताएँ प्राप्त करता है तो इससे यह तो साबित हो ही जाता है कि उसने अपने खेल जीवन को कितनी अच्छी तरह से व्यवस्थित व संयमित किया है।

कुम्बले उपयोगी बल्लेबाज भी हैं व रणजी और दलीप ट्रॉफी में एक-एक शतक तथा टेस्ट क्रिकेट में 3 अर्धशतक लगाकर साबित कर चुके हैं कि वे जरूरत पड़ने पर अपने से बेहतर बल्लेबाज को उपयोगी सहयोग दे सकते हैं।

विश्व के श्रेष्ठ बल्लेबाजों में शुमार किए जानेवाले स्टीव व मार्क वॉ, ब्रायन लारा व सनत जयसूर्या उनकी गेंदबाजी के कायल रहे। कुम्बले एक मैच विजेता गेंदबाज हैं। उन्होंने अपनी गेंदबाजी के जाल में अनेक बल्लेबाजों को उलझाकर भारत को अनेक मैच जितवाए हैं। ऐसी मान्यता है कि एक स्पिनर उम्र बढ़ने के साथ-साथ अधिक चतुर, परिपक्व व धारदार होता जाता है। हम उम्मीद करें कि उनके साथ भी ऐसा ही होगा व वे आगामी कई वर्षों तक भारतीय टीम को अपनी सेवाएँ दे सकेंगे। जब आस्ट्रेलियाई टीम 40 की उम्र में बॉब हालैंड को खिलाती रही और इंग्लैंड भी एडी हेमिंग्ज को लगभग इतनी ही उम्र तक खिलाता रहा तो कुम्बले तो अभी 35 के ही हैं। वे चार या पाँच साल तक तो खेल ही सकते हैं। अवसरों का पूरा आसमान उनके सामने है।

उनके बारे में कहा जाता था कि वे भारत में तो असरदार साबित होते हैं परन्तु विदेशी पिचों पर उतने प्रभावी नहीं रह पाते; बल्कि उन्हें विकेटों के लिए संघर्ष करना पड़ता है। लेकिन 2003-04 के आस्ट्रेलियाई दौरे में उन्होंने 3 टेस्ट मैचों में 24 विकेट लेकर साबित कर दिया कि वे आस्ट्रेलिया के सख्त विकेटों पर भी प्रभावी गेंदबाजी करने में सक्षम हैं। फिर 3 माह बाद ही पाकिस्तान में मुल्तान के आसान व सपाट पिच पर 71 रनों पर 6 विकेट लेकर उन्होंने भारत को पाकिस्तान में पहली बार टेस्ट जितवाया। वे टेस्ट क्रिकेट में ही नहीं एकदिवसीय क्रिकेट में भी 'बॉलर-बैट्समैन' की जवाबदेही निभाते रहे हैं और विश्वसनीय क्षेत्ररक्षक भी हैं।

दिसम्बर 2001 में बंगलौर के अपने घरेलू विकेट पर उन्होंने 300 टेस्ट विकेट लेनेवाले दूसरे भारतीय गेंदबाज और पहले भारतीय स्पिनर होने का सम्मान पाया। एक

साल बाद ही उन्होंने एकदिवसीय अन्तर्राष्ट्रीय मैचों में भी अपने तीन सौ विकेट पूरे किए। फिर 2004-05 में आस्ट्रेलिया के खिलाफ बंगलौर में ही उन्होंने अपने 400 टेस्ट विकेट का आँकड़ा पार किया और चेन्नई में खेले गए अगले ही टेस्ट में सिर्फ 25 रनों पर 7 विकेट लेकर आस्ट्रेलिया की बल्लेबाजी को ध्वस्त किया। वे मुँह से नहीं बोलते, मैदानी करिश्मों के जरिए अपनी क्षमता सिद्ध करते हैं। उन्हें आत्मीयतावश 'जम्बो' नाम से पुकारा जाता है। फिलहाल वे भारतीय टीम के तुरुप के पत्ते जैसे हैं। जब कोई सहारा न बचे तो कुम्बले तो काम आते ही हैं। इसी उम्मीद पर भारतीय टीम कुछ वर्ष तो निर्भर रह सकती है। वे ऐसी गेंद पट्टियों पर भी बल्लेबाजों को चकमा दे सकते हैं जिन पर स्पिन करानेवालों को भी मदद न मिलती हो। बल्लेबाज जानते हैं कि उनकी गेंद स्पिन नहीं होगी किन्तु इसके बावजूद वे उनकी गेंदों पर आउट होते जाते हैं। क्या कुम्बले को उनकी इस खूबी का श्रेय नहीं मिलना चाहिए? यह जरूर है कि अब उन्हें अपनी उम्र व सेहत का खयाल रखकर विश्राम ले-लेकर ही खेलना चाहिए। शेन वार्न व मुरलीधरन भी यही कर रहे हैं। उन्हें 35 की उम्र में भी उत्साहपूर्वक व जोश के साथ गेंदबाजी करना व फुर्ती से दौड़-भाग करते हुए व चुस्त क्षेत्ररक्षण करते हुए देखना सुखद लगता है।

विडम्बना देखिए कि भारतीय लेग स्पिनरों में सबसे कम स्पिन करानेवाले कुम्बले भारत के सफलतम स्पिनर हैं। जब भी आप भारत के अब तक के सार्वकालिक महान स्पिनर्स की बात करेंगे, वीनू मनकड़, सुभाष गुप्ते, बिशन सिंह बेदी, चन्द्रशेखर व प्रसन्ना के साथ कुम्बले का भी उल्लेख अवश्य करेंगे। टेस्ट और एकदिवसीय दोनों ही शैलियों के क्रिकेट में उनकी सफलता के मद्देनजर उन्हें क्रिकेट क्षेत्र में सभी जगह आदर की दृष्टि से देखा जाता है। आज वे शेन वार्न के बाद दुनिया के सबसे अधिक टेस्ट विकेट लेनेवाले लेग स्पिनर और शेन वार्न व मुरलीधरन के बाद सर्वाधिक टेस्ट विकेट लेनेवाले स्पिनर हैं। इंग्लैंड के विरुद्ध मोहाली टेस्ट 2006 में अनिल कुम्बले ने 500 टेस्ट विकेट का लक्ष पाया। कुम्बले 500 टेस्ट विकेट लेनेवाले भारत के पहले गेंदबाज और विश्व के तीसरे स्पिन गेंदबाज हो गए हैं। बढ़ती उम्र, कन्धे की शल्य चिकित्सा और सीमित क्षमता के बावजूद कुम्बले ने जो उपलब्धियाँ पाईं हैं वह उनसे अधिक प्रतिभावान माने जानेवाले अनेक स्पिनरों को नसीब नहीं हो पाईं।

(ii) हरभजन सिंह

अनिल कुम्बले तो भारतीय टीम में 1990 से खेल रहे थे। उनके साथी स्पिनर की तलाश थी। राजेश चौहान के बाद ऑफ स्पिनर की खोज भी शुरू हुई। तब तक भारत में जूनियर टीम व भारत 'ए' टीम को चुनने व इन टीमों को विदेश भेजने की प्रक्रिया शुरू हो चुकी थी। बंगलौर में राष्ट्रीय क्रिकेट अकादमी की स्थापना भी

हुई। हरभजन सिंह व शरणदीप सिंह युवा ऑफ स्पिनर के रूप में राष्ट्रीय क्रिकेट अकादमी में जानेवाले पहले बैच के खिलाड़ियों में थे।

3 जुलाई 1980 को पंजाब के पटियाला में जन्मे हरभजन सिंह क्रिकेट की दुनिया में 'भज्जी' उपनाम से पुकारे जाते हैं। आपने भी स्टम्प पर लगे छोटे-से

माइक्रोफोन से आती हुई आवाज अकसर सुनी होगी। 'वेल बोल भज्जी' या 'शाबास भज्जी'। यह आवाज स्टम्प के पीछे खड़े विकेटकीपर की होती है जो जोश दिलाने व प्रोत्साहित करने के उद्देश्य से बोलता है। 1997-98 में 17 साल की उम्र में हरभजन ने दाहिने हाथ के ऑफ स्पिनर के रूप में पंजाब के लिए अपना पहला रणजी ट्रॉफी मैच खेला। पंजाब, दिल्ली व हरियाणा उत्तर क्षेत्र की प्रमुख व ताकतवर टीमें हैं। इन तीनों टीमों के बीच कड़े व दिलचस्प मुकाबले होते हैं। हरभजन ने सिर्फ तीन वर्ष में अपने सौ रणजी विकेट पूरे कर लिए। उत्तर क्षेत्र के लिए वे तीन दलीप ट्रॉफी मैच भी खेल चुके हैं। दरअसल आजकल अन्तर्राष्ट्रीय क्रिकेट कार्यक्रम इतना व्यस्त हो गया है कि लगातार राष्ट्रीय टीम के लिए अन्तर्राष्ट्रीय क्रिकेट खेलते रहने के कारण प्रमुख खिलाड़ियों को राष्ट्रीय स्पर्धाओं में खेलने के बहुत कम अवसर मिल पाते हैं। वरना हरभजन की राष्ट्रीय उपलब्धियाँ भी और अधिक होतीं।

हरभजन ने 1997-98 में आस्ट्रेलिया के खिलाफ बंगलौर में खेले गए तीसरे टेस्ट से अपना टेस्ट जीवन शुरू किया। तब से मार्च 2005 तक वे भारत के लिए 45 टेस्ट खेल चुके हैं और 2064.5 ओवर में 5607 रन देकर 28.17 की औसत से 199 टेस्ट विकेट ले चुके हैं। उन्होंने 3 बार मैच में 10 तथा 16 बार पारी में 5 विकेट लिए हैं। उन्होंने अपना पहला अन्तर्राष्ट्रीय एकदिवसीय मैच न्यूजीलैंड के खिलाफ 1997-98 में शारजाह में कोका कोला कप में खेला था। तब से अप्रैल 2005 तक वे 98 अन्तर्राष्ट्रीय एकदिवसीय मैच खेल चुके हैं और 873 ओवर में 3628 रन देकर 30.23 की औसत से 120 विकेट ले चुके हैं।

प्रथम श्रेणी क्रिकेट में 1997-98 से 16.4.2005 तक वे 96 मैचों में 3857.1 ओवर में 10755 रन देकर 26.36 की औसत से 408 विकेट ले चुके हैं। सीमित ओवर के मैचों में इसी अवधि तक वे 1145 ओवर में 4702 रन देकर 28.84 की औसत से 163 विकेट ले चुके हैं। यदि कुम्बले भारत के सबसे ज्यादा टेस्ट विकेट लेनेवाले स्पिनर ही नहीं, गेंदबाज भी हैं, तो हरभजन भारत के सबसे ज्यादा टेस्ट विकेट लेनेवाले ऑफ स्पिनर हैं। वे प्रसन्ना से 4 टेस्ट कम खेलकर उनसे 10 टेस्ट विकेट ज्यादा ले चुके हैं। आस्ट्रेलिया जैसी ताकतवर व स्पिन को खेलने में माहिर टीम के खिलाफ 2000-01 में खेली गई श्रृंखला के चेन्नई टेस्ट में हरभजन ने कुल 217 रन देकर 15 विकेट लिए तथा 3 टेस्ट मैचों की उस श्रृंखला में वे 32 विकेट लेने में सफल हुए। उस टीम के धुरन्धर बल्लेबाजों—स्टीव व मार्क वॉ, पोंटिंग, हेडन, स्लेटर व गिलक्रिस्ट के पास हरभजन की ऑफ स्पिन का तोड़ नहीं था।

उनका आगमन ताजगी का एहसास कराता है। कभी भारत के गुलाम अहमद, प्रसन्ना व वेंकट की ऑफ स्पिन का क्रिकेट जगत में दबदबा था। फिर शिवलाल यादव, अर्शद अय्यूब व राजेश चौहान ने ऑफ स्पिन की कमान सम्भाली। कुछ अरसे के लिए आशीष कपूर और निखिल चोपड़ा भारतीय टीम में रहे किन्तु जल्दी ही गुमनामी में खो गए। ऐसे समय जब भारत को एक स्तरीय ऑफ स्पिनर की सख्त

जरूरत थी, हरभजन का आगमन हुआ। तब से हरभजन की ऑफ स्पिन व कुम्बले की लेग स्पिन की जुगलबन्दी चल रही है। हरभजन की तरक्की तेज रही। जिस साल वे अपना पहला रणजी ट्रॉफी मैच खेले उसी साल उन्हें अपने जीवन का पहला टेस्ट भी खेलने का मौका मिला। 17 वर्ष के हरभजन में चन्दू बोर्डे व उनके साथी चयनकर्ताओं को असाधारण प्रतिभा नजर आई। कम उम्र से अपना टेस्ट जीवन शुरू करनेवाले वे भारत के 5वें खिलाड़ी हैं। अपनी त्वरित सफलता के बाद हरभजन भी 'चकिंग' के विवाद में फँस गए। आस्ट्रेलिया व इंग्लैंड के मीडिया ने उनके एक्शन पर खूब बवाल मचाया। शंकास्पद एक्शन के अलावा यह भी कहा गया कि उनका व्यवहार व आचरण उचित नहीं है। नतीजन उनकी इंडियन एयरलाइन्स की अच्छी-खासी नौकरी छूट गई। इस बीच उनके पिता का देहावसान हो गया। इन मुसीबतों के बाद उनका इरादा और मजबूत हुआ तथा वे शक्तिशाली बनकर लौटे। एक्शन सुधारने के लिए उन्हें इंग्लैंड भेजा गया और वे वहाँ से भी अच्छी प्रगति रिपोर्ट लेकर लौटे।

दरअसल एशिया उपमहाद्वीप के सभी सफल गेंदबाजों को काबू में करने के लिए उन पर चकिंग का आरोप लगाया जाता रहा है। भारत के चेतन शर्मा, राजेश चौहान व हरभजन, पाकिस्तान के सकलेन मुश्ताक, शोएब अख्तर व शोएब मलिक तथा श्रीलंका के मुरलीधरन 'चकिंग' के विवाद में उलझे रहे हैं। लेकिन जो भी गेंदबाज दिमागी तौर पर मजबूत रहा है वह इन सभी अस्थायी संकटों को पार करने में सफल हुआ है। हरभजन दोगुने जोश से मेहनत करते रहे और कम उम्र के होते हुए भी विपरीत परिस्थितियों में संघर्ष करके मजबूत खिलाड़ी के रूप में सामने आए। सत्तर के दशक के बाद पहला मौका था जब आस्ट्रेलिया जैसी सुगठित और तगड़ी टीम युवा हरभजन की ऑफ स्पिन के सामने लड़खड़ाती नजर आई। चकिंग के विवाद में उलझे रहने के बावजूद 2000-01 में उनका प्रदर्शन लाजवाब रहा। शुरुआती दौर में जरूर ऐसा लगा था कि निम्न-मध्यवर्गीय परिवार में जन्म लेने व परिवार से उचित मार्गदर्शन न मिलने के कारण कहीं यश व चमक-दमक के कुचक्र में वे भी न फँस जाएँ। खेल के प्रति उनका नजरिया ही बदल गया था और वे बेवजह ऐसे विवादों में फँसते गए जिनसे वे बच सकते थे। चकिंग के विवाद ने उनके खेल जीवन में नई रुकावट पैदा कर दी। इंग्लैंड से चकिंग पर पार पाने के बाद वे अनुशासनहीनता के कारण राष्ट्रीय क्रिकेट अकादमी से बाहर हो गए। लेकिन तब भी उन्होंने साहस व जीवट का परिचय दिया और जब वे फिर से मैदान में लौटे तो उनके लड़कपन की ठिठोली व गैरजिम्मेदाराना अन्दाज गायब हो चुका था। लेकिन हमें उस परिस्थिति पर जरूर गौर करना चाहिए जिसने उन्हें समस्याओं में उलझा दिया था। भारतीय टीम में जगह बनाने के पहले हरभजन को पंजाब की रणजी टीम में स्थान पाने के लिए युवा ऑफ स्पिनर शरणदीप सिंह से कड़ी प्रतिस्पर्धा करनी पड़ी थी। दोनों में फर्क यही था कि जहाँ हरभजन अधिक 'फ्लाइट' व 'स्पिन' करते हैं वहीं शरणदीप उतनी 'फ्लाइट' न करते हुए तेज किस्म की गेंद फेंकते हैं। अत: टेस्ट की

बजाय शरणदीप एकदिवसीय क्रिकेट के लिए अधिक मुफीद हैं। लेकिन आस्ट्रेलिया के भारत दौरे के पहले ही जिम्बाब्वे के खिलाफ 2000-01 में शरणदीप भारतीय टीम में जगह पा चुके थे। ऐसी परिस्थिति में वही खिलाड़ी कामयाब हो सकता था जिसमें कुछ बेहतर कर पाने की क्षमता हो। वह ऐसी स्थिति थी जब कई युवा खिलाड़ी पंजाब की टीम में आने के लिए छटपटा रहे थे। कड़ी प्रतिस्पर्धा ने हरभजन को भी अच्छे प्रदर्शन के लिए प्रेरित किया। उन्हें आखिर चेन्नई कैंप के लिए चुन लिया गया। भारतीय टीम के कप्तान सौरभ गांगुली उनसे विशेष रूप से प्रभावित हुए। जिन हरभजन को कुछ माह पहले उत्तर क्षेत्र की टीम में नहीं लिया गया था वे अब भारतीय टीम में थे। शरणदीप के टीम में होने से उन्हें उत्तर क्षेत्र की टीम में नहीं लिया गया था। पर दो माह बाद ही उनके जीवन की दिशा भी बदली व दशा भी। ऐसा उतार-चढ़ाव कम खिलाड़ियों के जीवन में आया होगा जैसा कि हरभजन के जीवन में आया। लेकिन 2000-01 में आस्ट्रेलिया के भारत दौरे ने उनकी ज़िन्दगी ही बदल दी। कुम्बले अपने कन्धे की शल्य चिकित्सा के लिए दक्षिण अफ्रीका में थे और फिर उन्हें विश्राम करना पड़ा। उनकी गैर मौजूदगी में हरभजन को प्रमुख स्पिनर की भूमिका निभानी थी। और हरभजन उस कसौटी पर खरे उतरे। उन्होंने कुम्बले की कमी ही महसूस नहीं होने दी। ऐसा लगा कि जैसे उन्हें ठीक उस समय टीम में लिया गया जबकि उनकी जरूरत थी। कोलकाता में खेले गए दूसरे टेस्ट में उन्होंने 'हैट्रिक' ली। किसी भी भारतीय गेंदबाज की ईडन गार्डेंस पर वह पहली 'हैट्रिक' थी। फिर चेन्नई टेस्ट में उन्होंने 15 विकेट लिए और भारत 2-1 से शृंखला जीता। हरभजन के 3 टेस्ट में 32 विकेट भी एक कीर्तिमान था। कोई भी स्पिनर 3 टेस्ट में इतने विकेट नहीं ले पाया है। खास बात यह है कि आस्ट्रेलिया के गिरनेवाले कुल विकेट का 64 प्रतिशत हिस्सा तो हरभजन के ही हिस्से में आया। 1956 में जिम लेकर ने आस्ट्रेलिया के खिलाफ 30 विकेट लिए थे। क्या उसके 44 साल बाद भी आस्ट्रेलिया की कमजोरी ऑफ स्पिन ही बनी रही या फिर यह महज एक इत्तफाक था कि दोनों ही बार उसकी बल्लेबाजी ऑफ स्पिन के सामने लड़खड़ा गई?

खिलाड़ी के सफल होने पर लोगों का ध्यान उसके खेल जीवन के गौरवपूर्ण क्षणों की ओर ही जाता है और अकसर उन सुनहरे क्षणों में सिमटकर रह जाता है। लोग उसके संघर्ष एवं गर्दिश के क्षणों को भूल जाते हैं। हरभजन ने अपने संघर्ष के दिनों में मनोबल बनाए रखा तथा हिम्मत से काम लिया और मौका मिलने पर अपनी पूरी क्षमता से प्रदर्शन किया। चढ़ाव के बाद उतार पर आते तो आपने कई खिलाड़ी देखे होंगे। किन्तु उतार के बाद चढ़ाव पर पहुँचनेवाले विरले खिलाड़ी ही हुए हैं। हरभजन उन्हीं में से हैं। सिर्फ प्रतिभा ही काफी नहीं है। सतत अभ्यास व दृढ़ इरादा भी जरूरी है।

आधुनिक खिलाड़ी एकदिवसीय अन्तर्राष्ट्रीय मैचों में खेलने से बच नहीं सकते। उन्हें आवश्यकतानुसार खुद को टेस्ट अथवा एकदिवसीय मैच की जरूरत के हिसाब से ढालना पड़ता है। हरभजन 1998 से जिम्बाब्वे, श्रीलंका, न्यूजीलैंड, दक्षिण अफ्रीका,

आस्ट्रेलिया, इंग्लैंड व पाकिस्तान के खिलाफ एकदिवसीय क्रिकेट खेल चुके हैं। अन्य स्पिनरों की तरह ही एकदिवसीय क्रिकेट की अधिकता के कारण उनकी स्पिन की धार व उसका प्रभाव कम होने का खतरा है। दिन-प्रतिदिन बढ़ती जा रही एकदिवसीय क्रिकेट की माँग के कारण क्रिकेट से कलात्मकता खत्म होती जा रही है। बल्लेबाजी में लप्पेबाजी महत्त्वपूर्ण हो गई है तो गेंदबाजी में रन रोकने का कौशल। स्पिन कला भी खतरे में है। हरभजन भी कसी हुई यानी 'टाइट' गेंदबाजी करते हुए नजर आने लगे हैं। यही वजह है कि वे आस्ट्रेलियाई टीम के खिलाफवाला अपना प्रदर्शन दोहरा नहीं पाए हैं। यदि वे अपने ख्याति के अनुरूप प्रदर्शन करते तो इंग्लैंड व जिम्बाब्वे के बल्लेबाजों की क्या मजाल कि वे उनकी ऑफ स्पिन के सामने टिक पाते? अभी वे युवा हैं और 25 के ही हैं। अत: समय रहते उन्हें चेत जाना चाहिए।

टेस्ट क्रिकेट में लम्बी दौड़ का घोड़ा ही चलता है। अत: अच्छे प्रदर्शन का सिलसिला जारी रहना चाहिए। व्यावसायिकता का भी तकाजा है कि खिलाड़ी के खेल स्तर में निरन्तरता बनी रहे। जिम्बाब्वे के खिलाफ नागपुर टेस्ट में जिस तरह जिम्बाब्वे के 8वें व 9वें क्रम के पुछल्ले बल्लेबाजों ने कुम्बले व हरभजन दोनों को छकाया व आसानी से खेला वह आश्चर्यजनक तो था ही शोचनीय भी था। यही हाल दिल्ली टेस्ट में भी हुआ। जिन गेंदबाजों की अन्तर्राष्ट्रीय ख्याति हो और दोनों ही स्पिनर हों तथा फिर भी जिम्बाब्वे जैसी टीम के नीचे के क्रम के बल्लेबाज उनसे आउट न हों तो यह अच्छा संकेत नहीं है।

हरभजन के टेस्ट विकेटों का बारीकी से अध्ययन व विश्लेषण करें तो पाएँगे कि उन्होंने 70 प्रतिशत विकेट तो क्षेत्ररक्षकों के हाथों कैच करवाकर लिए हैं जिनमें से अधिकांश कैच नजदीकी क्षेत्ररक्षकों के हाथों में यानी शार्ट लेग, सिली पाइंट, स्लिप या विकेटकीपर द्वारा किए गए हैं। यदि वे अपनी गेंदबाजी की लम्बाई व दिशा पर अधिक ध्यान दें तथा 'फ्लाइट' द्वारा बल्लेबाजों को 'ड्राइव' करने के लिए ललचाएँ तो वे ज्यादा सफल व प्रभावी साबित हो सकते हैं। अच्छा संकेत यह रहा कि उन्होंने 2000-01 के रणजी मौसम में उत्तर क्षेत्र की टीमों के खिलाफ पंजाब के लिए 28 विकेट लिए। दलीप ट्रॉफी में भी उनका प्रदर्शन अच्छा रहा। दक्षिण व मध्य क्षेत्र के खिलाफ तो वे खेले किन्तु उन्हें 2 मैचों में खिलाया नहीं गया। दिल्ली में खेले गए मैच में उन्होंने मध्य क्षेत्र के खिलाफ 42 व 9 रन बनाए तथा 32 ओवर में 126 रन देकर 3 विकेट लिए।

आस्ट्रेलिया के खिलाफ हीरो बनकर उभरे हरभजन पर बाद के सभी मैचों में अच्छे प्रदर्शन का दबाव रहा है। चाहनेवालों की अपेक्षाएँ भी बढ़ती जाती हैं और उन्हें अपने चहेतों का मामूली प्रदर्शन सन्तुष्ट नहीं करता। इस स्थिति से पार पाने के लिए मजबूत मानसिकता तथा अच्छा प्रदर्शन करते रहने की इच्छाशक्ति जरूरी है। क्रिकेट पंडितों को शक रहा कि वे ऐसे विकेट्स पर भी सफल होंगे जो स्पिन को मदद नहीं देते। लोगों को उनकी क्षमता पर तो भरोसा रहा है किन्तु मदद न देनेवाले विकेट पर

उनकी सफलता को लेकर सन्देह रहा। एक स्तरीय गेंदबाज वही है जो हर तरह के विकेट पर सफल हो और हरभजन को इस कसौटी पर खरा उतरना है।

उनकी गेंदबाजी व स्पिन क्षमता 70 व 80 के दशक की याद दिलाती है जब प्रसन्ना अपनी ऑफ स्पिन से बल्लेबाजों को नचाया करते थे। लेकिन तब एकदिवसीय क्रिकेट का शोर नहीं था और यही वजह थी कि प्रसन्ना अपनी स्वाभाविक गेंदबाजी करते रहे। हरभजन को टेस्ट व एकदिवसीय क्रिकेट में तालमेल बैठाना पड़ रहा है। उन्हें अच्छे क्षेत्ररक्षकों के अलावा स्तरीय विकेटकीपर के सहयोग की भी जरूरत है। वरना बल्लेबाज के साथ-साथ विकेटकीपर भी चूक जाए तो बेचारा गेंदबाज क्या करे?

हरभजन भारतीय क्रिकेट में आई नई चेतना के सही प्रतिबिम्ब हैं। वे उस बदलाव का प्रतिनिधित्व करते हैं जो आधुनिक युवकों में जोश, अक्खड़पन, आक्रोश व जुनून का संचार करता है। व्यवस्था के प्रति विद्रोह भी उनका सहज स्वभाव है। इसी के कारण उन्हें राष्ट्रीय क्रिकेट अकादमी से बाहर कर दिया गया था। परन्तु उन्होंने इस घटना को चुनौती के रूप में लिया। उन्हें अपनी क्षमता पर भरोसा था। इस आत्मविश्वास ने उन्हें मैदान पर दोगुने उत्साह से प्रदर्शन करने के लिए प्रेरित किया। उनमें रुकने व प्रतीक्षा करने का कौशल है। चकिंग के आरोप के बाद उन्होंने आई. सी.सी. विशेषज्ञों के मार्गदर्शन में अपने एक्शन में बदलाव किया और बदलाव के बाद उनका गेंद पर पहले से बेहतर नियन्त्रण हो गया है। वे अपनी गेंदों की लम्बाई में विविधता ला पाए हैं तथा उनकी रफ्तार में भी विविधता आई है। इसके अलावा वे एक गेंद ऑफ स्टम्प के बाहर भी निकालने लगे हैं। ऑफ स्टम्प से अन्दर गेंद लानेवाला ऑफ स्पिनर जब ऑफ स्टम्प से गेंद बाहर निकालने लगे तो अधिक खतरनाक हो जाता है। हरभजन आज पहले से अधिक खतरनाक गेंदबाज हो गए हैं। उनकी सर्वाधिक खतरनाक गेंद तो वह है जो उचित लम्बाई पर टप्पा खाने के बाद ऊपर उठती है व बल्लेबाज पर चढ़ती-सी जान पड़ती है जिससे कि बल्लेबाज को अन्तिम क्षणों में अपने 'स्ट्रोक' में बदलाव लाना पड़ता है। मार्च 2001 में यही गेंद आस्ट्रेलियाई बल्लेबाजों को ले डूबी। इसी कारण उन्हें शृंखला में 32 विकेट मिले जबकि उनका कोई भी साथी गेंदबाज 3 से अधिक विकेट नहीं ले पाया। शुद्धतावादी व परम्पराप्रेमी क्रिकेट पंडित भले ही कहें कि हरभजन की गेंदों में 'लूप' व 'फ्लाइट' की कमी है। लेकिन वे भी मानेंगे कि आस्ट्रेलिया के खिलाफ हरभजन का गेंदबाजी प्रदर्शन उँगलियों से गेंद स्पिन करानेवाले किसी भी भारतीय स्पिन गेंदबाज का अब तक का श्रेष्ठ प्रदर्शन था और वह भी ऐसी स्थिति व परिस्थिति में, जब कहा जाने लगा था कि एकदिवसीय क्रिकेट के जमाने में शास्त्रीय एवं परम्परागत स्पिन कला इतिहास की वस्तु बन गई है। हरभजन के लिए आगामी चार साल महत्त्वपूर्ण हैं। और इस बीच उन्हें 20 से 25 टेस्ट तो मिलेंगे ही। 2007 में अगला विश्व कप होना है। देखना दिलचस्प होगा कि तब तक वे कौन-सी मंजिल तय करते हैं?

(iii) मुरली कार्तिक

रेलवे की टीम के लिए रणजी ट्रॉफी खेलनेवाले मुरली कार्तिक का नाम एक युवा एवं प्रतिभाशाली लेफ्टआर्म स्पिनर के रूप में राष्ट्रीय पटल पर पिछले चार-पाँच वर्षों से उभरता रहा है। 11 सितम्बर 1976 को मद्रास में जन्मे मुरली लम्बे अर्से तक राष्ट्रीय टीम के दरवाजे पर दस्तक देते रहे। बाएँ हाथ के शास्त्रीय पद्धति के स्पिनर मुरली की गेंदबाजी में 'लूप' है। यानी वे गेंद को बड़े एहतियात से धीरे-से हवा में छोड़ते हैं और वह लहराती हुई बल्लेबाज के पास आती है। इसके अलावा वे गेंद को तेजी से स्पिन करा लेते हैं तथा उनकी गेंदबाजी में विविधता भी है। उनका दुर्भाग्य यही है कि राष्ट्रीय स्तर पर अच्छा प्रदर्शन करके सबका ध्यान आकर्षित करने के बावजूद उन्हें कभी सही समय पर भारतीय टीम में नहीं लिया गया। और सही समय पर मौका न मिलने के कारण उन्हें इन्तजार करते रहना पड़ा।

स्पिन गेंदबाजों के रूप में कुम्बले और हरभजन की जोड़ी भारतीय टीम में थी ही और वे दोनों ही अच्छी गेंदबाजी कर रहे थे। तीसरे स्पिन गेंदबाज की जगह ही कहाँ थी। इसके अलावा श्रीनाथ, वेंकटेश प्रसाद, अजीत अगरकर, जहीर खान व फिर पिछले साल से इरफान पठान के आ जाने से मध्यम तेज गेंदबाज भी थे। इस वजह से मुरली टीम में तो रहे किन्तु उन्हें खेलने का मौका तब ही मिला जब कुम्बले और हरभजन में से कोई एक नहीं खेला। इस तरह मुरली को कुम्बले व हरभजन के साये में रहना पड़ा। उन्हें पूरी तरह विकसित होने का मौका ही नहीं मिल पाया।

पूरा हाथ घुमाकर व सिर के ऊपर हाथ करके यानी 'हाई-आर्म' एक्शन से गेंदबाजी करनेवाले मुरली आखिर 1999-2000 में अपनी प्रतिभा के दम पर लगभग जोर-जबर्दस्ती से भारतीय टीम में आए। राष्ट्रीय स्तर पर लगातार प्रभावी प्रदर्शन करते रहने के बाद यह नामुमकिन था कि उन्हें भारतीय टीम में न लिया जाता। लेकिन मुम्बई में दक्षिण अफ्रीका के खिलाफ 1999 की शृंखला में टीम में खेलने पर भी उनके साथ न्याय नहीं हुआ। कप्तान सौरभ गांगुली ने उन पर कभी पूरा विश्वास ही नहीं किया। उन्हें या तो रन बचाने के लिए गेंदबाजी दी गई अथवा उनसे जरूरत से कम गेंदबाजी करवाई गई। किसी भी स्पिनर की सफलता में टीम के कप्तान का बहुत बड़ा हाथ होता है। मुरली को सही समय पर और लम्बे स्पेल में गेंदबाजी का अवसर ही नहीं मिला। इस बीच वे एकदिवसीय अन्तर्राष्ट्रीय मैच भी खेलते रहे। 2001-02 में जिम्बाब्वे के खिलाफ अपने पहले एकदिवसीय अन्तर्राष्ट्रीय मैच से 2004-05 में पाकिस्तान के खिलाफ अपने अभी तक के अन्तिम एकदिवसीय क्रिकेट जीवन में मुरली रनों की रफ्तार रोककर बल्लेबाजों को नियन्त्रित करने में कामयाब रहे।

मुरली ने 5 वर्षों में केवल 8 टेस्ट खेले हैं और 322 ओवर में 820 रन देकर 34.16 की औसत से 24 विकेट लिए हैं। एकदिवसीय अन्तर्राष्ट्रीय क्रिकेट में उन्होंने अप्रैल 05 तक 18 मैचों में 163 ओवर में 828 रन देकर 46 के महँगे औसत से

18 विकेट लिए हैं। प्रथम श्रेणी क्रिकेट में अप्रैल 2005 तक उनके नाम पर 85 मैचों में 3057 ओवर में 7278 रनों पर 26.17 की औसत से 278 विकेट हैं और उन्होंने 2 बार मैच में 10 तथा 15 बार एक पारी में 5 विकेट लिए हैं। सीमित ओवर की राष्ट्रीय स्पर्धा में उनके खाते में 90 मैचों में 798.5 ओवर में 33.05 की औसत से 105 विकेट हैं। रणजी ट्रॉफी में वे सवा सौ विकेट पूरे कर चुके हैं। उनके क्रिकेट जीवन का अब तक का श्रेष्ठ व सर्वाधिक यादगार क्षण वह था जब 2004-05 में मुम्बई में आस्ट्रेलिया के खिलाफ राहुल द्रविड़ की कप्तानी में उन्होंने 7 विकेट लेकर भारत को विजयी बनाया। द्रविड़ ने मुरली पर भरोसा किया और उन्हें उचित समय पर व उचित समय तक गेंदबाजी करने का मौका दिया। परिणाम सामने था।

जहाँ तक मुरली का सवाल है, वे उन लोगों में से नहीं हैं जो चुपचाप जो होता रहता है उसे सहन करते रहते हैं और अपने मौके का इन्तजार करते रहते हैं। वे तो गलत बात का पुरजोर तरीके से विरोध करना चाहते हैं। उन्हें भी आप हरभजन की ही तरह आजकल के गुस्सैल युवाओं के समूह में शरीक कर सकते हैं। उन्हें आपात स्थिति में ही भारतीय टीम में खिलाया जाता रहा है। 2002 में उन्होंने वेस्टइंडीज के खिलाफ एकदिवसीय मैचों की घरेलू शृंखला के चार मैचों में अच्छा प्रदर्शन किया था। यहाँ तक कि उन्होंने विस्फोटक बल्लेबाज क्रिस गेल को भी बाँधे रखा था। परन्तु न्यूजीलैंड जानेवाली भारतीय टीम में उन्हें तभी लिया गया जब कुम्बले ने जाने से इनकार किया। उन्हें यही शिकायत है कि एकदिवसीय क्रिकेट के गेंदबाज की बजाय टेस्ट क्रिकेट के गेंदबाज होने के बावजूद उन्हें टेस्ट मैचों में हमेशा एवजी स्पिनर के रूप में ही खिलाया जाता रहा है। यदि अपने पहले 4 टेस्ट मैचों में वे अच्छी गेंदबाजी करने के बावजूद 35 की औसत से सिर्फ 9 ही विकेट ले पाए तो इसकी वजह यही थी कि अच्छी गेंदबाजी करने के बावजूद उन्हें विकेट नहीं मिले। यहाँ तक कि घरेलू क्रिकेट में भी कभी उनकी ऐसी पिटाई नहीं हुई जैसी औसत गेंदबाजों की होती है। लेकिन घरेलू क्रिकेट में उनकी टीम के कप्तान ने कभी उनका गलत उपयोग नहीं किया। जबकि टेस्ट क्रिकेट में गांगुली ने उनसे छोटे-छोटे 7 स्पेल में गेंदबाजी करवाई तथा कभी जमने का मौका ही नहीं दिया। और यह बांग्लादेश के खिलाफ ढाका में हुआ।

दुर्भाग्यवश हमारे यहाँ घरेलू क्रिकेट में गेंदबाज खूब विकेट लेते हैं और बल्लेबाज खूब रन बनाते हैं। लेकिन उनकी ओर कोई ध्यान ही नहीं देता। उच्च स्तर पर ऐसा नहीं है। लेकिन स्पिन के लिहाज से किसी काँटे के घरेलू मैच में और अन्तर्राष्ट्रीय मैच में कोई फर्क नहीं है। भारतीय बल्लेबाज भारतीय विकेट्स पर स्पिन को जितना अच्छा खेलते हैं उतना विदेशी बल्लेबाज नहीं खेल पाते।

कार्तिक घरेलू क्रिकेट में तो कामयाब रहे ही हैं, भारत की 'ए' टीम के लिए भी उन्होंने अच्छा प्रदर्शन किया है। उन्हें बिशन सिंह बेदी व मनिन्दर सिंह का अच्छा मार्गदर्शन और प्रोत्साहन मिला है। राहुल द्रविड़ व लक्ष्मण ने भी उनका उत्साह बढ़ाया

है। उनमें यदि बेदी का जादू व नियन्त्रण है तो नाडकर्णी की सटीकता व रन न देने का कौशल, डेरिक अण्डरवुड की गीले विकेट पर घातक होने की कला, रवि शास्त्री की डटे रहने की क्षमता तथा इकबाल कासिम की इच्छा शक्ति। वे इन सभी का मिश्रण जान पड़ते हैं। लेकिन अच्छा लेफ्टआर्म स्पिनर बनने के लिए उन्हें 'फ्लाइट' का महत्त्व समझना होगा। कार्तिक मेहनत व अभ्यास में भरोसा करते हैं। वे स्वाभिमानी हैं। उन्हें किसी बाहरी व्यक्ति के समर्थन की जरूरत नहीं है। उन्हें अपनी क्षमता में विश्वास है। इसीलिए वे बकवास सुनना पसन्द नहीं करते और यदि लोग उनकी निरर्थक आलोचना करते हैं तो वे चुप भी नहीं रहते।

उन्होंने शुरुआत तो एक मध्यम तेज गेंदबाज के रूप में ही की थी। वे स्पिन भी करा लेते थे। इस कारण बाद में स्पिनर ही हो गए। वे मैदान पर बेहद आक्रामक व जुझारू हैं मगर मैदान के बाहर विनम्र व मेलजोल पसन्द। उनके भीतर धधकती प्रतिशोध की ज्वाला ने ही उन्हें मैदान पर अच्छा प्रदर्शन करने के लिए प्रेरित किया है। उन्हें उम्मीद है कि जब भी उन्हें खेलने का मौका मिलेगा वे अपनी उपयोगिता साबित करेंगे।

(iv) शरणदीप सिंह

क्रिकेट का यह शाश्वत नियम है कि दो एक जैसे प्रतिभावान खिलाड़ी यदि हमउम्र हों और एक-दूसरे के समकालीन भी, तो उनमें से जो पहले से स्थापित हो जाता है, उसकी तुलना में दूसरे खिलाड़ी को इसका खामियाजा भुगतना ही पड़ता है। राजेन्द्र गोयल व पद्माकर शिवालकर को बिशन सिंह बेदी के समकालीन होने की कीमत चुकानी पड़ी तो प्रसन्ना व वेंकटराघवन को भी एक-दूसरे के समकालीन होने का नुकसान हुआ तथा वामन कुमार को बालू गुप्ते की ही तरह सुभाष गुप्ते की छाया बने रहना पड़ा। ऐसा ही हरभजन सिंह व शरणदीप सिंह के साथ भी हुआ।

दोनों ही पंजाब के हैं और दोनों ही ऑफ स्पिनर हैं। समकालीन व हमउम्र भी हैं ही। दोनों ने भारत की जूनियर टीम का प्रतिनिधित्व किया और दोनों ही भारतीय क्रिकेट अकादमी में साथ साथ गए। फिर हरभजन अपनी दाहिने हाथ की ऑफ़ स्पिन से प्रभावित करने के कारण शरणदीप के करीब तीन साल पहले भारतीय टीम में ले लिए गए और अच्छे प्रदर्शन के कारण स्थापित भी हो गए। अपने अक्खड़ व गुस्सैल स्वभाव के बावजूद वे भारतीय टीम में बने रहे और शरणदीप एकदिवसीय क्रिकेट के खिलाड़ी होकर रह गए।

21 अक्टूबर 1979 को पंजाब के अमृतसर नगर में जन्मे शरणदीप दाहिने हाथ के अपेक्षाकृत कम फ्लाइट करानेवाले ऑफ स्पिनर होने के अलावा दाहिने हाथ के ही उपयोगी बल्लेबाज भी हैं। उन्हें आप ऑफ स्पिनर बल्लेबाज कह सकते हैं। यानी पहले वे एक ऑफ स्पिनर हैं व फिर एक बल्लेबाज और चुस्त व भरोसेमन्द क्षेत्ररक्षक तो खैर वे हैं ही।

2000 में नागपुर टेस्ट में जिम्बाब्वे के खिलाफ खेलकर उन्होंने अपना टेस्ट जीवन शुरू किया। 6 माह में यह पहला मौका था जब भारतीय टीम एक विशेषज्ञ ऑफ स्पिनर को लेकर खेल रही थी। एक विशेषज्ञ स्पिनर के नाते टीम में लिए जाने व खिलाए जाने के बावजूद भारतीय कप्तान सौरभ गांगुली ने उन्हें तब गेंदबाजी के लिए बुलाया जब जिम्बाब्वे की टीम ने 145 रन बना लिए थे। उन्हें एक तरह से पुनर्विचार की शैली में गेंदबाजी का मौका दिया गया परन्तु शरणदीप ने बेहतरीन दिशा, लम्बाई व नियन्त्रण रखते हुए सटीक गेंदबाजी की व अपने पहले चार ओवर में एक भी रन नहीं बनने दिया। पहले 4 ओवर मेडन डालने के बाद उन्होंने 10 गेंदों में 2 विकेट चटका लिए। उन्हें विकेट से घुमाव भी मिल रहा था तथा वह जरूरी पैनापन भी जो बल्लेबाजों को परेशान करने के लिए जरूरी है। उन्होंने नजदीकी क्षेत्ररक्षकों को व्यस्त रखा तथा मैच में 6 विकेट लिए।

इसके पहले हरियाणा के खिलाफ 1998-99 में अपने रणजी जीवन की शुरुआत करनेवाले शरणदीप मैच में 45 रन बनाकर अपनी बल्लेबाजी की क्षमता का अहसास करा ही चुके थे। जूनियर क्रिकेट में उनकी छवि एक सफल बल्लेबाज की ही रही। गेंदबाजी में वे सफल नहीं हो पाए। लेकिन रणजी की सुपर लीग में हैदराबाद के खिलाफ जब उन्होंने 8 विकेट लिए तो क्रिकेट पंडितों को उनकी गेंदबाजी की क्षमता का अहसास हुआ। शरणदीप ने हैदराबाद को 176 में समेटकर अपनी टीम को जीत के दरवाजे पर ला खड़ा किया किन्तु पंजाब के बल्लेबाज इस छोटे-से स्कोर को भी पार नहीं कर पाए। मौसम के अन्त में शरणदीप भारत की 19 साल से कम उम्र की टीम में श्रीलंका के खिलाफ खेले।

1999-2000 के रणजी सीजन में शरणदीप ने 19.43 की औसत से 37 विकेट लिए। यह उपलब्धि इस कारण भी विशेष रूप से महत्त्वपूर्ण है क्योंकि यह उनका रणजी ट्रॉफी खेलने का दूसरा ही वर्ष था। दरअसल अपने इस चमत्कारी प्रदर्शन के बाद ही उन्हें राष्ट्रीय अकादमी में बुलाया गया था। 2000 में प्रवेश लेनेवाले खिलाड़ियों के पहले समूह में उन्हें 4 माह के गहन प्रशिक्षण सत्र के दौरान प्रसन्ना व वेंकटराघवन से ऑफ स्पिन के गुर सीखने का अवसर मिला। 2001 के अपने सफल प्रदर्शन के आधार पर शरणदीप को इंग्लैंड की टीम के खिलाफ भारतीय टीम में लिया गया और मार्क रामप्रकाश तथा बुचर के विकेट लेकर उन्होंने इंग्लैंड की बल्लेबाजी की कमर तोड़ दी। लेकिन वे अभी तक भारतीय टीम के स्थायी सदस्य नहीं बन पाए हैं। कारण यही है कि उन्हीं की शैली के ऑफ स्पिनर हरभजन सिंह पहले से ही भारतीय टीम में हैं। और गेंदबाजी की विविधता का तकाजा है कि टीम में सभी किस्म के गेंदबाज होने चाहिए और जब तक कोई लाचारी ही न हो, कोई भी टीम दाहिने हाथ के दो ऑफ स्पिनरों को खिलाने की बजाय, एक दाहिने हाथ का ऑफ स्पिनर व एक दाहिने हाथ का लेग स्पिनर अथवा लेफ्टआर्म स्पिनर को खिलाना चाहेगी। कुम्बले लेग स्पिनर के रूप में हैं ही। अत: कुम्बले व हरभजन

ये दो स्पिनर पर्याप्त हैं। इनके होते लेफ्टआर्म स्पिनर मुरली कार्तिक को मौका नहीं मिल पा रहा है। फिर भला शरणदीप को किसकी जगह लिया जाएगा?

शरणदीप 2000 से 2002 के बीच सिर्फ 3 टेस्ट खेले हैं और उन्होंने 678 गेंदों में 340 रन देकर 10 विकेट लिए हैं। उनका प्रति विकेट औसत 34 रहा है। 2002 से लेकर 2003 तक वे 5 एकदिवसीय अन्तर्राष्ट्रीय मैच खेले हैं जिनमें उन्होंने 258 गेंदों में 180 रन देकर 60 की औसत से 3 विकेट लिए हैं। इसके बाद न तो वे भारत के लिए टेस्ट खेले हैं। और न ही कोई अन्तर्राष्ट्रीय एकदिवसीय मैच और अब वे 26 के होने को हैं। निकट भविष्य में ऐसा लगता भी नहीं कि उन्हें भारतीय टीम में स्थान मिल पाएगा।

अपने 7 वर्ष के प्रथम श्रेणी क्रिकेट जीवन में शरणदीप ने 64 मैचों में 14254 गेंदों में 6419 रन देकर 28.27 की औसत से 227 विकेट लिए हैं। पंजाब व दिल्ली के लिए खेलते हुए उन्होंने रणजी ट्रॉफी में अपने सौ विकेट पूरे कर लिए हैं। हरभजन के कारण उन्हें पंजाब छोड़कर दिल्ली के लिए खेलना पड़ा है क्योंकि पंजाब की रणजी टीम में हरभजन के होते हुए उन्हें कम ही मौके मिले हैं। जब वे खेले भी हैं तो पर्याप्त गेंदबाजी कर पाने का अवसर नहीं मिल पाया। और हरभजन क्योंकि उनकी तुलना में बेहतर व ज्यादा कामयाब ऑफ स्पिनर हैं अत: आप इसे शरणदीप का दुर्भाग्य ही कहिए कि वे कुछ गिने-चुने अवसरों पर ही भारतीय टीम की नुमाइन्दगी कर सके हैं।

निकट भविष्य के लिए उत्तर प्रदेश के युवा स्पिनर 16 वर्षीय पीयूष चावला में असीम सम्भावनाएँ दिखाई देती हैं। इसी वर्ष चैलेंजर ट्रॉफी में सचिन तेन्दुलकर और युवराज जैसे बल्लेबाजों को परेशान करके वे अपनी प्रतिभा का परिचय दे चुके हैं। वे लेग ब्रेक के साथ गुगली और फ्लिपर भी बहुत अच्छी करते हैं। खतरा यही है कि कहीं एकदिवसीय क्रिकेट के मायाजाल में फँसकर वे अपनी मूल पहचान न खो दें। एक बार परिपक्व हो जाने पर तो खिलाड़ी दोनों तरह के क्रिकेट से तालमेल बैठा सकता है। इसलिए यदि अभी से उन्हें अवसर देकर तैयार किया जाए तो विश्वकप 2007 तक वे एक अच्छे स्पिनर के रूप में सामने आ सकते हैं।

दो भाग्यहीन स्पिनर

जब भी भारतीय स्पिन गेंदबाजी का जिक्र होगा, राजेन्द्र गोयल और पद्माकर शिवालकर का नाम जरूर लिया जाएगा। दोनों ही बाएँ हाथ से स्पिन करानेवाले गेंदबाज थे और दोनों का क्रिकेट प्रथम श्रेणी स्तर तक सीमित रहा तथा वे कभी भारत के लिए नहीं खेल पाए।

(i) पद्माकर शिवालकर

शिवालकर गोयल से उम्र में करीब 2 साल बड़े थे। 14 अप्रैल 1940 को मुम्बई में जन्मे पद्माकर शिवालकर ने वीनू मनकड़, सलीम दुर्रानी और नाडकर्णी को लेफ्टआर्म स्पिन करते हुए देखा तथा उन्हीं को देखकर व फिर उनके साथ एवं खिलाफ खेलकर वे बड़े हुए। लेकिन पहले तो इनके होते हुए व फिर अपने से 6 साल छोटे बिशन सिंह बेदी के 19 की उम्र में भारतीय टीम में आ जाने के कारण शिवालकर प्रथम श्रेणी के क्रिकेटर ही बनकर रह गए।

मुम्बई को भारतीय क्रिकेट की नर्सरी कहा जाता है। जितना अधिक व जितने अच्छे स्तर का क्रिकेट मुम्बई में होता है उतना देश में कहीं नहीं होता। शिवालकर को मुम्बई में अच्छे स्तर का क्रिकेट खेलने को मिला और वे उसी वातावरण में तैयार होकर अच्छे स्तर के वामहस्त गेंदबाज बने। उनका प्रथम श्रेणी क्रिकेट का जीवन 27 साल का रहा। 1961-62 से लेकर 1987-88 तक के अपने लम्बे प्रथम श्रेणी क्रिकेट जीवन में उन्होंने 124 मैचों में 34125 गेंदों पर 11603 रन देकर 19.69 के उम्दा औसत से 589 विकेट लिए जिनमें उनके 13 बार मैच में 10 तथा 42 बार पारी में 5 विकेट भी शरीक थे। 16 रन देकर 8 विकेट उनका श्रेष्ठ गेंदबाजी प्रदर्शन रहा जो कि उन्होंने 1972-73 में तमिलनाडु के खिलाफ रणजी ट्रॉफी फाइनल में मद्रास में प्राप्त किया व मुम्बई को रणजी विजेता बनवाया। शिवालकर के खेल जीवन के उत्तरार्ध में एकदिवसीय क्रिकेट का चलन भी शुरू हो गया था। 1973-74 से लेकर 1978-79 के बीच उन्होंने 12 एकदिवसीय मैच भी खेले और 892 गेंदों पर 495 रन देकर 30.93 की औसत से 16 विकेट लिए।

रणजी ट्राफी में वे मुम्बई की गेंदबाजी के प्रमुख स्तम्भ रहे और उन्होंने मुम्बई

के लिए 21015 गेंदों में 6472 रन देकर 17.93 की औसत से 361 विकेट लिए। मुम्बई की स्थानीय स्पर्धाओं में भी उनका जलवा बरकरार रहा और वे यथासम्भव सभी कांगा लीग व टाइम्स ऑफ इंडिया शील्ड मुकाबलों में सक्रियता से शिरकत करते रहे। मुम्बई की गेंद पट्टियों के बारे में कहा जाता है कि वे आमतौर पर बल्लेबाजों को मदद देती हैं व वहाँ गेंदबाज असहाय नजर आते हैं। यह बात वानखेड़े पर भी लागू होती है व ब्रेबोर्न स्टेडियम पर भी। तभी तो मुम्बई के बल्लेबाज खूब रन बनाते हैं। मुम्बई में जो गेंदबाज ऐसी गेंद पट्टियों पर विकेट ले तो उसकी अतिरिक्त तारीफ की जानी चाहिए। शिवालकर इसी कारण तारीफ के हकदार हैं कि उन्होंने मुम्बई में बल्लेबाजों को मदद देनेवाले आसान व पाटा विकेट पर इतने विकेट लिए।

शिवालकर भारत की लेफ्टआर्म स्पिन की उस परम्परा के प्रतिनिधि रहे जो बालू से शुरू होकर जमशेदजी, मनकड़, दुर्रानी, बेदी, दिलीप दोशी से लेकर मनिन्दर, राजू तक आते हुए मुरली कार्तिक तक पहुँची है। वे गेंद को फ्लाइट भी कराते थे तथा उनका अपनी गेंदों की स्पिन, दिशा व लम्बाई पर भी अच्छा नियन्त्रण था। इसके अलावा वे अपने क्षेत्ररक्षण की जमावट के हिसाब से गेंदबाजी करते थे अथवा आप कह सकते हैं कि वे अपनी गेंदों के हिसाब से अपने क्षेत्ररक्षण की जमावट करते थे। उनका प्रथम श्रेणी क्रिकेट की गेंदबाजी का औसत तो उनकी धारदार गेंदबाजी की कहानी कहता ही है, उनका रणजी औसत भी साबित करता है कि उनकी गेंदों पर रन बनाना आसान नहीं था।

उनकी मान्यता है कि एक स्पिनर को अपनी गेंदबाजी का लगातार अभ्यास करते रहना चाहिए। तभी वह अपनी गेंद की दिशा व लम्बाई को सटीक रख सकता है। स्पिनर के लिए न तो मजबूत कन्धे होना जरूरी है और न मजबूत कद-काठी का होना आवश्यक है। उसमें केवल सटीक गेंदबाजी करने की क्षमता होनी चाहिए। बचपन से ही इस ओर ध्यान दिया जाना चाहिए कि बच्चे का एक्शन सहज व साफ सुथरा तथा अच्छा है कि नहीं तथा वह स्पिन करा लेता है कि नहीं। स्पिन कराना भी बाद में सीखा जा सकता है। परन्तु दिशा व लम्बाई के प्रति जागरूकता तो शुरुआत से ही होनी चाहिए। वर्तमान खिलाड़ियों में अन्तर्राष्ट्रीय स्तर पर वे न्यूजीलैंड के डेनियल विटोरी को श्रेष्ठ लेफ्टआर्म स्पिनर मानते हैं। भारत के सुनील जोशी में भी सम्भावनाएँ तो थीं लेकिन वे उतने भाग्यवान नहीं थे कि सफल होते। सफलता के लिए भाग्य का साथ भी मिलना जरूरी है वरना कैच छूट जाए या गलत फैसला हो जाए या बल्लेबाज 'बीट' तो हो पर आउट न हो पाए तो गेंदबाज का दिल तो टूटता ही है। उनकी राय में मुरली कार्तिक में वह बात नहीं है जो एक प्रभावी लेफ्टआर्म स्पिनर में होनी चाहिए। वे रन रोकने के लिए सटीक गेंदबाजी तो कर सकते हैं लेकिन गेंदबाजी करते वक्त वह 'आर्क' यानी अर्ध गोलाई नहीं बना पाते जो जरूरी है। अच्छी 'फ्लाइट' को मारना आसान नहीं होता। उनके गुरु वीनू मनकड़

ने भी उन्हें अच्छी 'फ्लाइट' करना सिखाया। कार्तिक को भी यह सीखना होगा। उन्हें जानकारों ने यह बताया भी होगा। शिवालकर कहते हैं कि खुद उन्होंने कार्तिक से इस बाबत बात की थी और कहा था कि 'फ्लाइट' व 'नियन्त्रण' ये दो स्पिन कला के मूल मन्त्र हैं। और सतत अभ्यास से ही ये खूबियाँ प्राप्त की जा सकती हैं। जब स्पिनर परिपक्व हो जाए तभी उसे उच्च स्तर पर खिलाया जाना चाहिए।

शिवालकर भारत की जूनियर टीम के चयनकर्ता भी रहे और उन्होंने व उनके साथियों ने हरभजन, युवराज, सहवाग, जहीर व शरणदीप जैसे खिलाड़ियों को जूनियर टीम में प्रोत्साहित किया जिससे ये खिलाड़ी आगे चलकर भारत के लिए खेल सके।

उन्होंने खुद को अपना प्रशिक्षक बनाया तथा जो भी सीखा क्रिकेट अनुभव से ही सीखा। उन्हें सी. के. नायडू, डेनिस लिली व ग्रेग चैपल की कही वह युक्ति हमेशा याद रही कि जब तक खिलाड़ी मैदान पर अच्छा प्रदर्शन कर रहा है व सफल हो रहा है, इस बात की कतई परवाह नहीं की जानी चाहिए कि ऐसा करते वक्त वह क्रिकेट प्रशिक्षण की पुस्तक में लिखी बातों का उल्लंघन कर रहा है। दक्षिण अफ्रीका के लेफ्टआर्म स्पिनर व लगभग सभी गेंदें 'चाइनामेन' अन्दाज में अपनी बाईं कलाई को पूरा मोड़कर व हमेशा नीचे देखते हुए गेंदबाजी करनेवाले पॉल एडम्स का उदाहरण हमारे सामने है। यदि किसी ने उससे ऊपर मुँह उठाकर व देखकर गेंदबाजी करने को कहा होता तो शायद ऐसा करने की बजाय एडम्स ने क्रिकेट खेलना ही छोड़ दिया होता।

(ii) राजेन्द्र गोयल

20 सितम्बर 1942 को हरियाणा के नरवाना में जन्मे राजेन्द्र गोयल भी पद्माकर शिवालकर की ही तरह प्रथम श्रेणी क्रिकेट के खिलाड़ी होकर रह गए व प्रतिभा तथा राष्ट्रीय स्तर पर बेहतरीन गेंदबाजी का प्रदर्शन करते रहने के बावजूद कभी भारतीय टीम में चुने नहीं गए। 1964-65 में श्रीलंका के खिलाफ एक अनधिकृत टेस्ट वे जरूर खेले।

शिवालकर की ही तरह भारत की गौरवशाली लेफ्टआर्म स्पिन की परम्परा के महत्त्वपूर्ण अंग रहे गोयल को भी अपने से 4 साल छोटे किन्तु राष्ट्रीय स्तर पर चमकने के बाद 19 की उम्र में ही भारत के लिए खेलनेवाले बिशन सिंह बेदी की वजह से कभी भारतीय टीम के लायक नहीं समझा गया। 1958-59 से लेकर 1984-85 तक अपने 26 साल लम्बे प्रथम श्रेणी क्रिकेट जीवन में गोयल ने 156 मैच खेले और 39743 गेंदों पर 13909 रन देकर 18.54 की औसत से 750 विकेट लिए जिनमें 17 बार मैच में 10 तथा 59 बार पारी में 5 विकेट भी शरीक हैं। जम्मू कश्मीर के खिलाफ दिल्ली के लिए 1966-67 में 7 पर 4 विकेट, फिर 1974-75 में जम्मू कश्मीर के ही खिलाफ 7 पर 5 विकेट उनका रणजी ट्रॉफी का श्रेष्ठ

गेंदबाजी प्रदर्शन और 55 रनों पर 8 विकेट उनका प्रथम श्रेणी क्रिकेट का श्रेष्ठ गेंदबाजी प्रदर्शन रहा। 1974-75 से लेकर 1984-85 तक वे 10 वर्षों में 8 सीमित ओवर के मैच भी खेले और उन्होंने 508 गेंदों में 280 रन देकर 14 विकेट लिए। उनके जमाने में सीमित ओवर का क्रिकेट अपने शुरुआती दौर में ही था। अत: वे इस शैली के क्रिकेट पर ध्यान केन्द्रित न कर सके। उन्हें परम्परागत शैली का क्रिकेट ही अधिक रास आया।

गोयल बमुश्किल दो या तीन कदम चलकर गेंदबाजी करते थे और वे दावे के साथ कहते थे कि उन्हें अपना ओवर पूरा करने में सवा मिनट से अधिक नहीं लगता। इतना छोटा 'स्टार्ट' लेकर इतनी जल्दी ओवर पूरा करनेवाला क्रिकेट की दुनिया में शायद ही कोई स्पिनर हुआ हो। साफ-सुथरा व सहज एक्शन, गेंद पर अच्छा नियन्त्रण, 'फ्लाइट' कराकर स्पिन कराने का कौशल व अचूक दिशा व लम्बाई, इन सब के कारण वे सिद्धहस्त लेफ्टआर्म स्पिनर माने जाते रहे। यदि वे किसी और समय पैदा हुए होते तो उन्हें निश्चित ही भारत की ओर से बहुत पहले खेलने का मौका मिला होता। परन्तु बेदी की मौजूदगी ने उनके सभी अवसर खत्म कर दिए। वे कहते भी हैं कि किस्मत ने उनके साथ कैसा खेल खेला कि काबिल होते हुए भी वे अन्तर्राष्ट्रीय क्रिकेट नहीं खेल पाए। परन्तु इसके बावजूद वे अपने व्यवहार व बातचीत में बेहद सादे व सदाशय बने रहे। उन्होंने अपने जीवन में इस बात की कटुता कभी नहीं आने दी कि वे उच्च स्तर पर अवसर नहीं पा सके।

वे अपना पहला रणजी ट्रॉफी मैच दक्षिण पंजाब के लिए 1958-59 में खेले। बाद में उन्होंने दिल्ली तथा हरियाणा की भी नुमाइन्दगी की। 123 रणजी मैचों में 31950 गेंदों पर 10973 रन देकर 17.15 के जादुई औसत से 640 विकेट एक ऐसी सुनहरी उपलब्धि है जो शायद ही कभी पार की जा सके। वे रणजी ट्रॉफी में भारत के सर्वाधिक विकेट लेनेवाले गेंदबाज हैं। दूसरे क्रम पर ऑफ स्पिनर वेंकटराघवन हैं जो उनसे 110 विकेट पीछे हैं। वर्तमान में खेल रहे खिलाड़ियों में लेग स्पिनर नरेन्द्र हीरवानी ने जरूर 400 रणजी विकेट पार कर लिए हैं। दूसरे तो अभी बहुत पीछे हैं। अत: किसी भी गेंदबाज का उनसे अधिक रणजी विकेट ले पाना यदि नामुमकिन नहीं तो बेहद मुश्किल जरूर लगता है। वैसे कीर्तिमान तो बनते ही टूटने के लिए हैं।

गोयल अन्तर्राष्ट्रीय क्रिकेट भले ही न खेले हों, लेकिन राष्ट्रीय स्तर पर उन्हें खूब चाहा व सराहा गया। समकालीन बल्लेबाजों पर उनका दबदबा रहा। वे बहुत बड़े 'टर्नर' तो नहीं थे लेकिन उनका अपनी स्पिन पर अच्छा नियन्त्रण था। और 'आर्मर' तो खैर उनकी 'ट्रम्प कार्ड' थी। अपने सद्व्यवहार व अनुशासन प्रेम के कारण उन्हें क्रिकेट जगत में बहुत सम्मान प्राप्त है।

अपने स्कूली दिनों से क्रिकेट खेलने की शुरुआत करनेवाले राजेन्द्र गोयल ने क्रिकेट की प्रारम्भिक जानकारी वैश्य हाईस्कूल के अपने शिक्षक लाला किशनलाल

से प्राप्त की। पहले उन्हें पंजाब की टीम में चुना गया, फिर उत्तर क्षेत्र की टीम में अपने अच्छे प्रदर्शन के कारण वे अखिल भारतीय कैंप के लिए चुने गए जहाँ लाला अमरनाथ के निर्देशन में उन्हें बहुत कुछ सीखने को मिला। वे यही कहते हैं कि उनके समय में देश के हर क्षेत्र में महान गेंदबाज थे। बेदी तो इतने अच्छे थे कि वे 266 टेस्ट विकेट लेने में कामयाब हुए। अत: अच्छा प्रदर्शन करते रहने के बावजूद गोयल राष्ट्रीय स्तर पर ही सिमटकर रह गए। लेकिन उन्हें किसी से कोई गिला शिकवा नहीं है और न ही कोई मलाल है। शायद भारत के लिए खेलना उनके भाग्य में नहीं था। अत: जब जैसा मौका मिला, उस स्तर का क्रिकेट वे खेले व अपने खेल का पूरा मजा लिया। उनकी गेंदबाजी के कारण हरियाणा ने कई मैच जीते। उस समय भारत में कई लेफ्टआर्म स्पिनर थे। पर भारतीय टीम में तो केवल एक लेफ्टआर्म स्पिनर ही खेल सकता था और बेदी उस स्थान के लिए बिलकुल उपयुक्त थे। उन्होंने केवल खेल पर ध्यान केन्द्रित किया। यह तो चयनकर्ताओं पर था कि वे शिवालकर, हैदरअली, दिलीप दोशी, धीरज परसाना, राजेन्द्र गोयल या बिशन सिंह बेदी में से किसे लें। और उन्होंने पहले बेदी को व फिर दोशी को चुना। गोयल भारतीय टीम में चुने जाने के बहुत करीब 1974-75 में आ गए थे जब लॉयड की वेस्टइंडीज टीम के खिलाफ उन्हें बंगलौर टेस्ट के लिए ट्रायल्स के लिए बुलाया गया। किन्तु बेदी के टीम में न होने के बावजूद लिया नहीं गया। उन्हें इस बात का सन्तोष है कि जब भी किसी विदेशी टीम के खिलाफ उन्हें खेलने का मौका मिला, उन्होंने अच्छा प्रदर्शन किया। 1979-80 की किम ह्यूज की आस्ट्रेलियाई टीम के खिलाफ पहली पारी में उन्होंने 103 रन देकर 6 विकेट लिए। उन्हें इसी बात का अफसोस है कि यद्यपि बेदी तब तक खेलना छोड़ चुके थे फिर भी गोयल को भारतीय टीम में जगह नहीं मिली। 1984-85 में जब उन्हें लगा कि अब वे 'फिट' नहीं हैं, उन्होंने खेलना छोड़ दिया। लेकिन उस साल भी उन्होंने 6 मैचों में 39 विकेट लिए थे।

गोयल के जीवन में एक दिलचस्प और आश्चर्यजनक घटना हुई। भूखासिंह यादव नाम के एक डाकू ने ग्वालियर जेल से उन्हें पत्र लिखा। परिवार के लोग तो घबरा गए लेकिन गोयल ने डाकू के पत्र का जवाब दिया। उसने उन्हें 600 रणजी विकेट पार करने पर बधाई ही दी थी। गोयल को इस बात की बेहद खुशी हुई कि उनकी मैदानी उपलब्धि को एक डाकू ने भी सराहा।

उन्हें अफसोस है कि क्रिकेट तो बढ़ा है लेकिन उसके स्तर में गिरावट आई है। आजकल सुविधाओं में भी इजाफा हुआ है और खेल सुविधाएँ भी बढ़ी हैं। मैदान भी अच्छे स्तर के हो गए हैं और बेहतर खेल उपकरण भी उपलब्ध हैं। आज के व्यस्त जीवन में लोग एकदिवसीय मैच देखना ज्यादा पसन्द करते हैं। अधिक एकदिवसीय क्रिकेट खेलने का नतीजा यह है कि खिलाड़ी टेस्ट क्रिकेट में भी एकदिवसीय अन्दाज से खेलने लगे हैं। बेहतर हो कि टेस्ट क्रिकेट में भी पहली व

दूसरी पारी के लिए ओवरों की सीमा निश्चित कर दी जाए। वरना खेल बल्लेबाजी-प्रधान होता जा रहा है।

उनके जमाने में स्पिनर्स का वर्चस्व था। वह युग ही स्पिन गेंदबाजों का था। सभी कड़ी मेहनत करते थे। आजकल गेंदबाजों को भी बल्लेबाजी और क्षेत्ररक्षण का अभ्यास करना पड़ता है। तब गेंदबाज केवल गेंदबाजी पर ध्यान केन्द्रित करते थे व कड़े अभ्यास द्वारा अपनी कमजोरियों को दूर करने की कोशिश करते थे। आजकल पहले जैसा समर्पण नजर नहीं आता। नेट प्रेक्टिस को औपचारिकतावश पूरा किया जाता है, कमजोरी दूर करने व स्तर उठाने के लिए नहीं। देश में कई स्थानों पर क्रिकेट अकादमियाँ हैं, खिलाड़ियों के मार्गदर्शन के लिए वरिष्ठ खिलाड़ी भी पर्याप्त संख्या में उपलब्ध हैं। आस्ट्रेलिया के खिलाफ 2001 में गोयल ने तीनों टेस्ट देखे और उन्हें सिर्फ हरभजन ने प्रभावित किया। अन्य में न तो 'निप' या काट थी और न ही वे विकेट से रफ्तार प्राप्त कर पा रहे थे।

उन्हें खुशी है कि पिछले 3-4 वर्षों से भारत की जूनियर टीम विदेशी दौरे पर जा रही है। 2000 में 19 से कम आयु के लड़कों की टीम विश्व कप में हिस्सा लेने श्रीलंका गई, फिर 15 से कम आयु के लड़कों की टीम मलेशिया में एशिया कप विजेता बनी और फिर 17 से कम आयु के लड़कों की टीम भी बांग्लादेश में एशिया कप जीती। गोयल जूनियर चयन समिति के अध्यक्ष हैं और उनकी कोशिश रहती है कि सभी सदस्य, यथासम्भव सभी मैच देखें। वे जूनियर टीम के प्रदर्शन से सन्तुष्ट हैं। वे खुद रोहतक की अकादमी के प्रमुख प्रशिक्षक हैं। बंगलौर भी जाते रहते हैं। उन्होंने पाया कि 5 से 10 साल से खेल रहे कुछ गेंदबाज तो 'साइड-आर्म' यानी पूरा हाथ घुमाए बिना बगल में हाथ रखकर ही स्पिन गेंदबाजी कर रहे थे और 'क्रीज' के ऊपर लडखड़ा रहे थे। स्पिनर का वजन पीछे की ओर तो कतई नहीं जाना चाहिए। ये आधारभूत शर्तें हैं और इन्हें मुश्किल से ही दूर किया जा सकता है। खिलाड़ियों में सुधार की लगन होनी चाहिए। कितने युवा स्पिनर क्रिकेट मौसम के बाद 2 से 3 घंटे रोज गेंदबाजी का अभ्यास करते हैं?

अन्य स्पिनर्स की तरह राजेन्द्र गोयल की भी मान्यता है कि सीमित ओवर के क्रिकेट ने स्पिन कला का बहुत नुकसान किया है। युवा स्पिनर्स मार खाने से डरते हैं और उनका यह डर दूर किया जाना बहुत जरूरी है। जो गेंदबाज डर गया, समझिए वह खत्म हो गया। जरूरी है कि उसे खुद पर भरोसा हो। तभी तो कप्तान भी उस पर भरोसा करेगा। आधुनिक युग में स्पिनर्स को एकदिवसीय मैचों की अधिकता के कारण शुरुआती वर्षों में ही इस विधा के हिसाब से गेंदबाजी करनी पड़ती है। यही वजह है कि उन्हें गेंद को 'फ्लाइट' कराने की और मार खाने की आदत ही नहीं पड़ पाती। वे तो बस कम-से-कम रन देना चाहते हैं। कप्तानों में भी अनुभव का अभाव है और स्पिनर की पिटाई होते ही वे उसे गेंदबाजी से हटा देते हैं। वे यह भूल जाते हैं कि स्पिनर का काम ही है रन खर्च करके विकेट लेना। प्रशिक्षकों को

भी चाहिए कि वे स्पिनर के सहज व मूल एक्शन में परिवर्तन न करें। हो सकता है कि कोई स्पिनर प्रशिक्षण की जरूरतों को पूरा न करते हुए भी अच्छी गेंदबाजी करता हो जैसा कि रामाधीन के जोड़ीदार ऑल्फ वेलेंटाइन वेस्टइंडीज के लिए करते थे। जरूरी यह है कि स्पिनर अपने मूल एक्शन से गेंदबाजी करते हुए व लगातार बेहतर गेंदबाजी करने का अभ्यास करते हुए सही स्थान पर गेंद को टप्पा खिलाना सीखे। राष्ट्रीय क्रिकेट अकादमी की स्थापना के बाद अगला कदम स्पिन अकादमी की स्थापना होना चाहिए। उनके मत में वर्तमान भारतीय टीम में केवल हरभजन ही स्तरीय स्पिनर हैं और अगर कुम्बले भी पहले जैसी दिशा, लम्बाई व नियन्त्रण प्राप्त कर लें व 'शॉर्ट पिच' गेंद करना छोड़ दें तो वे भी प्रभावी हो सकते हैं।

इतिहास साक्षी है कि विदेशों में उन्हीं भारतीय स्पिनरों ने अच्छा प्रदर्शन किया है जिनकी 'फ्लाइट' तथा 'स्पिन' में विविधता थी। प्रसन्ना व चन्द्रशेखर में यह कला थी। बेदी में भी थी। पर यह कौशल सिखाया नहीं जा सकता बल्कि गेंदबाज को खुद ही विकसित करना होता है।

वे कहते हैं कि जिस तरह दाहिने हाथ का ऑफ स्पिनर बाएँ हाथ के बल्लेबाज के खिलाफ अधिक असरकारक होता है। उसी प्रकार बाएँ हाथ का स्पिनर बाएँ हाथ के बल्लेबाज की तुलना में दाहिने हाथ के बल्लेबाज के खिलाफ अधिक असरकारक होता है। लेफ्टआर्म स्पिनर बाएँ हाथ के बल्लेबाज के लिए तो ऑफ स्पिनर ही होगा अत: उसे खेलने में कोई परेशानी नहीं आएगी। पर चूँकि बाएँ हाथ के बल्लेबाजों की तुलना में दाहिने हाथ के बल्लेबाजों की संख्या बहुत ज्यादा है इस कारण जिस टीम में अच्छा वामहस्त स्पिनर होगा वह फायदे में रहेगी।

जब तक स्पिनर वाकई बहुत अच्छा न हो तो मजबूरन टीम के सन्तुलन की खातिर कप्तान को उसे बाहर बैठाना पड़ेगा। आजकल 9 वें क्रम पर खेलने जानेवाले से भी अच्छी बल्लेबाजी की उम्मीद की जाती है और एकदिवसीय क्रिकेट में 300 का स्कोर तो जरूरी माना जाता है। ऐसे में यदि हरभजन जैसा गेंदबाज उपयोगी 20 या 30 रन भी बना लेता है तो टीम के लिए लाभकारी होता है। एकदिवसीय क्रिकेट ने खेल के समीकरण ही बदल दिए हैं। बेदी, प्रसन्ना, गोयल व शिवालकर बिना किसी अकादमी के ही अच्छे स्पिनर बने। इन्हें अपने वरिष्ठ खिलाड़ियों का सहयोग व मार्गदर्शन मिला। इसी से वे सीखे। लेकिन आजकल तो सीखने का चलन भी बदल गया है। पहले सभी गेंद को उछालकर यानी 'फ्लाइट' करके रन देने व विकेट लेने की कला सीखना चाहते थे। परन्तु आजकल गेंदबाज रन रोकने से सन्तुष्ट हो जाते हैं। वे बल्लेबाज को आउट ही नहीं करना चाहते। एक स्पिनर के लिए खुद की विकेट लेने की क्षमता पर विश्वास होना जरूरी है। गोयल इस विचार को गलत मानते हैं कि चूँकि भारत स्पिन कला का गढ़ रहा है इस कारण भारतीय स्पिन गेंदबाजों को स्पिन की बारीकियाँ सीखने की कोई जरूरत नहीं है। जब क्षेत्ररक्षण, बल्लेबाजी व गेंदबाजी के लिए विभिन्न देश अलग-अलग प्रशिक्षक रख रहे हैं तो भारत को

भी क्यों एतराज होना चाहिए। अधिक जरूरी यह है कि हर खिलाड़ी में क्रिकेट सोच हो तथा क्रिकेट की मूलभूत आवश्यकताओं का वह खुद-ब-खुद खयाल रखे, फिर चाहे क्षेत्ररक्षण हो या फिर गेंदबाजी या बल्लेबाजी। यह खयाल बेदी व प्रसन्ना का भी है और शिवालकर व गोयल का भी।

अन्य उल्लेखनीय स्पिनर्स में आप पश्चिम सौराष्ट्र व गुजरात के निहालचन्द, बंगाल के उप्पल चटर्जी, हैदराबाद के मुमताज हुसैन व कँवलजीत सिंह, दिल्ली व हरियाणा के पी.जैन तथा उतर प्रदेश के राजेन्द्र सिंह हंस के नाम गिना सकते हैं। ये सभी राष्ट्रीय स्तर पर अच्छा प्रदर्शन करते हुए चर्चा में बने रहे। किन्तु बड़े अवसर व मैच इन्हें नहीं मिले।

विश्व के कुछ महान स्पिनर

यद्यपि यह पुस्तक भारत की स्पिन परम्परा पर केन्द्रित है, फिर भी विश्व के कुछ प्रमुख स्पिन गेंदबाजों की चर्चा करना प्रासंगिक ही होगा। इन प्रमुख स्पिन गेंदबाजों द्वारा अपने खेल समय व अपनी खेल परिस्थितियों में किए गए स्पिन कला के प्रदर्शन को अनदेखा कैसे किया जा सकता है? अपनी-अपनी विधाओं में इन स्पिन गेंदबाजों ने जो उच्च आदर्श स्थापित किए हैं तथा जो उपलब्धियाँ अर्जित की हैं वे मील के पत्थर माने जाते हैं। उन्हें सामने रखकर ही अन्य गेंदबाजों ने तरक्की की है और उनके नाम मिसाल के तौर पर लिए जाते हैं।

(i) विलफ्रेड रोड्स

सबसे पहले बात करें 1899 से 1930 तक अपने ऑलराउंड प्रदर्शन से अन्तर्राष्ट्रीय क्रिकेट में तहलका मचाने वाले विलफ्रेड रोड्स की। दूसरे अध्याय में सरसरी तौर पर रोड्स का जिक्र कर लेने के बावजूद उन पर विस्तृत चर्चा की आवश्यकता है। दाहिने हाथ के बल्लेबाज और धीमी गति की परम्परागत वामहस्त स्पिन कला के विशेषज्ञ रोड्स का जन्म यॉर्कशायर में हुआ था। इंग्लैंड, मुम्बई स्पर्धा में यूरोपियन्स, महाराजा पटियाला एकादश और यॉर्कशायर–ये वे प्रगुख टीमें थीं जिनके लिए वे खेले। उनके जमाने में इंग्लैंड की काउंटी चैम्पियनशिप का वर्चस्व था। यॉर्कशायर के लिए उन्होंने 30 की औसत से 30 हजार से अधिक रन बनाए और अपनी लेफ्टआर्म स्पिन द्वारा 16 की औसत से 3,608 विकेट लिए। वे अधिकतर यॉर्कशायर के लिए ही प्रतिबद्ध रहे और उसी के लिए खेलने में स्वयं को गौरवान्वित महसूस करते रहे। यॉर्कशायर के लिए पूरी तरह समर्पित रोड्स के बारे में कहा जाता था कि जब वे यॉर्कशायर के लिए नहीं खेल रहे होते थे तब वे इंग्लैंड के लिए खेलना पसन्द करते थे। उन्होंने देश की बजाय अपनी काउंटी को प्राथमिकता दी। इंग्लैंड के लिए वे 31 साल तक टेस्ट क्रिकेट खेले। वह ऐसा जमाना था जब टेस्ट क्रिकेट लम्बे अन्तराल के बाद ही खेला जाता था। अपने तीन दशक से अधिक के टेस्ट जीवन में रोड्स ने 58 टेस्ट में 2 शतक व 11 अर्धशतक सहित 30.19 की औसत से 2325 रन बनाए। अपनी लेफ्टआर्म स्पिन द्वारा उन्होंने 8225 गेंदों में 3425 रन

देकर 26.96 की औसत से 125 विकेट लिए जिनमें एक बार मैच में 10 तथा 6 बार पारी में 5 विकेट शरीक थे।

उनका प्रथम श्रेणी क्रिकेट जीवन भी लम्बा रहा। अपने 32 वर्ष के प्रथम श्रेणी क्रिकेट जीवन में रोड्स ने 1898 से लेकर 1930 के बीच 1110 मैच की 1534 पारियों में 30.81 की औसत से 39969 रन बनाए जिनमें 58 शतक तथा 198 अर्धशतक शरीक थे। गेंदबाज के रूप में उन्होंने 185799 गेंदों पर 70322 रन देकर 16.72 की औसत से 4204 विकेट लिए जिनमें 68 बार मैच में 10 तथा 287 बार पारी में 5 विकेट सम्मिलित थे। 1921 में मुम्बई की मशहूर चतुष्कोणी स्पर्धा के फाइनल में उन्होंने 2 पारियों में 339 रन भी बनाए और बाएँ हाथ की स्पिन गेंदबाजी द्वारा 103 रन देकर 19 विकेट भी लिए। भारत को टेस्ट दर्जा रोड्स के निवृत्त हो जाने के 2 साल बाद मिला। अत: रोड्स पहले टेस्ट खिलाड़ी थे जिन्हें मुम्बईवासियों ने विश्वस्तरीय लेफ्टआर्म स्पिनर के रूप में देखा। अपने टेस्ट जीवन की शुरुआत में तो वे अन्तिम क्रम पर बल्लेबाजी करने के लिए जाते थे। 1903-04 में आस्ट्रेलिया के खिलाफ सिडनी टेस्ट में उन्होंने आर. ई. फॉस्टर के साथ अन्तिम विकेट के लिए 130 रनों की रिकार्ड भागीदारी की थी। और फिर 10 साल बाद उन्हें पारी की शुरुआत करने के लिए भेजा गया तथा उन्होंने मेलबोर्न टेस्ट में हॉब्स के साथ पहले विकेट की भागीदारी में 323 रन बनाए। ऐसा हैरतअंगेज प्रदर्शन कोई अति प्रतिभाशाली खिलाड़ी ही कर सकता था। और रोड्स ऐसे ही विशिष्ट प्रतिभासम्पन्न खिलाड़ी थे।

इनका खेल जीवन किंवदन्तियों से भरपूर रहा और इनके बारे में जानना व सुनना किसी परीकथा से कम आश्चर्यजनक नहीं लगता। जब वे 21 साल के थे तो

यॉर्कशायर के लिए लॉर्ड्स पर एम. सी. सी. के खिलाफ अपने जीवन में पहली बार गेंदबाजी करते हुए उन्होंने पहली पारी में ट्रॉट और चेटरॉन के विकेट लिए और दूसरी पारी में ट्रॉट, चेटरॉन, सी. पी. फॉली तथा जे. आर. ट्युफ्टन के विकेट लिए। इस तरह अपने पहले ही मैच में उन्होंने अपनी लेफ्टआर्म स्पिन से 63 रनों पर 6 विकेट लिए। आप इसे साधारण शुरुआत कह सकते हैं। लेकिन क्रिकेट मौसम खत्म होते-होते रोड्स 14.60 की औसत से 154 विकेट लेकर इंग्लैंड के श्रेष्ठ लेफ्टआर्म स्पिनर के रूप में स्थापित हो चुके थे। वे ऐसी विलक्षण प्रतिभा के धनी थे कि जब वे हॉब्स के साथ इंग्लैंड की पारी की शुरुआत करते थे तो अपनी गेंदबाजी प्रतिभा को लगभग भुला ही देते थे और बल्लेबाजी पर ही सारा ध्यान केन्द्रित करते थे। आस्ट्रेलिया के खिलाफ 1911-12 की शृंखला में उन्होंने कुल जमा 18 ओवर ही फेंके। फिर पहला विश्वयुद्ध छिड़ गया। 1919 में यॉर्कशायर को रोड्स की ऑलराउंड क्षमता की सख्त जरूरत थी। यद्यपि वे गेंदबाजी दो साल पहले छोड़ चुके थे फिर भी उन्होंने ऐसी प्रभावशाली व असरदार गेंदबाजी की जैसे कि वे अपनी गेंदबाजी के शबाब पर हों। 1919 में 14.42 की औसत से 164 विकेट लेकर वे गेंदबाजी में शीर्ष स्थान पर रहे। तब वे 42 के हो चुके थे। 1902 में उन्होंने आखिरी क्रम पर जाकर जॉर्ज हस्ट को साथ लेकर आवश्यक 15 रन जुटाकर इंग्लैण्ड को जितवाया।

जब वे 49 साल के हो गए थे तो उन्हें इंग्लैण्ड की ओर से फिर से खेलने के लिए बुलाया गया और वे आस्ट्रेलियाई पराजय के प्रमुख शिल्पकार बने। इंग्लैंड के लिए अपने जीवन का अन्तिम टेस्ट खेलते हुए उन्होंने वुडफुल, पोसफोर्ड, रिचर्डसन, कालिंस और ब्राईस्ली के विकेट लिए। लेकिन तब तक वे अपनी उँगलियों का जादू खो चुके थे। 1903 में सिडनी के आसान व रनों से भरपूर विकेट पर आस्ट्रेलिया के बल्लेबाज ट्रम्पर, हिल, डफ, आर्मस्ट्रांग और ग्रेगरी ने खूब रन बनाए तथा स्कोर 485 तक पहुँचा दिया। मगर उस विकेट पर तथा उस परिस्थिति में भी रोड्स की जादुई स्पिन गेंदबाजी का जलवा बरकरार रहा और उन्होंने 48 ओवर में 94 रन देकर 5 विकेट लिए। तब ट्रम्पर ने रोड्स से कहा था, 'ईश्वर के लिए मुझे पलभर तो चैन लेने दो।' आप जानते ही हैं कि ट्रम्पर क्रिकेट इतिहास के सार्वकालिक महान बल्लेबाजों में अग्रणी माने जाते हैं।

रोड्स की गेंदों में घुमाव यानी 'टर्न' तो इतना नहीं था परन्तु कोई बड़े टर्नर न होते हुए भी वे अपनी गेंदों की लम्बाई, फ्लाइट की विविधता और नियन्त्रण तथा सटीकता के कारण घातक साबित होते थे। लगातार एक ही स्थान पर गेंद को टप्पा खिलाते हुए भी वे हर बार कुछ अलग किस्म की गेंद फेंकते थे। उनकी गेंदों में चतुराई, कला, विविधता के अलावा एक ऐसी गेंद भी होती थी जिसे आप 'मास्टर बॉल' कह सकते थे। उनका रन अप बहुत छोटा व सन्तुलित था तथा गेंद फेंकते वक्त वे अपने शरीर को बाजू की ओर झुलाया करते थे। उनका हाथ साफ-सुथरे

व सहज अन्दाज व लय में घूमता था तथा गेंद फेंकते समय वे 'आर्क' जैसी आकृति बनाते थे। वे घंटों लयबद्ध तरीके से गेंदबाजी कर सकते थे। दरअसल वे गेंदबाजी क्या करते थे, जादू-सा करते थे। ऐसा लगता था कि बल्लेबाज उनके सामने अपना सन्तुलन व एकाग्रता खोते जा रहे हैं व उम्मीद के विपरीत स्ट्रोक लगाते हुए आउट हो रहे हैं। कभी वे सुदूर स्थान पर तैनात क्षेत्ररक्षक को कैच दे देते तो वर्षा से प्रभावित विकेट पर स्लिप में कैच दे बैठते।

वे धीमी गति की गेंदबाजी करते थे, लॉक की तरह तेज व कम फ्लाइट की नहीं। खेल से निवृत्त होने पर वे बड़े गर्व से व बड़ी शान से कहते थे कि उन्हें न तो कभी किसी ने 'हुक' किया और न ही कभी 'कट' किया। यह जरूर है कि वे कभी 'शार्ट पिच' गेंद नहीं फेंकते थे और मानते थे कि गीले विकेट पर सबसे असरदार गेंद 'स्पिनिंग हॉफ वॉली' यानी घूमती हुई व कुछ अधिक लम्बाईवाली गेंद ही होती है। वे हमेशा अपने क्षेत्ररक्षण की जमावट के हिसाब से अचूक गेंदबाजी किया करते थे।

रोड्स मूल रूप से तो बाएँ हाथ के स्पिनर ही थे। लेकिन सतत अभ्यास व कड़े परिश्रम के बल पर वे अच्छी बल्लेबाजी भी करने लगे थे। 1912 में लॉर्ड्स पर वर्षा से प्रभावित गीले विकेट पर उन्होंने हॉब्स के साथ पहले विकेट की साझेदारी में बने 77 रनों में से 52 तो खुद ही बनाए थे।

न तो अपने खेल दिनों में और न ही उसके बाद उन्होंने लोगों से घुलने-मिलने में यकीन किया। अकसर वे खुद से ही बातें करते नजर आते थे और ऐसा लगता था कि एक व्यक्ति स्वयं से ही बोल रहा है व दूसरे काना-फूसी कर रहे हैं।

रोड्स क्रिकेट इतिहास के पहले बड़े लेफ्टआर्म स्पिनर के रूप में सदा याद किए जाएँगे। जिस खिलाड़ी में ऐसी जबर्दस्त ऑलराउंड खेल प्रतिभा हो कि वह जब चाहे सिर्फ बल्लेबाजी पर ध्यान दे और गेंदबाजी बिलकुल छोड़ दे और जब चाहे बरसों के अन्तराल के बाद फिर गेंदबाजी शुरू कर दे तथा ऐसी प्रभावशाली व धारदार गेंदबाजी करे कि ऐसा लगने लगे जैसे उसने कभी गेंदबाजी करना छोड़ा ही नहीं था तो उसकी खेल क्षमता व प्रतिभा का भला क्या कहना?

रोड्स का देहावसान 8 जुलाई 1973 को हुआ। उनकी उम्र थी 95 साल व 252 दिन। बुढ़ापे में उनकी आँखें बहुत कमजोर हो गई थीं और जुबान पर भी असर पड़ा था। मगर उन्होंने इस कष्ट को बड़े दार्शनिक अन्दाज में लिया। वे बराबर क्रिकेट देखने आते रहे और अपने दामाद व पुत्री के साथ मैच देखते रहे। 20 के दशक में पटियाला के महाराज के निमन्त्रण पर वे भारत भी आए और उनकी टीम के लिए खेले भी। यह वह समय था जब कर्नल सी. के. नायडू ने क्रिकेट खेलने की शुरुआत ही की थी। रोड्स के भारत आने से यहाँ 'लेफ्टआर्म स्पिन' का माकूल वातावरण बना।

(ii) क्लेरी ग्रिमेट

क्लेरेंस विक्टर ग्रिमेट क्रिकेट जगत में क्लेरी ग्रिमेट के नाम से जाने जाते रहे। वे पैदा तो हुए न्यूजीलैंड में पर उन्होंने अपना सारा क्रिकेट खेला आस्ट्रेलिया में। वे आस्ट्रेलिया, दक्षिण आस्ट्रेलिया, विक्टोरिया और वेलिंगटन की टीमों के लिए खेले। 25 दिसम्बर 1891 को न्यूजीलैंड में जन्मे क्लेरी ग्रिमेट दाहिने हाथ के बल्लेबाज और दाहिने हाथ के ही कलाई को मोड़कर लेग स्पिन व गुगली करानेवाले गेंदबाज थे।

जब वे खेलते थे तब तो उनका असर जबर्दस्त था ही। लेकिन खेलना छोड़ देने के बाद भी उनकी गेंदबाजी कला के चर्चे सतत चलते रहे। उनके जमाने में दाहिने हाथ के लेग स्पिनर तो कई थे लेकिन उन जैसा कौशल, नियन्त्रण, विविधता और सन्तुलित स्पिन करानेवाला गेंदबाज न तो तब था और न ही उनके बाद हुआ। आर्थर मेली स्पिन तो बहुत कराते थे लेकिन दिशाहीन होने के कारण वे कभी ग्रिमेट जैसी ख्याति व सम्मान नहीं पा सके। दक्षिण आस्ट्रेलिया के एडिलेड में 2 मई 1980 को उनका देहान्त हुआ। तब उनकी उम्र थी 88 साल 129 दिन।

ग्रिमेट का शारीरिक गठन व लचीलापन इतना बेमिसाल था कि अनवरत अभ्यास से भी अन्य खिलाड़ी उसे मुश्किल से ही पा सकते थे। और चूँकि वे सघन अभ्यास में भरोसा करते थे इस कारण उन्हें बड़ी सफलताएँ भी मिलीं। 1925 से 1936 के बीच 11 वर्षों में वे आस्ट्रेलिया के लिए 37 टेस्ट खेले और उन्होंने 14513 गेंदों में 5231 रन देकर 24.21 की औसत से 216 विकेट लिए। उन्होंने 7 बार मैच में 10 और 21 बार पारी में 5 विकेट लिए। उनका प्रथम श्रेणी क्रिकेट जीवन 1911-12 से लेकर 1940-41 तक का यानी 30 साल लम्बा रहा और उन्होंने 248 मैचों में 73987 गेंदों में 31737 रन देकर 22.28 की औसत से 1424 विकेट लिए जिनमें 33 बार मैच में 10 व 127 बार पारी में 5 विकेट शरीक थे।

ग्रिमेट ने गेंदबाजी के अभ्यास की शुरुआत बचपन में अपने घर के पिछवाड़े में निर्धारित स्थान व दूरी के बीच तयशुदा इलाके में गेंदबाजी करते हुए की थी। वे गेंद फेंकते थे और उनका कुत्ता उसे उठाकर वापस लाता था तथा 6 तक गिनती भी कर लेता था। इस तरह लगातार अभ्यास करने से उन्होंने मशीनी सटीकता प्राप्त कर ली थी तथा अपनी स्पिन में विविधता का समावेश भी कर लिया था। अपने ही दिमाग से व स्वप्रेरणा से उन्होंने जो प्राप्त कर लिया था, उसकी तकनीकी विशेषता तब वे खुद भी नहीं जानते थे। बिना किसी प्रशिक्षक की मदद के ग्रिमेट ने लेग ब्रेक, गुगली व टॉप स्पिनर का तथा फिर फ्लिपर का इतना अच्छा अभ्यास कर लिया था कि बल्लेबाज उनकी उँगलियों तथा कलाई को जाहिर तौर पर देखना चाहते थे कि आखिर उनमें ऐसा क्या खास है जो वे सभी को परेशान करते हैं।

15 साल की उम्र में लोगों का ध्यान उनकी ओर तब आकर्षित हुआ जब उन्होंने

न्यूजीलैंड के विलिंगटन स्कूल में 5 रन पर 6 व 1 रन पर 8 विकेट लिए। 17 की उम्र में वे प्लंकेट शील्ड में खेले। 1913-14 में वे एक टीम के साथ आस्ट्रेलिया गए और वहीं बस गए। सिडनी में तीन साल तक वे क्लब क्रिकेट खेले। तब एम. ए. नोबल ने देखा कि ग्रिमेट मुश्किल से एक मिनट में अपनी 6 गेंदें फेंक देते थे। उनके कारण तेज गेंदबाज को अभ्यास करने में परेशानी हो रही थी। नोबल ने ग्रिमेट से कहा कि वे इतमीनान से गेंदबाजी करें।

ग्रिमेट मेलबोर्न आ गए और जे. वी. सांडर्स की देखरेख में खेलने लगे। यहाँ वे शेफील्ड शील्ड में भी खेले। उनका सितारा एडिलेड में चमका जहाँ 1925 में उन्होंने विक्टोरिया के लिए 81 रनों पर 8 विकेट लिए। 33 की उम्र में वे अपना पहला टेस्ट खेले। सिडनी टेस्ट में उन्होंने क्रमश: 45 पर 5 तथा 37 पर 6 विकेट लिए। उनके शिकार किए गए बल्लेबाजों में हॉब्स, सेंडम, वुली, हेंडटन प्रमुख थे। 40 हजार दर्शकों के सामने वुली के रूप में ग्रिमेट ने अपना पहला टेस्ट विकेट लिया। 11 साल बाद डरबन में जब उन्होंने वेन डेट मरव्यू को आउट किया तो वह

उनका 216वाँ व अन्तिम टेस्ट विकेट था। अपने अन्तिम टेस्ट में उन्होंने 13 विकेट लिए। यह दुर्भाग्यपूर्ण ही नहीं त्रासदीपूर्ण भी था कि ग्रिमेट को आगे अन्तर्राष्ट्रीय क्रिकेट खेलने का मौका नहीं दिया गया। शायद इसकी वजह यह रही हो कि 1936 में वे 45 वर्ष के हो चुके थे। मगर इस बात का भी ध्यान रखा जाना चाहिए था कि वे तब भी धारदार व सफल गेंदबाजी कर रहे थे।

उनका प्रति टेस्ट 6 विकेट लेने का औसत रहा और प्रति 67 गेंदों में उन्होंने 1 विकेट लिया और प्रति ओवर 2.16 रन दिए। उन जैसे कलाई मोड़कर स्पिन करानेवाले अस्वाभाविक किस्म के स्पिन गेंदबाज के लिहाज से यह सब अभूतपूर्व था। ऐसा औसत प्राप्त कर पाना हर गेंदबाज की दिली तमन्ना व सपना होना चाहिए। लेकिन न तो उनसे पहले, न उनके बाद कोई लेग स्पिनर ऐसी उपलब्धि प्राप्त कर पाया। अतः आप उन्हें सम्पूर्ण लेग स्पिनर कह सकते हैं, ठीक उसी प्रकार जिस तरह ब्रेडमेन को सम्पूर्ण बल्लेबाज कहा जाता है और डेनिस लिली को सम्पूर्ण तेज गेंदबाज। इत्तिफाक से तीनों ही आस्ट्रेलिया के हैं। ग्रिमेट ऐसे समय के खिलाड़ी थे जब कुछ महान बल्लेबाज भी थे और गेंदबाजों का दिल व मनोबल तोड़नेवाले विकेट भी। ग्रिमेट ने जो कुछ पाया वह कड़ी मेहनत व नियमित अभ्यास से पाया। उन्होंने तब के दो महान बल्लेबाजों हेमंड व ब्रेडमेन को कई बार आउट किया। सीधी व स्पिन न होनेवाली गेंद उनकी विकेट लेनेवाली मुख्य गेंद रही। उसी से उन्होंने अधिकांश खिलाड़ियों को एल. बी. डब्ल्यू. आउट किया। यदि विकेट आसान होता तो वे सटीक गेंदबाजी करते व लेग स्टम्प पर गेंद फेंकते जिससे कि बल्लेबाज कैच दे बैठे। वे हर बल्लेबाज का गहन निरीक्षण व परीक्षण करते थे तथा उसकी कमजोरी भाँपकर गेंद डालते थे। 1930 में इंग्लैंड के खिलाफ शृंखला में उन्होंने 29 विकेट लिए थे जो कि एक कीर्तिमान था। ऐसा माना जाता था कि आस्ट्रेलिया के लिए ग्रिमेट की गेंदबाजी उतनी ही महत्त्वपूर्ण और बहुमूल्य थी जितनी कि ब्रेडमेन की बल्लेबाजी। 1930 के इंग्लैंड दौरे में उन्होंने 16.85 की औसत से 144 विकेट लिए। फिर वेस्टइंडीज व दक्षिण अफ्रीका के खिलाफ दो घरेलू शृंखलाओं में 33-33 विकेट लिए। 1934 में भी वे इंग्लैंड में उतने ही सफल व असरकारक रहे जितने कि 1930 में रहे थे तथा उन्होंने 25 विकेट लिए। 1935-36 में उन्होंने आस्ट्रेलियाई गेंदबाजी का नया कीर्तिमान स्थापित किया तथा दक्षिण अफ्रीका के खिलाफ शृंखला में 44 विकेट लिए। अपनी बढ़ती उम्र का उन्हें अहसास था मगर वे पूरी शिद्दत से खेल रहे थे व सफल भी हो रहे थे। जब वे अपनी सफलता के शिखर पर थे, उन्हें चयनकर्ताओं की मर्जी के कारण टेस्ट क्रिकेट से निवृत्त होना पड़ा। कुछ लोग उन्हें न लिए जाने के लिए ब्रेडमेन को जिम्मेदार मानते हैं कि उन्होंने उनकी जगह अपने क्लब साथी फ्रेंक वार्ड को चुना।

बुरा तो उन्हें भी लगा और इस बात का अफसोस भी हुआ कि उनकी व ओ'रिली की स्पिन जोड़ी टूट गई जिससे कि आस्ट्रेलियाई गेंदबाजी कमजोर हुई।

लेकिन वे शेफील्ड शील्ड में खेलते रहे और 1939-40 की स्पर्धा में उन्होंने 73 विकेट लेकर अपने प्रथम श्रेणी विकेटों की संख्या बढ़ाकर 513 कर ली जो एक नया कीर्तिमान था। उन्हें यॉर्कशायर के खिलाफ अपने 37 रनों पर 10 विकेट तथा बिल होवेल तथा आर्थर मेली की स्पिन गेंदबाजी और स्टेन मेकेब की आकर्षक बल्लेबाजी हमेशा याद रही। खेल से निवृत्त हो जाने के बाद भी वे ताज़िन्दगी खेल के बारे में ही सोचते रहे और उन्होंने 'गैटिंग विकेट्स' नाम की पुस्तक भी लिखी जो सभी युवाओं के लिए बेहद उपयोगी है। वे रफ्तार के इस जमाने में तेज और अधिक तेज गेंदबाजी के हावी हो जाने तथा स्पिन कला के मृतप्राय हो जाने को लेकर बहुत दुखी और चिन्तित रहे। वे हमेशा स्पिन गेंदबाजों को मदद करने व उन्हें उचित सलाह देने के लिए तत्पर रहते थे। जिस कला को उन्होंने कड़ी मेहनत व अभ्यास से स्थापित ही नहीं किया बल्कि चोटी पर पहुँचाया उसकी दुर्गति देखकर उन्हें बड़ी तकलीफ होती थी। 1930 में वे गुगली के आविष्कारक बी. जे. टी बोसांक्वेट से मिले थे और तब बोसांक्वेट ने इनसे कहा था "दरअसल तुम जो हो वह मेरी ही बदौलत है।" कलाई मोड़कर स्पिन कराने की कला बमुश्किल 75 साल जिन्दा रह पाई। रिची बेनो, सुभाष गुप्ते, अब्दुल कादिर, शेन वार्न व दानिश कनेरिया ने जरूर उसे नई ज़िन्दगी दी।

लोग सम्मान व प्यार से ग्रिमेट को कई नामों से पुकारते थे जिनमें 'स्कारलेट', 'ग्रम', 'दि ग्नोम', व 'दि फॉक्स' प्रमुख थे। मेली की दरियादिली की तुलना में ग्रिमेट कंजूस तो जरूर थे लेकिन न तो वे अशिष्ट थे और न ही उग्र स्वभाव के थे। वे हमेशा सही लम्बाई पर सटीक गेंद फेंकते थे और इतने लम्बे खेल जीवन में उनकी गेंद को केवल एक बार अम्पायर ने 'नो बॉल' करार दिया था। वे भारत भी आए और उन्होंने विजय हजारे को लेग कटर फेंकने का तरीका सिखाया। जब वे गुजरे तो उन्हें अन्तिम विदाई देने के लिए उनके पुराने साथी खिलाड़ी ब्रेडमेन, पील्यू, ओ'रिली और फिंगल्टन खासतौर पर मौजूद थे। लेकिन तब के तथाकथित आधुनिक खिलाड़ियों में से कोई नहीं था। ग्रिमेट के प्रति समूचा क्रिकेट जगत स्पिन कला के करिश्मे के कारण हमेशा आभारी रहेगा। वास्तव में आभार तो न्यूजीलैंड के उस स्कूल मास्टर का माना जाना चाहिए जिसने बचपन में ग्रिमेट को स्पिन का अभ्यास करने के लिए प्रोत्साहित व प्रेरित किया।

आस्ट्रेलियावासी ग्रिमेट को न्यूजीलैंड द्वारा प्रदान किए गए यादगार एवं बहुमूल्य क्रिसमस उपहार के रूप में याद करेंगे। ग्रिमेट अधिक स्पिन कराने की बजाय सटीक लम्बाई व दिशा को तरजीह देते थे। उन्हें फ्लिपर का जन्मदाता भी माना जाता है। उन्होंने अपने बाद ब्रूस डूलैंड और सिसिल पेपर को लेग स्पिन कला का जादू सिखाया। ग्रिमेट 'गुगली' कम ही करते थे क्योंकि उसके लिए उन्हें 'फ्लाइट' ज्यादा करनी पड़ती और ऐसा वह कम ही करते थे। ग्रिमेट के 79 शेफील्ड शील्ड मैचों में लिए गए 513 विकेट के मुकाबले में रिची बेनो के 73 शेफील्ड शील्ड के 266

विकेट फीके नजर आते हैं। विशेष बात यह है कि ग्रिमेट ने इंग्लैंड के खिलाफ जो 106 टेस्ट विकेट लिए उनमें से 70 तो उन्होंने इंग्लैंड में वहाँ के पिच व वातावरण में खेलते हुए लिए। आमतौर पर ऐसा माना जाता है कि इंग्लैंड में लेग स्पिनर उतने सफल नहीं हो पाते। लेकिन ग्रिमेट ने इसे गलत साबित किया। यदि वे अपना पूरा प्रथम श्रेणी क्रिकेट इंग्लैंड में ही खेले होते तो न जाने उनकी उपलब्धियाँ कितनी ज्यादा होतीं।

ग्रिमेट का सामाजिक जीवन तो जैसे था ही नहीं। सैर-सपाटे का शौक नहीं था। उन्हें बहुत बाद में महसूस हुआ कि मैच के बीच में मौज-मस्ती करना व थकान मिटाना बुरा नहीं है। वरना वे पूरी तन्मयता व प्रतिबद्धता से क्रिकेट को ही समर्पित रहे और स्पिन, वह भी लेग स्पिन, पर ध्यान केन्द्रित रखना उनका एकमात्र शौक रहा।

यदि रोड्स क्रिकेट जगत के पहले महान लेफ्टआर्म स्पिनर थे तो क्लेरी ग्रिमेट क्रिकेट की दुनिया के पहले महान लेग स्पिनर। जिद, जज्बा, हठ व प्रबल इच्छाशक्ति आदमी को कहाँ तक पहुँचा सकती है ग्रिमेट का जीवन इसकी मिसाल है। जिस तरह रोड्स के कारण भारत में 'लेफ्टआर्म स्पिन' गेंदबाजी को प्रोत्साहन मिला। उसी तरह 1938 में ग्रिमेट के भारत आने से यहाँ दाहिने हाथ की लेग स्पिन गुगली गेंदबाजी को प्रोत्साहन मिला।

(iii) बिल ओ'रिली

क्रिकेट की दुनिया में 'टाइगर' नाम से विख्यात आस्ट्रेलिया के न्यू साउथ वेल्स में 20 दिसम्बर 1905 को जन्मे विलियम जोसेफ ओ'रिली क्रिकेट इतिहास के न सिर्फ महानतम स्पिनर थे, बल्कि ऐसी उच्चस्तरीय प्रतिभा के धनी थे कि सभी उनका सम्मान करते थे।

वे 6 फुट 2 इंच लम्बे थे और मजबूत कद-काठी के भी थे। फिर जब वे अपने बड़े व मजबूत दाहिने हाथ में गेंद को जकड़कर छोड़ते थे तो वह लगभग मध्यम तेज गति से आती थी। सख्त पिचों पर तो वह एकदम ऊपर उठती व बल्लेबाजों को परेशान करती थी तथा इतनी तेज रफ्तार से उछलकर आती थी कि कभी-कभी तो विकेटकीपर भी चौकड़ी भूल जाता था। वे लेग ब्रेक भी करते थे तथा टॉप स्पिन और गुगली भी, लेकिन सभी तेज रफ्तार से व बल्लेबाजों को आतंकित करनेवाले अन्दाज में। इस शैली में तथा इस अन्दाज से लेग स्पिन व गुगली करनेवाले दाहिने हाथ के वे पहले गेंदबाज थे। प्रसिद्ध आस्ट्रेलियाई खिलाड़ी व समीक्षक जैक फिंग्लटन ने उनके बारे में ठीक ही कहा था कि वे बड़े उग्र स्वभाव के तथा फौलादी इरादों के स्पिन गेंदबाज थे। कुछ लोगों की मान्यता थी कि वे गुस्से व जोश से भरकर ऐसी स्पिन गेंदबाजी इस कारण करते थे क्योंकि उनके भीतर तेज गेंदबाज न बन

पाने की निराशा की आग जलती रहती थी। वे तेज गेंदबाज बनकर बल्लेबाजों को पटकनी देना चाहते थे लेकिन ऐसा न कर पाने पर मजबूरी में स्पिन की ओर मुखातिब हुए। मैदान के बाहर उनका व्यवहार दोस्तीनुमा व हँसी-मजाक से भरपूर होता था। ग्रिमेट द्वारा प्रोत्साहित किए गए गेंदबाजों में ब्रूस डूलैंड सिसिल पेपर व ओ'रिली प्रमुख थे।

ओ'रिली 1932 से लेकर 1946 तक 14 वर्षों में आस्ट्रेलिया के लिए 27 टेस्ट खेले और उन्होंने 10024 गेंदों में 3254 रन देकर 22.59 की औसत से 144 विकेट लिए जिनमें 3 बार मैच में 10 और 11 बार पारी में 5 विकेट लेने का गौरव भी शरीक था। उनका प्रथम श्रेणी क्रिकेट जीवन 1927-28 से लेकर 1945-46 तक लगभग 18 साल का रहा और उन्होंने 135 प्रथम श्रेणी मैचों में 37064 गेंदों पर 12850 रन देकर 16.60 की औसत से 774 विकेट लिए जिनमें 17 बार मैच में 10 और 63 बार पारी में 5 विकेट भी शरीक थे। आस्ट्रेलिया व न्यू साउथ वेल्स ही वे प्रमुख टीमें थीं जिनके लिए वे खेले।

उनकी उपलब्धि के आँकड़ों की पृष्ठभूमि में यह तथ्य जरूर रखा जाना चाहिए कि एक टेस्ट के अपवाद को छोड़कर वे लगभग सभी टेस्ट तीस के दशक में खेले। और वह ऐसा जमाना था जब बल्लेबाज गेंदबाजों पर हावी थे। ओ'रिली एकमात्र ऐसे स्पिनर ही नहीं बल्कि एकमात्र गेंदबाज थे जिन पर कोई बल्लेबाज हावी नहीं हो पाया तब भी नहीं जब 1938 में ओवल टेस्ट में इंग्लैंड ने 903 रनों का विशाल स्कोर खड़ा कर दिया। उस टेस्ट में ओ'रिली ने 85 ओवर फेंके और 178 रन देकर 3 विकेट लिए। इसके ठीक पहले वे हेडिंग्ले टेस्ट में 66 पर 5 व 56 पर 5, इस तरह मैच में 10 विकेट ले चुके थे।

बिल ओ'रिली आयरिश परिवार में एक स्कूल मास्टर के घर में पैदा हुए, और शुरू से ही खेल गतिविधियों में अग्रणी रहे। वे टेनिस भी अच्छा खेलते थे, रग्बी में भी प्रवीण थे और दौड़-भाग में भी अच्छे थे। इसी पृष्ठभूमि की वजह से उनका शरीर बलिष्ठ और कद लम्बा हुआ। वे अपने तीन अन्य भाइयों के साथ क्रिकेट खेलकर बड़े हुए। उनके तीनों भाई चूँकि उनसे उम्र में बड़े थे अत: वे बल्लेबाजी करते थे और बेचारे बिल को गेंदबाजी करनी पड़ती थी। बल्लेबाजी करनेवाले तीनों भाई तो कुछ नहीं बन पाए पर उनके लिए गेंदबाजी करनेवाला उनका छोटा भाई विश्वस्तरीय लेग स्पिनर बन गया। अपना पहला मैच खेलने वे अपने साथियों के साथ सात मील पैदल चलकर गए। स्कूल में उन्होंने क्रिकेट और एथलेटिक्स खास कर 'हॉप, स्टेप एंड जंप' पर ही ध्यान केन्द्रित किया।

एक रोचक किस्सा है। एक बार वे सिडनी से गर्मी की छुट्टियाँ बिताने विंगेलो जा रहे थे तो बोवराल स्टेशन पर उनका नाम प्लेटफॉर्म पर पुकारा जा रहा था। उनसे कहा गया कि विंगेलो की टीम बोवराल में क्रिकेट मैच खेल रही है और इसे उनकी जरूरत है। बिल ओ'रिली मैदान पर पहुँचे। वह मैच पिछले हफ्ते शुरू हुआ था और

इस हफ्ते पूरा होना था क्योंकि यही स्थानीय व्यवस्था थी। उस मैच में 17 वर्षीय डॉन ब्रेडमेन 234 बनाकर नाबाद थे। लेकिन ओ'रिली को यह सब नहीं मालूम था। जब इस हफ्ते वह मैच आगे खेला जा रहा था तो ओ'रिली ने अपनी पहली ही गेंद पर ब्रेडमेन को बोल्ड कर दिया। वह गेंद लेग ब्रेक थी जो लेग स्टम्प के बाहर से टर्न होकर आई व ब्रेडमेन के ऑफ स्टम्प का 'बेल' उड़ा गई।

वे 1928-29 में ही इंग्लैंड के खिलाफ अपना पदार्पण टेस्ट खेल लेते तथा 1930 का इंग्लैंड का दौरा भी कर लेते। लेकिन न्यू साउथ वेल्स स्कूल के अधिकारियों ने ओ'रिली को तीन अलग स्थानों पर स्थानान्तरित कर दिया। 1931-32 के क्रिकेट मौसम तक वे वापस सिडनी आ गए और 4 मैच खेलने के बाद 1932 में दक्षिण अफ्रीका के खिलाफ खेलकर उन्होंने अपने टेस्ट जीवन का आगाज किया। अपने पदार्पण टेस्ट में वे तो कुछ खास नहीं कर पाए लेकिन ब्रेडमेन ने उस टेस्ट में 299 रन बनाए व ग्रिमेट ने 14 विकेट लिए। परन्तु 1932-33 की बॉडीलाइन शृंखला में उन्होंने 27 विकेट लिए और 1934 में इंग्लैंड में खेली गई शृंखला में 28 विकेट चटकाए। ट्रेंट ब्रिज टेस्ट में उनके 54 पर 7 विकेट के कारण ही आस्ट्रेलिया ने टेस्ट जीता। ओ'रिली की फ्लाइट की विविधता, रफ्तार व टूटते विकेट पर 'स्पिन' का कमाल दर्शनीय था। ओल्ड ट्रेफर्ड टेस्ट में इंग्लैंड ने अच्छी शुरुआत की थी और बिना किसी नुकसान के 66 रन बना लिए थे। लेकिन अपने एक ही ओवर में ओ'रिली ने मैच का नक्शा बदल दिया। वाल्टर्स को पहली, वॉट को दूसरी और हेमंड को चौथी गेंद पर आउट कर उन्होंने इंग्लैंड की बल्लेबाजी की कमर ही तोड़ दी। उस पारी में ओ'रिली ने 189 रन देकर 7 विकेट लिए। उस दौरे में उन्होंने 109 विकेट लिए। आस्ट्रेलिया लौटकर आते ही उन्होंने टेस्ट क्रिकेट से अवकाश ग्रहण करने की घोषणा कर दी। 1933 में उन्होंने शादी की। वे अपने शिक्षण कार्य पर अधिक ध्यान देना चाहते थे। तभी सिडनी ग्रामर स्कूल ने उन्हें नौकरी देने की पेशकश की जिसके साथ वे खेलना भी जारी रख सकते थे। उन्होंने नया काम मन्जूर किया और उनका खेल भी जारी रहा। 1935-36 में दक्षिण अफ्रीका के दौरे में उन्होंने 27, 1936-37 में इंग्लैंड के खिलाफ 25 और फिर 1938 के इंग्लैंड के दौरे में 22 विकेट लिए। इसके बाद द्वितीय विश्व युद्ध ने टेस्ट गतिविधियाँ ही रोक दीं। ओ'रिली मार्च 1946 में न्यूजीलैंड के खिलाफ खेले गए एकमात्र टेस्ट में आखिरी बार खेले। तब वे 40 के हो चुके थे। उन्होंने 42 व 54 रन बनाए तथा पहली पारी में 14 पर 5 व दूसरी पारी में 19 पर 3 विकेट लिए।

निवृत्ति के बाद वे अपनी चिरपरिचित शक्तिशाली शैली में 'सिडनी मॉर्निंग हेराल्ड' में आस्ट्रेलियाई ढंग के गद्य में अपना कॉलम लिखते रहे। 1988 में वे यहाँ से भी निवृत्त हो गए। लेकिन जब वे खेलते थे तब उन्हें खिलाड़ियों व समीक्षकों का जितना सम्मान प्राप्त रहा उतना ही प्रेस बॉक्स में साथी पत्रकारों से भी मिला। उनकी टिप्पणियाँ बड़े चाव से पढ़ी जाती थीं। उनकी बात दिल से निकलती थी,

इस कारण पढ़नेवालों के दिल पर असर करती थी। जब भी वे देखते कि किसी युवा व होनहार खिलाड़ी की अवहेलना हो रही है, वे तुरन्त उसके खिलाफ लिखते थे और चयनकर्ताओं को आड़े हाथ लेते थे। खासकर किसी प्रतिभाशाली लेग स्पिनर की उपेक्षा तो वे कतई सहन नहीं करते थे। उनके विचारों व लेखन में निरन्तरता बराबर रहती थी। वे स्तर कायम रखने के मुरीद थे और एकदिवसीय क्रिकेट के सख्त खिलाफ थे व उससे नफरत करते थे। उसे वे 'हिट एंड गिगल' यानी 'मारो और हँसो' कहा करते थे। वे गुस्सैल स्वभाव के किन्तु बेहद विनोदप्रिय व्यक्ति थे। उनकी और शान्त स्वभाव के ब्रेडमेन की दोस्ती का राज ही यह था कि वह परस्पर सम्मान पर आधारित रही। फर्क यही रहा कि ब्रेडमेन तो हमेशा सुर्खियों में बने रहे और ओ'रिली चमक-दमक से दूर अन्तिम कतार में खड़े नजर आए।

अपने जीवन के अन्तिम कुछ वर्ष उन्होंने बीमारी, लाचारी व तकलीफ में गुजारे। मोली के साथ उनका विवाहित जीवन 59 साल तक चला और कष्ट के दिनों में उससे उन्हें बड़ा सम्बल मिला।

ओ'रिली हर स्तर पर सफल लेग स्पिनर साबित हुए। अपने प्रथम श्रेणी क्रिकेट जीवन में उन्होंने प्रति 49 गेंदों पर एक विकेट लिया और वे इतनी सटीक व नियन्त्रणयुक्त गेंदबाजी करते थे कि उन्होंने अपने जीवन में कभी 'वाइड' गेंद नहीं डाली।

वे बाएँ हाथ के करारे हिट लगानेवाले बल्लेबाज थे। उन्हें इस बात का अफसोस रहा कि 1934 में जब वे फॉलो आन बचा सकते थे, आउट हो गए वरना वर्षा से प्रभावित विकेट का उपयोग वेरिटी की बजाय वे खुद करते। ओल्ड ट्रेफर्ड पर 30 नाबाद बनाकर उन्होंने फॉलो ऑन जरूर बचाया। इससे साबित होता है कि मुख्यत: लेग स्पिनर होते हुए भी वे अपनी बल्लेबाजी को भी गम्भीरता से लेते थे तथा वे खुद अपने भी सख्त आलोचक थे।

गेंदबाजी करते समय रन अप के बाद जोरदार छलाँग, दाहिना हाथ इस अन्दाज में तना हुआ मानो वह पिस्तौल हो और गेंद फेंकते वक्त सिर ऐसे झुका हुआ जैसे कि वह बल्लेबाज को स्टम्प के ऊपर ढकेल देना चाहता हो—यह सब उनकी गेंदबाजी के एक्शन का शब्दचित्र पेश करने के लिए पर्याप्त है। ऐसा नहीं है कि वे एक झटके में ही महान लेग स्पिनर बन गए। सतत अभ्यास, सोच-विचार, कड़े परिश्रम व सदा अच्छा खेलने की ललक और सब कुछ भूलकर सिर्फ विश्वस्तरीय स्पिनर बनने की चाह ने ही उन्हें सफलता के इस मुकाम पर पहुँचाया। लेग ब्रेक पर नियन्त्रण, टॉप स्पिनर व गुगली का मिश्रण, रफ्तार में परिवर्तन और एक्शन में बदलाव लाए बिना कम या अधिक फ्लाइट की गेंद फेंकने की कला, अचूक लम्बाई व धारदार गेंदबाजी—वे यह सब इसीलिए कर पाए क्योंकि वे हर बल्लेबाज के लिए योजना बनाकर गेंद फेंकते थे।

6 अक्तूबर 1992 को जब सिडनी न्यू साउथ वेल्स के सदरलैंड में उनका निधन

हुआ तब वे 86 साल 291 दिन यानी लगभग 87 साल के थे।

ग्रिमेट के बाद ओ'रिली की लेग स्पिन की ही क्रिकेट जगत में धूम रही। ब्रेडमेन ने ठीक ही कहा कि ओ'रिली जैसा लेग स्पिनर न तो उन्होंने कभी अपने जीवन में देखा और न ही वे उन जैसे लेग स्पिनर के साथ अथवा खिलाफ कभी खेले।

(iv) जिम लेकर

जेम्स चार्ल्स लेकर को क्रिकेट की दुनिया में जिम लेकर के नाम से ही जाना गया। यॉर्कशायर के ब्रॉडफोर्ड इलाके के फ्रिंजिंगहॉल नामक स्थान पर 9 फरवरी 1922 को उनका जन्म हुआ। इंग्लैंड के अलावा ऑकलैंड, एसेक्स और सरे की टीमों के लिए वे खेले और अपनी दाहिने हाथ की ऑफ स्पिन की वजह से अन्तर्राष्ट्रीय क्रिकेट जगत में धूम मचाते रहे।

लेकर 1948 से लेकर 1959 तक 11 साल में इंग्लैंड के लिए 46 टेस्ट खेले। तब आज की अपेक्षा टेस्ट मैच कम संख्या में होते थे और बड़े अन्तराल के बाद होते थे। आज का खिलाड़ी 11 साल में 80 से 90 या 100 के बीच टेस्ट खेल लेता है। तब ऐसा नहीं था। उन्होंने 46 टेस्ट में 12027 गेंदों पर 4101 रन दिए तथा 21.24 की औसत से 193 विकेट लिए जिनमें उनके 3 बार मैच में 10 तथा 9 बार पारी में 5 विकेट भी शरीक थे। यह एक बड़ी उपलब्धि थी। क्योंकि इंग्लैंड अभी तक तेज या मध्यम तेज गति के तेज गेंदबाज या फिर 'सीमर्स' पर ही विश्वास करता आया था। वहाँ का मौसम, परिस्थितियाँ ही ऐसी हैं कि स्पिन गेंदब्राज वहाँ पनप ही नहीं पाते। विलफ्रेड रोड्स के बाद जिम लेकर ही इंग्लैंड के ऐसे विश्वस्तरीय स्पिनर थे जिन्होंने अन्तर्राष्ट्रीय स्तर पर बड़ी सफलताएँ प्राप्त कीं।

लेकर को 1956 में ओल्ड ट्रेफर्ड पर आस्ट्रेलिया के खिलाफ मैच में सिर्फ 90 रनों पर 19 विकेट लेने के लिए हमेशा याद किया जाएगा। उन्होंने उस टेस्ट में ऑफ स्पिन का लाजवाब प्रदर्शन करते हुए पहली पारी में 37 रनों पर 9 और दूसरी पारी में 53 रनों पर 10 विकेट लेकर टेस्ट क्रिकेट में नया कीर्तिमान बनाया। वरना टेस्ट मैच तो छोड़िए, किसी प्रथम श्रेणी स्तर के मैच में भी किसी गेंदबाज के नाम पर 17 से अधिक विकेट नहीं है। लेकर का वह विश्व कीर्तिमान अभी तक कायम है और लगता है कि हमेशा रहेगा। उसे तोड़ने के लिए गेंदबाज को दोनों पारियों में दस-दस विकेट लेने होंगे अर्थात् दोनों पारियों में खुद ही सभी बल्लेबाजों को आउट करना होगा। किसी भी गेंदबाज के किसी भी पारी में सभी दस विकेट लेने में उसकी खुद की प्रतिभा व काबलियत के साथ-साथ भाग्य का भी साथ जरूरी है। वरना कोई भी गेंदबाज कितनी भी अच्छी गेंदबाजी क्यों न करे, इस बात की सम्भावना रहती है कि दूसरे छोर से गेंदबाजी करनेवाला गेंदबाज भी एक विकेट ले ही सकता है। दूसरी ओर से गेंदबाजी करनेवाला एक भी विकेट न ले और न ही

कोई बल्लेबाज रन आउट हो तभी कोई अकेले सभी दस विकेट ले सकता है। और जब लेकर गेंदबाजी कर रहे थे तो दूसरे छोर से गेंदबाज उनके जोड़ीदार लॉक थे जो कि उस तरह के विकेट पर उतनी ही अच्छी गेंदबाजी कर रहे थे जितनी कि लेकर। फर्क यही था कि लेकर जहाँ दाहिने हाथ से ऑफ स्पिन कर रहे थे वहीं लॉक बाएँ हाथ से लेग स्पिन। और तब आस्ट्रेलियाई बल्लेबाज ऑफ स्पिन खेलने के अभ्यस्त नहीं थे। विकेट चूँकि घासविहीन था अत: उस पर ऑफ स्पिनर ज्यादा प्रभावी गेंदबाजी कर सकता था। अर्थात् सभी कुछ लेकर के पक्ष में था।

हॉवेल व ट्रम्बल के दिनों के बाद से आस्ट्रेलियाई विकेट उँगलियों से गेंद स्पिन करानेवाले गेंदबाजों के लिए मददगार नहीं रहे थे। इस कारण ऑफ स्पिन गेंदबाजी वहाँ से लगभग गायब ही हो गई थी और तेज तथा कलाई मोड़कर स्पिन कराई जानेवाली गेंदबाजी ही फल-फूल रही थी। ग्रेगरी व मॅकडोनाल्ड, लिंडवाल और मिलर व जॉन्स्टन या फिर हॉर्डन, मेली, ग्रिमेट और ओ'रिली ही वहाँ पनपकर सामने आए। इस तरह के गेंदबाजों का सामना करने के लिए बल्लेबाज का गेंद की दिशा में आकर खेलना जरूरी है। लेकिन जब इस तरह खेलने का अभ्यस्त बल्लेबाज

जानलेवा ऑफ स्पिन के सामने आता है तो नौसिखिया साबित होता है व विकेट पर नाचता नजर आता है। वह या तो एल. बी. डब्ल्यू. हो जाता है अथवा नजदीकी क्षेत्ररक्षकों को कैच दे बैठता है। और लेकर ऐसे सटीक गेंद फेंकनेवाले गेंदबाज थे कि नजदीकी क्षेत्ररक्षक बल्लेबाज के बहुत ही करीब खड़े हो सकते थे। शायद यह 60 वर्षों में इंग्लैंड आई आस्ट्रेलिया की सबसे कमजोर टीम थी। सम्भव है 1912 की आस्ट्रेलियाई टीम इसका अपवाद हो क्योंकि तब उसके चार प्रमुख बल्लेबाज नहीं आए थे। खासकर ट्रम्पर, मेकार्टनी और ब्रेडमेन जैसे बल्लेबाज तो कभी किसी गेंदबाज को अपने ऊपर हावी नहीं होने देते थे। लेकिन लेकर के सामने ऐसे बल्लेबाज थे जो ऑफ स्पिन खेलने के अभ्यस्त ही नहीं थे। ओवल पर सरे के खिलाफ मैच में ही साफ हो गया था कि लेकर मेहमानों पर भारी पड़ेंगे। उन्होंने पहली पारी में 88 रन देकर सभी दसों विकेट लिए थे। लेकर एक क्रिकेट मौसम में किसी मैच की किसी पारी में सभी दसों विकेट लेने का करिश्मा दो बार कर दिखानेवाले विश्व के एकमात्र गेंदबाज थे। उस साल गर्मियों में लेकर आस्ट्रेलिया के खिलाफ सात बार खेले और उन्होंने मात्र 10 के औसत से 63 विकेट लिए।

वे पैदा तो ब्रेडफोर्ड के नजदीक फ्रिंजिंगहॉल नामक स्थान पर हुए थे लेकिन उनकी परवरिश यॉर्कशायर में हुई। अपने स्कूली दिनों में वे एक बल्लेबाज व तेज गेंदबाज थे। विश्व युद्ध के प्रारम्भिक दौर में नेट अभ्यास के दौरान बी. बी. विल्सन ने लेकर को ऑफ स्पिन शुरू करने की सलाह दी। मध्यपूर्व में उन्हें अनेक विख्यात खिलाड़ियों के साथ खेलने का मौका मिला और तब उन्होंने ऑफ स्पिन पर हाथ आजमाया तथा वे सफल भी हुए। लेकर जिस क्लब के सदस्य थे उसके प्रमुख एंड्रू केम्टन सरे के युवा खिलाड़ियों को खूब प्रोत्साहित करते थे। उन्होंने ही लेकर को सरे की काउंटी के लिए प्रस्तावित किया। 1946 में सरे के लिए दो मैच खेलकर वे काउंटी के कर्मचारियों में शरीक हो गए। जब सरे को लगा कि यॉर्कशायर को लेकर के सरे के लिए खेलने पर कोई आपत्ति नहीं होगी तो उन्होंने लेकर को अपनी टीम में ले लिया। 1947 में वे सरे की काउंटी टीम में स्थापित हो गए। उस वर्ष वे सरे की गेंदबाजी में शीर्ष स्थान पर रहे। वर्ष के अन्त में वे वेस्टइंडीज जानेवाली प्रायोगिक एम.सी.सी. टीम में चुने गए और वहाँ वे सफल गेंदबाज रहे। पहले टेस्ट की पहली पारी में उन्होंने 103 रनों पर 7 और दूसरी में 25 पर 6 विकेट लिए। पेट की मांसपेशियों में आए खिंचाव से वे तकलीफ में तो रहे किन्तु फिर भी गेंदबाजी में वे शीर्ष क्रम पर रहे। उसी साल जो आस्ट्रेलियाई टीम इंग्लैंड आई वह बल्लेबाजी के लिहाज से क्रिकेट इतिहास की सबसे मजबूत आस्ट्रेलियाई टीम थी। लेकर का अनुभव अपेक्षाकृत कम था। लार्ड्स पर एम. सी. सी. के लिए जब इन्होंने गेंदबाजी की तो दूसरे दिन उनकी गेंदों पर 9 छक्के लगे। उन्हें पहले टेस्ट के लिए चुन लिया गया और उन्होंने 3 विकेट तो लिए ही, 90 मिनट में 63 रन भी बनाए। दूसरे टेस्ट में वे प्रभावहीन रहे और तीसरे में लिए ही नहीं गए। चौथे में उन्हें लिया गया। पिच

स्पिन ले रहा था मगर लेकर अच्छी लम्बाई ही नहीं रख पाए। श्रृंखला में वे 59.35 की औसत से 14 विकेट ही ले पाए जो कि खुद उन्हीं के स्तर के मान से साधारण प्रदर्शन था। तब चयनकर्ताओं को लगा कि लेकर काउंटी क्रिकेट में भले ही प्रभावकारी रहे हों, टेस्ट क्रिकेट में सफल शायद ही हो पाएँ। ऐसा वातावरण बन गया कि वे टेस्ट क्रिकेट के लायक गेंदबाज हैं ही नहीं। यह भी रेखांकित किया गया कि प्रथम श्रेणी क्रिकेट व टेस्ट क्रिकेट के अन्तर में बहुत बड़ा फर्क है।

लेकिन काउंटी क्रिकेट में साल-दर-साल सरे का दबदबा बढ़ता गया और वह काउंटी विजेता बनती गई। सरे की जीत में लेकर व लॉक के गेंदबाजी प्रदर्शन ने महत्त्वपूर्ण भूमिका निभाई। इन दोनों स्पिन गेंदबाजों का आपसी तालमेल विरोधी टीमों को भारी पड़ा। खासकर घुमाववाले विकेट पर तो यह तालमेल बेहद घातक सिद्ध होता था। यह स्पिन जोड़ी उतनी ही सफल व कामयाब साबित हो रही थी जितनी कि पील व ब्रिग्ज इंग्लैंड के लिए, ब्लिथे और वुली केंट के लिए अथवा पारकर व गोडार्ड की जोड़ी ग्लूसेस्टरशायर के लिए होती थी। 1950 में लेकर ने इंग्लैंड के लिए रेस्ट के खिलाफ मैच में सिर्फ 2 रनों पर 8 विकेट लेकर दिखा दिया कि अब वे परिपक्व हो गए हैं और किसी भी टीम के खिलाफ प्रभावी ऑफ स्पिन कर सकते हैं। इस प्रदर्शन से इंग्लैंड की टीम में उनकी जगह पक्की हो गई।

1950 के बाद 6 साल तक तो उन्हें इंग्लैंड की घरेलू श्रृंखलाओं में भी नहीं लिया गया और इस बीच वे केवल एक बार देश के बाहर दौरे पर गए। वेस्टइंडीज के दौरे में वे बहुत महँगे साबित हुए और उन्हें इसका मलाल भी रहा। परन्तु इंग्लैंड में उन्हें जरूर सफलता मिली। 1951 में दक्षिण अफ्रीका के खिलाफ आखिरी टेस्ट में लेकर के पहली पारी में 64 पर 4 व दूसरी पारी में 55 पर 6, इस तरह टेस्ट में 10 विकेटों की वजह से ही इंग्लैंड को जीत नसीब हुई। उसी वर्ष सरे के लिए 100 विकेट पूरे करने की वजह से उन्हें विसडन के वर्ष के 5 श्रेष्ठ क्रिकेट खिलाड़ियों में शरीक किया गया।

1956 के बाद चयनकर्ताओं के रुख में परिवर्तन आया। 1957 में लेकर वेस्टइंडीज के खिलाफ 5 में से 4 टेस्ट में खेले और बीमारी की वजह से ही वे एक टेस्ट नहीं खेल पाए। 1958 में न्यूजीलैंड के खिलाफ भी वे 5 में से 4 टेस्ट में खेले। 1956-57 में वे एम.सी.सी. की टीम के साथ दक्षिण अफ्रीका गए और वहाँ सफल भी रहे। फिर 1958-59 में आस्ट्रेलिया के दौरे पर गई इंग्लैंड की टीम में भी उन्हें स्थान मिला। इस दौरे में उन्होंने टेस्ट ही नहीं बल्कि पूरे दौरे के दौरान गेंदबाजी में सर्वोच्च स्थान प्राप्त किया। लेकिन इसके बाद वे थकान महसूस करने लगे और न्यूजीलैंड के दौरे पर नहीं गए। 1959 में ऐसा लगने लगा कि वे अब इंग्लैंड में खेलते वक्त भी वैसे गेंदबाज नहीं रह गए हैं जैसे कि वे हुआ करते थे। 78 विकेटों के लिए उन्हें प्रति विकेट 24.61 रन खर्च करने पड़े। इसके अलावा अपनी उँगलियों में जकड़न व दर्द के कारण भी वे अपेक्षित स्तर की गेंदबाजी नहीं कर पा रहे थे।

अत: साल के अन्त में वे सरे की टीम से निवृत्त हो गए। 13 साल खेलकर उन्होंने सरे के लिए 309 मैचों में 17.37 की औसत से 1395 विकेट लिए जिनमें 11 बार वर्ष में 100 से अधिक विकेट भी शरीक थे। 1962 में उनके मित्र ट्रेव्हर बेली ने उन्हें एसेक्स के लिए खेलने के लिए राजी किया। एक शौकिया खिलाड़ी के बतौर वे एसेक्स के लिए 30 मैच खेले। अपने 18 साल लम्बे प्रथम श्रेणी क्रिकेट जीवन में 450 मैच खेलकर लेकर ने 101974 गेंदों में 35791 रन देकर 18.41 की औसत से 1944 विकेट लिए।

1960 में उन्होंने 'ओवर टू मी' शीर्षक से एक पुस्तक लिखी। उस पर बेहद विवाद उठा और एम. सी. सी. व सरे के अधिकारियों ने उनके खिलाफ सख्त कार्यवाही करते हुए अपने-अपने यहाँ से उनकी सदस्यता खारिज कर दी। बहरहाल कुछ साल बाद उनकी दोनों संस्थानों की सदस्यता बहाल कर दी गई। वे सरे की क्रिकेट कमेटी के चेयरमेन तथा टेलीविजन कमेंट्रीकार भी रहे।

जिम लेकर को क्रिकेट जगत में एक विश्वस्तरीय व प्रभावी ऑफ स्पिनर के रूप में सदा याद किया जाता रहेगा। रोड्स के बाद व अण्डरवुड के पहले जिम लेकर ही इंग्लैंड के सबसे बड़े स्पिन गेंदबाज थे। सच तो यह है कि आप जब भी विश्व के पाँच सार्वकालिक महान ऑफ स्पिनर चुनेंगे तो लेकर का नाम उनमें ससम्मान स्थान पाएगा।

(v) रिची बेनो

रिची बेनो का पूरा नाम तो रिचर्ड बेनो है पर उन्हें क्रिकेट की दुनिया में रिची के नाम से ही जाना जाता है। 6 अक्टूबर 1930 को न्यू साउथ वेल्स के पर्थ में उनका जन्म हुआ। वेस्टइंडीज के गैरी सोबर्स के पहले बेनो को ही क्रिकेट का सार्वकालिक महान ऑलराउंडर माना जाता था।

बेनो अपना सारा क्रिकेट आस्ट्रेलिया तथा न्यू साउथ वेल्स टीमों के लिए खेले। जनवरी 1952 से लेकर फरवरी 1964 तक वे 12 साल आस्ट्रेलियाई टेस्ट टीम में रहे और इस बीच उन्होंने 63 टेस्ट की 97 पारियों में 24.45 की औसत से 2201 रन बनाए जिनमें 3 शतक और 9 अर्धशतक शरीक थे। दाहिने हाथ के मध्यक्रम के सफल बल्लेबाज होने के साथ-ही-साथ बेनो दाहिने हाथ के कलाई मोड़कर लेग ब्रेक गुगली गेंदबाज भी थे। एक सफल लेग स्पिनर के रूप में उन्होंने 63 टेस्ट में 19108 गेंद फेंककर 6704 रन दिए और 27.03 की औसत से 248 विकेट लिए जो कि तब तक किसी भी आस्ट्रेलियाई लेग स्पिनर ही नहीं किसी भी विधा के गेंदबाज द्वारा लिए गए सर्वाधिक टेस्ट विकेट थे। उन्होंने 1 बार मैच में 10 व 16 बार पारी में 5 विकेट लिए। उनका प्रथम श्रेणी क्रिकेट जीवन 1948-49 से 1963-64 तक 15 साल का रहा और उन्होंने प्रथम श्रेणी क्रिकेट में 259 मैचों

में 36.50 की औसत से 11719 रन बनाए तथा 60481 गेंदों पर 23370 रन देकर 24.73 की औसत से 945 विकेट लिए।

दुनिया में बहुत कम क्रिकेट खिलाड़ी इतनी धीमी तरक्की करते हुए इतने ऊँचे शिखर पर पहुँच पाए हैं जितने कि रिची बेनो पहुँचे। जनवरी 1952 में वेस्टइंडीज के खिलाफ खेलकर अपने टेस्ट जीवन का आगाज करनेवाले बेनो अपने टेस्ट जीवन के पहले 6 साल तक तो कोई उल्लेखनीय प्रदर्शन ही नहीं कर पाए। वे न तो अपनी बल्लेबाजी से ही कोई कमाल दिखा पाए और न ही गेंदबाजी से। लेकिन 1957-58 के दक्षिण अफ्रीका के दौरे में उनके भीतर छिपा हुआ ऑलराउंडर अकस्मात् विकसित हुआ। यही नहीं 1958-59 में इंग्लैण्ड के खिलाफ घरेलू शृंखला में उनकी नेतृत्व क्षमता भी सामने आई। उन्होंने एशेज पर फिर से कब्जा किया व इंग्लैंड को हराकर आस्ट्रेलिया को एक ताकतवर क्रिकेट राष्ट्र के रूप में फिर से स्थापित किया, इसके बाद फिर दो बार एशेज बचाकर आस्ट्रेलिया में ही रख पाने में सफलता प्राप्त की।

एक लेग स्पिनर के रूप में वे बड़ी संयमित व सटीक गेंदबाजी करते थे। वे शेन वार्न जैसे बड़े 'टर्नर' तो नहीं थे लेकिन उनका अपनी स्पिन, गेंद की लम्बाई, फ्लाइट व दिशा पर इतना अच्छा नियन्त्रण था कि वे हमेशा कामयाब गेंदबाज साबित होते थे। कमीज के ऊपर के बटन खुले रखकर उनका गेंदबाजी के लिए दौड़कर

आना तथा हमेशा अपने क्षेत्ररक्षण की जमावट के हिसाब से गेंदबाजी करना बड़ा प्रभावशाली दृश्य उपस्थित करता था। 1959 में मैंने उन्हें दिल्ली के फिरोजशाह कोटला पर भारत के खिलाफ खेलते हुए थोड़ी-सी शार्टपिच गेंद फेंककर व शार्ट मिडविकेट पर योजनानुसार अपने क्षेत्ररक्षक को तैनात करके भारतीय बल्लेबाजों द्वारा लगातार मिडविकेट पर कैच आउट करवाते हुए देखा था। वे लेग ब्रेक व गुगली का मिश्रण भी बड़ी चतुराई से करते थे।

उनका व्यक्तित्व ऐसा करिश्माई था कि उनकी उपस्थिति मात्र ही साथी खिलाड़ियों में उत्साह व विश्वास का संचार करती थी। इसी वजह से हर खिलाड़ी अपना श्रेष्ठ प्रदर्शन करने की कोशिश करता था। वे हमेशा स्थिर व शान्त बने रहते थे पर चुप रहकर भी वे अपने साथियों से बहुत कुछ कह देते थे। उनकी ओर देखकर ही वे समझ जाते थे कि वे उनसे क्या चाहते हैं। यही उनकी सफल कप्तानी का राज था। एक सफल लेग स्पिनर, उम्दा ऑलराउंडर के साथ-साथ एक सफल कप्तान साबित होना रिची बेनो के लिए बेहद सम्मान व गर्व की बात थी।

बेनो ने खेल को लोकप्रिय बनाने व उसका स्तर ऊपर उठाने के साथ-साथ उसे सच्ची खेल भावना से खेलने के लिए प्रेरित करने में महत्त्वपूर्ण भूमिका निभाई। आस्ट्रेलिया को 4 टेस्ट शृंखलाओं में लगातार सफलता दिलानेवाले बेनो ने सिद्ध किया कि क्रिकेट की तकनीक, गेंदबाजी, बल्लेबाजी व क्षेत्ररक्षण तो महत्त्वपूर्ण है ही पर साथ ही क्रिकेट—खासकर टेस्ट क्रिकेट—को ऐसे वातावरण में खेलना कि उसका आकर्षण व दिलचस्पी कायम रहे, यह भी उतना ही महत्त्वपूर्ण है।

बेनो ने कम उम्र से ही क्रिकेट में दिलचस्पी लेना शुरू कर दिया था। उनके पिता खुद 20 साल तक 'ए' ग्रेड क्रिकेट खेल चुके थे और उन्होंने एक मैच में 20 विकेट लेने का करिश्मा किया था। अपने बेटे के क्रिकेट शौक को बढ़ाने, उसे प्रोत्साहित करने एवं मार्गदर्शन देने में उन्होंने बहुत योगदान दिया। वे एक शिक्षक थे और खुद भी अच्छे लेग स्पिनर थे। अत: यह स्वाभाविक ही था कि वे अपने पुत्र को लेग स्पिन, गुगली व टॉप स्पिन की विविधता तथा इस शैली में प्रवीणता विकसित करने के लिए उचित वातावरण देते। उन्होंने वह सब किया जो एक पिता अपने पुत्र की उन्नति के लिए करता है। उन्होंने रिची से खूब अभ्यास करवाया तथा अपनी गेंदबाजी की लम्बाई, दिशा, स्पिन व उसकी विविधता पर पूरा ध्यान देने के लिए प्रेरित किया। पहले टेनिस की गेंद व छोटा-सा बल्ला दिया, फिर सख्त गेंद व बड़ा बल्ला दिया और इस तरह उनके क्रिकेट कौशल को तराशा। रिची को कप्तानी करने का पहला अनुभव तब हुआ जब वे अपने हाईस्कूल की टीम के कप्तान बने। जब वे 18 साल के थे तब न्यू साउथ वेल्स के चयनकर्ताओं की नजर उन पर पड़ी। लेकिन वे टेस्ट खेलना तब ही शुरू कर पाए जब वे 21 के हो गए। वरना 'ए' ग्रेड क्रिकेट खेलना तो वे 16 की उम्र से ही शुरू कर चुके थे। वेस्टइंडीज के खिलाफ 1951 में सिडनी में खेले गए पाँचवें टेस्ट से वे आस्ट्रेलियाई टीम में

खेलने लगे।

टेस्ट खेलकर उनकी ख्वाहिश तो पूरी हुई। लेकिन तब उन्होंने कतई यह नहीं सोचा था कि जिस टीम के खिलाफ खेलकर उन्होंने अपना टेस्ट जीवन शुरू किया था उसी देश के खिलाफ 10 साल बाद वे अपने देश की टीम की कप्तानी करेंगे। साथ ही उन्हें यह भी नहीं मालूम था कि उस शृंखला का पहला टेस्ट 'टाई' हो जाने के कारण ऐतिहासिक महत्त्व का हो जाएगा। आस्ट्रेलिया के कप्तान रिची बेनो और वेस्टइंडीज के कप्तान फ्रेंक वॉरेल ने अपने सकारात्मक सोच व अपनी खेल भावना से उस टेस्ट को अविस्मरणीय बना दिया। 1953 व 1956 में बेनो इंग्लैण्ड के दौरे पर गए और दक्षिण अफ्रीका, भारत व पाकिस्तान के खिलाफ भी खेले। उनकी गेंदबाजी में लगातार निखार आता गया। लेकिन 1956 में लॉर्ड्स पर इंग्लैंड के खिलाफ उनकी 97 रनों की यादगार पारी ने उन्हें असीम लोकप्रियता दी। 1957-58 में दक्षिण अफ्रीका की यात्रा में उनकी ऑलराउंड खेल प्रतिभा अपने सर्वोच्च शिखर पर थी। उन्होंने दौरे में 106 विकेट लेकर सिडबार्न का 104 विकेट का कीर्तिमान खंडित किया और बतौर बल्लेबाज 817 रन बनाए जिनमें 4 शतक थे, जिनमें से 2 शतक तो टेस्ट शृंखला में थे। तब आस्ट्रेलियाई टीम के कप्तान थे हमान क्रेग। 1953 में क्रेग की अस्वस्थता की वजह से आस्ट्रेलियाई टीम की कमान बेनो को सौंपी गई और वे चयनकर्ताओं की उम्मीद पर खरे उतरे। कप्तानी के बोझ का उनके निजी फॉर्म पर कोई प्रतिकूल प्रभाव नहीं पड़ा। उन्होंने 18.83 की औसत से 31 विकेट लिए। उनकी चतुर व प्रेरणाप्रद कप्तानी के कारण एक साधारण टीम एक सन्तुलित व सुगठित टीम में तब्दील हो गई जो अपना पुराना हिसाब बराबर करने के लिए पूरी तरह तैयार थी।

एक साल बाद भारत व पाकिस्तान के खिलाफ 5 टेस्ट खेलने के बाद बेनो वेस्टइंडीज के खिलाफ 1960-61 की यादगार शृंखला में 5 टेस्ट और खेले। इन सभी में उन्होंने ही आस्ट्रेलियाई टीम की कप्तानी की। इस तरह वे 50 टेस्ट में कप्तानी कर चुके थे। भारत व पाकिस्तान में उन्होंने 20.19 की औसत से 5 टेस्ट में 47 विकेट लिए। फ्रेंक वॉरेल की वेस्टइंडीज टीम के खिलाफ रोमांचक शृंखला में उन्होंने 23 विकेट लिए जो एलन डेविडसन के 33 विकेट के बाद सर्वाधिक विकेट थे। इसके बाद इंग्लैंड जाकर वे एशेज पर अधिकार रख पाने में कामयाब रहे। इससे उनकी कप्तानी की शोहरत और बढ़ी। उनका नेतृत्व इतना प्रेरणास्पद था कि अपनी कन्धे की तकलीफ के बावजूद उन्होंने अपनी टीम को 2-1 के अन्तर से शृंखला जीतने के लिए प्रेरित किया। वे अपने साथियों से हमेशा आकर्षक क्रिकेट खेलने का आग्रह करते थे और हार-जीत पर अधिक ध्यान देने की बजाय खेल का रोमांच बनाए रखने में यकीन करते थे। सुरक्षात्मक अथवा रक्षात्मक क्रिकेट को निरुत्साहित करने के लिए उन्होंने दिन में अधिक ओवर का खेल होने व क्षेत्ररक्षण के लिए कम-से-कम समय लेने जैसे सकारात्मक फैसले किए। उनकी टीम का रन

बनाने का औसत तेज रहा। वे अपने उपकप्तान नील हार्वे से उपयोगी विचार-विमर्श करते रहते थे। कन्धे के बढ़ते दर्द के बावजूद इंग्लैंड के खिलाफ श्रृंखला जीतने के उनके इरादे पर कोई फर्क नहीं पड़ा।

जब उन्होंने टेस्ट क्रिकेट शुरू किया था तो उनकी ख्याति नजदीकी स्थान के चपल व कुशल क्षेत्ररक्षक की थी। वे अकसर गली या सिली स्थान पर खड़े होते थे क्योंकि वे मानते थे कि कप्तान के नाते उन्हें उसी स्थान पर खड़े होना चाहिए जो सर्वाधिक चुनौतीपूर्ण हो। जिस खतरनाक स्थान पर कप्तान खुद खड़ा नहीं हो सकता, वहाँ वह दूसरों से खड़ा होने के लिए कैसे कह सकता है? उनकी बल्लेबाजी भी उतनी ही आकर्षक थी जितनी कि गेंदबाजी। उनकी ड्राइव व बाद का 'फॉलो थ्रू' देखने लायक था। 1953 में उनकी 135 रनों की पारी में 11 छक्के व 9 चौके थे। गेंदबाज के रूप में तो उन्होंने नई ऊँचाइयों को छुआ। वे अभ्यास, व और अधिक अभ्यास में भरोसा करनेवाले खिलाड़ी थे। अभी तक लेग ब्रेक, गुगली और टॉप स्पिन का मिश्रण तो लेग स्पिनर करता ही था। बेनो ने उसमें 'फ्लिपर' का समावेश भी कर दिया। फ्लिपर वह गेंद है जो गेंदबाज की उँगलियों के ऊपरी भाग से स्पिन होकर ऑफ से लेग की ओर तेजी से निकलती है। आप उसे टॉप स्पिनर की ऑफ स्पिन कह सकते हैं। बेनो इसके लिए आस्ट्रेलिया के पूर्व खिलाड़ी ब्रूस डूलैंड के प्रति अपना आभार व्यक्त करते रहे कि अपनी निवृत्ति के बाद नॉटिंघमशायर में वे उन्हें फ्लिपर के गुण सिखाते रहे। बेनो अपनी गेंदों की रफ्तार, गति व फ्लाइट में तो परिवर्तन करते ही थे, वे गेंद भी भिन्न-भिन्न कोण व ऊँचाई से फेंकते थे तथा लम्बाई भी बदलते जाते थे। इसका मिला-जुला परिणाम यह था कि वे अपने समय के बेहद पेचीदे गेंदबाज थे। बेनो की यह सब तरक्की देखकर आश्चर्य होता है कि जो युवा न्यू साउथ वेल्स की द्वितीय एकादश टीम में खेलते हुए सिर की चोट खा चुका था उसने इतनी व ऐसी तरक्की की।

बेनो को ससम्मान क्रिकेट के सार्वकालिक महान व श्रेष्ठ खिलाड़ियों की कतार में स्थान दिया जाता है। वे केवल आस्ट्रेलिया के ही नहीं, अपितु विश्व के भी श्रेष्ठ ऑलराउंडरों में शुमार किए जाते थे।

क्रिकेट से निवृत्त हो जाने के बाद वे आस्ट्रेलिया के चयनकर्ता रहे और फिर क्रिकेट कमेंटेटर के रूप में भी प्रसिद्ध हुए। उनकी क्रिकेट पर पैनी पकड़ रही और इस कारण पूरी दुनिया में उनके विचारों को दिलचस्पी से पढ़ा जाता था। उन्होंने क्रिकेट पर 10 पुस्तकें लिखीं जिनमें उनकी आत्मकथा 'एनीथिंग बट' खासतौर पर पढ़ने लायक है। इसमें उन्होंने 1952-53 में सिड बार्न्स व ब्रूस डूलैंड को टीम में न लिए जाने व आस्ट्रेलियाई क्रिकेट अधिकारियों की दखलन्दाजी की तीखी आलोचना की है। इनके लेखन में वही साहस व स्पष्टवादिता है जो कभी उनके खेल की विशेषता हुआ करती थी। वे जितना अच्छा खेलते थे, उतना ही अच्छा लिखते व बोलते भी हैं।

(vi) लांस गिब्स

वेस्टइंडीज के लांस गिब्स पहले स्पिनर थे जिन्होंने लम्बे अर्से तक अन्तर्राष्ट्रीय क्रिकेट खेलकर तीन सौ टेस्ट विकेट का इंग्लैंड के तेज गेंदबाज फ्रेडी ट्रूमेन का कीर्तिमान तोड़कर नया विश्व कीर्तिमान बनाया। वरना वेस्टइंडीज में तेज गेंदबाजों का ही बोलबाला रहा है। सनी रामाधीन व वेलेंटाइन की जोड़ी के अल्पकालिक असर को यदि अपवादस्वरूप छोड़ दिया जाए तो वेस्टइंडीज में कभी स्पिन गेंदबाजी पनपी ही नहीं। जो स्पिनर थे भी उन्हें न तो परिस्थितियों ने, न ही वहाँ की गेंद पट्टियों ने, और न ही किसी कप्तान ने प्रोत्साहित व प्रेरित किया। गिब्स पहले वेस्टइंडियन स्पिनर थे जिन्होंने सिद्ध किया कि यदि व्यक्ति में प्रतिभा हो तो प्रतिकूल परिस्थिति में भी वह प्रगति कर सकता है।

लम्बे ऊँचे कद व बड़ी उँगलियों के धनी लांस गिब्स दाहिने हाथ से ऑफ ब्रेक गेंदबाजी करते थे। उनकी गेंदबाजी का एक्शन 'चेस्ट ऑन' था यानी वे छाती झुकाकर गेंद फेंकते थे जो कि असामान्य लगता था। अपने लम्बे कद के कारण वैसे ही उनकी गेंदों को विकेट से उछाल मिलता था। फिर उनकी गेंदबाजी का तरीका ही कुछ ऐसा था कि वे स्पिनर कम और तेज गेंदबाज अधिक लगते थे। मैंने खुद उन्हें नेहरू स्टेडियम, इन्दौर पर अभ्यास सत्र में अपनी टीम के बल्लेबाजों के लिए तेज गेंद फेंकते हुए देखा। वैसे भी वे तेज किस्म की ऑफ स्पिन जिसे आप ऑफ कटर भी कह सकते हैं, किया करते थे। अपने खेल जीवन के उत्तरार्ध में वे 'आर्म बॉल' भी करने लगे थे जो टप्पा खाने के बाद हाथ के इशारे से अन्दर की तरफ आती थी। इसके अलावा उनमें दमखम इतना था कि वे घंटों बिना थके ओवर-दर-ओवर फेंक सकते थे। वे इतने दृढ़ निश्चयी थे कि जिस उँगली से वे गेंद स्पिन कराते थे वह हमेशा के लिए टूट-फूट गई थी। मगर फिर भी वे ऑफ स्पिन शैली की गेंदबाजी करते रहे। तीन सौ टेस्ट विकेट पूरे करनेवाले वे अपने समय के दूसरे तथा वेस्टइंडीज के पहले गेंदबाज थे। आज वार्न 600 टेस्ट विकेट पूरे कर चुके हैं व मुरलीधरन तेजी से उनका पीछा कर रहे हैं। मेग्रा 500 टेस्ट क्रिकेट पूरे कर चुके हैं और कोर्टनी वाल्श का 519 टेस्ट विकेट का कीर्तिमान पुराना पड़ गया है। यह सब खेल अवसरों में अचानक आई वृद्धि का परिणाम है। लेकिन गिब्स 300 टेस्ट विकेट पार करनेवाले दुनिया के पहले स्पिनर थे।

29 सितम्बर 1934 को ब्रिटिश गुयाना के क्वींस टाउन में जन्मे लांसलॉट रिचर्ड गिब्स वेस्टइंडीज, ब्रिटिश गुयाना, गुयाना, दक्षिण आस्ट्रेलिया व वारविकशायर के लिए ही अपना अधिकांश क्रिकेट खेले। पाकिस्तान के खिलाफ पोर्ट ऑफ स्पेन में फरवरी 1958 में वे अपना पहला टेस्ट खेले और अपने जीवन का आखिरी टेस्ट फरवरी 1976 में आस्ट्रेलिया के खिलाफ मेलबोर्न में खेले। 1958 से 1976 के बीच अपने 18 वर्ष के टेस्ट जीवन में वे वेस्टइंडीज के लिए 79 टेस्ट खेले और उन्होंने 27115

गेंदों पर 8989 रन देकर 29.09 की औसत से 309 विकेट लिए जिनमें 2 बार मैच में 10 व 18 बार पारी में 5 विकेट भी शरीक थे। उनकी दिशा, लम्बाई व नियन्त्रण इतना सटीक था कि उनकी गेंदों पर रन बना पाना बहुत मुश्किल होता था। अपने टेस्ट जीवन में उन्होंने प्रति ओवर 1.99 की औसत से रन दिए। 1960 व 1962 के बीच इनकी गेंदबाजी अपने पूरे निखार पर रही और इस बीच उन्होंने अपना श्रेष्ठ गेंदबाजी प्रदर्शन किया। आस्ट्रेलिया में उन्हें पहले दो टेस्ट मैचों में तो खिलाया ही नहीं गया था। लेकिन जब सिडनी टेस्ट में खिलाया गया तो उन्होंने 4 गेंदों में 3 विकेट लेकर सनसनी फैला दी। फिर एडिलेड में खेले गए अगले ही टेस्ट में उन्होंने तीन गेंदों पर तीन विकेट लेकर हैट्रिक ली। प्रथम श्रेणी क्रिकेट में गिब्स ने 1953-54 से लेकर 1974-75 तक 21 वर्षों में 330 प्रथम श्रेणी मैचों में 78430 गेंदों में 27878 रन देकर 27.22 की औसत से 1024 विकेट लिए जिनमें 10 बार मैच में 10 व 50 बार पारी में 5 विकेट शरीक थे। एकदिवसीय अन्तर्राष्ट्रीय क्रिकेट में वे सिर्फ 3 मैच खेले और उन्होंने 156 गेंदों में 59 रन देकर 2 विकेट लिए। सीमित ओवर के मैच तब शुरू ही हुए थे और एकदिवसीय क्रिकेट तब अपने प्रारम्भिक काल

में ही था। अगली सर्दियों में भारतीय टीम वेस्टइंडीज यात्रा पर गई तो गिब्स ने अपने जीवन का श्रेष्ठ गेंदबाजी प्रदर्शन किया और बारबडॉस टेस्ट में उनका विश्लेषण रहा 53.3-37-38-8, ये सभी 8 विकेट उन्होंने अपने 15 ओवर के घातक स्पेल में लिए जिसमें उन्होंने सिर्फ 6 रन दिए थे। यह नायाब प्रदर्शन वे अपने जीवन में फिर कभी न दोहरा सके।

खास बात यह कि गिब्स टेस्ट क्रिकेट से निवृत्त होने के पहले प्रथम श्रेणी क्रिकेट से निवृत्त हुए। वरना आमतौर पर खिलाड़ी पहले टेस्ट खेलना छोड़ते हैं फिर उसके बाद प्रथम श्रेणी क्रिकेट से निवृत्त होते हैं। गिब्स ने प्रथम श्रेणी क्रिकेट खेलना छोड़ा 1974-75 में और टेस्ट क्रिकेट छोड़ा फरवरी 1976 में। वे सोबर्स व लॉयड दोनों की कप्तानी में खेले। उस दौर में, जब वेस्टइंडीज की टीम में माइकल होल्डिंग, क्लार्क, किंग, गार्नर, रॉबर्ट्स व मार्शल जैसे तूफानी गति के तेज गेंदबाज थे, सोबर्स व लॉयड, दोनों ने उनके होते हुए गिब्स की ऑफ स्पिन पर भरोसा किया। जैसे-जैसे वे तीन सौ विकेट के करीब आते गए उन पर सभी की नजर पड़ने लगी। वेस्टइंडीज के लोग व खिलाड़ी भी चाहते थे कि गेंदबाजी का कीर्तिमान उनके गेंदबाज के नाम पर हो। आमतौर पर गिब्स को भारत व पाकिस्तान के दौरों के लिए ही उपयोगी माना जाता था। लेकिन उन्हें सभी जगह खिलाया जा रहा था और वांछित सफलता न मिलने के बावजूद इसीलिए टीम में लिया जाता था और गेंदबाजी भी करवाई जाती थी कि वे जल्दी ही विश्व कीर्तिमान अपने नाम कर लें। उन्होंने यह लक्ष्य प्राप्त तो किया किन्तु उनके विकेट लेने की रफ्तार धीमी रही और 309 विकेट लेकर वे निवृत्त हो गए।

इंग्लैंड के जिम लेकर के बाद वेस्टइंडीज के लांस गिब्स ही ऐसे ऑफ स्पिनर थे जिन्होंने अपने प्रदर्शन एवं उपलब्धियों से यह सिद्ध किया कि भारत के अलावा अन्य राष्ट्रों में भी ऑफ स्पिन गेंदबाजी का कारगर हथियार हो सकती है। देखने में तो वे किसी तेज गेंदबाज से कम नहीं लगते थे और स्पिन के लिए भी वे अपनी मजबूत उँगलियों को गेंद से रगड़कर घुमाते थे। तीन सौ से ज्यादा टेस्ट विकेट लेनेवालों में गिब्स पहले स्पिनर थे और उनके बाद शेन वार्न, मुरलीधरन और कुम्बले हुए। वरना टेस्ट विकेटों की दौड़ में तेज गेंदबाज ही आगे रहे।

(vii) डेरिक अंडरवुड

डेरिक लेसली अण्डरवुड का जन्म 8 जून 1945 को केंट के ब्रॉमली नामक स्थान पर हुआ था। उन्हें क्रिकेट जगत में 'डेडली' यानी खतरनाक या घातक के नाम से जाना जाता था। शायद उन्हें यह उपनाम उनकी सटीक, अचूक व घातक लेफ्टआर्म स्पिन की तारीफ में दिया गया था। अण्डरवुड केंट व इंग्लैंड के लिए ही अपना सारा क्रिकेट खेले और उन्होंने बाएँ हाथ के तेज किस्म के लेफ्टआर्म स्पिनर के

रूप में ख्याति अर्जित की।

अण्डरवुड 1966 से लेकर 1982 तक 16 साल में इंग्लैंड के लिए 86 टेस्ट खेले और लेफ्टआर्म स्पिनर के रूप में उन्होंने 21862 गेंदों पर 7674 रन देकर 25.83 की औसत से 297 विकेट लिए जिनमें 6 बार मैच में 10 और 17 बार पारी में 5 विकेट भी शरीक थे। एकदिवसीय अन्तर्राष्ट्रीय क्रिकेट में उन्होंने 26 मैचों में 1278 गेंदों पर 734 रन दिए और 22.93 की औसत से 32 विकेट लिए। प्रथम श्रेणी क्रिकेट में 1963 से 1987 के बीच 24 वर्षों में उन्होंने 676 मैचों में 139783 गेंदों पर 49993 रन देकर 20.28 की औसत से 2465 विकेट लिए जिनमें 47 बार मैच में 10 तथा 153 बार पारी में 5 विकेट भी शरीक थे।

अण्डरवुड केंट व इंग्लैंड के सर्वाधिक सफल लेफ्टआर्म स्पिनर रहे। अपनी काउंटी केंट के लिए तो उन्होंने सदा जोरदार प्रदर्शन किया ही, इंग्लैंड के लिए भी वे 'शॉक' व 'स्टॉक', दोनों ही तरह के गेंदबाज की भूमिका बखूबी निभाते रहे। वे विलफ्रेड रोड्स के बाद इंग्लैंड के दूसरे लेफ्टआर्म स्पिनर थे जिन्हें बड़ी

अन्तर्राष्ट्रीय सफलताएँ मिलीं, और रोड्स, लेकर, लॉक व इलिंगवर्थ के बाद इंग्लैंड के पाँचवें विश्वस्तरीय स्पिनर।

अण्डरवुड ने केंट के अपने साथी खिलाड़ियों द्वारा उन्हें दिए गए उपनाम 'डेडली' को पूरी तरह चरितार्थ किया। शायद ही किसी खिलाड़ी ने अपने उपनाम को इस तरह सच साबित किया हो जिस तरह अण्डरवुड ने किया। जिस तरह वे वर्षा से प्रभावित गेंद पट्टियों पर अपनी लेफ्टआर्म स्पिन से कहर बरपाते थे उससे उनके उपनाम की सार्थकता सिद्ध होती थी। वर्षा से गीले हुए व फिर धीरे-धीरे सूखते विकेट पर उन्हें खेल पाना अच्छे-अच्छे बल्लेबाजों के लिए मुश्किल होता था। फिर उनकी सटीकता, दिशा, लम्बाई व नियन्त्रण इतना अचूक होता था कि उनकी गेंदों पर रन बनाना बहुत मुश्किल होता था। इसके अलावा एक लेफ्टआर्म स्पिनर के लिहाज से उनकी गेंद इतनी तेज व रफ्तार से आती थी कि वह लगभग मध्यम तेज गति की ही प्रतीत होती थी। और इन गुणों के कारण जब उन्हें विकेट से जरा-सी भी मदद मिलती थी वे आतंक फैला देते थे तथा विरोधी खेमे में सभी बल्लेबाज सहमकर रह जाते थे। तब उनकी गेंद जैसे काटती-सी लगती थी। 1968 में इनकी करिश्माई लेफ्टआर्म स्पिन गेंदबाजी की बदौलत ही इंग्लैंड को आस्ट्रेलिया के खिलाफ ओवल टेस्ट में नाटकीय जीत प्राप्त हुई थी। खेल खत्म होने के 6 मिनट पहले अण्डरवुड ने 27 गेंदों में 4 विकेट लेकर इंग्लैंड को 226 रनों के विशाल अन्तर से जितवाया और इस जीत के कारण शृंखला बराबर हो गई। लंच के समय अचानक शुरू हुई वर्षा से अन्तिम 4 घंटे के खेल में से सिर्फ 75 मिनट का खेल ही सम्भव हो पाया था और उस स्थिति में अण्डरवुड ने कमाल की गेंदबाजी की। इसी तरह 1973 में अंडरवुड ने ससेक्स की टीम की बल्लेबाजी को ध्वस्त किया था और सिर्फ 9 रन देकर 8 विकेट लिए थे। तब भी वर्षा ने विकेट पर असर डाला था। और अण्डरवुड 'डेडली' यानी खतरनाक अथवा घातक साबित हुए।

अण्डरवुड की चतुराई, सटीकता, धैर्य व हर हालत में अपनी दिशा व लम्बाई पर नियन्त्रण रखने के गुण के कारण वे इंग्लैंड के हर कप्तान के लिए उपयोगी व मददगार साबित हुए। चाहे डी. बी. क्लोज हों या इलिंगवर्थ अथवा लुईस या ब्रेयर्ली अथवा फ्लेचर या विलिस। जब भी कोई विदेशी टीम गर्मियों के अन्तिम दौर में इंग्लैंड आती थी, अण्डरवुड को खासतौर पर टीम में रखा जाता था क्योंकि तब वहाँ वर्षा की सम्भावना अधिक रहती है। उनकी स्पिन में कोई कमी थी तो यह कि वे गेंद को फ्लाइट नहीं कराते थे। इंग्लैंड के वातावरण एवं परिस्थिति में शायद फ्लाइट कराना अधिक फायदेमन्द नहीं होता। मगर इसी कारण अण्डरवुड इंग्लैंड के वातावरण एवं परिस्थिति के ही विशेषज्ञ स्पिनर बनकर रह गए। जिस तरह बिशन सिंह बेदी गेंद को फ्लाइट कराते थे या जिस तरह न्यूजीलैंड के विटोरी कराते हैं वैसी कलाकारी अण्डरवुड में नहीं थी। मगर वे गेंद को विकेट पर जोर से पटककर जरूरी 'टर्न' प्राप्त कर लेते थे। इसी कारण उनकी गेंदों की रफ्तार आम लेफ्टआर्म स्पिनर से तेज

होती थी।

अण्डरवुड जब खेले तब गावस्कर, विश्वनाथ, जहीर अब्बास, मियाँदाद, क्लाइव लॉयड, विवियन रिचर्ड्स, एलन बॉर्डर, ग्राहम गूच और मार्टिन क्रो जैसे दिग्गज बल्लेबाज अन्तर्राष्ट्रीय क्रिकेट जगत में धूम मचाए हुए थे। उनके खिलाफ गेंदबाजी करना और सफलता प्राप्त करना चुनौतीपूर्ण कार्य था। मगर अण्डरवुड ने अपनी गेंदबाजी की छाप छोड़ी। विदेशों में वे वहाँ की परिस्थिति के अनुसार अपनी गेंदबाजी में परिवर्तन करने लगे थे जो कि निहायत जरूरी था। मसलन जब वे आस्ट्रेलिया गए तो उन्होंने अपनी गेंदों की रफ्तार कुछ कम की। मगर उन्होंने 1977 में कैरी पैकर की सुपर क्रिकेट शृंखला में शामिल होकर अपने जीवन की बहुत बड़ी भूल की वरना उन्होंने अपने 297 टेस्ट विकेटों के योग में 50 से लेकर 100 के बीच का इज़ाफा तो यकीनन किया होता। तब वे गिब्स से बहुत आगे निकल गए होते। मगर ऐसा नहीं हो पाया। उनके खेलने के अवसर कम होते गए। 1981-82 में उन्होंने दक्षिण अफ्रीका के दौरे पर जाने से भी इनकार कर दिया। इस तरह उन्होंने और अवसर गँवाए। वरना उनकी उपलब्धियाँ और बढ़ गई होतीं।

उनके साहस व जीवट को देखते हुए उन्हें अकसर 'नाइट वाचमैन' के रूप में भेजा जाता था ताकि उस दिन का समय वे निकालकर प्रमुख बल्लेबाज को तनाव व दबाव से बचा लें। और उन्होंने यह काम बखूबी किया। वे क्षेत्ररक्षण भी जान लगाकर करते थे। अत: हर दृष्टि से टीम के लिए उपयोगी खिलाड़ी थे। अपने खेल जीवन के अन्तिम पड़ाव पर व उसके बाद भी वे प्रसन्नचित्त बने रहे। न कोई कड़वाहट और न ही कोई शिकवा-शिकायत या गिला।

1963 में वे अपने सीजन की शुरुआत में ही 100 विकेट लेनेवाले सबसे कम उम्र के गेंदबाज बने। केंट के लिए सिर्फ 17 साल की उम्र में खेलना शुरू करके उन्होंने अपनी प्रतिभा की झलक दिखाई। तभी उन्होंने अपने पहले ही काउंटी वर्ष में 100 विकेट पूरे किए। यही नहीं यह करिश्मा उन्होंने 9 बार और कर दिखाया। 1966 में तो उन्होंने 157 विकेट लिए जो कि एक उल्लेखनीय उपलब्धि थी। 21 साल की उम्र में वेस्टइंडीज के खिलाफ खेलकर उन्होंने अपने टेस्ट जीवन की शुरुआत की और उसके बाद वे 86 टेस्ट खेलकर रुके।

उन्हें महज धीमी गति का गेंदबाज या सिर्फ स्पिनर कहना गलत है। ऐसा कहना उनकी प्रतिभा के साथ अन्याय ही है। उन्होंने अपनी अधिकांश गेंदबाजी मध्यम तेज गति से ही की और वह भी करीब 10 गज दौड़ लगाकर। जब उन्हें अनुकूल परिस्थितियाँ मिलती थीं तब वे गेंद को काफी घुमा देते थे। परन्तु गेंदबाजों को मदद न देनेवाले विकेट पर भी वे अच्छे व स्तरीय बल्लेबाजों के खिलाफ अपनी अचूक व नियन्त्रण-युक्त गेंदबाजी से काफी विकेट ले लेते थे। जब बल्लेबाज देखते थे कि वे उनकी गेंदों पर प्रहार नहीं कर पा रहे हैं तो परेशान होकर या घबराकर या फिर गुस्से में चिढ़कर अपना विकेट गँवा देते थे। उन्हें लगता था कि उनके सामने गेंदबाज

नहीं बल्कि बोलिंग मशीन है।

यह सच है कि वे बरसात के दिनों में 60 व 70 के दशक के इंग्लैंड के बिना ढँके विकेट पर ही सर्वाधिक असरदार साबित हुए। ऐसे विकेट को 'स्टिकी डॉग' कहा जाता था। परन्तु यह भी सच है कि अपने समर्पण, हमेशा अच्छे-से- अच्छा प्रदर्शन करने की लगन और मजबूत इरादे के कारण वे टेस्ट क्रिकेट व काउंटी क्रिकेट दोनों में कामयाब हुए। अंडरवुड खराब या ढीली गेंद बहुत कम बल्कि अपवादस्वरूप ही करते थे। कभी-कभी उन्हें उनके 'फ्लाइट' न करने के कारण नकारात्मक भी कहा गया। लेकिन अपनी रफ्तार की विविधता व अलग-अलग कोणों से गेंद फेंकने के कौशल के कारण उन्होंने अधिकतर बल्लेबाजों को एल. बी.डब्ल्यू. आउट किया क्योंकि हाथ के इशारे से अन्दर की ओर आनेवाली गेंद पर बल्लेबाज धोखा खा जाते थे। 1968 में आस्ट्रेलिया से बिल लॉरी की कप्तानी में इंग्लैंड आई टीम के खिलाफ अण्डरवुड ने लगभग हारी हुई शृंखला में जिस तरह इंग्लैंड की वापसी करवाई वह अद्भुत था। इंग्लैंड के कप्तान काउड्रे पहला टेस्ट हार गए व अगले तीन टेस्ट 'ड्रा' हो गए। अन्तिम टेस्ट में इंग्लैंड ने पहली पारी में 170 रनों की लीड ली, परन्तु दूसरी पारी में वह 181 पर आउट हो गई। पाँचवें दिन लंच तक आस्ट्रेलिया के 5 विकेट 86 रनों पर गिए गए। तभी जोरदार बारिश के कारण खेल रुक गया। खेल सिर्फ अन्तिम 75 मिनट ही हो पाया और 5 मिनट शेष रहते अण्डरवुड ने सिर्फ 27 गेंदों में अन्तिम 4 विकेट लेकर इंग्लैंड को जितवाकर शृंखला 1-1 से बराबर करवा दी।

ऐसे करिश्माई प्रदर्शन अलौकिक प्रतिभावान खिलाड़ी ही कर पाते हैं और अण्डरवुड ऐसे ही गेंदबाज थे जो माकूल स्थिति में अपने दम-खम से ही मैच का नक्शा बदल देते थे। इंग्लैंड में तो उन्हें देखकर कई युवा खिलाड़ी उन जैसा गेंदबाज बनने का सपना देखते थे।

(viii) शेन वार्न

शेन कीथ वार्न का जन्म 13 सितम्बर 1969 को विक्टोरिया के फेम ट्री गली नामक स्थान पर हुआ। अब वे 36 के हो गए हैं और प्रमुख रूप से आई.सी.सी., विश्व एकादश, आस्ट्रेलिया, हेम्पशायर और विक्टोरिया के लिए ही अपना अधिकांश क्रिकेट खेले हैं। उनके साथी खिलाड़ी मित्र उन्हें 'वार्न' के उपनाम से पुकारते हैं और सीधे टेलीविजन प्रसारण के इस जमाने में आपने आस्ट्रेलियाई विकेटकीपर एडम गिलक्रिस्ट द्वारा अकसर 'वेल बोल्ड वार्ने' सुना होगा क्योंकि आजकल स्टम्प पर भी छोटा-सा माइक लगा होता है।

विवाद और आलोचना से घिरे रहनेवाले वार्न को अब तो इनकी आदत ही 'पड़ गई है। बचपन में बेहद शरारती, फिर शराबखोरी व मारपीट और गुंडागर्दी की हद

छूनेवाली उच्छृंखलता ने इन्हें नाकारा किस्म का बना दिया था। सौभाग्य से लोगों ने इन्हें समझाया कि वे अपने जोश व जुनून का इस्तेमाल नकारात्मक गतिविधियों की बजाय सकारात्मक काम के लिए करें। वे लेग स्पिन की ओर मुखातिब हुए और आज इस कला के श्रेष्ठ नुमाइन्दे व क्रिकेट के सच्चे राजदूत हैं। इनमें शक्ति व जोश की तो कमी थी ही नहीं। जरूरत किसी उचित दिशा में उसे लगाने की थी। वे जो भी करते उसमें चोटी पर पहुँचते। दाहिने हाथ से कलाई मोड़कर लेग ब्रेक, गुगली, टॉप स्पिन, फ्लिपर और बिलकुल सीधी गेंद फेंकना और बल्लेबाज को चकमा देकर व गच्चा देकर आउट करना और उसे खुद अपनी ही नजरों में बेवकूफ साबित कर देना वार्न की फितरत में शुमार है।

किसे पता था कि युवावस्था में नशे की लत और आपराधिक गतिविधियों में शुमार रहनेवाले वार्न एक दिन नया इतिहास रचेंगे व विश्व में सर्वाधिक टेस्ट विकेट

लेनेवाले गेंदबाज बन जाएँगे? शुरुआत में वे बेहद आलसी व शारीरिक रूप से थुल-थुल किस्म के थे। उन्होंने शुरुआत लेग स्पिन से की और जब वे गेंद को लेग से ऑफ की ओर खूब घुमाने लगे तब उन्होंने फ्लिपर, गुगली और टॉप स्पिन का अभ्यास कर इनमें विशेषज्ञता प्राप्त की। धीरे-धीरे वे क्रिकेट की दुनिया में मशहूर हो गए। होते भी क्यों न? जिस तरह वे अपनी दाहिनी कलाई मोड़कर लेग स्टम्प के काफी बाहर गेंद को फ्लाइट कराके छोड़ते व गेंद घुमकर ऑफ स्टम्प के बाहर तक आती थी अथवा गुगली, फ्लिपर या टॉप स्पिन से बल्लेबाजों को परेशान करके आउट करते थे वह दृश्य ही ऐसा मोहक होता था कि वे देखते-ही-देखते क्रिकेट जगत के हीरो हो गए। इस तरह का दूसरा गेंदबाज तो दुनिया में था ही नहीं। हाँ, उनके पहले जरूर आस्ट्रेलिया में दाहिने हाथ की लेग ब्रेक व गुगली की समृद्ध परम्परा रही थी। ग्रिमेट, डूलैंड, पेपर, ओ'रिली, बेनो वहीं के तो थे। मगर जितनी ज्यादा लेग स्पिन वार्न कराते हैं उतनी कोई आस्ट्रेलियन लेग स्पिनर नहीं कराता था। कभी भारत में सुभाष गुप्ते व 80 के दशक में पाकिस्तान में अब्दुल कादिर जरूर काफी 'टर्न' करवाते थे। लेकिन वार्न तो अपनी मिसाल खुद आप ही रहे। शोहरत व धन ने उन्हें सट्टेबाजी, नशीली दवाइयों के सेवन व व्यभिचार की ओर ढकेल दिया। आए दिन उनके झगड़ों व महिला मित्रों को लेकर अनेक प्रकार की नई-नई खबरें अखबारों में छपने लगीं। ताजा खबर यह है कि उनका व उनकी पत्नी का तलाक हो चुका है व उनके दोनों बच्चे उनकी पत्नी के साथ रह रहे हैं। वार्न का परिवार टूट गया है और वे अकेले हैं। मगर उनका मनोबल नहीं टूटा है। अपनी निजी समस्याओं से जूझते हुए वार्न ने 2005 की एशेज शृंखला में सफलता का नया आयाम छुआ। अभी तक तो वे सर्वाधिक टेस्ट विकेट लेनेवाले गेंदबाज थे। मगर एशेज शृंखला के तीसरे टेस्ट में 600 टेस्ट विकेट पार कर छह सौ विकेट लेनेवाले वे दुनिया के पहले गेंदबाज बन गए।

अभी तक क्रिकेट इतिहास में टेस्ट विकेटों की दौड़ में सिर्फ तेज गेंदबाजों के बीच ही प्रतिस्पर्धा रहती आई थी। क्रिकेट इतिहास में तीन सौ विकेट लेनेवाले पहले गेंदबाज इंग्लैंड के ट्रूमेन थे और वे तेज गेंदबाज थे। फिर विश्व के चार सौ विकेट लेनेवाले पहले गेंदबाज न्यूजीलैंड के रिचर्ड हेडली भी तेज गेंदबाज ही थे और पाँच सौ टेस्ट विकेट पूरे करनेवाले पहले गेंदबाज वेस्टइंडीज के कोर्टनी वाल्श भी तेज गेंदबाज ही थे। मगर छह सौ विकेट लेनेवाले पहले गेंदबाज वार्न एक लेग स्पिनर हैं। इसके अलावा सर्वाधिक टेस्ट विकेटों के लिए अब स्पर्धा वार्न व मुरलीधरन के बीच ही चलनेवाली है और ये दोनों ही स्पिनर हैं। वार्न जहाँ दाहिने हाथ के लेग स्पिन गुगली गेंदबाज हैं तो मुरलीधरन प्रमुख रूप से दाहिने हाथ के ऑफ स्पिनर व उसी एक्शन से लेग ब्रेक भी करनेवाले गेंदबाज हैं। वार्न को आस्ट्रेलियावासियों ने इतना चाहा व सराहा है कि उनकी उस उँगली का भारी भरकम बीमा तक करा दिया गया था जिसकी मदद से वे कलाई मोड़कर स्पिन कराते थे।

वार्न जहाँ मैदान के बाहर की गतिविधियों के कारण तथा निजी ज़िन्दगी के कारण विवादों से घिरे रहे हैं वहीं मुरलीधरन अपने गेंदबाजी एक्शन के कारण विवादों में रहे हैं। विवाद दोनों के बीच एक समानता का चित्र तो खींचते हैं। मगर मुरली जहाँ अपनी हरकत के कारण मैदान पर फायदा उठाते हैं वहीं वार्न की हरकतों का मैदान व खेल पर सीधा असर नहीं पड़ता और न ही उन्हें कोई अतिरिक्त लाभ मिलता है। हाँ उनकी राष्ट्रीय महानायक की छवि अवश्य धूमिल होती है। मतलब यह है कि जहाँ मुरलीधरन का विवाद मैदानी होने से खेल पर विपरीत असर डालता है वहीं वार्न का विवाद मैदान के बाहर का होने से खेल को तो प्रभावित नहीं करता किन्तु व्यक्ति के रूप में उन्हें बदनाम जरूर करता है तथा क्रिकेट जगत में उनकी महान खिलाड़ी की छवि को दूषित करता है। दोनों ही स्पिनर और दोनों ही को लेकर विवाद। यह देखकर दोनों के बीच समानता होना तो जाहिर होता है लेकिन उनकी समानता में भी कितना अन्तर है। एक ऑफ स्पिनर तो दूसरा लेग स्पिनर। एक का विवाद मैदानी है तो दूसरे का मैदान के बाहर की गतिविधियों से सम्बन्धित है। वार्न ने अपने खेल को निजी जीवन से दूर ही रखा है। पर छवि तो प्रभावित होती ही है।

1992 में भारत के खिलाफ सिडनी टेस्ट में खेलकर अपना अन्तर्राष्ट्रीय क्रिकेट जीवन प्रारम्भ करनेवाले वार्न की प्रगति आश्चर्यजनक रही है। 2000 में उन्हें विश्व के 5 सर्वश्रेष्ठ खिलाड़ियों में चुना गया था। और 2004 में वे ऐसी धारदार व पैनी लेग स्पिन गुगली कर रहे थे कि उनकी सानी का कोई दूसरा स्पिनर कहीं नजर नहीं आता था। अत: उन्हें विश्व का श्रेष्ठ स्पिनर कहा जाने लगा।

उन्होंने जब एक ओपेरा में काम किया तो ऐसा लगता था कि वे खुद को सस्ता कर रहे हैं। उनकी फुलकी व बचकाना हरकतें व तड़क-भड़क व प्रचार की खातिर होती नाटकीय घटनाएँ उन्हें भी सुर्खियों में बनाए रखने के लिए पर्याप्त थीं और दूसरों को भी। मैदान के बाहर की ज़िन्दगी को छोड़कर यदि आप उनकी मैदानी उपलब्धियों पर नजर डालें तो देखेंगे कि उन्होंने बहुत कुछ ऐसा किया है जो दूसरे नहीं कर पाए। उन्होंने टेस्ट मैच में 'हेट्रिक' लेकर लगातार तीन गेंदों पर तीन विकेट लिए, विश्व कप फाइनल में उन्होंने मैन ऑफ दी मैच का पुरस्कार जीता और उन पर अभी तक 7 पुस्तकें लिखी जा चुकीं हैं। 600 टेस्ट विकेट का लक्ष्य पूरा करनेवाले वे दुनिया के पहले स्पिनर हैं। इसके अलावा बिना एक भी शतक बनाए उन्होंने टेस्ट क्रिकेट में दूसरे स्पिनरों से अधिक रन बनाए हैं। चतुराई, चालाकी व शिकारी प्रवृत्ति के होते हुए वे आस्ट्रेलिया के सफल कप्तान हो सकते थे लेकिन दुर्भाग्यवश उन्हें कभी कप्तान बनाया ही नहीं गया।

हम अगर उनके स्पिन कौशल और गेंद को बेतहाशा स्पिन कराने की क्षमता की बात करें तो सिर्फ तीन उदाहरण पर्याप्त होंगे। इंग्लैंड के माइक गैटिंग पहले ऐसे बल्लेबाज थे जिन्हें उन्होंने 1993 में 'राउंड दी लेग' बोल्ड किया। गेंद लेग स्टम्प

के बाहर गिरी और वहाँ से फिरकी की तरह इतनी ज्यादा घूमी कि उसने गैटिंग के पैरों के पीछे से आकर उनका ऑफ स्टम्प गिरा दिया। कई साल तक इस दृश्य को टेलीविजन पर दिखाया जाता रहा और आज भी दिखाया जाता है। दूसरे बल्लेबाज थे पाकिस्तान के बातिस अली। उन्हें भी लेग स्टम्प के काफी बाहर से ऑफ की ओर तेजी से स्पिन होती गेंद ने इसी तरह 'राउंड दी लेग' बोल्ड किया। ताजा उदाहरण इंग्लैंड के स्ट्रॉस का है। गैटिंग व बातिस अली तो दाहिने हाथ से खेलने वाले बल्लेबाज थे। मगर स्ट्रॉस तो बाएँ हाथ के बल्लेबाज हैं। उन्हें भी वार्न ने 2005 की एशेज श्रृंखला में 'राउंड दी लेग' बोल्ड किया। गेंद ऑफ स्टम्प के बाहर से तेजी से घूमती हुई लेग स्टम्प की ओर आई और स्ट्रॉस के पैरों के पीछे से जाकर लेग स्टम्प गिरा गई। क्रिकेट में शायद ही इन तीनों दृश्यों से बेहतर कोई दृश्य हो। गैटिंग, बातिस अली व स्ट्रॉस तीनों ही इस तरह आउट होने के बाद खुद पर खीजते, शर्मसार होते व अपनी बेवकूफी पर गुस्सा होते तथा मन-ही-मन वार्न की कला की दाद देते हुए पेवेलियन की ओर गए होंगे।

जो लेग स्पिन गेंदबाजी ग्रिमेट, ओ'रिली, सुभाष गुप्ते, रिची बेनो, अब्दुल कादिर के बाद गुमनामी के गर्त में खो गई थी उसे शेन वार्न ने नई पहचान व नई ज़िन्दगी दी। और अब तो लगता है कि लेग स्पिन सफल क्रिकेट राष्ट्र के लिए अवश्यम्भावी हो गई है। भारत में अनिल कुम्बले, श्रीलंका में चन्दाना और पाकिस्तान में दानिश कनेरिया ने अपनी क्षमता व उपयोगिता साबित कर दी है। टेस्ट क्रिकेट में ही नहीं, एकदिवसीय क्रिकेट में भी लेग स्पिनर महत्त्वपूर्ण हो गए हैं। लेग स्पिनर रन भले ही न रोक सके, नाजुक मौकों पर 2 या 3 विकेट लेकर मैच का रुख पलट सकता है।

2003 के विश्व कप में उन्हें प्रतिबन्धित गोलियों का सेवन करने के आरोप में निलम्बित रहना पड़ा। और लौटते ही उन्होंने श्रीलंका के खिलाफ 3 टेस्ट मैचों की श्रृंखला में 26 विकेट लेकर अपने पुनः आगमन का जश्न मनाया। उनकी ताजा ईजाद की हुई गेंदों में 'जूटर' है, 'स्लाइडर' है, 'टॉपी एंड बैक-स्पिनर' है, अन्दर आनेवाली व बाहर निकलनेवाली गेंदें हैं और एकदम सीधी आती गेंद है जो न तो स्पिन होती है और न ही ज्यादा उछलती है। यह सच है कि उनकी 'गुगली' उतनी अच्छी नहीं होती है और फ्लिपर भी वे कम ही करते हैं। पर सब जानते हैं कि वार्न ये गेंदें फेंकते हैं और कभी भी फेंक सकते हैं। अब वे अपनी स्पिन को नियन्त्रित करने लगे हैं और उसमें अपनी मर्जी से अन्य किस्म की गेंदों की मिलावट करते रहते हैं। देखने में उनकी गेंद न तो सीधी व सरल लगती है और न ही वह अधिक कारगर अथवा लुभावनी नजर आती है। उनके सामने खड़ा बल्लेबाज ऐसा ही महसूस करता है मानो वे उसकी छाती पर चढ़े आ रहे हों। कभी अब्दुल कादिर भी ऊपर चढ़ते से लगते थे। वार्न को देखकर लगता है कि वे कभी भी किसी को भी किसी भी गेंद पर आउट कर सकते हैं। कन्धे की शल्य चिकित्सा के बाद भी वे उतने ही खतरनाक गेंदबाज हैं जितने पहले थे। शारीरिक कष्ट और व्यक्तिगत जीवन की

समस्याओं को वे अपने खेल से दूर रखते हैं व उनका अपने खेल पर असर नहीं होने देते। यह परिपक्व एवं व्यावसायिक सोच का ही नतीजा है। सच तो यह है कि अपनी अचूक लम्बाई व दिशा और खतरनाक लेग ब्रेक के दम पर वे समूचे क्रिकेट जगत को नचा रहे हैं। गुगली और फ्लिपर तो वे बहुत ही कम करते हैं मगर चूँकि वे ये गेंदें भी कर सकते हैं अत: इसका असर व दबाव बल्लेबाजों पर रहता ही है।

यह सच है कि मैदान के बाहर की उनकी गतिविधियों के कारण लोग उन्हें पसन्द नहीं करते। लेकिन इससे उनकी लोकप्रियता पर कोई प्रभाव नहीं पड़ा है। वे आज भी उतने ही लोकप्रिय हैं जितने कि पहले थे। बल्कि उनकी लोकप्रियता का ग्राफ बढ़ता जा रहा है। उन्होंने अपनी 600 टेस्ट विकेट पूरे करने की ऐतिहासिक उपलब्धि अपने बेटे और बेटी के नाम कर दी और उस अवसर पर उन्हें उनसे अलग होते समय अपने बेटे के शब्द याद आए जिसने उनसे कहा था कि वे एक मजबूत व्यक्ति हैं अत: वे जो भी करेंगे वह अद्‌भुत होगा। वे हमारे समकालीन हैं। अत: मुमकिन है अपनी समय गति के इतने करीब होने के कारण हम उनकी प्रतिभा के साथ पूरा न्याय नहीं कर पा रहे हैं। सम्भव है समय बीतने के बाद हम उन्हें व उनकी प्रतिभा को ठीक से पहचानें और उनके प्रति हमारा आदर उसी तरह बढ़े जैसा कि ब्रेडमेन के प्रति समय गुजरने के साथ बढ़ा था। यह भी सच है कि उनके बाद भी हम उन्हें उतना ही याद करेंगे जितना कि अन्य महान खिलाड़ियों को करते हैं। स्नेह और नफरत का यह मिला-जुला भाव ही हमें उनकी ओर बरबस खींचता है।

इतने प्रतिभावान, कामयाब व क्रिकेट इतिहास के अब तक के श्रेष्ठतम लेग स्पिनर माने जानेवाले शेन वार्न अभी तक न तो भारत में भारत के खिलाफ अपनी ख्याति के अनुरूप सफल हो पाए हैं और न ही किसी अन्य स्थान पर भारतीय बल्लेबाजों के सामने वह आतंक पैदा कर पाए हैं जो वह अन्य देशों के खिलाफ करते रहे हैं। शायद इसकी वजह यह है कि भारतीय बल्लेबाज स्पिन खेलने के अभ्यस्त हैं और वे सभी तरह की स्पिन को अच्छी तरह खेल लेते हैं।

जनवरी 1992 से मार्च 2005 तक अपने 13 साल के टेस्ट जीवन में वार्न ने आस्ट्रेलिया के लिए 123 टेस्ट खेले और 34438 गेंदों पर 14878 रन देकर 25. 51 की औसत से उन्होंने 583 विकेट लिए थे जिनमें 8 बार मैच में 10 तथा 29 बार पारी में 5 विकेट शरीक थे। एकदिवसीय अन्तर्राष्ट्रीय मैचों में भी उन्होंने लेग स्पिन की उपयोगिता व सफलता सिद्ध की है और इसी अवधि में 194 एकदिवसीय अन्तर्राष्ट्रीय मैचों में 10642 गेंदों पर 7541 रन देकर उन्होंने 25.73 की औसत से 293 विकेट लिए हैं। उन्होंने 1990-91 से 2005 तक के अपने प्रथम श्रेणी क्रिकेट जीवन में 242 मैचों में 60584 गेंद फेंककर 27150 रन दिए हैं और 25.85 की औसत से 1050 विकेट लिए हैं। इनमें 8 बार मैच में 10 व 50 बार पारी में 5 विकेट सम्मिलित हैं। इसके बाद तो वे ताजा एशेज शृंखला में 600 टेस्ट विकेट

के जादुई लक्ष्य को पार कर चुके हैं। शृंखला समाप्ति तक वे 623 विकेट पूरे कर चुके थे। यह शृंखला उनकी निजी उपलब्धियों से परिपूर्ण रही। उन्होंने 5 टेस्ट में 40 विकेट तो लिए ही, 10 बार मैच में 10 तथा 32 बार पारी में 5 विकेट लेने का गौरव भी प्राप्त किया। इसके अलावा एशेज शृंखला में सर्वाधिक टेस्ट विकेट लेनेवाले गेंदबाज का सम्मान भी पाया। डेनिस लिली के एशेज शृंखला में 167 विकेट के कीर्तिमान को भंग कर उन्होंने नया कीर्तिमान रचा। यह उनकी इंग्लैंड में शायद अन्तिम टेस्ट शृंखला हो।

स्पिन गेंदबाज के रूप में शेन वार्न को आक्रामक व मैच विजेता गेंदबाज के रूप में याद किया जाता रहेगा। दरअसल उन जैसा लेग स्पिनर न तो क्रिकेट इतिहास में कभी हुआ और न होगा। तनाव, व्यावसायिकता, प्रतिस्पर्धा व बनते-बिगड़ते कीर्तिमानों के बीच खेलकर उन्होंने जो महती सफलताएँ प्राप्त की हैं वे गर्व करने लायक हैं। उन्हें गेंद फेंकते हुए देखकर ही लगता है कि हम ऐसे विश्वस्तरीय स्पिनर को देख रहे हैं जिसमें किसी भी बल्लेबाज को कभी भी आउट करने की क्षमता है और जो अपनी गेंदबाजी के बलबूते पर ही अपनी टीम को मैच जिताने में सक्षम है।

(ix) मुथैय्या मुरलीधरन

श्रीलंका के मुथैय्या मुरलीधरन आज क्रिकेट जगत के श्रेष्ठ ऑफ स्पिनर हैं ठीक उसी प्रकार जिस प्रकार शेन वार्न श्रेष्ठ लेग स्पिनर हैं। किसी टीम में ये दो स्पिनर हों तो उसके खिलाफ खेलनेवाली टीम की तो शामत ही आ गई समझिए।

मुरली का जन्म 17 अप्रैल 1972 को श्रीलंका के केंडी में हुआ और 20 साल की उम्र में 1992 में उन्होंने कोलम्बो में आस्ट्रेलिया के खिलाफ खेलकर अपना टेस्ट जीवन शुरू किया। श्रीलंका, ए.सी.सी., एशिया एकादश, केंट, लंकाशायर, तमिल यूनियन क्रिकेट और एथलेटिक क्लब के लिए ही वे अपना अधिकांश क्रिकेट खेलते रहे हैं।

दाहिने हाथ के ऑफ स्पिन गेंदबाज होने के साथ ही उसी एक्शन से लेग स्पिन भी करा लेना उनकी विशेषता भी है और विशेषज्ञता भी। परन्तु उनकी इसी गेंद ने उन्हें शंकास्पद एक्शन का विवादास्पद गेंदबाज बना दिया है। आप उन्हें गेंदबाजी करते हुए देखें तो पाएँगे कि वे साफ-साफ कलाई मोड़कर उस अन्दाज में अपनी लेग ब्रेक फेंकते हैं जिस अन्दाज में हम बच्चों को खिलाते वक्त करीब से गेंद फेंककर उन्हें बल्ले से मारना सिखाते हैं। इनकी यह दूसरी गेंद साफ-साफ 'चक' की हुई नजर आती है। वे 1992 से खेल रहे हैं और यह गेंद भी इसी तरह फेंकते ही रहे हैं। किन्तु उन्हें न तो स्थानीय स्तर पर किसी ने रोका और न ही हर बार अन्तर्राष्ट्रीय स्तर पर ही रोका गया। देखते-देखते वे 500 टेस्ट विकेट पार कर गए और सर्वाधिक टेस्ट विकेट की करीबी स्पर्धा में शेन वार्न से मुकाबला करने लगे। 'चकिंग' को

अगर रोका जाना है तो उसे उसके शुरुआती क्षणों में ही रोका जाना चाहिए पर ऐसा नहीं होता। टीमें ऐसे गेंदबाजों का फायदा उठाती जाती हैं व 'चकिंग' के मामले को किसी-न-किसी बहाने टालती रहती हैं। जब बात बढ़ जाती है तो रोके जाने पर शोर होता है। चकिंग रोकने का एकमात्र इलाज यही है कि जब गेंदबाज पहली बार 'चक' करे या उसका एक्शन शंकास्पद लगे तो तत्काल उसे खेल से बाहर कर दिया जाए, उसे सुधरने का मौका देने का मतलब एक तरह से गलत आचरण को बढ़ावा देना ही है। क्योंकि जन्मजात आदतें सुधरती कहाँ हैं?

वैसे तो हर ऑफ स्पिनर जब तेज गेंद फेंकता है तो अधिकतर 'चक' ही करता है। इसी कारण चन्दू सर्वटे की तेज गेंद व जसू पटेल की अधिकतर गेंदें शक के दायरे में रहीं। फिर पाकिस्तान के सकलेन मुश्ताक व अब शोएब मलिक व भारत के राजेश चौहान व अब हरभजन सिंह भी 'चकिंग' के शक में रहे हैं। पर मुरलीधरन

औरों की तुलना में ज्यादा ही 'चक' करते नजर आते हैं। जब तक उन्हें 'चक' का दोषी नहीं माना जाता व गेंदबाजी करने से नहीं रोका जाता तब तक आप और किसी को नहीं रोक सकते। वे तो भाला फेंकते से ही लगते हैं। भारत के विख्यात लेफ्टआर्म स्पिनर बिशन सिंह बेदी ठीक ही कहते हैं कि मुरली को तो अभी अपना पहला टेस्ट विकेट ही लेना है क्योंकि अभी तक जो उनके खाते में हैं वे तो 'रन आउट' माने जाने चाहिए क्योंकि इन्होंने उन्हें 'थ्रो' करके आउट किया है बोलिंग करके नहीं। और जहाँ तक इन स्थापित गेंदबाजों के अपने एक्शन को सुधारने के लिए विशेषज्ञों के पास भेजे जाने की बात है वह कितना कारगर साबित होता है, कह पाना कठिन है। पर यह सच है कि सन्दिग्ध एक्शनवाला गेंदबाज खेलते वक्त नाजायज व अतिरिक्त लाभ तो उठाता ही है व मुकाबला बराबरी का नहीं रह जाता।

बेशक वे आज क्रिकेट के सर्वाधिक सफल गेंदबाज हैं और श्रीलंका के क्रिकेट इतिहास के सबसे बड़े व श्रेष्ठ गेंदबाज ही नहीं, अब तक के श्रेष्ठ खिलाड़ी भी हैं। वे प्रति टेस्ट औसतन 6 विकेट की रफ्तार से विकेट ले रहे हैं जो कि अद्‌भुत है। मगर साथ ही वे क्रिकेट इतिहास के सर्वाधिक विवादास्पद खिलाड़ी भी हैं। उनकी सफलता एवं उपलब्धियों का लेखा-जोखा लें तो वे सितम्बर 1992 से लेकर अगस्त 2004 तक की अवधि में करीब 12 साल में श्रीलंका के लिए 91 टेस्ट खेलकर 31124 गेंदें फेंक कर 22.86 की औसत से 532 विकेट ले चुके थे जिनमें 13 बार मैच में 10 व 44 बार पारी में 5 विकेट शामिल थे। फिर वेस्टइंडीज के खिलाफ जुलाई 05 में खेली गई टेस्ट श्रृंखला के बाद उनके खाते में 93 मैचों में 31577 गेंदों पर 12340 रन देकर 22.47 की औसत से 549 विकेट हो चुके थे जिनमें 14 बार मैच में 10 तथा 46 बार पारी में 5 विकेट शरीक थे। केंडी में जिम्बाब्वे के खिलाफ 2001-02 में 51 रनों पर 9 विकेट उनका टेस्ट क्रिकेट का श्रेष्ठ गेंदबाजी प्रदर्शन है।

सीमित ओवर के एकदिवसीय अन्तर्राष्ट्रीय मैचों में मुरलीधरन अप्रैल 1993 से अगस्त 2005 में सम्पन्न अफ्रीका-एशिया स्पर्धा की समाप्ति तक 247 मैचों में 13429 गेंदों पर 8456 रन देकर 22.19 की औसत से 381 विकेट ले चुके हैं जिनमें 8 बार पारी में 5 विकेट भी शरीक हैं। प्रथम श्रेणी क्रिकेट में उनके नाम पर 1989-90 से लेकर 2005 तक 16 वर्षों में 181 मैचों में 51405 गेंदों पर 19928 रन देकर 18.96 की औसत से 1051 विकेट हैं जिनमें 25 बार मैच में 10 तथा 91 बार पारी में 5 विकेट भी सम्मिलित हैं।

बेशक मुरलीधरन की उपलब्धियाँ शानदार तो हैं ही बेमिसाल, लाजवाब और अद्‌भुत भी हैं। मसलन मुरलीधरन क्रिकेट जगत के अब तक के सबसे कम टेस्ट खेलकर 300, 400 व 500 टेस्ट विकेट लेनेवाले गेंदबाज तो हैं ही, यकीनन वे सबसे कम टेस्ट मैचों में 600 टेस्ट विकेट लेनेवाले गेंदबाज भी होंगे। यदि वे 12 या 15 टेस्ट मैच खेलकर यह करिश्मा करते हैं तो भी वे 105 या 108 मैचों में यह लक्ष्य पार करेंगे। और वह शेन वार्न के 125 टेस्ट मैचों से कम ही होगा। इसके अलावा

मुरलीधरन क्रिकेट इतिहास में सबसे अधिक बार मैच में 10 और पारी में 5 विकेट लेनेवाले गेंदबाज भी हैं। फिर उनका प्रति विकेट औसत भी सबसे कम है और उन्होंने प्रति ओवर रन भी कम दिए हैं। निश्चय ही ये तथ्य उनके खेल जीवन का सकारात्मक पक्ष प्रस्तुत करते हैं। ये उपलब्धियाँ गौरवपूर्ण हैं।

उनके खिलाफ सर्वाधिक विरोध उनके शंकास्पद गेंदबाजी एक्शन को लेकर रहा है। वह भी तब जब वे ऑफ स्पिन के एक्शन से ही लेग स्पिन भी फेंकते हैं। दरअसल यह विवाद उनके खेल जीवन के प्रारम्भ से ही रहा है। 1993 में जब वे आस्ट्रेलिया के खिलाफ अपना पदार्पण टेस्ट खेले तभी से उनके एक्शन को लेकर कानाफूसी शुरू हो गई थी। इसके बाद जब वे 1995-96 में आस्ट्रेलिया गए तो उन्हें 'चकर' करार दिया गया था और वह भी दो बार। एक बार तो मेलबोर्न में खेले गए बॉक्सिंग डे टेस्ट में अम्पायर डेरल हेयर ने 'थ्रो' करते पाकर 'नो बॉल' करार दिया था और दूसरी बार एकदिवसीय अन्तर्राष्ट्रीय मैच में भी उन्हें 'चकिंग' का दोषी करार दिया गया था। कमाल देखिए कि अम्पायर उन्हें 'चकर' करार देते हैं और बाद में आई.सी.सी. उन्हें बरी करती है तथा कथित जाँच के बाद उनका एक्शन निर्दोष व साफ-सुथरा पाया जाता है। परन्तु विवाद थमा नहीं। 1998-99 के आस्ट्रेलियाई दौरे में फिर उन्हें 'चकिंग' का दोषी पाया गया और इस बार रॉस इमरसन ने उन्हें 'नो बॉल' करार दिया। मुरली को फिर परीक्षण के लिए भेजा गया। इस बार वे पर्थ व इंग्लैंड गए। पहले वे वेस्टर्न आस्ट्रेलिया के व हांगकांग के विश्वविद्यालय गए थे। और इस बार भी परीक्षण के बाद उन्हें निर्दोष पाया गया। 2004 में आस्ट्रेलिया के खिलाफ घरेलू-श्रृंखला में मैच रैफरी क्रिस ब्रॉड ने उनके एक्शन की शिकायत की। मुरलीधरन के कुछ और परीक्षण हुए। और अब तक मामले को हलके-फुल्के व टालमटोली अन्दाज में ले रही आई.सी.सी. ने मुरली के प्रकरण पर ही ध्यान केन्द्रित करने की बजाय अन्तर्राष्ट्रीय क्रिकेट में 'चकिंग' की जाँच की और पाया कि अनेक गेंदबाज 'चक' कर रहे हैं। फिर इस मराले को दूसरी दिशा में ही मोड़ दिया और कहा कि मुरली को फ़िजूल बलि का बकरा बनाया जा रहा है जबकि अनेक अन्य गेंदबाज भी 'चकिंग' के दोषी हैं। नतीजन मुरली गेंदबाजी करते रहे, अपनी 'दूसरी' गेंद भी फेंकते रहे, विकेट लेते रहे और मई 2004 में वे कोर्टनी वाल्श के 519 विकेट से आगे निकलकर विश्व के सर्वाधिक टेस्ट विकेट लेनेवाले गेंदबाज बन गए।

आगे भी ऐसा नहीं लगता कि वे विवादों के घेरे से बाहर निकल पाएँगे। 'चकिंग' का भूत उनके पीछे लग ही गया है। लेकिन कुछ लोगों की राय है कि मुरली तो अत्याधुनिक तकनीक के कारण पकड़ में आ गए जबकि उनके पहले अतीत में अनेक गेंदबाज 'चक' करते रहने के बावजूद कभी पकड़े ही नहीं जा सके। सीधी-सी बात है, जब किसी गेंदबाज को लगेगा कि उस पर सबकी नजर है तो वह परीक्षण अवधि में भला विवादास्पद गेंद फेंकेगा ही क्यों? कन्धे की चोट के कारण उन्हें 2004 के अन्तिम भाग में खेल से बाहर रहना पड़ा। अब उनका लक्ष्य

700 टेस्ट विकेट और टेस्ट क्रिकेट में सर्वाधिक विकेट लेनेवाले गेंदबाज बनने का है। इस तरह शेन वार्न व मुरलीधरन में करीबी प्रतिस्पर्धा के अभी चलते रहने की ही सम्भावना है। यह प्रतिस्पर्धा दोनों को सक्रिय बने रहने व अधिकाधिक टेस्ट विकेट लेते रहने के लिए प्रेरित करती रहेगी। इससे ये दोनों तो लाभान्वित होंगे ही, क्रिकेट भी नए कीर्तिमानों से समृद्ध होगा।

ऐसा नहीं है कि मुरलीधरन हमेशा कामयाब ही रहे हों व उनकी गेंदों पर कभी रन ही न बनाए गए हों। 2001 में वेस्टइंडीज की टीम जब श्रीलंका के दौरे पर आई तो लारा ने 178, 221 व 130 की पारियाँ खेलीं व कुल 6 पारियों में 688 रन बनाकर साबित कर दिया कि वे जब अपनी पूरी रंगत में हों तो कोई भी गेंदबाज उन्हें रोक नहीं सकता। मुरलीधरन के खिलाफ तो वे ऐसे खुलकर खेले मानो मुरली कोई क्लब स्तर के गेंदबाज हों। मुरली को उस शृंखला में केवल 3 विकेट ही मिले। मुरली लारा को ललचाने के लिए गेंद फ्लाइट करते रहे व ऑफ स्पिन व लेग स्पिन का मिश्रण भी करते रहे। मगर लारा ने अपने कदमों का उम्दा इस्तेमाल करते हुए क्रीज से बाहर निकलकर मुरली की गेंदों को इस खूबी से निस्तेज किया कि दर्शक देखते ही रह गए। आमतौर पर बाएँ हाथ के बल्लेबाज के लिए दाहिने हाथ की ऑफ स्पिन गेंदबाजी खेलना मुश्किल होता है। मगर बाएँ हाथ के बल्लेबाज ब्रायन लारा ने दाहिने हाथ के ऑफ स्पिनर मुरलीधरन के खिलाफ बेफिक्री से खेलते हुए खूब रन बटोरे। जब मुकाबला दो विश्वस्तरीय खिलाड़ियों के बीच हो तो कभी कोई हावी रहता है तो कभी कोई। अपवादस्वरूप किए गए कुछ खराब प्रदर्शनों से किसी खिलाड़ी का कद नहीं घटता और न ही केवल इसी आधार पर उसका मूल्यांकन किया जाना चाहिए। सच्चे मूल्यांकन के लिए हमें उसके समग्र खेल जीवन को आधार बनाना चाहिए। यदि मुरली को आप उनके समग्र खेल जीवन के परिप्रेक्ष्य में देखें तो उन्हें असाधारण प्रतिभा-सम्पन्न एवं महती उपलब्धियोंवाला आक्रामक गेंदबाज ही पाएँगे। उनके चाहनेवाले जरूर यह कहते हैं कि उनके एक्शन की समस्या उनके दाहिने हाथ की जन्मजात विकृति के कारण है। मगर यह तर्क गले नहीं उतरता। यदि वाकई उनके दाहिने हाथ में कोई जन्मजात विकृति है और इसी कारण वे अपना हाथ इतना अधिक मोड़ लेते हैं तो फिर वे क्षेत्ररक्षण करते वक्त अपने ऐसे विकृत हाथ से 'थ्रो' कैसे कर लेते हैं? बस यही खामी उनकी सफलता की चमक को फीका कर देती है।

परिशिष्ट

'स्पिन' क्या है?

'स्पिन' यानी गेंद को घुमाने की कला। यह उँगलियों से भी हो सकता है और उँगलियों व कलाई के मिले-जुले प्रभाव से भी। दाहिने हाथ का गेंदबाज भी यह करता है व बाएँ हाथ का गेंदबाज भी। दाहिने हाथ का गेंदबाज भी 'ऑफ स्पिन' व 'लेग स्पिन' दोनों कराता है व बाएँ हाथ का गेंदबाज भी दोनों ही तरह की 'स्पिन' कराता है। फर्क यही है कि ऑफ स्पिनर केवल उँगलियों का उपयोग करता है जबकि लेग स्पिनर उँगली व कलाई दोनों का। 'ऑफ स्पिन' या 'ऑफ ब्रेक' यानी ऑफ स्टम्प से घूमकर लेग स्टम्प की ओर आनेवाली गेंद और 'लेग स्पिन' या 'लेग ब्रेक' का मतलब है लेग की ओर से घूमकर ऑफ की ओर आती हुई गेंद।

इन गेंदों में विविधता भी होती है। जो स्पिनर जितनी अधिक विविधता विकसित कर लेता है वह उतना ही अधिक कामयाब भी होता है। मसलन दाहिने हाथ का ऑफ स्पिनर वैसे तो ऑफ ब्रेक ही करता है मगर अब यह कला इतनी अधिक विकसित हो गई है कि ऑफ स्पिनर 'टॉप स्पिन' भी करने लगे हैं जो कि स्पिन होने की बजाय सीधी आती है। इसी तरह दाहिने हाथ का लेग स्पिनर लेग ब्रेक के अलावा 'गुगली' तो करता ही है जो कि लेग ब्रेक की बजाय ऑफ ब्रेक होती है, साथ ही 'टॉप स्पिन' भी करता है जो कि स्पिन होने की बजाय सीधी आती है और साथ ही 'फ्लिपर' भी करता है जो कि अन्य गेंदों की बजाय अधिक तेज गति से आती है। यानी 'गुगली' वह गेंद है जो लेग ब्रेक की बजाय 'ऑफ ब्रेक' होती है, 'टॉप स्पिन' वह गेंद है जो ब्रेक होने की बजाय सीधी आती है और 'फ्लिपर' लेग स्पिनर द्वारा फेंकी गई वह गेंद है जो तेज गति से बल्लेबाज के पास आती है। इसी तरह बाएँ हाथ का स्पिनर वैसे तो लेग ब्रेक या ऑफ ब्रेक ही करता है, मगर वह 'आर्मर' गेंद भी फेंकता है जो कि उसके गेंद फेंकने के बाद हाथ के इशारे से ही अन्दर की तरफ आती है। गेंद फेंकने के बाद जैसे ही उसका हाथ अन्दर की ओर बढ़ता है, गेंद बल्लेबाज को अन्दर की ओर आती नजर आती है। इसके अलावा बाएँ हाथ के स्पिनर 'चाइनामेन' भी करते हैं जिसे आप लेफ्टआर्म स्पिनर की 'गुगली' कह सकते हैं। इसके लिए गेंदबाज को अपनी कलाई उसी तरह मोड़नी होती